Metaversum

Peter Hoffmann

Metaversum

Die Verschmelzung von Realität und Virtualität im Next Generation Internet

2. Auflage

Peter Hoffmann
Rorschach, Schweiz

ISBN 978-3-658-48179-7   ISBN 978-3-658-48180-3 (eBook)
https://doi.org/10.1007/978-3-658-48180-3

Die Deutsche Nationalbibliothek verzeichnet diese Publikation in der Deutschen Nationalbibliografie; detaillierte bibliografische Daten sind im Internet über https://portal.dnb.de abrufbar.

© Der/die Herausgeber bzw. der/die Autor(en), exklusiv lizenziert an Springer Fachmedien Wiesbaden GmbH, ein Teil von Springer Nature 2024, 2025

Das Werk einschließlich aller seiner Teile ist urheberrechtlich geschützt. Jede Verwertung, die nicht ausdrücklich vom Urheberrechtsgesetz zugelassen ist, bedarf der vorherigen Zustimmung des Verlags. Das gilt insbesondere für Vervielfältigungen, Bearbeitungen, Übersetzungen, Mikroverfilmungen und die Einspeicherung und Verarbeitung in elektronischen Systemen.
Die Wiedergabe von allgemein beschreibenden Bezeichnungen, Marken, Unternehmensnamen etc. in diesem Werk bedeutet nicht, dass diese frei durch jede Person benutzt werden dürfen. Die Berechtigung zur Benutzung unterliegt, auch ohne gesonderten Hinweis hierzu, den Regeln des Markenrechts. Die Rechte des/der jeweiligen Zeicheninhaber*in sind zu beachten.
Der Verlag, die Autor*innen und die Herausgeber*innen gehen davon aus, dass die Angaben und Informationen in diesem Werk zum Zeitpunkt der Veröffentlichung vollständig und korrekt sind. Weder der Verlag noch die Autor*innen oder die Herausgeber*innen übernehmen, ausdrücklich oder implizit, Gewähr für den Inhalt des Werkes, etwaige Fehler oder Äußerungen. Der Verlag bleibt im Hinblick auf geografische Zuordnungen und Gebietsbezeichnungen in veröffentlichten Karten und Institutionsadressen neutral.

Springer Vieweg ist ein Imprint der eingetragenen Gesellschaft Springer Fachmedien Wiesbaden GmbH und ist ein Teil von Springer Nature.
Die Anschrift der Gesellschaft ist: Abraham-Lincoln-Str. 46, 65189 Wiesbaden, Germany

Wenn Sie dieses Produkt entsorgen, geben Sie das Papier bitte zum Recycling.

Vorwort zur 2., aktualisierten und erweiterten Auflage

Noch keine anderthalb Jahre sind seit dem (offiziellen) Erscheinen der 1. Auflage dieses Buches vergangen. Und doch erschien es sinnvoll, nahezu unmittelbar nach dem Erscheinen mit der Überarbeitung und Aktualisierung zu beginnen. Informatik und die Welt der IT sind unglaublich schnelllebig – und erst recht die Welt des Metaversums.

Nicht nur wird die Technik und Technologie weiterentwickelt, vielmehr entstehen durch diese neuen Techniken auch immer neue Anwendungsfelder. Und all diese Entwicklungen sollten in dieser 2. Auflage Berücksichtigung finden. Eine echte Herausforderung!

Jede einzelne Überarbeitung in den jeweiligen Abschnitten hier aufzuführen würde eindeutig den Rahmen sprengen – eigentlich blieb kein Kapitel wirklich völlig unangetastet. Die rasante Entwicklung hat allerdings dazu geführt, dass einige Inhalte in Form ganzer Kapitel hinzugekommen sind. Dies sind im Einzelnen:

- Abschn. 2.7 – Das Metaversum als informationszentriertes Web
- Abschn. 3.6.1 – Der Real-Life-Connector – Basis für neue Interaktionsparadigmen (dieses Kapitel ist zwar nicht gänzlich neu, hat aber durch eine neue Perspektive der Verschmelzung eine inhaltlich wesentliche Erweiterung erfahren)
- Abschn. 3.6.2 – Das körperliche Verschmelzen
- Abschn. 4.5 – Eine heutige Form des Modusage: D2A-Commerce
- Abschn. 4.6.8 – Das Metaversum und die Arbeitswelt
- Abschn. 4.6.15 – Die Bankier-Rolle
- Abschn. 4.6.16 – Ein soziales Metaversum?
- Abschn. 4.6.17 – Politik und Verwaltung
- Kap. 5 – Das Metaversum vs. die aktuellen Trends
- Kap. 6 – Aktueller denn je: Künstliche Intelligenz im Metaversum?

Insgesamt hat diese Aktualisierung dann dazu geführt, dass der Umfang um mehr als 50 Seiten gewachsen ist.

Viel Spaß bei Lesen und Entdecken :-)

An dieser Stelle möchte ich all jenen einen **herzlichen Dank** aussprechen, die sich von meiner Begeisterung für immersive Welten und für den Begriff Metaversum haben anstecken lassen. Dies sind zunächst einmal die vielen Studierenden der

- FHV – Vorarlberg University of Applied Sciences in Dornbirn und der
- FOM Hochschule für Oekonomie und Management am Studienzentrum München

mit denen ich in vielen Diskussionen viele der oben besprochenen Teilaspekte zum Teil sehr kontrovers besprechen konnte und die sich durch diese Diskussionen nicht haben abschrecken lassen und Hausarbeiten im Kontext Metaversum auszuarbeiten. Noch größerer Dank gilt darüber hinaus den Studierenden, die dann auch noch ihre Abschlussarbeiten im erweiterten Kontext geschrieben haben (und zum Teil das Thema auch weiterhin bearbeiten).

Ein ganz besonderer Dank gilt natürlich auch den Kolleginnen und Kollegen der (oben schon erwähnten) FHV – Vorarlberg University of Applied Sciences in Dornbirn, mit denen sich ebenfalls immer wieder spannende Diskussionen in-um-über das Metaversum ergeben.

Und zu guter Letzt müssen natürlich ganz besonders genannt werden:

- Steffi, die meine nerdige Verrücktheit für dieses seltsame Metaversum erträgt und
- meine beiden iTiger Oskar und Paul, die mir als die Vor- und Abbilder für die reale Realität dienen und die mich oft aus der manchmal hochimmersiven Schreibwelt wieder in die Wirklichkeit zurückholen.

    Und mir dabei die Erkenntnis brachten, dass Katzen, Katzenbilder und Katzenvideos wohl auch im Next Generation Internet eine wesentliche Rolle spielen werden.

Rorschach, Schweiz   Peter Hoffmann

Competing Interests

Der/die Autor*in hat keine für den Inhalt dieses Manuskripts relevanten Interessenkonflikte.

Inhaltsverzeichnis

1 **Metaversum?** 1
   Literatur. 5

2 **Woher … wohin … oder: was überhaupt** 7
   2.1 Realität 9
   2.2 Virtualität 9
   2.3 Augmented Reality 13
   2.4 Augmented Virtuality 16
   2.5 Mixed and other Realities 18
   2.6 Und das Metaversum? 22
   2.7 Das Metaversum als informationszentriertes Web 24
   Literatur. 27

3 **Das Verschmelzen von Welten und … versen** 31
   3.1 Sensorisches Verschmelzen 35
   3.2 Räumliches Verschmelzen 37
   3.3 Semantisches Verschmelzen 40
   3.4 Temporales verschmelzen 45
   3.5 Das Verschmelzen der Interaktion 52
   3.6 All-together – Der Weg zum Sozio-kulturellen Verschmelzen 58
      3.6.1 Der Real-Life-Connector – Basis für neue Interaktionsparadigmen 59
      3.6.2 Das körperliche Verschmelzen 66
      3.6.3 Das soziale und gesellschaftliche Verschmelzen ... 72
      3.6.4 Die Verschmelzung im Alltag: Freizeit, Kultur, Kunst 78
      3.6.5 Die Verschmelzung im Alltag: Arbeitswelt 88
      3.6.6 Oder das Gegenteil: Die Entschmelzung von 89
   Literatur. 90

4 **Eine andere Dimension: Ökonomisches Verschmelzen** 99
   4.1 Die analoge Ökonomie der „klassischen Wertschöpfungskette" 102
   4.2 Erste Verschmelzungsgedanken: Prosumtion 104

4.3	Die Verschmelzung in der Web-Ökonomie: Produsage	106
4.4	Die verschmolzene Cross-Economy des Metaversums: Modusage	109
4.5	Eine heutige Form des Modusage: D2A-Commerce	113
4.6	Die Digital 49ers: Neue Geschäftsmodelle und Anwendungsfelder	115
	4.6.1 Werbung & Marketing	123
	4.6.2 Shopping	127
	4.6.3 Gaming & Spiele	130
	4.6.4 Kunst & Kultur	132
	4.6.5 Social Events	133
	4.6.6 Tourismus	138
	4.6.7 Bildung	141
	4.6.8 Das Metaversum und die Arbeitswelt	144
	4.6.9 Das Metaversum und die Medizin	145
	4.6.10 Das Business Internal Metaverse	149
	4.6.11 Metaverse Service Providing	152
	4.6.12 Back into the real world	155
	4.6.13 Die „Gott-Rolle"	156
	4.6.14 DAOs und das Metaversum	158
	4.6.15 Die Bankier-Rolle	160
	4.6.16 Ein soziales Metaversum?	161
	4.6.17 Politik und Verwaltung	163
	4.6.18 The yet to be imagined	166
4.7	Und wie soll das gehen?	168
4.8	Eine Erfolgsgeschichte?	172
4.9	(Nicht nur) Ökonomische Befürchtungen: Metaverse-Hopping!	175
	4.9.1 Ein einheitliches Metaversum?	177
	4.9.2 Vielfältige Metaversen?	179
4.10	Das erweiterte ökonomische Umfeld	183
	Literatur	189
5	**Das Metaversum vs. die aktuellen Trends**	**203**
5.1	Das Metaversum – ein (weiterer) Definitionsversuch	204
5.2	Das Metaversum vs. Web3	205
5.3	Das Metaversum vs. Fediverse	208
5.4	Das Metaversum vs. IoT & Embedded Systems	209
5.5	Das Metaversum vs. Spatial Computing	212
5.6	Das Metaversum vs. Synthetic Media & Social Media	213
5.7	Unterschiede und Gemeinsamkeiten im Überblick	215
	5.7.1 Metaversum, Web3, Fediverse	215
	5.7.2 Metaversum, IoT, Embedded Systems	217
	5.7.3 Metaversum, Spatial Computing	219
	5.7.4 Metaversum Synthetic Media, Social Media	220
	Literatur	222

6	**Aktueller denn je: Künstliche Intelligenz im Metaversum?**		225
	Literatur		232
7	**Was nicht fehlen darf: Kritik**		235
	7.1	Die allgemeinen Themen der Kritik	236
	7.2	Die Verschmelzung der politischen Welt?	240
	7.3	Oder doch eher die Spaltung der politischen Welt?	241
	7.4	Aber: Ein Blick aus einer anderen Perspektive	244
	Literatur		245
8	**Die wirkliche Vision**		249
	8.1	Die institutionelle Sicht auf das Metaversum	249
		8.1.1 ITU und IEEE	250
		8.1.2 World Wide Web Consortium W3C	252
		8.1.3 World Economic Forum	254
		8.1.4 Metaverse Standards Forum	256
	8.2	Die Perspektive von Fachleuten und Benutzern	258
		8.2.1 Matthew Ball	259
		8.2.2 Cathy Hackl	263
		8.2.3 Amy Webb	265
		8.2.4 Steve Mann	266
	8.3	Das Metaversum – das Betriebssystem der Zukunft?	269
	Literatur		273
9	**Es bleibt die Zeit zum Bauen!**		277
	Literatur		278
10	**Der aktuelle Nachtrag 1 – Immer noch aktuell: Ist der Hype etwa schon vorbei?**		281
	Literatur		285

Glossar 287

Abkürzungen

AAL	Ambient Assisted Living
AR	Augmented Reality
AV	Augmented Virtuality
BIM	Building Information Modeling
CAD	Computer Aided Design
CAVE	Cave Automatic Virtual Involvement
CGI	Computer-Generated Imagery
CMO	Chief Metaverse Officer
DAO	Decentralized Autonomous Organization
DID	Decentralized Identifier
D2A	Direct-to-Avatar
EU	Europäische Union
GAN	Generative Adversarial Network
GPT	Generative Pre-trained Transformer
GUI	Graphical User Interface
HCI	Human Computer Interaction
HMD	Head-mounted Display
III/I3	Immersiv-interaktiver Informationsraum
KI/AI	Künstliche Intelligenz/Artificial Intelligence
ML	Machine Learning
MR	Mixed Reality
MSP	Metaverse Service Providing
MUI	Metaverse User Interface/Interaction
NFT	Non Fungible Token
NPC	Non-Player Character (Nicht-Spieler-Charakter)
NLP	Natural Language Processing
NUI	Natural User Interface
PVR	Persistent Virtual Reality
P2P	Peer-to-Peer
RVK	Realitäts-Virtualitäts-Kontinuum

VC	Verifiable Credential
VR	Virtual Reality
WEF	World Economic Forum (Weltwirtschaftsforum)
WIMP	Window, Icon, Menu, Pointer (Interaktionsparadigma)
WWW	World Wide Web
XR	Extended Reality

Abbildungsverzeichnis

Abb. 2.1 Das Realitäts-Virtualitäts-Kontinuum nach Milgram und Kishino. (In Anlehnung an [MIL95]). 8
Abb. 2.2 Das Extrem der reinen Realität im RVK. (In Anlehnung an [MIL95]). 9
Abb. 2.3 Das Extrem der reinen Virtualität im RVK. (In Anlehnung an [MIL95]) . . . 10
Abb. 2.4 Patentzeichnung des Sensorama von Morton Heilig. (Morton Heilig: The Sensorama, from U.S. Patent #3050870) 12
Abb. 2.5 Unterschied der Darstellung von VR: Headset vs. CAVE. (Eigene Darstellung: Peter Hoffmann, Invisible Cow) 13
Abb. 2.6 Die augmentierte Realität (AR) im RVK. (Eigene Darstellung: Peter Hoffmann, Invisible Cow) 14
Abb. 2.7 Vereinfachte Systemarchitektur für AR. (Eigene Darstellung: Peter Hoffmann, Invisible Cow) 15
Abb. 2.8 Die augmentierte Virtualität (AV) im RVK. (Eigene Darstellung: Peter Hoffmann, Invisible Cow) 17
Abb. 2.9 Screenshot aus dem VR-Live-Concert von Lindsey Stirling [STI19] 18
Abb. 2.10 Klassifikationsschema für Head-Mounted-Displays oben links: monokular, see-through unten links: binokular, see-through oben rechts: monokular, non-see-through oben rechts: binokular, non-see-through. (Eigene Darstellung: Peter Hoffmann, Invisible Cow) . . . 20
Abb. 2.11 Digitale Artefakte vs. die reale Welt: Mixed Reality. (Eigene Darstellung: Peter Hoffmann, Invisible Cow) 21
Abb. 2.12 Die Verortung des Metaversum im RVK. (Eigene Darstellung: Peter Hoffmann, Invisible Cow) 23
Abb. 3.1 Logik und Spannung der Handlung vs. Freiheit der Interaktion. (Eigene Darstellung: Peter Hoffmann, Invisible Cow) 33
Abb. 3.2 Die Dimension der Narrativen Realität (N) – Narratem (atomare Handlungseinheit); (P) Präsentationsobjekt; (A) (Benutzer-)Aktion. (Eigene Darstellung: Peter Hoffmann, Invisible Cow) 33
Abb. 3.3 Technische Teilaspekte der Verschmelzung. (In Anlehnung an [BIT22]) . . . 34

Abb. 3.4	Eine Systematik der Wahrnehmung im HCI. (Eigene Darstellung: Peter Hoffmann, Invisible Cow)	35
Abb. 3.5	Semantisches Verschmelzen als Location Based Service. (Eigene Darstellung: Peter Hoffmann, Invisible Cow)	41
Abb. 3.6	Screenshots von den mobilen Apps der DB und der SBB	42
Abb. 3.7	Teilaspekte der Kontextbildung. (Eigene Darstellung: Peter Hoffmann, Invisible Cow)	43
Abb. 3.8	Multimodale Interaktion: „Put that there" [BOL80]	55
Abb. 3.9	Der Real-Life-Connector. (Eigene Darstellung: Peter Hoffmann, Invisible Cow)	60
Abb. 3.10	Immersion der Interaktionsparadigmen: Metaverse User Interaction (MUI). (Eigene Darstellung: Peter Hoffmann, Invisible Cow)	65
Abb. 3.11	Unterschiede in den Charakteristika von Avataren, NPCs und digital Twins. (Eigene Darstellung: Peter Hoffmann, Invisible Cow)	67
Abb. 3.12	Das Decentraland Metaverse Music Festival 2022. (Screenshots: DMMF 2022, Peter Hoffmann, Invisible Cow)	83
Abb. 4.1	Web 1–2–3. (Nach [SCHm21a])	100
Abb. 4.2	Vereinfachte Wertschöpfungskette. (Eigene Darstellung: Peter Hoffmann, Invisible Cow)	103
Abb. 4.3	Feedback als Erweiterung der vereinfachten Wertschöpfungskette: Prosumtion. (Eigene Darstellung: Peter Hoffmann, Invisible Cow)	105
Abb. 4.4	Die Veränderung der Wertschöpfungskette: Produsage. (Eigene Darstellung: Peter Hoffmann, Invisible Cow)	107
Abb. 4.5	Die Wertschöpfungskette im Metaversum: Modusage. (Eigene Darstellung: Peter Hoffmann, Invisible Cow)	110
Abb. 4.6	Grad der Digitalisierung vs. WSK-Modell. (Eigene Darstellung: Peter Hoffmann, Invisible Cow)	112
Abb. 4.7	Branchenaktivitäten im RVK. (Eigene Darstellung: Peter Hoffmann, Invisible Cow)	117
Abb. 4.8	Überarbeiten Geschäftsmodelle rund um das Metaversum Überarbeiten: (Eigene Darstellung: Peter Hoffmann, Invisible Cow)	124
Abb. 4.9	Verbrauchererwartungen für das Shopping der Zukunft. (In Anlehnung an [PAV23])	129
Abb. 4.10	Reisen im zukünftigen Metaversum. (In Anlehnung an [BIT22b])	138
Abb. 4.11	Hotels im Metaversum (hier: M Social). ([MUL23, TEO22])	139
Abb. 4.12	M-Social Vacay Phuket	140
Abb. 4.13	Das Metaversum und dafür relevante Technologien. (In Anlehnung an den Gartner Hype Cycle [PER22])	174

Abb. 5.1	Chronologie angrenzender Begrifflichkeiten. (Eigene Darstellung: Peter Hoffmann, Invisible Cow)	204
Abb. 5.2	Embedded Systems-IoT – Metaversum	211
Abb. 8.1	Sieben Regeln für das Metaversum. (Nach: Tony Parisi [PAR21])	260
Abb. 8.2	Der Informationsfluss im Paradigma des Wearable Computing. (In Anlehnung an [MAN98])	268
Abb. 8.3	Ein Architekturbild für das Metaversum. (In Anlehnung [JAB22, DED09])	270

Metaversum? 1

Das Metaversum – ein Begriff, der allgemein bekannt ist und von vielen Menschen verwendet wird. Dennoch zeigt sich in Diskussionen häufig, dass jeder Benutzer eine individuelle Vorstellung davon hat, was der Begriff bedeutet. Aus diesem Grund ist es unerlässlich, den Begriff Metaversum sowie alle damit verbundenen Begriffe wie Virtual Reality (VR), Augmented Reality (AR), Mixed Reality (MR) und Extended Reality präzise zu definieren und zu betrachten.

Eine Hauptursache für die Popularität des Begriffs Metaversum liegt vermutlich darin, dass Marketingabteilungen großer und kleiner Unternehmen schnell auf diese neue Schlagwort aufgesprungen sind, ohne wirklich zu verstehen, was damit gemeint ist. Diese Unternehmen versuchen nun, den Begriff für ihre eigenen Zwecke zu nutzen, was angesichts der Wichtigkeit des Begriffs verständlich ist, aber den Umgang mit dem Begriff und der Thematik erschwert.

Es gibt viele Versuche, das Wesen des Metaversums zu beschreiben. Solche Beschreibungen klingen in der Regel griffig und interessant, sind aber bei genauerem Hinsehen mindestens ungenau und häufig auch falsch:

> „Das Metaversum ist der Moment, in dem unser digitales Leben mehr wert ist als unser physisches Leben"

sagt Shaan Puri, Tech-Gründer und ehemaliger Twitch-Manager [ERL23].

Was für ein Satz und was für eine Aussage! Es stellt sich allerdings die Frage, ob wir als physische Menschen unser physisches Leben tatsächlich hinter uns lassen möchten, um uns ausschließlich in der digitalen Welt zu bewegen. Obwohl solche Definitionsansätze für eine philosophische Auseinandersetzung mit dem Metaversum nützlich sein können, sind sie für die Realisierung des Metaversums nicht unbedingt hilfreich. Zumindest sind sie missverständlich ausgedrückt. Was Puri meint ist, dass sich „in den nächsten zehn bis 20 Jahren" die Aufmerksamkeit der Benutzer mehr und mehr auf die digitale Welt als auf die reale Welt fokussieren wird. Dies liegt daran, dass der Benutzer noch mehr als heute am Bildschirm arbeiten oder mit dem Bildschirm leben wird. Oftmals scheint ein maximaler Grenzwert dafür allerdings schon erreicht zu sein, denn nicht zuletzt die Nutzung von Social Media auf mobilen Geräten wie Smartphone und Tablet lassen die Menschen heute schon die Umwelt häufig vergessen.

> „Das Metaversum ist eine der populärsten virtuellen Welten, die es heute gibt. Es ermöglicht Benutzern eigene Avatare zu gestalten und damit viele verschiedene Umgebungen zu erkunden. Die Plattform bietet hunderte Spiele, die die Benutzer spielen können, sowie Tausende verschiedene Geschäfte in denen sie einzigartige Dinge kaufen können."

Solche Definitionen, die ganz offensichtlich aus der Marketingperspektive entwickelt werden, sind für den Implementierungsansatz ebenfalls nicht hilfreich und sind auch inhaltlich ungenau.

Das Metaversum als eine der populärsten virtuellen Welten zu bezeichnen kann auf jeden Fall kritisiert werden, da es als eigenständige Entität noch gar nicht existiert. Es gibt lediglich einige eigenständige virtuelle Welten wie Fortnite, World of Warcraft und andere, die sich einer äußerst hohen Popularität erfreuen. Darüber hinaus sind die Merkmale des Metaversums, wie zum Beispiel die Möglichkeit, eigene Avatare zu erstellen und Umgebungen zu erkunden, nicht einzigartig, sondern seit langem bekannt und mittlerweile in zahlreichen virtuellen 3D-Plattformen etabliert.

Auch der Aussage, dass das Metaversum Hunderte von Spielen und Tausende von Geschäften anbietet, ist kritisch gegenüberzustehen, da dies nicht als wirkliche Besonderheit betrachtet werden kann. Diese Möglichkeiten eröffnen sich seit langem allein schon durch das Internet.

An dieser Stelle muss fairerweise darauf hingewiesen werden, dass nicht nur Marketingabteilungen den Begriff „Metaversum" für sich beanspruchen. Sowohl kleine als auch große Technologieunternehmen springen auf den Begriff an und behaupten oft vorschnell, dass sie nun und in Zukunft „Metaversum-Unternehmen" seien und daran arbeiten, Metaversen zu schaffen, um die digitale und physische Realität der Menschen zu verbessern oder zu erweitern. Natürlich müssen auch diese Unternehmen wirtschaftlichen Erfolg erzielen, und dies sei ihnen gegönnt. Bei genauerer Betrachtung fällt jedoch auf, dass diese Unternehmen zumeist bereits vorher in den Bereichen 3D-Computing, Virtual Reality oder angrenzenden Gebieten tätig waren und lediglich ein neues Label in ihr Portfolio aufnehmen. Dies ist zwar erlaubt, aber sie müssen sich nun auch der Kritik stellen, dass sie den Begriff des Metaversums rein definitorisch auf diese Weise nicht weiterbringen.

Es könnten nun zweifelsohne und problemlos noch viele weitere, ebenso unzureichende Definitionskonzepte und -perspektiven identifiziert werden, die auf ähnlich unverbindliche Weise mit dem Begriff umgehen. Um jedoch eine verlässliche Kommunikation und Diskussion zum Thema zu ermöglichen, wird in den nachfolgenden Abschnitten zunächst versucht, das Umfeld dieses geplanten Metaversums zu definieren. Ziel ist es, am Ende eine konkrete, greifbare und beständige Definition zu präsentieren.

Dazu soll allerdings hier zunächst ein Schritt zurück gemacht werden. Ein Schritt, der in das heutige Internet zurückführt.

Das Internet zählt zu den am weitesten verbreiteten Innovationen der jüngeren Geschichte auf globaler Ebene. In den 1960er-Jahren von der ARPA, einer Institution des US-Verteidigungsministeriums, als dezentrales und ausfallsicheres Kommunikationsnetzwerk konzipiert, nahm es 1969 seinen Anfang im akademischen Forschungsbereich. Das damalige ARPANET fungierte als Austauschplattform für wissenschaftliche Ergebnisse und erfuhr sukzessive Erweiterungen durch zusätzliche Knotenpunkte sowie passende Kommunikationsprotokolle und Applikationen. In den 1980er-Jahren wandelte sich das ARPANET zu einem globalen Kommunikationsnetzwerk. Mit der Entwicklung des World Wide Web durch Tim Berners-Lee 1989 und der darauffolgenden Kommerzialisierung, avancierte das Internet zu einem omnipräsenten Phänomen. Im Laufe der Jahre durchlief das Internet diverse Entwicklungsphasen und wurde kontinuierlich um neue Anwendungen erweitert, etwa „User generated Content" oder soziale Netzwerke. Ein Zeitpunkt der nächsten revolutionären Weiterentwicklung bleibt noch abzuwarten [BRA10]. Möglicherweise steht er mit „dem Metaversum" ja vor der Türe. Im Vergleich zum gegenwärtigen Internet, das seine wirtschaftliche, gesellschaftliche und kulturelle Relevanz allmählich über eine Zeitspanne von drei Jahrzehnte aufgebaut hat, durchläuft auch das Metaversum eine stetige und fortschreitende Entwicklung. Es könnte durchaus das trojanische Pferd sein, dass altbekannten Technologien in neuer Form den Durchbruch ein eine neuartige virtuelle Welt ermöglicht [SCHm21a].

Ist aber diese neue virtuelle Welt, die noch deutlich vernetzter und (an-)greifbarer sein wird als die heutige, wirklich erstrebenswert? Ein Vergleich mit der Veränderung unserer geopolitischen Welt könnte hier vielleicht hilfreich sein. Ein Vergleich zwischen den aktuellen jüngeren Generationen europäischer Bürgerinnen und Bürger offenbart, dass sie ein Leben ohne die Europäische Union (EU) und ein vereintes Europa nicht kennen. Obwohl die EU sicherlich nicht vollkommen ist, so hat sie dennoch einen signifikanten wirtschaftlichen und gesellschaftlichen Raum kreiert, der aus miteinander verbundenen, jedoch sehr unterschiedlichen Einzelwelten besteht. In der EU ist es möglich, von Hamburg nach Lissabon zu reisen oder zu fliegen sowie in Rom, Dublin oder Athen einzukaufen, ohne Zollgebühren zu entrichten oder Grenzkontrollen zu passieren. Die gemeinsame Währung ist sowohl am nördlichsten Punkt Finnlands als auch in einer Bergtaverne auf Kreta gültig. Das Schengen-Abkommen hat dazu beigetragen, ein wirtschaftliches Ökosystem zu erschaffen, das größer ist als die Summe seiner Bestandteile.

Das alte, fragmentierte Europa mit Schlagbäumen, zahllosen Währungen und komplexen Zollvorschriften ist für die Jüngeren kaum noch vorstellbar. Ebenso verhält es sich mit dem heutigen Internet. Dienste wie Amazon, Google, Zoom, Twitter (jetzt X), Netflix, Minecraft und viele andere werden einfach benutzt, aber diese Anwendungen stehen, wie die Mitgliedsländer der EU, jede für sich und sind voneinander getrennt. Für jeden dieser Orte benötigen wir eine neue digitale Identität und nutzen überwiegend den zweidimensionalen Raum unserer Bildschirme.

Das Konzept des Metaversum zielt darauf ab, die verschiedenen isolierten Elemente miteinander zu verbinden und ein Internet zu entwickeln, das fähig ist, den realen und den virtuellen Raum nahtlos miteinander zu verknüpfen. Das Metaversum soll in Echtzeit und parallel zur physischen Welt stattfinden. Zudem soll es ein eigenständiges Wirtschaftssystem aufweisen, das ein beispielloses Maß an persönlicher Entfaltung ermöglicht. Es soll sich darüber hinaus zu einer Plattform entwickeln, auf der digitale Daten und Güter ohne Einschränkungen und unabhängig von Grenzen ausgetauscht werden können.

Nun stellt sich die Frage, welche Bedeutung dies in der Praxis haben sollte. Cathy Hackl, die im Folgenden noch häufiger Erwähnung finden wird, hat dazu ein Gedankenexperiment am Beispiel einer jungen Frau als Benutzerin des Metaversums der nahen Zukunft formuliert. Hackl sieht in ihrer Vision die junge Frau morgens von ihrem virtuellen, sprachbasierten Assistenten geweckt. Sie beginnt dann ihre morgendliche Routine. Anschließend geht sie zu ihrem Schrank und betrachtet ihre volumetrische Darstellung in der Form eines Avatars oder eines Hologramms. Sie probiert virtuell Kleidungsstücke an, indem sie die volumetrische Darstellung nutzt, die all ihre Maße berücksichtigt, und wählt dann das aus, was sie an diesem Tag tragen möchte. Die tatsächliche Kleidung, die sie ihrem physischen Selbst überstreift, besitzt eine digitale Komponente, die sich auf ihr digitales Ebenbild überträgt. Je nachdem, in welchem virtuellen Umfeld sie sich befindet, kann sie das Erscheinungsbild ihres Outfits anpassen. Vielleicht sind sogar digitale, haptische Nanopartikel in ihren Lippenstift eingearbeitet, sodass sie ihren Partner, der in einem anderen Land unterwegs ist, begrüßen und dessen Umarmung fühlen kann.

Solche – und ähnliche – Visionen des Lebens in und mit dem Metaversum gibt es viele. Die interessante Frage ist daher, wie diese Visionäre eigentlich zu diesen Vorstellungen kommen. Möglicherweise plappern sie unreflektiert Aussagen anderer lautstarker Consultants und Agenturen wie zum Beispiel Axel Springers hy nur einfach nach [SCHm21a]:

„Fünf Charakteristika sind besonders wichtig. Das Metaverse ist vor allem durch folgende […] Charakteristika definiert:
1. werden Realität und Virtualität nahtlos miteinander verbunden,
2. läuft das Metaverse unaufhörlich und synchron zur realen Welt in Echtzeit,
3. spannt ein eigenes Wirtschaftssystem über analoge und digitale Welt,
4. wird individuelle Verwirklichung ermöglicht wie nie zuvor und
5. sind digitale Daten und Güter über alle Grenzen hinweg reibungslos übertragbar."

Welche Bedeutung dies technisch und auch gesellschaftlich hat, bleibt bei solch vagen Aussagen aber leider unbeantwortet.

Immerhin scheint es aber auch eine geerdete Gegeneuphorie zu geben, die ein wenig nüchterner in das Metaversum der Zukunft blickt: „Ein Besuch in einer der vielen NFT-Galerien klingt zwar zunächst interessant, dort angekommen wird aber schnell klar, dass zweidimensionale Kunstwerke eben nicht von der 3D-Welt profitieren. Auf einer Website lassen sich JPG und AVI am Ende eben doch deutlich sinnvoller ausstellen. Auch eine virtuelle Bar, die von der US-Brauerei Miller Lite im Rahmen des Super Bowls in Decentraland eröffnet wurde, funktioniert bestenfalls als Kuriosum. Nach spätestens fünf Minuten ist der begehbare Werbespot erkundet und auch virtuelles Freibier ist kein wirklich überzeugender Grund dafür, auch nur eine Minute länger in der überraschend ranzig gestalteten Kaschemme zu verbringen" [RIX22].

Soviel durchaus herbe Kritik an dem Umgang mit dem Begriff „Metaversum" bedeutet allerdings nicht, dass dieser Kontext nur negativ zu bewerten sei. Technik entwickelt sich beständig weiter. Daher soll auch dieser einleitende Abschnitt mit der Aussage von Yu Yuan, dem derzeitigen Direktor des IEEE, als eine positive Überleitung zu den folgenden Betrachtungen abgeschlossen werden [BAL22]:

„Im engeren Sinne kann das Metaversum einfach als Persistent Virtual Reality (PVR) definiert werden. Im weiteren Sinne ist Metaversum das fortgeschrittene Stadium und die langfristige Vision der digitalen Transformation."

Denn genau deshalb ist die Auseinandersetzung mit dem Begriff, der Theorie und der möglichen praktischen Implementierung des Metaversums so wichtig.

Literatur

[ERL23] Erl, Josef; Bastian, Matthias (03.09.2022): Hier sind 10 Metaverse-Definitionen, sucht euch eine aus. In: mixed.de. Online: https://mixed.de/metaverse-definitionen/ (abgerufen am: 10.05.2023).

[BAL22] Ball, Matthew; Furness, Thomas; Inbar, Ori; Kalinowski, Caitlin; Lange, Danny; Lebaredian, Rev; Mann, Steve; Miralles, Evelyn; Rosedale, Philip; Trevett, Neil; Yuan, Yu (14.06.2022): Metaverse decoded by top experts. In: Versemaker: Metaverse Landscape & Outlook Series. Online: https://versemaker.org/download (abgerufen am: 10.05.2023).

[BRA10] Braun, Torsten (2010). Geschichte und Entwicklung des Internets. Informatik-Spektrum: Vol. 33, No. 2. Berlin Heidelberg: Springer-Verlag. (S. 201–207). https://doi.org/10.1007/s00287-010-0423-9.

[RIX22] Rixecker, Kim (23.02.2022): Metaverse-Selbstversuch: Wir waren da – und schwer gelangweilt. In: t3n. Online: https://t3n.de/news/metaverse-selbstversuch-decentraland-1451407/ (Abgerufen: 17.05.2023).

[SCHm21a] Schmidt, Cord (2021): Wie das Internet zum Metaverse wird. In: hy – the Axel Springer Consulting Group. Online: https://hy.co/2021/12/01/into-the-metaverse-oder-die-naechste-aera-des-internets/#1 (abgerufen am: 10.05.2023).

Woher ... wohin ... oder: was überhaupt 2

Nicht selten findet sich für das Metaversum die Bezeichnung Post-Internet-Ära. Dieser Begriff „Post-Internet" bezieht sich allerdings nicht auf eine Zeit nach dem Internet, sondern auf unser aktuelles Zeitalter, in dem das Internet derart allgegenwärtig und alltäglich geworden ist, dass es den Menschen kaum noch auffällt. Das Metaversum repräsentiert eine Innovation, die es erlaubt, Online-Räume zu kreieren, in denen Anwender multidimensional miteinander agieren können. Statt ausschließlich digitale Inhalte passiv zu konsumieren, sollen sich Benutzer in Besucher des Metaversums verwandeln, in dem sie in eine Welt eintauchen können, in der das Digitale und das Physische zu einer völlig neuen Erfahrung verschmelzen [SMA20].

Obwohl das Konzept des Metaversums noch relativ neu ist, stellt es zuallererst allerdings lediglich eine Weiterentwicklung von Augmented Reality, Virtual Reality und anderen Technologien dar. Im Unterschied zu diesen technologischen Ansätzen bietet das Metaversum jedoch einen neuen Spiel-, Bewegungs- oder Interaktionsraum für die Menschheit, der auf eine höhere Ebene des Virtuellen vordringt [JIA22].

Der Enthusiasmus rund um das Metaversum ist nicht auf denjenigen zurückzuführen, der den Begriff erstmalig geprägt hat. Tatsächlich stammt der Begriff „Metaversum" ursprünglich aus dem Science-Fiction-Roman „Snow Crash", verfasst von Neal Stephenson im Jahr 1992 [STE92]. Aber auch, wenn dieses Buch den Ausdruck einführte, löste es nicht den Hype aus, den wir heute im Zusammenhang mit dem Metaversum erleben. Es sind vielmehr Aussagen wie die von Mark Zuckerberg, der das Metaversum als das zukünftige „embodied internet", also als ein „verkörperlichtes Internet" bezeichnet und voraussagt, dass in der Zukunft der Unterschied zwischen der realen und der virtuellen Welt im Metaversum nicht mehr erkennbar sein wird. Dies würde eine Verschmelzung von Realität und Virtualität bedeuten. Bei Aussagen wie der zuvor zitierten sollte allerdings zunächst einmal untersucht werden, wie Benutzer reale und virtuelle Welten überhaupt wahrnehmen. Denn ohne ein solches Verständnis kann das angestrebte Verschmelzen dieser Welten sicherlich nicht erfolgreich realisiert werden [BIT22].

> „Konsens bei allen Diskussionen ist, dass das Metaverse eine Form der virtuellen Welt oder des virtuellen Erlebnisses darstellt."

Es ist allerdings von Bedeutung zu beachten, dass sich gegenwärtig der Charakter und das Selbstverständnis von virtuellen Welten wandelt. Diese virtuellen Welten existieren schon seit geraumer Zeit. Computerspiele stellen ein gutes Beispiel hierfür dar. Es wäre jedoch ein Fehlschluss anzunehmen, dass das Metaversum einfach nur das nächste Computerspiel sei. Insbesondere bei der Betrachtung der jüngeren Generation haben virtuelle Welten wie Minecraft, Fortnite oder Roblox schon lange eine neue Bedeutung erlangt. Sie dienen nicht nur als Unterhaltungsmedium, sondern auch als soziale Treffpunkte. Es ist nicht ungewöhnlich, dass Menschen sich in Minecraft verabreden, um gemeinsam an einem Projekt wie dem Bau eines Bahnhofs für Oberursel, zu arbeiten, wie es das Beispiel der Plattform „Oberurselcraft" zeigt [BOGoJ, KOM17, OBE20].

Ein Ansatz, der an dieser Stelle durchaus hilfreich sein könnte und auf den hier bewusst zurückgegriffen wird, ist das von Paul Milgram und Akira Kishino 1994 entwickelte und vorgestellte Realitäts-Virtualitäts-Kontinuum (RVK), dass in Abb. 2.1 gezeigt wird [MIL95]. Hiermit beschreibt Milgram, der nicht mit dem bekannten Psychologen Millgram verwechselt werden darf, aus der Sicht der Mensch-Maschine-Schnittstelle die menschliche Wahrnehmung beziehungsweise das Spektrum dieser Wahrnehmung. Er unterscheidet darin die Extreme der hundertprozentigen Realität und der hundertprozentigen Virtualität, die durch ein breites Spektrum des Übergangs zwischen diesen beiden Aspekte getrennt sind. Damit wird beschrieben, wie der Mensch seine jeweilige Umwelt wahrnimmt und was dies in Bezug auf die jeweilige Technologie und Technik bedeutet.

Bevor also im Weiteren also das Augenmerk auf das Metaversum an sich gerichtet wird, soll zunächst einmal betrachtet werden, wie der Mensch und damit letztlich auch die Technik ihre jeweilige Umwelt wahrnimmt. Es geht hierbei noch gar nicht um die ebenfalls

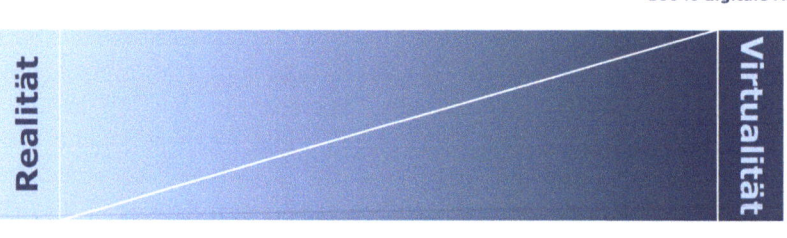

Abb. 2.1 Das Realitäts-Virtualitäts-Kontinuum nach Milgram und Kishino. (In Anlehnung an [MIL95])

2.1 Realität

Das von Milgram und Kishino aufgestellte Kontinuum weist an seinen Endpunkten jeweils ein Extrem auf. Eines dieser Extreme ist die Realität. Hierbei ist nicht eine philosophische Auseinandersetzung mit dem Realitätsbegriff gemeint, sondern vielmehr geht es in diesem Kontext und im gesamten Konstrukt des Realitäts-Virtualitäts-Kontinuums um die aktuelle Wahrnehmung des Menschen und seiner Umwelt.

Realität im Sinne des Kontinuums nach Milgram und Kishino, bedeutet hier, dass der Mensch ausschließlich reale Artefakte auf allen seinen ihm zur Verfügung stehenden Sinneskanälen empfängt (siehe Abb. 2.2). An dieser Stelle könnte sicherlich noch eine Betrachtung eingefügt werden, welche Sinneskanäle dem Menschen für die Wahrnehmung seiner Umwelt zur Verfügung stehen und wie diese auf die technische Anwendungswelt abgebildet werden könnten. Dies soll jedoch erst im Abschn. 3.1, geschehen.

2.2 Virtualität

Am anderen Ende des aufgestellten Kontinuums befindet sich nach Milgram das genau entgegengesetzte Extrem, nämlich die hundertprozentige Virtualität. Gemeint ist auch hier wieder, dass der Mensch auf all seinen ihm zur Verfügung stehenden Sinneskanälen ausschließlich virtuelle beziehungsweise digitale Artefakte wahrnimmt. Das heißt, auf dieser Seite des Kontinuums sieht der Mensch ausschließlich digital erzeugte und gerenderte Objekte und er hört ausschließlich digital erzeugte Audioinformationen. Allerdings ist dies nur ein kleiner Teil dieser Extremsichtweise; vielmehr muss der Gedanke hier weitergeführt werden, dass der Mensch auf dieser Seite des Kontinuums auch ausschließlich digital erzeugte Eindrücke fühlt, riecht und schmeckt. Eine solche extreme Betrachtung

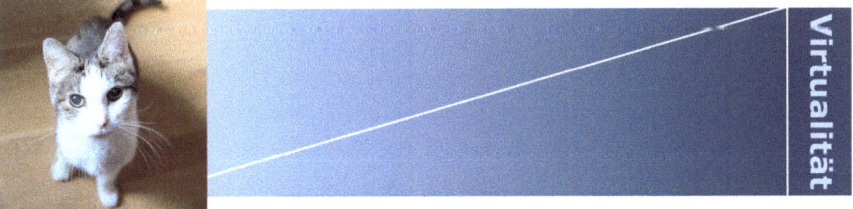

Abb. 2.2 Das Extrem der reinen Realität im RVK. (In Anlehnung an [MIL95])

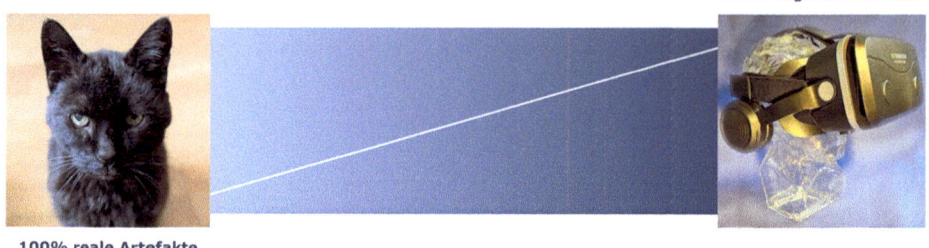

Abb. 2.3 Das Extrem der reinen Virtualität im RVK. (In Anlehnung an [MIL95])

muss zu dem Schluss kommen, dass der Mensch mit seiner Wahrnehmung vollkommen und vollständig von der realen Umwelt entkoppelt ist.

Während das Extrem der Realität technisch sehr leicht zu realisieren ist, indem zum Beispiel ganz einfach alle digitalen Geräte ausgeschaltet werden, ist der technische Aufwand für das Extrem der Virtualität ausgesprochen hoch, wie es ansatzweise in Abb. 2.3 zu sehen ist. Zwar können Bild und Ton hochqualitativ und auch in sogenannter Echtzeit künstlich erzeugt werden, dies gilt jedoch nicht für alle anderen Sinneskanäle. Sicherlich ist es vorstellbar, durch den Einsatz von zum Beispiel ätherischen Ölen, die einem Benutzer vor seiner Nase zugeführt werden, einen künstlich erzeugten Geruch zu präsentieren [LIU23, SCH23a]. Und sicherlich ist es rein theoretisch auch vorstellbar, den gustatorischen Sinn des Menschen auf technischem Wege anzusprechen, indem die Geschmacksrezeptoren auf der Zunge und im Mundbereich adressiert werden. Ob allerdings eine technische Implementierung von Seiten des Benutzers akzeptiert würde, darf durchaus bezweifelt werden. Tatsächlich gibt es derzeit nur sehr wenige Projekte, die sich diesem Problem überhaupt stellen. Ausgeklammert wird hier natürlich eine in Zukunft eventuell mögliche sensorische Aktivierung über Brain Interfaces. Aber auch hier würde sich die Frage stellen, ob solche Formen von Interaktionsgeräten durch den Benutzer akzeptiert würden. Ebenso sind die bei der Entwicklung von Brain-Interfaces auftretenden ethischen Fragen durchaus noch nicht ausdiskutiert.

Weitaus einfacher anzusprechen sind hingegen die haptischen Sinneskanäle. Datenhandschuhe und sogar ganze Datenanzüge, die mechanische beziehungsweise taktile Eindrücke vermitteln, gibt es bereits seit geraumer Zeit. Insbesondere aktuell erfährt die Entwicklung solcher technischer Geräte einen erheblichen Schub. Neue Materialien eröffnen hier die Möglichkeit, die bis vor kurzem noch ausgesprochen klobigen Gerätschaften erheblich zu miniaturisieren und somit den Tragekomfort dieser Geräte deutlich zu verbessern. Damit dürfte letztlich auch die Akzeptanz auf Seiten des Benutzers steigen. Solche Anzüge lassen sich ohne Weiteres auch mit Heiz- und Kühlelementen integrieren, sodass auch die Temperaturwahrnehmung des Menschen künstlich beziehungsweise technisch angesprochen werden kann.

2.2 Virtualität

Ein einziger Sinneskanal allerdings bleibt, zumindest derzeit, noch nicht künstlich abbildbar. Gemeint ist die Wahrnehmung der Schwerkraft, die wohl auch in absehbarer Zeit nicht durch technische Geräte verändert werden kann. Ausdrücklich ausgeklammert bleibt hier die eventuelle technische Möglichkeit durch den Einsatz der oben schon kurz erwähnten Brain Interfaces.

Das gezielte Ansprechen menschlicher Sinnesmodalitäten ist nur durch eine intensive technische Unterstützung möglich. Dafür müssen zahlreiche technische Geräte in einem System zusammengeführt werden, um eine hundertprozentige Virtualität zu erreichen. Unter dem Oberbegriff „Virtual Reality" bekannt, lässt der hohe Technisierungsgrad vermuten, dass die Idee dieser Technologie und die realisierte Technik neuartig seien. Dies ist jedoch ein Fehlschluss, denn erste Ideen dazu lassen sich bereits auf den Beginn des 20. Jahrhunderts zurückführen.

Nicht nur die Ideen, sondern auch die Implementierungen von Virtual-Reality-Systemen sind deutlich älter. Schon in den Jahren 1957 bis 1962 entwickelte Morton Heilig, ein Filmemacher und Kinotechniker, das sogenannte „Sensorama", den Vorläufer aller heute bekannter Virtual-Reality-Systeme [WIKoJ, HEI62]. Allerdings war dieses System einerseits viel zu klobig und andererseits von einer zu niedrigen Darstellungsqualität, als dass es ein echter Erfolg auf dem Massenmarkt hätte werden können (siehe Abb. 2.4).

Seitdem gab es mehrere Versuche, Virtual Reality für den Massenmarkt tauglich zu machen. Insbesondere in den 1980er- und 1990er-Jahren präsentierten namhafte Firmen wie Sony eine ganze Reihe von Geräten, die den Homecomputer- oder Personalcomputer-Markt erobern sollten. Keiner dieser Versuche war jedoch wirklich erfolgreich. Im professionellen Bereich entwickelten sich hingegen für bestimmte Anwendungsfälle eine Vielzahl von Virtual-Reality-Lösungen, die ihre Tauglichkeit und Stabilität bewiesen. Zahlenmäßig war ihre Verbreitung allerdings recht überschaubar.

Ob der aktuelle neue Anlauf mit Geräten wie der Oculus Rift, Quest oder anderen diesmal ein Erfolg auch auf dem Massenmarkt sein wird, kann aktuell noch nicht wirklich beantwortet werden. Der Markt scheint allerdings auch heute noch ein schwieriger zu sein, wie ein Blick in die Regale der großen Elektronik- und Mediengeschäfte zeigt. Hier findet sich in aller Regel kein einziges VR-Headset im Angebot zu Verkauf.

Auch in technischer Hinsicht muss hier nochmals differenziert werden (siehe Abb. 2.5). Einerseits gibt es den Ansatz, die hundertprozentige Virtualität durch den Einsatz von Geräten wie der bereits erwähnten Oculus Rift und ähnlichen unter der Bezeichnung „VR-Headsets" zu erreichen, die ausschließlich die Kopfsinne ansprechen. In Kombination mit einem Anzug für die körperlichen Sinne könnte dies tatsächlich ein Weg sein, um die Virtualität nach Milgram zu erreichen. Andererseits gibt es den Ansatz der sogenannten CAVE [CRU92, CRU93], welches erstmals 1992 vorgestellt wurde.

Der Name CAVE, ein Akronym für „Cave Automatic Virtual Involvement", ist dabei Programm. Ähnlich wie in einer echten Höhle befindet sich der Benutzer in einem vollständig geschlossenen Raum, auf dessen sechs Innenseiten künstlich erzeugte visuelle Informationen projiziert werden. Der Benutzer kann sich in diesem Raum frei bewegen, ohne klobige und bewegungsstörende technische Geräte wie bei einem Headset mit sich tragen

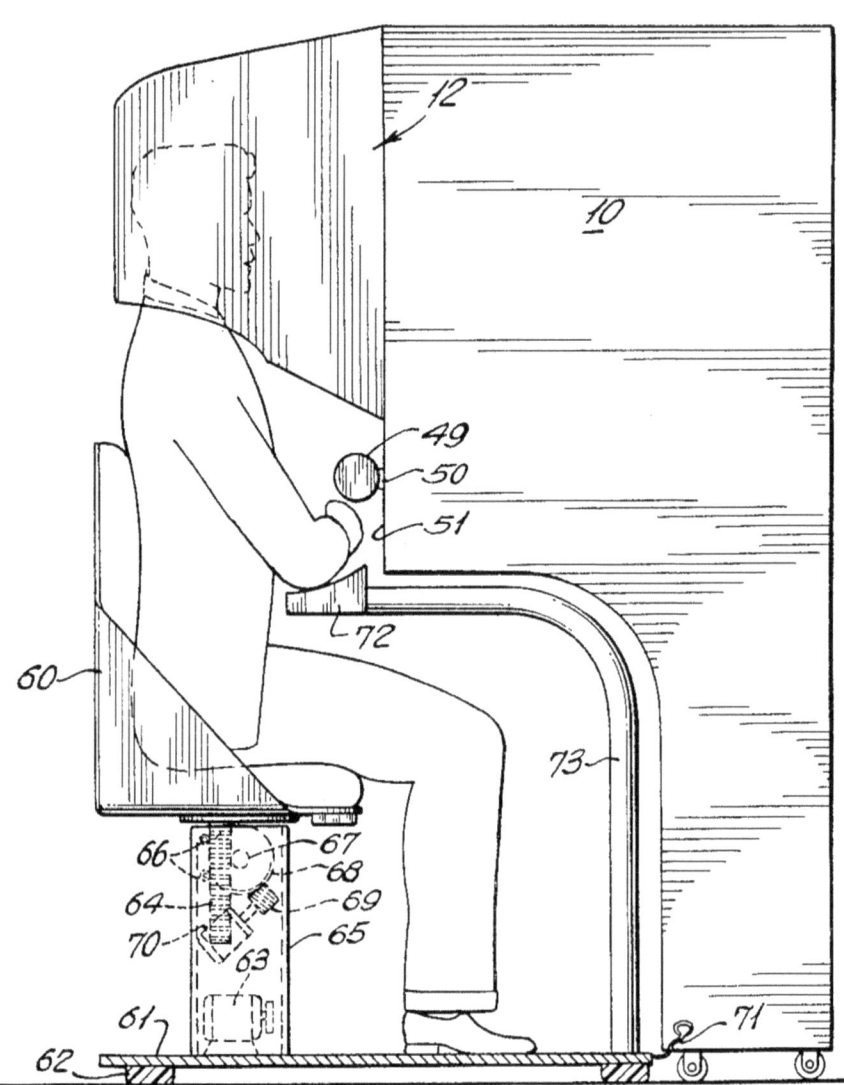

Abb. 2.4 Patentzeichnung des Sensorama von Morton Heilig. (Morton Heilig: The Sensorama, from U.S. Patent #3050870)

zu müssen. Dies ist einerseits für den Benutzer sicherlich komfortabel; allerdings erscheint es eher unwahrscheinlich, dass sich die CAVE-Technologie für den Consumer- und Massenmarkt etablieren wird, da sie in irgendeiner Form in das Wohnumfeld des Menschen integriert werden müsste, was wiederum deutlich aufwendiger und schwieriger ist als die Benutzung eines VR-Headsets.

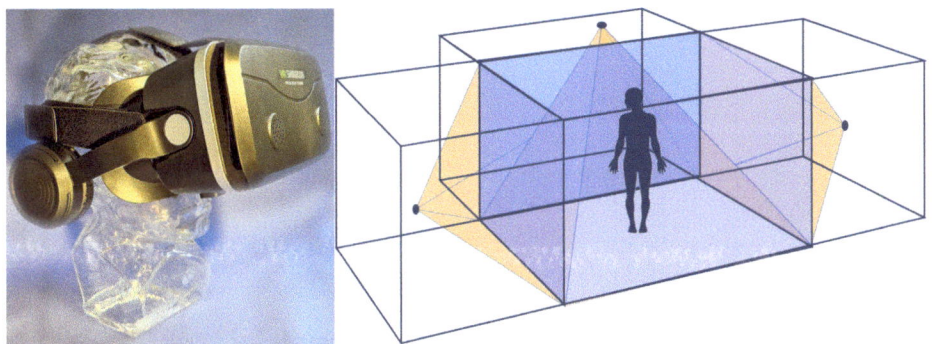

Abb. 2.5 Unterschied der Darstellung von VR: Headset vs. CAVE. (Eigene Darstellung: Peter Hoffmann, Invisible Cow)

Am Beispiel der CAVE wird jedoch nochmals deutlich, dass hundertprozentige Virtualität automatisch die fast vollständige Entkopplung des Menschen von seiner realen Umwelt bedeutet.

2.3 Augmented Reality

Zwischen den beiden Extremen der Wahrnehmung, einerseits ausschließlich reale Artefakte und andererseits ausschließlich digitale Artefakte, ließen Milgram und Kishino in ihrem Kontinuum ausreichend Raum für ein breites Spektrum unterschiedlicher, fließender Abstufungen. Ausgehend vom Extrem der hundertprozentigen Realität, wird die Wahrnehmung zunehmend überlagert und angereichert durch digitale Artefakte, wie es in Abb. 2.6 dargestellt ist.

Diesen mittleren Teil des Kontinuums gliedern Milgram und Kishino in zwei Bereiche. Der bekanntere davon ist der Bereich der Augmented Reality, bei dem in der Wahrnehmung die realen Eindrücke und Artefakte gegenüber den digitalen überwiegen. Dabei bleibt unberücksichtigt, welche Bedeutung den digitalen Artefakten zugeschrieben werden kann oder sollte. In ihrer Beschreibung gehen Milgram und Kishino einfach davon aus, dass die Wahrnehmung der Realität durch künstlich erzeugte digitale oder virtuelle Informationen und Artefakte angereichert wird.

Die Idee des hier vorgestellten Realitäts-Virtualitäts-Kontinuums ist daher eng mit dem Konzept von Augmented Reality verbunden, wie er heute im Bereich der Informatik verstanden wird. Obwohl die Historie weiter zurückreicht, wurde die Beschreibung der technischen Grundlagen erstmals 1993 von Ronald T. Azuma publiziert [AZU93]. Laut seiner Vorstellung bedeutet Augmented Reality, dass digitale Objekte präzise in das Sichtfeld des menschlichen Benutzers eingefügt werden. Präzise bedeutet in diesem Kontext, dass sich ein eingefügtes Objekt nahtlos und ohne erkennbaren Übergang in die Wahrneh-

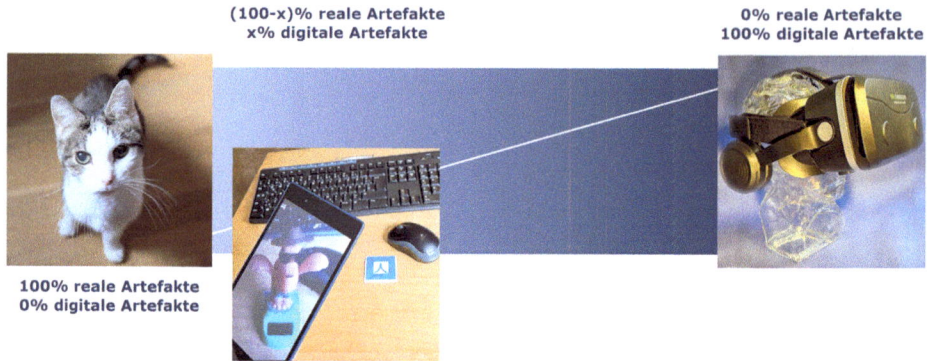

Abb. 2.6 Die augmentierte Realität (AR) im RVK. (Eigene Darstellung: Peter Hoffmann, Invisible Cow)

mung der ansonsten realen Umgebung einfügt. Azuma denkt dabei insbesondere an dreidimensional modellierte digitale Objekte [AZU95, AZU97].

Aus dieser Vorstellung heraus muss der Begriff der Passgenauigkeit spezifiziert werden:

- Geometrische Passgenauigkeit bezieht sich auf das digitale Objekt selbst, da dieses in Form und Größe der Realität entsprechen muss.
- Geografische Passgenauigkeit, die sich aus der geometrischen Passgenauigkeit ableitet, bezieht sich auf die Position des einzufügenden Objekts. Dieses muss nicht nur in seiner Form und Größe passen, sondern auch exakt an der Stelle eingefügt werden, die der Benutzer erwartet oder die sich aus der Logik ergibt.
- Die geografische Passgenauigkeit führt unmittelbar zu einem dritten Punkt, da auch Position, Perspektive und (Sicht-)Winkel des Benutzers berücksichtigt werden müssen. Dies ist insbesondere deshalb wichtig, weil Azuma davon ausgeht, dass der Benutzer durch eine Brille in die Realität schaut und die digitale Ergänzung bzw. Anreicherung in der Brille erfolgt. Diese Brille bewegt sich mit dem Benutzer und seinem Kopf, was bedeutet, dass Körperbewegung und -haltung Einfluss auf die Orientierung der Displays in der Brille haben.
- Temporale Passgenauigkeit, oder einfacher gesagt, die Synchronisierung des Renderings des digitalen Artefakts mit der Bewegung des Benutzers und seiner Wahrnehmung. Diese wird durch zwei Aspekte beeinflusst: Zum einen müssen Position und Körperhaltung des Benutzers mit hoher Geschwindigkeit erfasst werden, zum anderen muss das Rendering des zu ergänzenden Objekts ebenso schnell berechnet werden.

Schon kleinste Abweichungen in einem Aspekt der oben aufgeführten Passgenauigkeiten können leicht zur Irritation des Benutzers führen und somit zur Akzeptanzverlust. Dies lässt sich gut vergleichen mit der Wahrnehmung von Filmen oder Videos, in denen beispielsweise die Montage eines Schauspielers in eine Szenerie nicht optimal gelingt

2.3 Augmented Reality

oder in denen eine zeitliche Asynchronität zwischen Video- und Audiospur eines Films zum Verlust der Lippensynchronität führt.

Ein interessanter Gedanke in Bezug auf die „angereicherte" Realität ist die Negierung des Verständnisses. Typischerweise wird davon ausgegangen, dass bei AR die Wahrnehmung um digitale Artefakte erweitert wird. Dies kann allerdings auch genau andersherum gedacht werden. Wenn nämlich ein digitales Artefakt an einer feste Koordinate in der Wahrnehmung eingebracht wird, so bedeutet dies zugleich, dass ein Teil der Realität überlagert und somit nicht mehr wahrgenommen wird. Dieser Gedanke führt zu dem Begriff der Diminished Reality, also der „verminderten" Realität. Was zunächst wie ein Spaß klingen mag, bekommt aber spätesten im Hinblick auf sicherheitsspezifische Fragen einen ernsten Hintergrund, denn was könnte es zum Beispiel für Folgen haben, wenn eine Stufe auf dem Weg des Benutzers durch ein digitales Artefakt überdeckt wird [HER10, MAN01].

Die von Azuma im Jahr 1994 vorgestellte Idee der Augmented Reality erfordert den Einsatz leistungsstarker technischer Systeme. In Abb. 2.7 wird dies an einer vereinfachte Systemarchitektur deutlich. Dies ist wahrscheinlich einer der Gründe, warum sich Augmented Reality zunächst nicht wirklich durchsetzen konnte. Dennoch scheint das Konzept der Anreicherung der realen Wahrnehmung mit digitalen Artefakten so bedeutend zu sein, dass viele Ansätze untersucht wurden, die technischen Hindernisse auf andere Weise zu überwinden.

Die Hauptanforderungen an die Leistungsfähigkeit ließen sich dabei auf recht einfache Weise reduzieren.

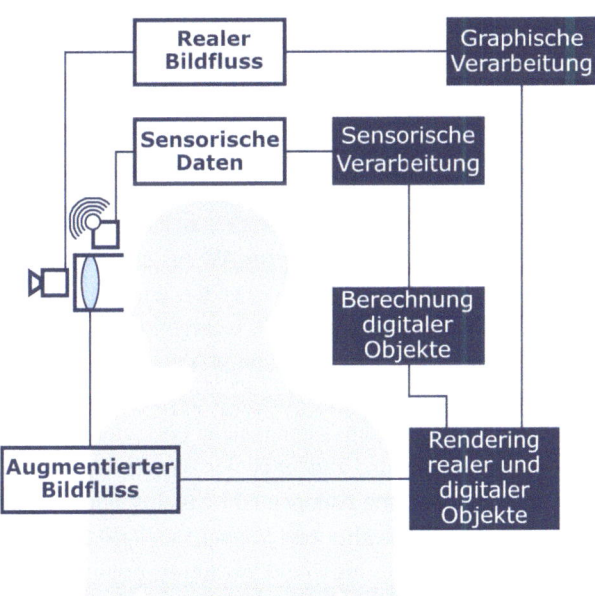

Abb. 2.7 Vereinfachte Systemarchitektur für AR. (Eigene Darstellung: Peter Hoffmann, Invisible Cow)

- Zunächst wurden die 3D-Objekte auf 2D-Artefakte reduziert, was eine deutliche Verminderung der geometrischen Komplexität der Objekte zur Folge hatte.
- In einem weiteren Schritt wurden aus geometrischen Objekten häufig einfache Textfragmente, was eine weitere Reduktion der Komplexität bedeuteten.
- Schließlich wurde die geografische Präzision reduziert, und der Anspruch auf pixelgenaue Anreicherung wurde durch eine lediglich ortsbezogene Anreicherung ersetzt.

Mit anderen Worten wurde also die Idee der Augmented Reality weiterentwickelt und in die mittlerweile etablierten standortbasierten Dienste, auch bekannt als Location Based Services, überführt. Dieser Aspekt wird in Abschn. 3.2 noch einmal aufgegriffen.

Auch wenn die aktuellen Rechner durch die immense Zunahme der Leistungsfähigkeit mittlerweile natürlich deutlich stärker sind als in den 1990er-Jahren, stoßen auch heutige Systeme, insbesondere mobile Systeme wie Smartphones und ähnliche Geräte, bei der Realisierung von Augmented Reality nach Azuma häufig noch leicht an ihre technischen Grenzen. Dennoch gibt es mittlerweile zahlreiche Beispiele für erfolgreiche 3D-basierte Augmented Reality-Anwendungen. Diese finden sich vor allem im professionellen Umfeld, beispielsweise in der industriellen Wartung oder Montage. Es ist aber absehbar, dass mit der weiter steigenden Leistungsfähigkeit der Computersysteme zunehmend mehr Anwendungsbeispiele für den privaten Bereich realisiert werden.

2.4 Augmented Virtuality

Milgram und Kishino entwickelten das Konzept des Realitäts-Virtualitäts-Kontinuums, um das Spektrum von gemischten Realitäten zu beschreiben, das von der realen Welt bis zur vollständig virtuellen Welt reicht. Innerhalb dieses Spektrums findet sich mit dem Bereich der Augmented Virtuality (AV) ein weiterer Teilbereich der Anreicherung (siehe Abb. 2.8). In ihrem Kontinuum liegt Augmented Reality näher an der realen Welt, während die Augmented Virtuality stärker an der virtuellen Welt orientiert ist. Im Gegensatz zu AR besteht die Wahrnehmung in AV aus einer computergenerierten virtuellen Welt, die durch reale Objekte und Daten erweitert wird. Hierbei überwiegen die digitalen Artefakte zahlenmäßig die vom Menschen wahrgenommenen realen Artefakte. Milgram und Kishino sprechen also von Augmented Virtuality, wenn die Realität hinter der Virtualität zurücktritt. Der Übergang zwischen AR und AV ist jedoch fließend, denn letztlich lässt sich nicht genau messen, wann welche Form der Artefakte in welcher Anzahl in der Wahrnehmung auftreten und zudem ist der Begriff des Überwiegens hochgradig subjektiv.

Die Bedeutung von Augmented Virtuality liegt darin, dass es ein Zwischenschritt zwischen Augmented Reality und Virtual Reality darstellt. Während Virtual Reality die vollständige Immersion in eine künstliche, computergenerierte Umgebung anstrebt, ermöglicht Augmented Virtuality die Integration von realweltlichen Artefakten in diese virtuelle Umgebung, wodurch die Grenzen zwischen Realität und Virtualität zwar weiter verwischt werden, der Eindruck der Realität aber aufrecht erhalten bleibt.

2.4 Augmented Virtuality

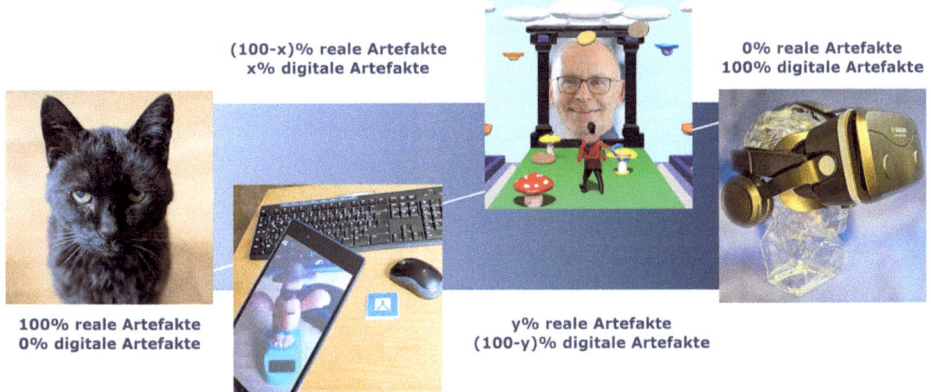

Abb. 2.8 Die augmentierte Virtualität (AV) im RVK. (Eigene Darstellung: Peter Hoffmann, Invisible Cow)

Die Abgrenzung von AV und AR ist daher nützlich, um das Spektrum der möglichen Anreicherungen der Wahrnehmung besser zu verstehen und die jeweiligen Anwendungen und Technologien zu klassifizieren.

Die Idee der Augmented Virtuality ist momentan noch ein eher selten anzutreffendes Konzept. Trotzdem lassen sich durchaus Anwendungsfälle für diesen Bereich des Realität-Virtualität-Kontinuums finden.

- Ein Beispiel dafür ist ohne Frage der Entertainment- und Gaming-Bereich, in dem zum Beispiel ein Spieler in eine 3D-gerenderte Spielumgebung eintauchen kann und über einen anderen Sinneskanal, wie zum Beispiel den auditiven Kanal, mit realen Mitspielern kommuniziert. Ebenso können die realen Mitspieler per Kamerabild in die gerenderte Spielewelt integriert werden.
- Aber auch außerhalb von Spielewelten lässt sich diese Form der Telepräsenz von realen Personen in virtuellen Welten anwenden. Ideen für Implementieren wurden für den Bereich medizinischer Anwendungen sowie auch für ingenieurtechnische Anwendungen beschrieben [GERoJ, ROS22, SHE19].
- Telepräsenz kann ebenfalls für den Entertainment-Bereich ein reizvolles Spielfeld eröffnen. So gibt zum Beispiel die Violinistin Lindsey Stirling live in virtuellen Umgebungen Konzerte (siehe Abb. 2.9) und reichert diese mit Echtzeit-Chats an, in denen das Publikum, das dem Konzert in der realen Welt folgt, multimedial mit der Künstlerin interagieren kann [CRA19, STI19].
- Ein vielversprechendes Anwendungsszenario scheint auch der Bereich der Mensch-Roboter-Interaktion zu sein [LI19, LEE21]. Hier spannt sich das potenzielle Anwendungsfeld von der Fernbedienung von Maschinen und Robotern bis hin zur Erfassung und Darstellung von Sensordaten und Bildern.

Abb. 2.9 Screenshot aus dem VR-Live-Concert von Lindsey Stirling [STI19]

Mit der weiteren Entwicklung des Metaversum-Gedankens wird die Zahl der Beispiele und Implementierungen von Augmented Virtuality sicherlich noch deutlich ansteigen, schließlich ermöglicht AV eine erweiterte Interaktion zwischen realen und virtuellen Elementen und verstärkt so auch die gewünschten immersiven Erfahrungen.

2.5 Mixed and other Realities

Milgram und Kishino führen die Begriffe Augmented Reality und Augmented Virtuality unter dem gemeinsamen Konzept der Mixed Reality zusammen. Hier beginnen nun allerdings die begrifflichen Schwierigkeiten. Sowohl der Übergang zwischen Augmented Reality und Augmented Virtuality als auch der ganze Bereich der Mixed Reality sind ausgesprochen fließend. Diese begrifflichen Probleme werden noch verstärkt, da mittlerweile viele Unternehmen den Begriff der Mixed Reality als Produktbezeichnung oder Marketingschlagwort verwenden.

Die Definition des Begriffs Mixed Reality wird noch problematischer, da umgangssprachlich die Mixed Reality häufig in Richtung des Extrems der hundertprozentigen Virtualität erweitert wird und diese einschließt. Damit wird eine scharfe Definition des Begriffes Mixed Reality deutlich erschwert.

Ein nachvollziehbarer und praktikabler Ansatz wird von Bellalouna et al. vorgestellt [BEL22]. Dieser Ansatz stützt sich auf die Arbeiten von Milgram und Kishino und definiert die Mixed Reality als den Bereich zwischen den beiden Extremen der hundertprozentigen Realität und Virtualität [MIL95], grenzt diese aber von der sogenannten Extended Reality (XR) ab. Der Umfang der Mixed Reality nach Milgram und Kishino bleibt also unverändert.

2.5 Mixed and other Realities

Sobald jedoch Virtual Reality zur Mixed Reality hinzugefügt wird, sprechen Bellalouna et al. dann von der Extended Reality. Für das Verständnis des Begriffs des Metaversums erscheint dieser Ansatz durchaus sinnvoll, wie sich später noch zeigen wird, wenn nämlich die Verschmelzung von realer und virtueller Welt in den Fokus der Betrachtung rückt.

Der Begriff der Mixed Reality trägt allein zunächst nicht wesentlich zum Verständnis des Metaversums bei. Viel interessanter ist daher der aufgezeigte Begriff der gerade Extended Reality. Nach dem Verständnis von Bellalouna umfasst die Extended Reality alles, was in irgendeiner Weise durch digitale Artefakte ergänzt wird, und schließt damit auch die Virtual Reality ein. Diese wurde in einer strengen Auslegung des Begriffs der Mixed Reality nach Milgram und Kishino zuvor ausgeschlossen. Somit ergibt sich nun ein kontinuierlicher Bereich, der mit dem ersten digitalen Artefakt beginnt, welches in die Wahrnehmung eingefügt wird.

Leider ist, wie oben schon erwähnt, der Begriff der Mixed Reality mittlerweile von vielen Firmen als reiner Marketingbegriff verwendet worden, allen voran von Microsoft, die mit der HoloLens den Begriff nahezu vollständig für sich beanspruchen. Bei genauerer Betrachtung, insbesondere unter Berücksichtigung des Milgramschen Kontinuums, fällt allerdings auf, dass auch das Marketing von Microsoft den Begriff Mixed Reality zumindest anders interpretiert als von Milgram beschrieben.

Auffällig wird dies beim Vergleich der HoloLens mit den Definitionen, die in den eigenen Veröffentlichungen von Microsoft zum Begriff Mixed Reality zu finden sind. Hier wird beispielsweise gesagt, dass unter dem Begriff Mixed Reality jede Art von Anreicherung bis hin zur vollständigen Virtual Reality verstanden wird. Neben dem Konflikt mit dem Realitäts-Virtualitäts-Kontinuum lässt sich aber, zum Beispiel mit der HoloLens an sich, eben diese hundertprozentige Anreicherung in Form der Virtual Reality gar nicht erreichen, da es sich hierbei um ein Gerät aus der Klasse der sogenannten See-Through-Devices handelt.

Zudem wird in denselben Veröffentlichungen über die HoloLens auch gesagt, dass diese ein holografisches Display darstellt, was allerdings laut den allgemeinen technischen Definitionen ebenfalls nicht korrekt ist. Die HoloLens fällt vielmehr in die Kategorie der „Binocular See-through Head-Mounted Displays". Zum besseren Verständnis der verschiedenen Display-Geräte sei hier die typische Kategorisierung für solche Head-Mounted Displays (HMD) angeführt, in er zum einen in monokulare und binokulare sowie zum anderen in See-through-Geräte und Non-see-through-Geräte unterschieden wird. Diese Kategorisierung wird in Abb. 2.10 verdeutlicht.

Was Microsoft implizit mit dem Begriff Mixed Reality geschaffen hat, nämlich die Ausdehnung über die augmentierten Bereiche AR und AV hinaus in Richtung der Einbeziehung der kompletten Virtual Reality, hatten, wie oben bereits beschrieben, Bellalouna et al. vorgedacht und es dann nicht mehr Mixed Reality, sondern Extended Reality genannt. Allerdings ist dieser Erweiterungsansatz nicht der einzige Definitionsansatz für diese XR. Tatsächlich gehen einige Definitionen noch einen beträchtlichen technischen Schritt weiter.

Sowohl für Augmented Reality als auch für Augmented Virtuality müssen, wenn den klassischen Definitionen gefolgt wird, 3D-Artefakte in die visuelle Wahrnehmung inte-

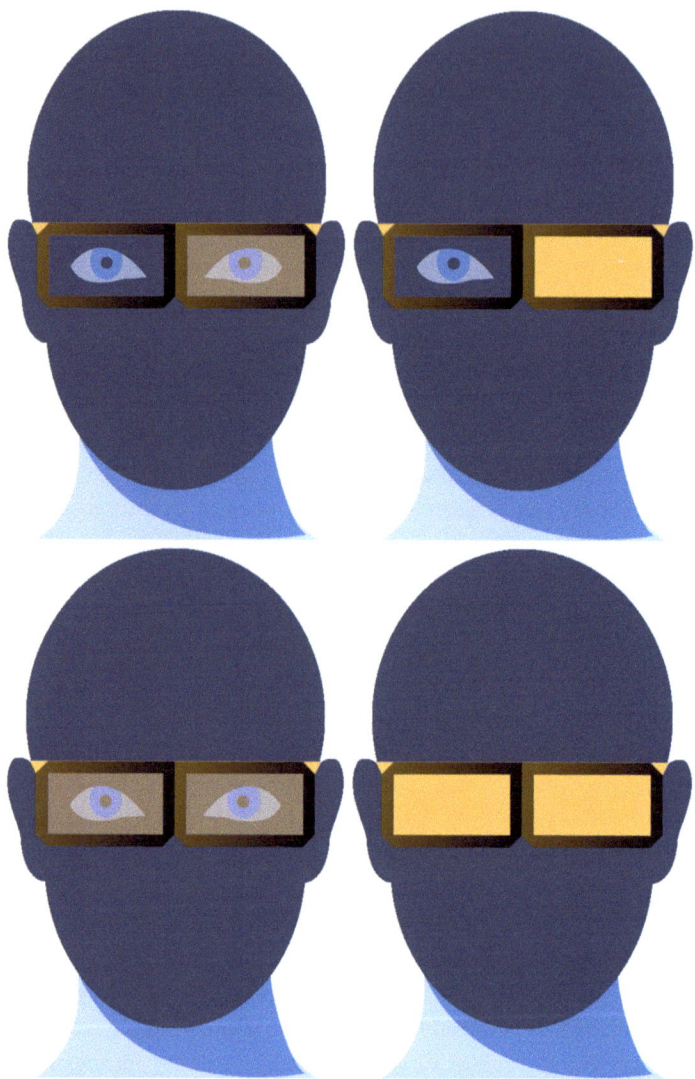

Abb. 2.10 Klassifikationsschema für Head-Mounted-Displays oben links: monokular, see-through unten links: binokular, see-through oben rechts: monokular, non-see-through oben rechts: binokular, non-see-through. (Eigene Darstellung: Peter Hoffmann, Invisible Cow)

griert werden. Diese 3D-Objekte werden geometrisch modelliert und an einem Ort mit einer festen räumlichen Koordinate verankert. Einige wenige Modellierungsansätze sehen jedoch vor, dass die 3D-Artefakte nicht nur an einer fixen Koordinate verankert sind, sondern sich auch entlang der drei räumlichen Achsen bewegen können.

Diese Art der Modellierung ist für sich genommen zwar durchaus komplex, jedoch ist sie wiederum dadurch relativ simpel, weil die Modellierung ausschließlich das digitale, künstliche oder virtuelle Objekt und sein Verhalten beschreibt. Ein interessanter Ansatz für die Erweiterung des Mixed Reality-Begriffes ist nun die folgende Vorstellung:

2.5 Mixed and other Realities

Was passiert, wenn eine digital erzeugte und modellierte Kaffeetasse die Realität erweitert und auf einem realen, physischen Tisch positioniert wird?

Im Kontext von Augmented Reality und somit im Kontext der Mixed Reality innerhalb des Kontinuums von Milgram und Kishino kann ein Betrachter nun um den realen Tisch herumgehen und aus allen Perspektiven die passgenau eingefügte digitale Tasse durch beispielsweise sein See-Through-Gerät sehen.

Stößt der Betrachter allerdings bei seinem Rundgang an den Tisch und verschiebt ihn in der realen Welt, so hat dies keine Auswirkungen auf die Position der digitalen Tasse. Sie verbleibt unverändert an den ihr zugewiesenen Koordinaten im virtuellen Raum. Im Extremfall kann es nun passieren, dass der Betrachter den Tisch so weit verschiebt, dass die Tasse den Tisch verlässt und, ganz wie Karl der Kojote bei seiner Jagd nach dem Roadrunner, frei im Raum hängen bleibt. Der Unterschied zur realen, physischen Welt offenbart sich hier sehr deutlich. In der realen Welt würde entweder die Tasse mit dem Tisch gemeinsam verschoben werden oder, wenn der Tisch tatsächlich unter ihr ruckartig weggeschoben würde, so würde die Tasse herunterfallen und auf dem Boden landen und dabei wahrscheinlich zerschellen (siehe dazu auch Abb. 2.11).

Abb. 2.11 Digitale Artefakte vs. die reale Welt: Mixed Reality. (Eigene Darstellung: Peter Hoffmann, Invisible Cow)

Der Grund dafür liegt darin, dass es keine sensorisch-aktorische Verbindung zwischen den realen und den digitalen Artefakten in der Mixed Reality gibt. Eine Idee, die die MR zur Extended Reality erweitert, ist nun, dass eine Verbindung zwischen den realen und digitalen Artefakten geschaffen wird, sodass die digitalen Artefakte sich genauso verhalten wie ein reales Objekt. Die digitale Tasse würde also entweder mit dem Tisch verschoben oder sie würde von dem Tisch herunterfallen. Dieser Ansatz soll im späteren Abschn. 3.2, in dem auch die Modellierung des physischen Verhaltens von digitalen Objekten betrachtet wird, noch einmal aufgegriffen und weiter ausgeführt werden.

2.6   Und das Metaversum?

Milgrams Realitäts-Virtualitäts-Kontinuum stellt also ein äußerst wirkungsvolles Beschreibungsinstrument dar, das die Möglichkeiten von Informationssystemen und ihre Wahrnehmung durch Benutzer erläutert. Dies trifft insbesondere dann zu, wenn dieses Instrument als dynamisches Werkzeug betrachtet und angewendet wird, wodurch es entsprechend erweitert werden kann. Bellalouna et. al. oder, wenn auch nur implizit, auch Microsoft erweitern den ursprünglich Mixed Reality bezeichneten inneren Teilbereich des Kontinuums und beziehen das Extrem der Virtual Reality ein, um somit eine Extended Reality zu schaffen.

Die Betrachtung erstreckt sich nun also von einer rein realen Wahrnehmung, die ausschließlich physische Artefakte umfasst, über jegliche Kombinationen realer und virtueller Anteile bis hin zur Wahrnehmung ausschließlich digitaler Artefakte. Was Milgram und Kishino jedoch nicht ausreichend berücksichtigten oder zumindest nicht detailliert beschrieben, ist, dass dies auch für jede Ausprägung der medialen Form der digitalen Artefakte zutrifft. Die Wahrnehmung kann sowohl durch eine einzige Medienform, beispielsweise lediglich durch statische Bilder, als auch durch einen umfassenden Medienmix angereichert werden.

In Bezug auf das Metaversum ergibt sich nun allerdings die Frage, an welcher Stelle innerhalb dieses Kontinuums das Metaversum selbst tatsächlich verortet ist. Hierbei geht es zunächst nicht um die Definition, wie Matthew Ball oder Tony Parisi sie später für das Metaversum formulieren und zu etablieren versuchen, sondern vielmehr steht im Moment an dieser Stelle der Ansatz im Fokus, den Marc Zuckerberg prognostiziert hat. Er beschrieb das Metaversum als das Internet der Zukunft und im vorliegenden Kontext noch präziser als das „embodied Internet", also das verkörperte Internet, das durch die Verschmelzung von realer Welt und virtueller Welt entsteht. Letztendlich dreht es sich hier also vorerst darum, das Metaversum in das Wahrnehmungs-, Interaktions- und Handlungsspektrum des Benutzers zu integrieren.

Verschiedene Ansätze der modellhaften Betrachtung folgen dabei Mike Boland, der dazu neigt, zwischen einem VR-Metaversum und einem AR-Metaversum zu unterscheiden [BOL22a, BOL22b]. Dies vereinfacht zwar einerseits die Modellbildung, andererseits aber widerspricht dies den von Matthew Ball und Tony Parisi hervorgehobenen Charakteristika des Metaversum, die explizit sagen, dass es nur ein Metaversum gibt [BAL22,

2.6 Und das Metaversum?

PAR21]. Vielmehr scheint es sinnvoller, das Metaversum als Abbild des fließenden Spektrums im Realitäts-Virtualitäts-Kontinuum anzusehen. Daraus ergibt sich, dass bei diesem Ansatz das Extrem der Wahrnehmung, das sich ausschließlich auf reale und physische Artefakte konzentriert, herausfällt, da dies nicht Teil der Interpretation der Ideen von Zuckerberg und anderen hinsichtlich dessen, was das Metaversum sein soll, sein kann.

Obwohl viele der vorgestellten Szenarien eine hohe Dreidimensionalität aufweisen, bleibt das Extrem der hundertprozentigen Virtualität letztendlich zwar durchaus möglich, jedoch wird es vermutlich eher als Ausnahmefall betrachtet werden müssen. Dies liegt daran, dass bei all den hier präsentierten Ideen und Szenarien das Zusammenspiel von realen Objekten und Personen mit ihren digitalen Pendants im Vordergrund steht. In den folgenden Abschnitten soll dieser Aspekt berücksichtigt werden. Es wird angenommen, dass das Metaversum die Möglichkeit bieten wird, dass …

- … reale Personen über das Metaversum mit anderen realen Personen kommunizieren, interagieren und zusammenarbeiten können.
- Ebenso können reale Personen mit digitalen Abbildern anderer realer Personen kommunizieren und interagieren.
- Weiterhin können reale Personen mit digitalen Objekten interagieren, ebenso wie …
- … digitale Abbilder realer Personen mit anderen digitalen Abbildern anderer realer Personen interagieren, zusammenarbeiten und kommunizieren können.
- Schließlich können auch digitale Abbilder realer Personen mit digitalen Objekten kommunizieren und interagieren.

Die Übergänge innerhalb des Realitäts-Virtualitäts-Kontinuums verlaufen fließend und wirken aufeinander ein. Es existieren Überschneidungen zwischen den verschiedenen Stufen, welche es ermöglichen, sie miteinander zu verknüpfen und dadurch neue Anwendungen und Innovationen zu kreieren, wie zum Beispiel zum Beispiel die Entwicklung von Augmented Virtuality aus der Idee der Augmented Reality (siehe dazu auch Abb. 2.12). Gleich-

Abb. 2.12 Die Verortung des Metaversum im RVK. (Eigene Darstellung: Peter Hoffmann, Invisible Cow)

zeitig eröffnet dies dann aber auch das Potenzial, hybride Umgebungen zu erschaffen, die „das Beste aus beiden Welten" vereinen, um innovative und immersive Lern- oder Arbeitsumgebungen zu entwickeln. Zudem kann die Verschmelzung von virtuellen und realen Umgebungen auch für neuartige Formen der Unterhaltung und Kunst eingesetzt werden.

Die Verknüpfung der unterschiedlichen Ebenen des Kontinuums bringt allerdings auch Herausforderungen mit sich. Datenschutz und Sicherheitsaspekte sind insbesondere bei der Kombination von virtuellen und realen Umgebungen von großer Bedeutung. Die Integration von Technologien verlangt zudem eine enge Kooperation zwischen verschiedenen Branchen und die gemeinsame Erarbeitung von Standards, um eine reibungslose Integration und Interoperabilität sicherzustellen.

Ein weiteres Problem in Bezug auf die Verbindung der verschiedenen Ebenen ist die Komplexität und Unberechenbarkeit der Technologie. Bei der Einführung neuer Technologien auf dem Markt ist es stets schwierig vorherzusagen, wie sie mit bereits existierenden Technologien interagieren werden. Ebenso ist es schwer, die Auswirkungen dieser Integration auf die Benutzererfahrung und die Gesellschaft insgesamt vorauszusehen.

2.7 Das Metaversum als informationszentriertes Web

Die aktuelle Sichtweise auf das WWW hat seinen Ursprung in dem, was Tim Berners-Lee mit seiner Entwicklung zu erreichen versuchte, nämlich eine Verbindung zwischen zunächst unabhängigen Dokumenten zu schaffen [BER89]. Durch die Definition von Verbindungen, also Links, zwischen solchen Dokumenten sollte ein zusammenhängendes neues (Hyper-) Dokument entstehen. Diese Sichtweise muss sich allerdings in dem Wandel, der bei einer Weiterentwicklung des WWW hin zu einem verkörpertem Internet im Sinne von Zuckerberg erfolgt, ebenfalls verändern. Zwar könnte an dieser Stelle gesagt werden, dass aus den Dokumenten, die das WWW bilde(te)n nun Objekte bzw. Körper werden. Dieser Ansatz greift aber zu kurz. Vielmehr erscheint es sinnvoller, das WWW in Zukunft nicht mehr dokumentenzentriert, sondern es vielmehr als informationszentriert zu betrachten und dazu auch die Grenzen von der Web „seite" hin zu einem räumlichen Konzept zu öffnen.

Der Unterschied zwischen einem dokumentenzentrierten Web und einem solchen informationszentrierten, interaktiven, immersiven Raum liegt in den grundlegenden Ansätzen zur Darstellung von Information, ihrer Organisation und der Interaktion mit ihnen.

Das Web in seiner bisherigen Form ist, wie oben schon gesagt, primär dokumentenzentriert. Es fokussiert sich auf statische Inhalte, die über Hyperlinks miteinander verbunden sind. Die Struktur ist entweder hierarchisch oder vernetzt, basierend auf HTML-Dokumenten und Webseiten. Die Nutzer bewegen sich durch dieses System, indem sie Links anklicken oder Suchmaschinen nutzen, um von einer Informationsquelle zur nächsten zu gelangen. Klassische Beispiele hierfür sind Webseiten, Blogs, PDFs oder Artikel.

Im Gegensatz dazu entwickelt sich zunehmend ein informationszentrierter, interaktiver und immersiver Raum, der Informationen nicht mehr nur in Text- und Bildform präsentiert, sondern sie in dreidimensionale, dynamische Umgebungen einbettet. Hierbei folgt die Struktur einer räumlichen und oft nicht-linearen Organisation. Informationen werden durch virtuelle Welten, Avatare oder interaktive Objekte in den virtuellen Welten repräsentiert. Beispiele hierfür sind virtuelle Räume im Metaversum, interaktive 3D-Modelle oder Simulationen. Der Zugang erfolgt über Geräte wie VR-/AR-Headsets und entsprechende Controller, mit denen der Nutzer mit der Umgebung direkt durch Gesten, indirekt über den gesteuerten Avatar oder mittels Sprache interagiert.

Nicht überraschend ist, dass sich auch die Darstellung von Informationen grundlegend unterscheidet. Im dokumentenzentrierten Web sind Inhalte in der Regel zweidimensional organisiert und bestehen aus Text, Bildern, Videos sowie gelegentlich interaktiven Elementen wie Formularen. Die Navigation erfolgt sequenziell durch Hyperlinks, die den Nutzer von einer Informationsquelle zur nächsten führen. Im immersiven Raum hingegen werden Informationen dreidimensional dargestellt und oft in Objekten, Avataren oder virtuellen Umgebungen eingebettet. Die Inhalte sind dynamisch, reagieren in Echtzeit auf Nutzereingaben und können mit zusätzlichen sensorischen Dimensionen wie haptischem Feedback, Klang oder Bewegung kombiniert werden.

Ebenso unterscheidet sich auch die Interaktivität zwischen beiden Ansätzen. Während im dokumentenzentrierten Web die Nutzerinteraktion hauptsächlich auf das Anklicken von Links, das Ausfüllen von Formularen und den Konsum von Inhalten beschränkt ist, erlaubt der immersive Raum weitreichendere Interaktionsmöglichkeiten. Nutzer können Objekte manipulieren, bewegen oder verändern, simulierte Prozesse auslösen oder mit anderen Nutzern über Avatare in Echtzeit interagieren. Darüber hinaus ermöglichen immersive Technologien körperliche und sensorische Interaktionen, beispielsweise durch Gestensteuerung, VR-Controller oder Sprachbefehle.

Die Nutzererfahrung im dokumentenzentrierten Web ist in erster Linie kognitiv geprägt. Inhalte werden linear und sequenziell konsumiert, der Fokus liegt auf dem Lesen, Verstehen und Navigieren. Immersive Räume hingegen bieten multisensorische Erfahrungen, bei denen visuelle, auditive und haptische Reize kombiniert werden. Die Interaktion ist oft personalisiert, da Inhaltsobjekte in Form und Verhalten dynamisch an Nutzerpräferenzen oder Echtzeitdaten angepasst werden.

Technologisch basiert das klassische Web auf HTML, CSS und JavaScript und kann problemlos über Webbrowser auf Computern oder mobilen Geräten genutzt werden, ohne dass spezielle Hardware erforderlich ist. Immersive Umgebungen hingegen nutzen fortschrittlichere Technologien wie VR- und AR-Plattformen, 3D-Rendering-Engines wie Unity oder Unreal Engine und binden oftmals auch heute schon IoT- und KI-Anwendungen ein.

Als Folge davon verändern sich Organisation und Zugang zu Informationen ebenfalls. Im dokumentenzentrierten Web sind Informationen in Dateien und Seiten strukturiert, die über Suchmaschinen oder Hyperlinks zugänglich sind. Der Zugang erfolgt, wie oben schon ausgeführt, zumeist sequenziell und textbasiert. Immersive Räume hingegen organisieren Informationen in virtuellen Welten, in denen Nutzer Inhalte durch direkte Interaktion mit Objekten oder Umgebungen entdecken können. Der Zugriff auf Informationen erfolgt durch Gesten, Sprachbefehle oder direkte Manipulation von virtuellen Elementen.

Letztlich zeigen sich die Unterschiede zwischen beiden Ansätzen auch in den jeweiligen Anwendungen. Während Wikipedia, Online-Shops oder Nachrichtenportale typische Beispiele für das dokumentenzentrierte Web (WWW) sind, bieten virtuelle Museen, Bildungssimulationen oder Metaversum-Plattformen „innovative" Möglichkeiten für interaktive und immersive Erfahrungen in einem „III/I3". Nutzer können beispielsweise Kunstwerke in 3D betrachten, chemische Reaktionen in einer virtuellen Umgebung erleben oder durch digitale Städte navigieren, um Informationen durch direkte Interaktion mit Objekten oder Avataren zu erhalten. Während das dokumentenzentrierte Web eher auf den passiven Konsum von Informationen ausgerichtet ist, zielt der informationszentrierte, immersive Raum auf die Möglichkeit zur aktiven, multisensorischen und dynamischen Auseinandersetzung mit den angebotenen Inhalten.

	WWW	III/I3
Ansatz und Struktur	Fokus auf Dokumente und statische Inhalte, verbunden durch Hyperlinks. Struktur ist hierarchisch oder vernetzt.	Fokus auf eingebettete Informationen in dreidimensionalen, dynamischen Umgebungen. Räumliche und oft nicht-lineare Struktur.
Informations-darstellung	Informationen werden in Text, Bildern, Videos und interaktiven Elementen dargestellt. Navigation erfolgt sequenziell über Links.	Informationen sind in 3D-Objekten oder virtuellen Welten eingebettet. Inhalte reagieren in Echtzeit auf Nutzereingaben und beinhalten multisensorische Aspekte.
Interaktivität	Interaktion ist begrenzt auf Links anklicken, Formulare ausfüllen und Inhalte konsumieren. Meist passive oder reaktive Interaktion.	Nutzer können Objekte manipulieren, simulierte Prozesse auslösen und mit anderen Nutzern in Echtzeit interagieren. Interaktion durch Gesten, VR-Controller oder Sprache.
Nutzererfahrung	Lineares, kognitives Erleben durch Lesen und Navigieren. Weniger personalisierte und immersive Interaktion.	Immersives, multisensorisches Erleben mit personalisierten Inhalten. Kombination aus visuellen, auditiven und haptischen Reizen.
Technologie	Technologien wie HTML, CSS und JavaScript. Zugriff über Webbrowser auf Computern oder mobilen Geräten, keine spezielle Hardware notwendig.	Technologien wie VR/AR, 3D-Rendering-Engines, IoT und KI. Zugriff über immersive Geräte wie VR-Headsets, AR-Brillen oder Haptik-Westen, höhere Hardwareanforderungen.
Informations-organisation und -zugang	Informationen sind in Dateien und Seiten organisiert, der Zugang erfolgt textbasiert über Suchmaschinen oder Hyperlinks.	Informationen sind räumlich organisiert, Nutzer entdecken sie durch Interaktion mit Objekten und Umgebungen.
Beispielhafte Anwendungen	Wikipedia (Artikel mit Links), Online-Shops (Produktkategorien), Nachrichtenportale (lineare Inhalte).	Virtuelle Museen (3D-Kunstbetrachtung), Bildungssimulationen (chemische Reaktionen, physikalische Prozesse), Metaversum-Plattformen (virtuelle Städte, interaktive Avatare).

Literatur

[AZU93] Azuma, Ronald T. (1993). Tracking Requirements for Augmented Reality. In: Communications of the ACM 36, 7 (July 1993), 50–51.

[AZU95] Azuma, Ronald T. (1995). Predictive Tracking for Augmented Reality. Ph.D. dissertation. UNC Chapel Hill Department of Computer Science technical report TR95-007 (February 1995).

[AZU97] Azuma, Ronald (1997). "A Survey of Augmented Reality" (PDF). Presence: Teleoperators and Virtual Environments. MIT Press. 6 (4): 355–385. https://doi.org/10.1162/pres.1997.6.4.355.S2CID469744. Retrieved 2 June 2021.

[BAL22] Ball, Matthew; Furness, Thomas; Inbar, Ori; Kalinowski, Caitlin; Lange, Dan-ny; Lebaredian, Rev; Mann, Steve; Miralles, Evelyn; Rosedale, Philip; Trevett, Neil; Yuan, Yu (14.06.2022): Metaverse decoded by top experts. In: Verse-maker: Metaverse Lands-cape & Outlook Series. Online: https://versemaker.org/download (abgerufen am: 10.05.2023).

[BEL22] Bellalouna, Fahmi; Langebach, Robin; Stamer, Volker; Zipperling, Franco (2022). Use Cases für industrielle Anwendungen der Augmented Reality Technologie (Use Cases for Industrial Applications of Augmented Reality Technology). In: HMD Praxis der Wirtschaftsinformatik. 59. https://doi.org/10.1365/s40702-021-00824-x.

[BER89] Berners-Lee, Tim (1989). Information Management: A Proposal. In: CERN, W2C. Online: https://www.w3.org/History/1989/proposal.html (abgerufen am: 23.05.2023).

[BIT22] Bitkom (2022). Wegweiser in das Metaversum – Technologische und rechtliche Grundlagen, geschäftliche Potenziale, gesellschaftliche Bedeutung. In: Bitkom e. V., AG Metaverse Forum, Projektleitung: Dr. Sebastian Klöß. Online: https://www.bitkom.org/Bitkom/Publikationen/Wegweiser-Metaverse (abgerufen am: 10.05.2023).

[BOL22a] Boland, Mike (January 25, 2022). Predictions: Metaverse Mania Wanes. AR-Insider. Online: https://arinsider.co/2022/01/25/2022-predictions-metaverse-mania-wanes/. (Abgerufen: 14.02.2025).

[BOL22b] Boland, Mike (February 18, 2022). XR Talks: The Race to Build the Metaverse. Online: https://arinsider.co/2022/02/18/xr-talks-the-race-to-build-the-metaverse/. (Abgerufen: 14.02.2025).

[BOGoJ] Bogatzki, Josef Heinrich (o.J.). Oberurselcraft. Online: https://thejocraft.de/obuc/ (abgerufen am: 17.05.2023).

[CRA19] Craig, Emory (August 25, 2019). Violinist Lindsey Stirling to do Live Performance in VR. In: Digital Bodies – Learning and Living in AR, VR ans AI. Online: https://www.digitalbodies.net/violinist-lindsey-stirling-to-do-live-performance-in-vr/. (Abgerufen: 14.02.2025).

[CRU92] Cruz-Neira, Carolina; Sandin, Daniel J.; DeFanti, Thomas A.; Kenyon, Robert V.; Hart, John C. (1 June 1992). "The CAVE: Audio Visual Experience Au-tomatic Virtual Environment". Commun. ACM. 35 (6): 64–72. https://doi.org/10.1145/129888.129892 [Titel anhand dieser DOI in Citavi-Projekt über-nehmen]. ISSN 0001-0782. S2CID 19283900.

[CRU93] Cruz-Neira, C., Sandin, D. J., & DeFanti, T. A. (1993). Surround-screen projection-based virtual reality: The design and implementation of the CAVE. Proceedings of the 20th Annual Conference on Computer Graphics and Interacti-ve Techniques, 135–142.

[GERoJ] Geriatronics (o.J.). Forschungszentrum Geriatronik der TUM, München. Online: https://geriatronics.mirmi.tum.de/ (abgerufen am 17.05.2023).

[HEI62] Heilig, Morton (1962). The Sensorama. US Patent #3,050,870.

[HER10] Herling, Jan; Broll, Wolfgang (2010). Advanced self-contained object removal for realizing real-time Diminished Reality in unconstrained environments. International Symposium on Mixed and Augmented Reality. 207–212. https://doi.org/10.1109/ISMAR.2010.5643572.

[JIA22] Jiaxin, Li; Gongjing, Gao (2022). Socializing in the Metaverse: The Innovation and Challenge of Interpersonal Communication. In: Advances in Social Science, Education and Humanities Research, volume 664. Proceedings of the 2022 8th International Conference on Humanities and Social Science Research (ICHSSR 2022).

[KOM17] Kommune 21 (31.08.2017). Oberursel: Stadtentwicklung mit Minecraft. Online: https://www.kommune21.de/meldung_27130_Stadtentwicklung+mit+Minecraft.html (abgerufen am: 17.05.2023).

[LEE21] Lee, Lik-Hang; Braud, Tristan; Zhou, Pengyuan; Wang, Lin; Xu, Dianlei; Lin, Zijun; Kumar, Abhishek; Bermejo, Carlos; Hui Pan (2021): All One Needs to Know about Metaverse: A Complete Survey on Technological Singularity, Virtual Ecosystem, and Research Agenda. In: Journal of LaTex Class Files, Vol. 14, No. 8, September 2021 1.

[LI19] Li, Yang; Huang, Lin; Tian, Feng; Wang, Hong-An; Dai, Guo-Zhong (2019). Gesture interaction in virtual reality. In: Virtual Reality & Intelligent Hardware, Volume 1, Issue 1, 2019, Pages 84–112. ISSN 2096-5796, https://doi.org/10.3724/SP.J.2096-5796.2018.0006.

[LIU23] Liu, Yiming; Yiu, Chun, Zhao, Zhao; Park, Wooyoung; Shi, Rui; Huang, Xingcan; Zeng, Yuyang; Wang, Kuan; Wong, Tsz; Jia, Shengxin; Zhou, Jingkun; Gao, Zhan; Zhao, Ling; Yao, Kuanming; Li, Jian; Sha, Chuanlu; Gao, Yuyu; Zhao, Guangyao; Huang, Ya; Yu, Xinge (2023). Soft, miniaturized, wireless olfactory interface for virtual reality. Nature Communications. 14. https://doi.org/10.1038/s41467-023-37678-4.

[MAN01] Mann, Steve; Fung, James (14.03.2001). VideoOrbits on Eye Tap devices for deliberately Diminished Reality or altering the visual perception of rigid planar patches of a real world scene. In: International Symposium on Mixed Reality ({ISMR} 2001).

[MIL95] Milgram, Paul; Takemura, Haruo; Utsumi, Akira; Kishino, Akira (1995). Augmented reality: a class of displays on the reality-virtuality continuum. In: Proceedings of SPIE 2351, Telemanipulator and Telepresence Technologies. 21. Dezember 1995, S. 282–292.

[OBE20] Oberursel im Dialog (28.08.2020). Oberurselcraft Wettbewerb. Jetzt mitmachen! Von: Stadt Oberursel (Taunus). Online: https://www.oberurselimdialog.de/post/oberurselcraft-wettbewerb-jetzt-mitmachen (abgerufen am: 17.05.2023).

[PAR21] Parisi, Tony (22.10.2021). The Seven Rules oft he Metaverse – A framework for the coming immersive reality. In: Medium. Online: https://medium.com/meta-verses/the-seven-rules-of-the-metaverse-7d4e06fa864c (abgerufen am: 22.5.2023).

[ROS22] Rosenberg, Louis (24.07.2022). Medicine and the metaverse: New tech allows doctors to travel inside of your body. In VentureBeat. Online: https://venturebeat.com/datadecisionmakers/medicine-and-the-metaverse-new-tech-allows-doctors-to-travel-inside-of-your-body/ (abgerufen am: 17.05.2023).

[SCH23a]. Schlott, Karin (10.05.2023). Wenn die Computerblume duftet. In: Spektrum.de. Online: https://www.spektrum.de/news/virtuelle-realitaet-wenn-die-computerblume-duftet/2137641 (abgerufen: 17.05.2023).

[SHE19] Sherman, W. R.; Craig A. B. (2019). Chapter 1 – Introduction to Virtual Reality. In: Sherman WR, Craig AB (eds) Understanding Virtual Reality (Second Edition), Second Edition. Morgan Kaufmann, Boston, pp 4–58.

[SMA20]	Smarzoch, Raphael (22.02.2020). „Miss Anthropocene" von Grimes: Verlorene Zukunft. In: Deutschlandfunk: Raphael Smarzoch im Kollegengespräch mit Fabian Elsäßer. Online: https://www.deutschlandfunk.de/miss-anthropocene-von-grimes-verlorene-zukunft-100.html (abgerufen am: 10.05.2023).
[STE92]	Stephenson, Neal (1992). Snow Crash. Blanvalet, München 1995. ISBN 978-3-442-23686-2, Kap. 37. Englisches Original: Snow Crash. New York, 1992.
[STI19]	Lindsey Stirling Virtual Concert (2019). Youtube. Online: https://www.youtube.com/watch?v=mK5Jb1vgrgw. (Abgerufen: 14.02.2025).
[WIKoJ]	Wikipedia (o.J.). Sensorama. Online: https://en.wikipedia.org/wiki/Sensorama (abgerufen am: 10.05.2023).

3 Das Verschmelzen von Welten und ... versen

Bei der Präsentation zur Umbenennung des Facebook-Konzerns in „Meta" sagte Marc Zuckerberg den einen Satz, der den Hype rund um das Thema Metaversum auslöste [BLU21]:

> „Man kann sich das Metaversum als verkörpertes Internet vorstellen, in dem man Inhalte nicht nur ansieht, sondern in sie eintaucht und in ihnen steckt."

Um in Inhalte „eintauchen" oder und „in ihnen stecken" zu können, müssen die oben betrachteten Wahrnehmungsaspekte von der Realität zur Virtualität mit einem weiteren Aspekt, der im RVK keine Berücksichtigung findet, verknüpft werden: die Immersion!

Der Begriff „Immersion" stammt ursprünglich vom lateinischen Wort „immersio", das allgemein als „Eintauchen" übersetzt werden kann. Üblicherweise wird das Konzept der Immersion hauptsächlich im Bereich der Kommunikationswissenschaften thematisiert und charakterisiert das Empfinden eines tiefen Eintauchens in mediale Inhalte. In jüngster Zeit gewinnt jedoch die Immersion auch für und in interaktiven Systemen zunehmend an Bedeutung [DER19]. Ohne explizit auf den Begriff Immersion einzugehen, charakterisierte Ludwig Kapeller, ein Journalist der Zeitschrift UHU im Jahr 1926, den „Rundfunk von morgen" als umfassende, multimediale Sinneserfahrung [DER19]. In diesem Zusammenhang veranschaulichte er seine individuellen Eindrücke und das von ihm erkannte Potenzial der damals aufstrebenden Fernsehübertragungstechnologie.

In einem aktuelleren Kontext wird Immersion als eine Art Qualitätskriterium für Videospiele betrachtet. Jan-Noël Thon, Professor für Medienwissenschaft an der Norwegian University of Science and Technology, entwickelte ein Immersionsmodell, welches vier unterschiedliche Ausprägungen von Immersion bei Videospielen beschreibt [ASC12]:

- *Räumliche Immersion*: Hiermit wird ein Effekt in Computerspielen bezeichnet, bei dem die Aufmerksamkeit des Spielers sich allmählich von seiner realen Umgebung auf

die ihm durch das Spiel präsentierte fiktive Spielwelt verlagert. In diesem Prozess schlüpft der Spieler in die Rolle eines ihn repräsentierenden Avatars und erhält unmittelbaren Zugang zum Geschehen innerhalb des Spiels [THO06].
- *Ludische Immersion*: Auch hier geht es um eine umfassende Fokussierung der Aufmerksamkeit eines Spielers auf das präsentierte Spielgeschehen. Im Gegensatz zur räumlichen Immersion liegt der Schwerpunkt hier auf der Interaktion mit der virtuellen Umgebung, der Kontrolle des Avatars und den vom Spiel gestellten Herausforderungen. Eine ausgewogene Balance dieser Herausforderungen ist der entscheidende Faktor für das Entstehen ludischer Immersion. Eine Überforderung des Spielers kann schnell zu Frustration führen, während eine Unterforderung Langeweile hervorruft [THO06].
- *Narrative Immersion*: Das Einbinden zusätzlicher Ereignisabfolgen zwischen den verschiedenen Spielphasen kann zur einer verbesserten Gestaltung der fiktiven Spielumgebung führen. Wenn dadurch erfolgreich Spannung erzeugt und die Konzentration des Spielers auf den Verlauf der Handlung sowie der darin auftretenden Figuren gelenkt wird, spricht man von narrativer Immersion [THO06].
- *Soziale Immersion*: Während narrative Immersion sich vornehmlich auf Spiele im Einzelspieler-Modus konzentriert, fördern Mehrspieler-Spiele darüber hinaus die Entstehung sozialer Immersion. Durch das Zusammentreffen der Avatare in virtuellen Umgebungen erhalten die Spieler die Chance, mit anderen Teilnehmern zu interagieren. Um dies zu ermöglichen, verfügen Onlinespiele in der Regel über Kommunikationsfunktionen wie Textchat oder Sprachübertragung [THO06].

Immersion ist allerdings nicht nur das Ziel im Umfeld von Spielen. Auch allgemein bekommt Immersion als Konzept für geschichtenerzählende (multi-)mediale Systeme eine wachsende Bedeutung. Die besondere Herausforderung besteht in diesem Kontext darin, dass die Handlung in ihrem Verlauf einerseits logisch, andererseits für das individuelle Publikum spannend sein soll und zugleich dem Benutzer einen möglichst hohen Grad an Interaktionsfreiheit zugestehen soll. Diese unterschiedlichen Dimensionen stehen häufig diametral zueinander, was die Entwicklung und Produktion solcher Systeme erschwert [HOF10]. In Abb. 3.1 wird dies exemplarisch dargestellt.

Bei starker Immersion kann sich in eine Virtuellen Realität eine Narrative Realität einbetten, wie es in Abb. 3.2 gezeigt wird. In diesem Fall taucht der Benutzer nicht nur technisch und interaktiv in die virtuelle Welt ein. Vielmehr taucht er, unterstützt von der ihm angebotenen interaktiven Freiheit, in das Handlungsgeschehen in der virtuellen Welt ein [HOF10].

Um eine handhabbare Definition des Metaversums entwickeln zu können, bietet der Weg über das Realität-Virtualität-Kontinuum einen guten Einstieg. Aus Marketingsicht erklärt beispielsweise Mark Zuckerberg, wie bereits erwähnt, dass das Metaversum das verkörperte Internet der Zukunft darstellt. Dabei bleibt der zentrale Aspekt aber eben die Frage, wie der Benutzer dieses neue verkörperte Internet wahrnehmen soll und kann.

Der Begriff „verkörperlichtes Internet" weist darauf hin, dass im Metaversum die physische Welt des Körpers mit der digitalen Welt des Internets zu einer neuen Anwendungs-

Abb. 3.1 Logik und Spannung der Handlung vs. Freiheit der Interaktion. (Eigene Darstellung: Peter Hoffmann, Invisible Cow)

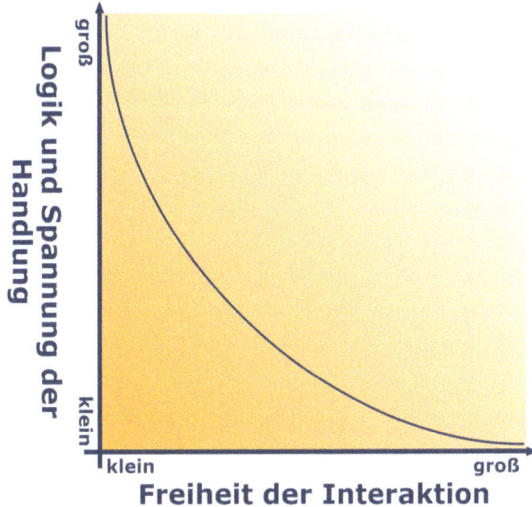

Abb. 3.2 Die Dimension der Narrativen Realität (N) – Narratem (atomare Handlungseinheit); (P) Präsentationobjekt; (A) (Benutzer-)Aktion. (Eigene Darstellung: Peter Hoffmann, Invisible Cow)

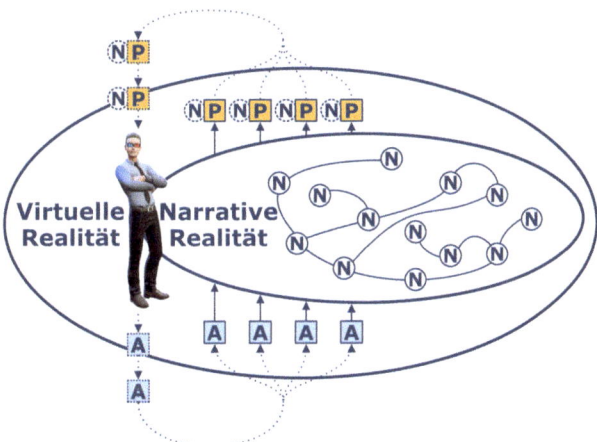

und Informationswelt zusammenkommen und im Extremfall verschmelzen sollen. Das von Milgram vorgestellte Kontinuum kann dazu eine hilfreiche Grundlage bieten. Zwischen den beiden Extremen der reinen Realität und der reinen Virtualität widmet sich das Kontinuum der Anreicherung der Welten durch jeweils entgegengesetzte Artefakte.

Genau diese Verschmelzung in ihrer ursprünglichen Form, insbesondere mit der Erweiterung durch die Einführung des Extended Reality Begriffs, trägt dazu bei, dass die Idee des Metaversums in der Wahrnehmungswelt des Menschen verortet werden kann und sollte. Eine vollständige Verschmelzung von Virtualität und Realität, wie es eine tatsächliche Verkörperlichung des Internets erfordert, ist jedoch mit dem Wahrnehmungsfokus des Kontinuums alleine noch lange nicht erreicht.

Vielmehr ergeben sich eine ganze Reihe anderer Perspektiven, in denen die reale Welt und die digitale Welt miteinander verschmelzen können oder sogar müssen, um dieses verkörperte Internet tatsächlich in Gänze realisieren zu können. Neben der Wahrnehmung müssen dann auch Aspekte wie die folgenden in das Gesamtbild einfließen:

- Das sensorische Verschmelzen als Grundlage für die Wahrnehmung.
- Das räumliche Verschmelzen, wie es bei der Extended Reality schon angedeutet wurde.
- Das semantische, also das inhaltliche Verschmelzen, das auf Wahrnehmung, Sensorik und Räumlichkeit aufbaut.
- Daraus abgeleitet die Verschmelzung der Interaktionen in der realen und der digitalen Welt zu einer kombinierten neuen Interaktionsform, ebenfalls in Anlehnung an den Extended Reality Begriff.
- Eine zeitliche Verschmelzung mit dem Ziel der Synchronität der Handlungen und des Verhaltens der Artefakte in der realen und der digitalen Welt.
- Sowie die soziokulturelle Verschmelzung, wenn digitale Zwillinge realer Personen mit anderen digitalen Zwillingen realer Personen oder mit den Personen selbst kommunizieren, interagieren und zusammenarbeiten.

All diese Aspekte, die auch in Abb. 3.3 aufgeführt sind, sollen im Folgenden zunächst einzeln betrachtet werden und in ihrer Wirkung und Problematik diskutiert werden. Anschließend sollen sie zusammengeführt werden, um so in Gänze ein verkörpertes neues Medium entstehen zu lassen. Dabei sollen auch die technischen Herausforderungen nicht unberücksichtigt bleiben.

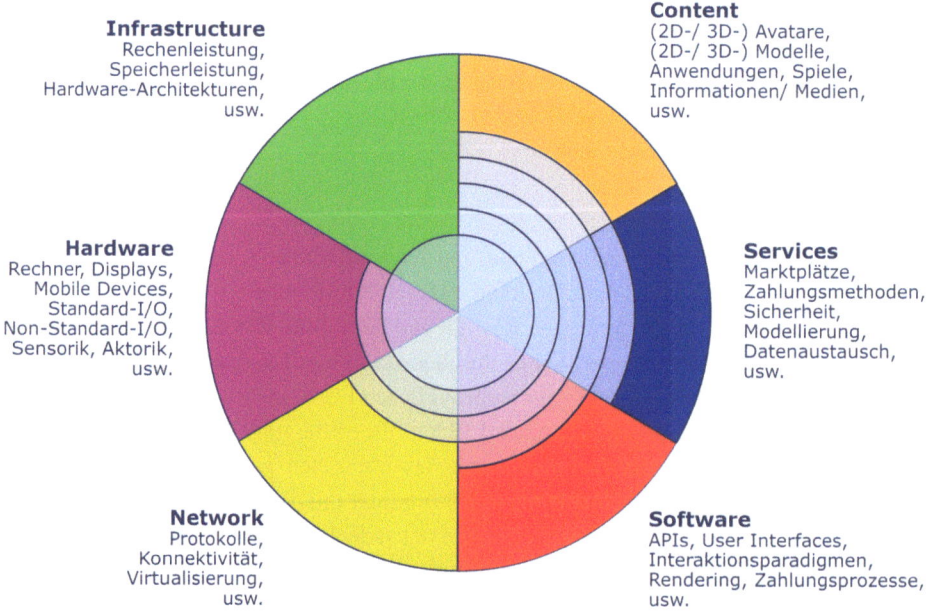

Abb. 3.3 Technische Teilaspekte der Verschmelzung. (In Anlehnung an [BIT22])

3.1 Sensorisches Verschmelzen

Wenn als Grundlage für das Metaversum die Verschmelzung der Wahrnehmung von Realität und Digitalität, beziehungsweise Virtualität, angesehen werden soll, wie es dem Milgramschen Kontinuum durchaus entnommen werden kann, dann muss als erster essenzieller Schritt analysiert werden, auf welchen sensorischen Kanälen der Mensch seine Umwelt wahrnimmt oder wahrnehmen kann. Dies betrifft sowohl die reale, physische Umwelt, als auch die digitale, virtuelle Umwelt.

Die Grundlage für die Wahrnehmung der realen physischen Umwelt stützt sich auf menschliche Sinneskanäle. (siehe dazu Abb. 3.4) Typischerweise zählen zu den klassischen Modalitäten der visuelle, auditive, haptisch-taktile, olfaktorische und gustatorische Kanal. Diese traditionelle Perspektive wird oft durch weitere Sinnesmodalitäten ergänzt. So führt zum Beispiel Ayres in diesem Kontext auch den vestibulären und den propriozeptiven Kanal an, also den Gleichgewichtssinn und die Tiefensensibilität [AYR13, AYR79]. Darüber hinaus erweitert sie die Betrachtung der taktilen Modalität, indem sie diesem Kanal auch die Oberflächensensibilität zuschreibt. Schließlich gehört auch die Nozizeption, also die Schmerzrezeption, zu diesem Bereich. Allerdings bleibt dieser Aspekt bisher – und hoffentlich auch zukünftig – in der Nutzung des Metaversums oder generell in der digitalen Welt weitgehend unberücksichtigt. Eine seltene Ausnahme neben vermutlich im militärischen Bereich stattfindender Forschung ist der Unterhaltungssektor, wie am Beispiel der sogenannten Painstation [MOR01] oder aktueller am „Feelbelt" [DAN21] ersichtlich.

Was bereits für die allgemeine Gestaltung von Interaktion gilt, muss auch für eine Verschmelzung mit dem Ziel des Metaversums angewendet werden, nämlich die Übertragung

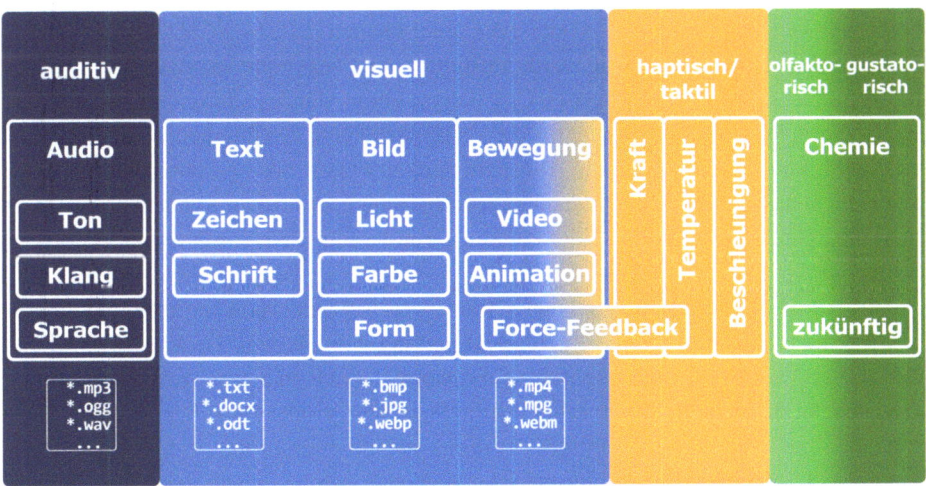

Abb. 3.4 Eine Systematik der Wahrnehmung im HCI. (Eigene Darstellung: Peter Hoffmann, Invisible Cow)

der menschlichen Modalitäten auf ihre digitalen und technischen Entsprechungen. Hier sind zum Beispiel visuelle Medien erforderlich, damit der menschliche Benutzer künstliche oder virtuelle grafische und visuelle Informationen wahrnehmen kann, ebenso wie auditive Medien für die Wahrnehmung künstlicher Sound- und Geräuschwelten benötigt werden. Darüber hinaus ist es dann auch notwendig, solche Entsprechungen auch für alle anderen Sinneskanäle zu finden. Wie im Ansatz gerade schon angedeutet, ist dies auf dem visuellen und dem auditiven Kanal ohne Schwierigkeiten möglich, da es für diese zahlreiche Modellierungsansätze sowie etablierte Medien- und Datenformate gibt, die Inhalte in dieser Form beschreiben, speichern und übertragen können. Etabliert bedeutet hier, dass in diesem Bereich bereits eine sehr große Anzahl von technischen Standards vorhanden und nutzbar ist.

Für den haptisch-taktilen Kanal erweist sich die Situation allerdings als problematischer. Einerseits gibt es zwar zahlreiche Anwendungen, insbesondere im Entertainment-Bereich, die zeigen, dass haptische und taktile Informationen durchaus künstlich erzeugt und übertragen werden können. Beispiele hierfür sind das taktile Feedback in vielen Spielen, das über Joystick oder Gamepad erlebbar ist, oder noch deutlicher das taktile Feedback in professionellen Simulationsumgebungen, wie den Dreiachsen-Trainern der Luft- und Raumfahrtindustrie. Den genannten Ansätzen ist aber gemein, dass es keine weitverbreiteten etablierten Standards gibt und stattdessen für jede Einzellösung ein eigener proprietärer Lösungsansatz verfolgt wird. Ebenso ist ihnen allen gemein, dass sie technisch äußerst aufwendig sind.

Technisch erheblich weniger komplex gestaltet sich die Stimulierung des gustatorischen und des olfaktorischen Sinneskanals, da hier beispielsweise der Einsatz von aromatischen Ölen genügen würde, die im Bereich der Nase oder des Mundes vernebelt werden. Auch für diese Ansätze existieren Forschungsarbeiten und individuelle Lösungen, die, obwohl wie erwähnt technisch nicht besonders anspruchsvoll, sich bisher noch nicht in der breiten Anwendung durchgesetzt oder gar etabliert haben [LIU23, SCH23a].

In der bisherigen Betrachtung wurde stillschweigend angenommen, dass die technische Infrastruktur, sprich die eingesetzten Computersysteme, durch technische Erweiterungen ergänzt wird. Wenn jedoch der Begriff der Verkörperlichung des Internets wörtlich genommen wird, könnte diese implizite Annahme auch erweitert oder gar umgekehrt werden, indem nicht das technische System oder die technische Infrastruktur, sondern vielmehr der Mensch ergänzt und somit in seiner unmittelbaren biologisch-menschlichen Sensorik erweitert wird.

Obwohl dies extrem klingt, hat dieser Prozess tatsächlich schon vor geraumer Zeit begonnen, nicht zuletzt durch die ständige Begleitung von Geräten wie Smartphones oder Geräten aus dem Bereich des Wearable Computing. Gerade in diesem Kontext nimmt der menschliche Benutzer nicht nur seine unmittelbare sensorische Umgebung wahr, sondern auch die digitale Umgebung mithilfe der digitalen Sinne seiner ihn begleitenden Geräte. Der Begriff „Umgebung" soll hier zunächst metaphorisch betrachtet werden und erst im folgenden Abschn. 3.2 stärker in den Fokus der Betrachtung rücken. Nichtsdestotrotz nimmt der menschliche Benutzer über diese technischen Geräte Dinge und Informationen wahr, die nicht seiner unmittelbaren physischen Wahrnehmung entspringen.

Die Betrachtung des Verlaufs der technischen Entwicklung sowie die Kreativität und die Bereitschaft des Menschen deuten darauf hin, dass es bei der Ergänzung durch zusätzliche Geräte, die als Accessoire den Menschen begleiten, nicht bleiben wird. Vielmehr zeigen sich Tendenzen der Entwicklung hin zum durchaus kritisch diskutierten Begriff des Cyborgs. Forschungen und Entwicklungen von seriösen Wissenschaftlern, wie zum Beispiel Steve Mann und Thad Starner, zeigen, dass es technisch auch heute schon durchaus möglich ist, dass der Mensch sich technische Geräte zur Wahrnehmung und späteren Interaktion implantieren lassen kann [KRE13, MAN13]. Letztlich ist auch dies eigentlich nur ein weiterer logischer Schritt, wie das Beispiel der technischen Entwicklung offenbart. Schon seit langem werden Menschen Geräte wie Herzschrittmacher oder Insulinpumpen implantiert, und auch die Prothetik zeigt im Bereich der Unterstützung von Gehbehinderten große Fortschritte.

Neben solchen seriösen Ansätzen zur unmittelbaren Unterstützung und Hilfe des Menschen wird an vielen Stellen auch am sogenannten direkten Brain Interface geforscht und entwickelt. An dieser Stelle soll keine philosophisch-ethische Diskussion über diese Entwicklungen gestartet werden, auch wenn dies sicherlich gerechtfertigt – und interessant – wäre. Dass dies nicht in das Reich der Fiktion fällt, zeigen Beispiele aus dem Feld der sogenannten Transhumanistik, wie zum Beispiel der Künstler Stelarc oder, noch deutlicher, Neil Harbisson. Die ultimative Verschmelzung der Sensorik aus realer physischer und digitaler virtueller Welt zeigt sich in seinem nicht mehr entfernbaren Implantat, das ihm einen neuen Sinneskanal anbietet. Auf diesem Wege werden Farbinformationen, die Harbisson aufgrund seiner Farbenblindheit nicht wahrnehmen kann, in haptisch-taktile Informationen umgewandelt [DON17]. An dieser Stelle muss betont werden, dass ein solches Extrem wie Neil Harbisson es zeigt, sicherlich in naher Zukunft nur ein seltener Extremfall der sensorischen Verschmelzung und Erweiterung des Menschen darstellen wird. Es ist davon auszugehen, dass das Metaversum auch ohne solche extremen Eingriffe für den normalen menschlichen Benutzer erlebbar und nutzbar sein wird. Ob sich dies in ferner Zukunft ändert, kann heute sicherlich nicht mit Sicherheit gesagt werden.

3.2 Räumliches Verschmelzen

Die Beschäftigung mit dem Metaversum offenbart an manchen Punkten Charakteristika, die als schizophren oder zumindest inkonsistent betrachtet werden können. Einerseits wird, wie auch in früheren Auseinandersetzung, behauptet, das Metaversum werde das verkörperlichte Internet sein und daher die digitale und die physische Welt miteinander verschmelzen. Andererseits sagen einige Quellen bei genauerer Betrachtung genau das Gegenteil. Es finden sich Aussagen wie [THEoJ]:

„Ein neuer Kult ist geboren, die digitale Welt kommt, und wir sind nicht mehr an den physischen Raum gebunden."

Diese Ansicht steht zunächst einmal in keinem Zusammenhang mit einer Verschmelzung, da Digitalität und physische Realität hier klar voneinander getrennt werden. Dies hat jedoch keine Auswirkungen auf die Diskussionen, die im vorherigen Abschn. 3.1 in Bezug auf Sensorik und Wahrnehmung begonnen wurden. Letztendlich müssen, egal ob verschmolzen oder nicht, beide Bereiche vom Benutzer erfasst und sensorisch wahrgenommen werden. Offensichtlich widersprechen sich hier also zwei Definitionsansätze.

Besonders interessant und amüsant wird es dann, wenn – auch wenn dies ein kleiner Vorgriff auf spätere Abschnitte ist – hier bereits potenzielle Geschäftsmodelle berücksichtigt werden. Auf der überwiegenden Mehrheit der Plattformen, die sich als Metaversum-Plattformen bezeichnen, kann der Benutzer erst dann richtig aktiv werden, wenn er ein Grundstück erwirbt, das in der digitalen Welt der jeweiligen Plattform verortet ist. Wir verlassen also den physischen Raum, um im digitalen Raum getrennt, aber parallel mit ebenso räumlichen Metaphern wie Grundstücksgrößen und Entfernungen zu agieren. Diese Art der Vermarktungsargumentation wird dann noch weiter getrieben in Sätzen wie [STO22]:

„Im Vergleich zur physischen Welt sind virtuelle Welten nicht an die Gesetze der Physik gebunden. […] Logistik, Reisezeit, Abfall oder Umweltverschmutzung gibt es im Metaversum nicht."

Über Abfall und Umweltverschmutzung im Sinne der Nachhaltigkeit soll an dieser Stelle nicht weiter diskutiert werden. Jedoch ist das Absprechen von Logistik und Reisezeit letztlich ein Fehlschluss. Wenn es Grundstücke mit räumlichen Dimensionen gibt, müssen diese Dimensionen und Entfernungen auch überwunden werden. Sicherlich könnte nun argumentiert werden, dass das Metaversum das Internet der Zukunft sein soll und damit natürlich auch die Charakteristik des heutigen Internets mit sich bringt, nach der alle Informationen nur einen Klick voneinander entfernt sind – mit einem Klick gelangt man vom Tokyo Dome in Japan zu den Tuilerien in Paris und zur Freiheitsstatue in New York [HOF21]. Mit dieser Charakteristik wird jedoch zum einen der mit dem Grundstücksbegriff einhergehende Entfernungsgedanke ad absurdum geführt, zum anderen führt diese gedankliche Fehlleitung noch weiter. Denn das Abbild des Benutzers in der virtuellen Welt des Metaversums ist der Avatar, der sich auf dem Grundstück oder eben zwischen den Grundstücken bewegt. Wenn sich der Avatar jedoch genauso bewegt wie der Mensch in der physischen Welt, dann ist die oben angeblich eingesparte Reisezeit auf einmal doch wieder von entscheidender Bedeutung.

Es stellt sich also die Frage, wie eine räumliche Verschmelzung tatsächlich vonstattengehen soll und ob diese ein wirkliches Ziel der Entwicklung des Metaversums sein soll oder muss.

Eine zentrale Herausforderung bei der Verschmelzung der räumlichen Eigenschaften von realen und virtuellen Welten besteht in der Verbindung der Bewegungen von Objekten in beiden Welten. Ein typisches Beispiel, das oft als mögliche Verwirklichung des Meta-

3.2 Räumliches Verschmelzen

versums vorgestellt wird, ist die virtuelle Welt „Oasis" aus dem Roman [CLI11] und Film „Ready Player One" [SPI18]. In dieser Welt übernimmt die Hauptperson die Rolle eines Spielers, der ein Ziel in der Oasis erreichen möchte. Dazu steuert er einen Avatar in der virtuellen Spielewelt. Diesen kontrolliert er, indem er in der realen Welt einen vollständigen Datenanzug trägt, der die Bewegungen des menschlichen Benutzers auf den Avatar überträgt. Dies funktioniert sowohl in Buch und Film als auch in der realen Anwendungspraxis, denn solche Datenanzüge existieren durchaus und sind in der Praxis nutzbar. Die Anwendungsfälle dahinter sind allerdings recht speziell [LEE20b] und auch der Preis dieser Anzüge soll hier nicht weiter betrachtet werden, da er den Preis für den allgemeinen Verbrauchermarkt deutlich übersteigt.

So ermöglicht ein solcher Anzug die Übertragung der Ganzkörperbewegung des menschlichen Benutzers auf einen dreidimensionalen Avatar in einer virtuellen Welt. Dies gilt auch für die Bewegung des Avatars: Die Schrittbewegungen des Benutzers können ebenfalls auf den Avatar übertragen werden, um diesen von einer Stelle zur anderen zu bewegen.

Die spannende Frage ist nun, wie Avatar und Mensch in der virtuellen und realen Welt tatsächlich miteinander verknüpft bzw. verschmolzen sind. Heutzutage bewegt sich der Mensch in sogenannten Treadmills, ähnlich wie auf einem Laufband, auf einer beweglichen Unterlage oder in einer Kugel, ohne sich von der aktuellen Position in der realen Welt fortzubewegen, während der Avatar in der virtuellen Welt seinen Standort ändert [WEH20]. Dies bedeutet, dass es in der Richtung von real zu virtuell keine verschmelzende Verbindung gibt. Ebenso wenig gibt es eine solche Verbindung in der entgegengesetzten Richtung von virtuell zu real, da eine etwaige Bewegung eines Avatars in der virtuellen Welt und die damit einhergehende Positions- bzw. Ortsveränderung keine Auswirkungen in der realen Welt hat: Der Benutzer bleibt an der Stelle stehen, an der er zuvor stand. Daher kann an dieser Stelle nicht von einer wirklichen Verschmelzung gesprochen werden.

Abgesehen von der fehlenden Verbindung zwischen dem virtuellen Avatar und dem realen Menschen birgt der Gedanke an eine räumliche Verschmelzung von Avatar und menschlichem Benutzer ein nicht unerhebliches Gefahrenpotenzial für den Benutzer in der realen Welt. Die grundlegende Frage lautet: Inwiefern stimmen reale und virtuelle Welt überein?

- Wenn beide vollständig übereinstimmen und passgenau sind, wäre das Gefahrenpotenzial für den Benutzer in der realen Welt wahrscheinlich eher gering. Bei einer Positionsveränderung des Avatars, zum Beispiel wenn dieser eine Straße überqueren möchte, sollte der Ablauf hoffentlich ähnlich wie in der realen Welt sein: Der Avatar nähert sich der Straße, wartet, bis sie frei ist und überquert sie dann, ohne von einem (virtuellen) Fahrzeug erfasst zu werden.
- Wenn jedoch reale und virtuelle Welt nicht übereinstimmen und passgenau sind und der Avatar eine große freie Fläche überquert, kann für den Benutzer in der physischen Welt nur gehofft werden, dass diese große freie Fläche auch in der physischen Welt vorhanden

ist und der Weg des menschlichen Benutzers sich nicht mit dem Weg eines Autos auf einer Straße kreuzt.

Die Auseinandersetzung sowie die Lösung dieser räumlichen Verschmelzung stellen eine bedeutende Herausforderung für die Akzeptanz des Metaversums dar. Zwar wird oft vom sogenannten digitalen Zwilling des Benutzers, von anderen realen Objekten oder sogar von digitalen Zwillingen ganzer Fertigungsanlagen und ganzer Städten gesprochen. Wenn es jedoch tatsächlich eine begehbare, 3D-modellierte Welt geben wird, wird dies nur eines von vielen Anwendungsszenarien sein. Es ist vielmehr zu erwarten, dass die 3D-modellierten Welten in ihren Ausdehnungen, Entfernungen und insbesondere in ihrem Aufbau ganz anders gestaltet sein werden als die reale Welt. Das Metaversum wird nicht die reale Welt in einem 3D-Modell abbilden, denn das Ziel ist es, neue Welten zu erschaffen, in denen innovative Lösungsansätze und Interaktionsmöglichkeiten modelliert und dargestellt werden können.

Obwohl die bisherige Auseinandersetzung mit der Verschmelzung der räumlichen Eigenschaften von physischer und virtueller Welt tendenziell kritisch ausfiel, muss jedoch anerkannt werden, dass dieser Aspekt der Verschmelzung ein grundlegender Aspekt des zukünftigen Metaversums sein wird. Schließlich reagieren bereits heute internetbasierte Dienste ganz selbstverständlich zum Beispiel auf den aktuellen Standort des Benutzers. Dies muss dann auch im zukünftigen Metaversum gewährleistet sein. Wenn sich der Benutzer beispielsweise von einem Ort zu einem anderen bewegt, etwa in der Fußgängerzone einer Innenstadt von einem Geschäft zum nächsten, so sollte sein Avatar als sein digitaler Zwilling über diese Positionsänderung informiert werden. Nur so können ortsbezogene Dienstleistungen und Transaktionen in der virtuellen Welt initiiert oder genutzt werden. Ohne eine räumliche Verschmelzung, wie auch immer diese dann letztendlich aussehen soll und wird, wäre das Metaversum als verkörpertes Internet der Zukunft nicht denkbar.

3.3 Semantisches Verschmelzen

Es lässt sich leicht behaupten, dass die am Ende des vorherigen Abschn. 3.2 dargestellten Merkmale der Verschmelzung der räumlichen, physischen Welt mit der digitalen, virtuellen Welt bereits seit einiger Zeit gelöst seien. Schon lange wird der Nutzer auf seinem Weg durch die physische Welt von mobilen Geräten begleitet. Dabei wird inzwischen meistens vollkommen unbewusst vom Benutzer der jeweilige eigene Standort erfasst, weitergeleitet, ausgewertet und in Reaktion darauf Transaktionen angestoßen, ohne dass der Benutzer dies explizit zulassen muss – obwohl es aus Sicherheitsgründen aus Sicht des Benutzers sicherlich besser, selbst zu entscheiden.

Zudem wird der Benutzer mit aktuellen Daten und Informationen zu seinem jeweiligen Standort versorgt, wie es Abb. 3.5 beispielhaft zeigt. Beispiele hierfür sind Apps auf Mobilgeräten für den öffentlichen Personennahverkehr, die dem Benutzer die nächste Haltestelle anzeigen und die Abfahrtszeiten an dieser Haltestelle auflisten.

3.3 Semantisches Verschmelzen

Abb. 3.5 Semantisches Verschmelzen als Location Based Service. (Eigene Darstellung: Peter Hoffmann, Invisible Cow)

Es ist richtig, dass diese Art von inhaltlicher oder semantischer Unterstützung schon seit Langem als Location Awareness bekannt und verfügbar ist. Das oben abgebildete Beispiel der Anreicherung der realen Welt mit standortbezogenen Informationen wie den nächsten Haltestellen des öffentlichen Personennahverkehrs oder solchen zu umgebenden Geschäften des Einzelhandels verdeutlicht dies (Abb. 3.5).

Bei genauerer Betrachtung der dargestellten Situation in der Wirklichkeit wird jedoch schnell etwas anderes deutlich: In der Regel sind es einzelne Anwendungen, die auf den aktuellen Standort des Benutzers als Positionsinformationen reagieren. Darüber hinaus agieren diese einzelnen Anwendungen ausschließlich selektiv und äußerst eingeschränkt. Die jeweilige Reaktion der Anwendung basiert stets nur auf einer einzigen Information über den Benutzer – seinem Standort. Nur wenige Apps beziehen zusätzliche Informationen ein, um präzisere Aussagen treffen zu können.

Wenn ein Benutzer beispielsweise durch die Innenstadt geht und die Anwendung des öffentlichen Personennahverkehrs installiert hat, hilft diese ihm nicht, wenn er plötzlich Appetit auf eine lokale Köstlichkeit verspürt. Aber auch innerhalb des eigenen Anwendungskontextes, wie hier im Bereich des öffentlichen Personennahverkehrs, stoßen solche Anwendungen schnell an ihre Grenzen. Die meisten dieser Anwendungen listen zwar intern und mehr oder weniger offensichtlich für den Benutzer die letzten oder bevorzugten Haltestellen auf, wie im Bild der DB- und SBB-App in Abb. 3.6 zu sehen ist. Jedoch treffen sie in der Regel keine proaktiven Aussagen darüber, wie der Benutzer von der Haltestelle Obernstraße in der Bremer Innenstadt zum Weserstadion oder zum Fallturm an der Uni Bremen gelangen kann. Solche assistierenden Informationen können aus den Standortinformationen allein nicht extrahiert werden. Vielmehr müssten hier eine Vielzahl

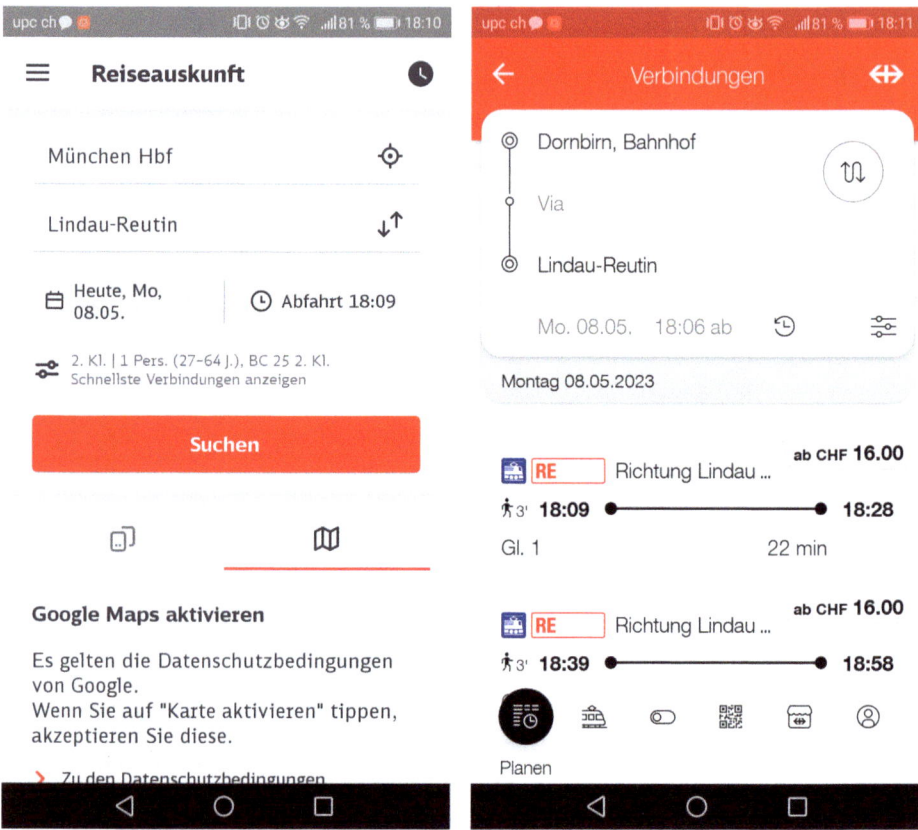

Abb. 3.6 Screenshots von den mobilen Apps der DB und der SBB

von weiteren Kontextinformationen miteinander verknüpft und in Verbindung gebracht werden.

Die Schwierigkeit der Kontextbildung zeigt sich bereits im alltäglichen Umgang mit dem Internet. Auch hier wird häufig versucht, einen Kontext zur Unterstützung oder zur unauffälligen Assistenz des Benutzers zu erkennen, beispielsweise in E-Commerce-Anwendungen im Web. Allerdings beschränken sich solche Informationen häufig auf Aspekte, die nur bedingt wirklich hilfreich sind. In einem virtuellen Buchladen kann es durchaus noch sinnvoll sein, dem potenziellen Kunden Informationen wie „Leser, die dieses Buch gekauft haben, haben auch Folgendes gekauft" zu präsentieren. Wenn jedoch aus der Kaufhistorie des Benutzers, der gerade einen Satz Winterreifen für sein Fahrzeug erworben hat, der Vorschlag für den Kauf des nächsten Satzes Winterreifen generiert wird, kann sicherlich nicht von einer hilfreichen Assistenz und einer guten Kontext-Erkennung gesprochen werden. Wie schwierig es ist, den Kontext des Benutzers im Web zu erkennen, haben unter anderem Ziegler, Lohmann et al. bereits aufgezeigt [ZIE05].

3.3 Semantisches Verschmelzen

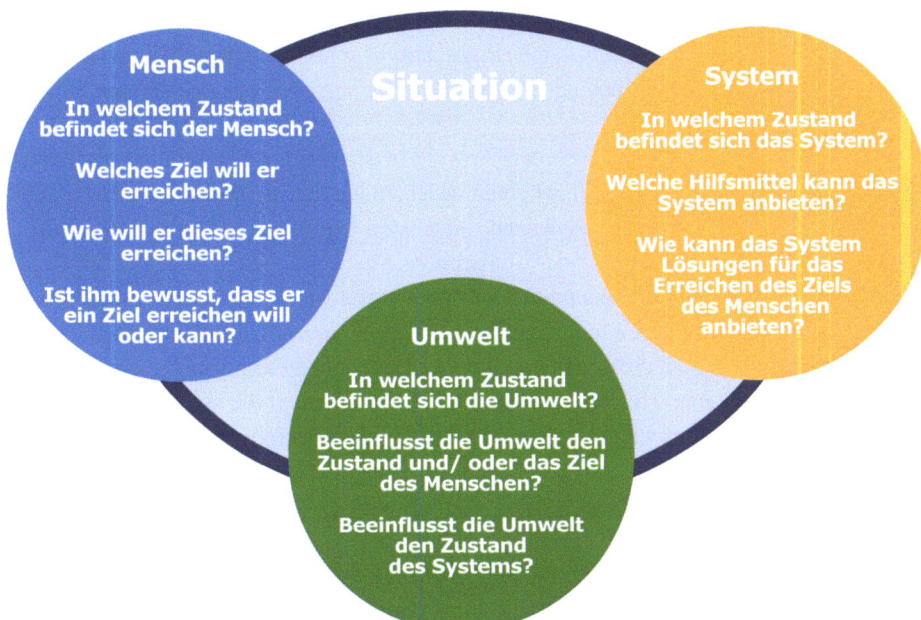

Abb. 3.7 Teilaspekte der Kontextbildung. (Eigene Darstellung: Peter Hoffmann, Invisible Cow)

Kontext setzt sich zunächst aus drei voneinander getrennten semantischen Bereichen zusammen (siehe dazu Abb. 3.7). Der grundlegende Teil ist dabei selbstverständlich das technische System. Dies ist jedoch auch der Bereich, aus dem Informationen am einfachsten für eine Kontexterkennung abgeleitet werden können. Das System kennt sich selbst, seine Funktionen im Allgemeinen sowie die Funktionalitäten, die im aktuellen Zustand zur Verfügung stehen. Letztendlich sind all dies Informationen, die aus der Selbstüberwachung des Systems abgeleitet und ständig aktuell gehalten werden können.

Die beiden anderen Teilbereiche, die sich gegenseitig beeinflussen, sind der Mensch und die physische Umwelt, in der sich der menschliche Benutzer bewegt und aktiv ist. Um einen genauen Handlungs- und Assistenzkontext aufzustellen, muss zunächst erkannt werden, in welchem Zustand sich der menschliche Benutzer aktuell befindet. Dies schließt sowohl allgemeine Informationen wie den Standort ein, darüber hinaus jedoch auch häufig medizinische und weitere Informationen. Im weitesten Sinne zählen hierzu auch Parameter wie Hunger oder Durst.

Um die Komplexität zu erhöhen, gehören dazu auch Daten über den mentalen Zustand des Benutzers, wie beispielsweise aktuelle Stressfaktoren oder der aktuelle Stresslevel, in dem sich der Benutzer gerade befindet. Viele mobile Geräte, wie etwa eine ganze Reihe von Wearable Devices, sind in der Lage, medizinische Daten aufzunehmen. So ist es durchaus möglich, mit Smartwatches und ähnlichen Geräten bereits den Puls, den Blutdruck, teilweise auch den Blutzuckergehalt und ähnliche Parameter zu ermitteln. An dieser Stelle soll die Genauigkeit dieser Messwerte nicht berücksichtigt werden, da es hier zunächst einmal nicht um präventivmedizinische Ziele geht. Aus einer Kombination solcher Werte lässt sich aber durchaus eine eingeschränkt genaue Aussage über den mentalen Zustand des Benutzers gewinnen und so zum Beispiel auch den oben genannten Stresslevel ableiten.

Der dritte Bereich ist der Bereich der Umwelt, in der sich der Mensch und das System befinden. Der Zustand der Umwelt hat einen bedeutenden Einfluss darauf, wie sich der aktuelle Kontext aufbaut. Die hier zugrunde liegenden Informationen sind noch deutlich heterogener als die Informationen des Teilbereichs Mensch. Letztere setzt sich im Regelfall zunächst aus den beiden genannten Subkomponenten medizinisch und mental zusammen. Der Zustand der Umwelt hingegen kann von einer Vielzahl verschiedener Parameter abhängen, angefangen bei einfachen meteorologischen Parametern wie Temperatur, Luftdruck, Regen und Sonne. Hinzu kommen möglicherweise auch die aktuelle Verkehrslage und die Anzahl der Menschen, die gerade in der Umgebung aktiv anwesend sind. Lärm, Geruch, allgemeine Hektik, verursacht durch die benachbarten Menschen in der Umwelt, sowie viele weitere Faktoren müssen hier berücksichtigt werden, um einen Gesamteindruck und -zustand der Umwelt ermitteln zu können.

Im Einzelnen sind diese Informationen sicherlich greifbar. Während meteorologische Informationen durch einfache sensorische Maßnahmen erfasst werden können, benötigen andere Informationen, wie zum Beispiel die Verkehrslage oder andere weitergehende Aussagen eventuell weniger leicht zugängliche Quellen. So könnte die Verkehrsdichte beispielsweise durch die Verknüpfung von Informationen aus vielen am Standort erreichbaren Einzelgeräten ermittelt werden. Die Heterogenität der Informationsquellen einerseits und der Datenschutz andererseits stellen hierbei eine ausgesprochen große Herausforderung für eine Kontextgewinnung dieser Art dar.

Wie üblich ist die Erfassung des Zustandes der Teilbereiche Mensch, System und Umwelt in dieser Herangehensweise lediglich eine vereinfachte Darstellung, da bisher jeder Aspekt einzeln betrachtet wurde. Die Realität ist jedoch, wie immer, deutlich komplexer, denn die drei Teilbereiche stehen in einer ständigen engen Wechselwirkung miteinander.

Das System mag hierbei vielleicht die geringsten Einflüsse der beiden anderen Teilbereiche zu verarbeiten haben. Mensch und Umwelt hingegen sind eng miteinander verknüpft; der Zustand des Menschen hängt eng von dem Zustand der Umwelt ab. Starke Hitze, hohes Verkehrsaufkommen oder ein hoher Aktivitätsgrad der benachbarten Menschen können leicht dazu führen, dass der Stresslevel des Einzelnen ansteigt. Ebenso kann der Zustand des Systems zu einem solchen Anstieg des Stresslevels führen – wer kennt nicht die oftmals aggressiven Reaktionen, wenn ein technisches System oder eine Anwendung wieder einmal nicht so reagiert, wie der Benutzer es erwartet?

Das bedeutet, für die Erfassung des gesamten Kontextes aus den drei Teilbereichen muss eine Beschreibung gefunden werden, die zeigt, wie diese drei Teilbereiche miteinander in Verbindung stehen und sich gegenseitig beeinflussen.

An dieser Stelle gilt es, einen weiteren Aspekt als vierten Teilbereich zu berücksichtigen: den temporalen, also den situativen Aspekt. Die Erfassung des Zustands der einzelnen Teilbereiche sowie deren jeweilige Auswertung müssen kontinuierlich in zeitlicher

Synchronisierung und Aktualität durchgeführt werden. Die Umstände und Zustände der einzelnen Teilbereiche können sich im Laufe der Zeit erheblich verändern. Eine Vernachlässigung der zeitlichen Synchronisierung könnte leicht dazu führen, dass ein falscher Kontext zusammengestellt wird. Diese Anforderung stellt auch aus technischer Sicht eine große Herausforderung für die Gewinnung und Generierung von Kontextinformationen dar.

Der zentrale Aspekt der assistiven Hilfe für den Menschen wurde bisher trotz der aufwendigen Konstruktion des Kontextes durch das situative und synchrone Zusammenspiel der drei Teilbereiche noch nicht ausreichend berücksichtigt. Die grundlegende Frage für eine assistive Hilfe besteht darin, welche Aufgabe der Benutzer aktuell verfolgt oder welches Ziel er mit seinen Tätigkeiten erreichen möchte. Es ist davon auszugehen, dass der Benutzer dem System nicht aktiv sein Ziel mitteilt. Vielmehr muss das System in der Lage sein, dieses selbstständig zu erkennen. Dazu ist eine weitere Analyse des bereits untersuchten Teilbereichs „Mensch" notwendig. Es ist nicht zielführend und ausreichend, lediglich aus einer Historie heraus zu versuchen, das Ziel des menschlichen Benutzers zu erkennen. Stattdessen müssen unterschiedlichste Informationsquellen zusammengeführt werden, um ein solches Ziel präzise und korrekt identifizieren zu können.

Ohne eine ausgeklügelte Kontexterkennung ist das semantische Verschmelzen von digitaler und physischer Welt von vornherein zum Scheitern verurteilt. Denn das große Ziel, das bereits mit dem Internet verfolgt wird und das das Metaversum erst recht anstrebt, besteht letztendlich darin, dass der Benutzer in dieses Metaversum nicht nur sprichwörtlich, sondern tatsächlich eintaucht. Dies bedeutet wiederum, dass der Benutzer nicht abgelenkt werden möchte, indem er ständig Eingaben vornehmen muss, um dem System seinen aktuellen Zustand oder sein momentanes Ziel mitzuteilen. An dieser Stelle muss eingeräumt werden, dass dies nicht nur ein einzelnes Problem des Metaversums und seiner Umsetzung ist, sondern letztlich das Grundproblem für alle aktiven und proaktiven Assistenzsysteme darstellt.

3.4 Temporales verschmelzen

Der im vorangegangenen Abschn. 3.3 untersuchte Aspekt des semantischen Verschmelzens stellt vermutlich den zentralen Punkt dar, wenn es darum geht, wie die physische und die virtuelle Welt miteinander kombiniert werden können und in welchem Maße sie miteinander verschmelzen sollten. Innerhalb der semantischen Betrachtung ist die Synchronisierung der drei Teilbereiche – System, Mensch und Umwelt – die eigentliche Kernfrage. Diese Synchronisierung wiederum ist Teil eines anderen Verschmelzungsblickwinkels. Wenn nämlich die physische und die digitale Welt miteinander verschmelzen sollen, muss dieser Prozess auch insgesamt zeitlich synchron erfolgen. Daher sollte berücksichtigt werden, wie sich die zeitlichen Verhaltensweisen der realen und der digitalen Welt miteinander in synchrone Beziehung setzen lassen. In diesem Kontext existieren mindestens drei unterschiedliche Ansätze:

- Die erste Perspektive betrifft die Synchronisation des zeitlichen Verhaltens physischer und virtueller Objekte, wobei auch beachtet werden muss, ob in bestimmten Situationen oder Kontexten ein asynchroner zeitlicher Zusammenhang möglich sein kann.
- Die Fortführung dieser Perspektive ist die zweite Betrachtungsweise des zeitlichen Verhaltens von verschmolzenen physischen und virtuellen Welten, und zwar der stetige zeitliche Fluss beider Realitäten. In der realen Welt verändert sich der Zustand kontinuierlich durch interaktives und proaktives Verhalten sowie auch durch das Eigenverhalten der Objekte, selbst wenn der einzelne Mensch als Teil dieser Welt gerade nicht anwesend ist. Zum Beispiel fährt ein Bus von Haltestelle A nach Haltestelle B, unabhängig davon, ob ein menschlicher Fahrgast an Bord ist oder nicht. Bei dieser zweiten Betrachtungsweise ergibt sich ebenfalls die Frage, ob es in bestimmten Kontexten oder Situationen eine Unterbrechung des jeweiligen stetigen zeitlichen Flusses geben kann oder sogar muss oder sollte.
- Die dritte Perspektive bei der Untersuchung des zeitlichen Verhaltens berührt zwar nicht den Zeitfluss selbst, wirft jedoch die Frage auf, ob zeitliche Abläufe gegeneinander verschoben werden könnten. Dieser Ansatz verfolgt das Ziel, bestimmte Ereignisse in der virtuellen Welt im Sinne eines Replays, wie es in der Video- oder Filmwelt bekannt ist, erneut zu betrachten oder zu erleben. Dabei geht es so weit, dass durch eine Entkopplung der zeitlichen Abläufe zwischen realer und virtueller Welt vergangene Geschehnisse wieder dargestellt werden könnten. Solche Möglichkeiten wären zum Beispiel für Lehr- und Lernzwecke oder auch für Simulationen von besonderem Interesse.

Das Internet ist als dokumentenzentriertes Netzwerk zu verstehen. Letztendlich kann es als ein großes, zusammenhängendes Dokument oder Medium betrachtet werden. Obwohl an unzähligen Stellen kontinuierlich an diesem Dokument gearbeitet wird und sich dadurch ständig Veränderungen an seinem Inhalt und Zustand ergeben, sind diese Veränderungen in Relation zum Umfang und der Größe des Gesamtinhalts als vernachlässigbar klein einzustufen [HOF21]. Veränderungen entstehen auf zwei Wegen:

- Der erste Ansatz besteht darin, eine Domain oder Subdomain im Internet hinzuzufügen oder zu entfernen, oder ein Dokument zu einer Subdomain oder einer Domain hinzuzufügen bzw. zu entfernen. Dies stellt die klassische Methode zur Bearbeitung des Internets dar.
- Der zweite Ansatz bezieht sich auf die Bearbeitung eines einzelnen Dokuments. Dies kann als charakteristisches Merkmal des sogenannten Web 2.0 angesehen werden, also des Webs mit User Generated Content.

Obwohl der Anteil des User Generated Content in der jüngeren Vergangenheit erheblich zugenommen hat, wie sich leicht zum Beispiel an der Entwicklung der Upload-Zahlen von YouTube ablesen lässt [STA23], bleibt der Anteil dieser Inhalte in seinem Umfang aber dennoch deutlich geringer als der statische Anteil. Selbst unter Berücksichtigung von

3.4 Temporales verschmelzen

Social Media-Plattformen wie YouTube oder Instagram ergeben sich die Veränderungen im Internet lediglich in einem begrenzten Teilbereich, der den restlichen Bereich kaum beeinflusst. Daraus folgt, dass sich das Internet bzw. dessen Inhalt während der Abwesenheit eines Benutzers kaum oder gar nicht verändert. Natürlich kann es vorkommen, dass ein Dokument nach der Abwesenheit des Benutzers nicht mehr erreichbar ist, weil es gelöscht wurde, oder dass sich der Inhalt eines Dokuments aufgrund der Bearbeitung durch einen anderen Benutzer verändert hat. Werden jedoch die Veränderungen in Relation zu den unveränderten Inhalten gesetzt, bestätigt dies die eingangs behauptete Sichtweise, dass das klassische Internet dokumentenzentriert ist und als solches behandelt werden kann.

Daraus folgend lässt sich feststellen, dass das Internet als ein Netzwerk mit hauptsächlich statischem Inhalt betrachtet werden kann. Hierbei spielen zeitliche Aspekte denn lediglich eine untergeordnete Rolle, da keine umfassende zeitliche Synchronisierung zwischen der realen Welt des Benutzers und der virtuellen Welt der Dokumenteninhalte notwendig ist. Diese statische Perspektive wandelt sich jedoch im Kontext des Metaversums. Das Metaversum kann als ein akteurzentriertes Netzwerk angesehen werden. In Anlehnung an die Software-Entwicklung und die dort verwendeten Werkzeuge, wie beispielsweise UML, entsteht die Gesamtheit des Metaversums durch das Zusammenspiel unterschiedlichster Akteure. Diese Akteure lassen sich in sechs Gruppen unterteilen:

- Die erste Gruppe bilden die menschlichen Benutzer, die in der physischen Welt verankert sind.
- Die zweite Gruppe besteht aus Avataren, die als digitale Zwillinge der menschlichen Benutzer in der digitalen Welt verankert sind.
- Die dritte Gruppe umfasst die reale physische Welt mit ihren Objekten.
- Die vierte Gruppe setzt sich aus digitalen Zwillingen der realen Objekte zusammen. Ebenso wie die Avatare sind auch diese digitalen Zwillinge in der digitalen Welt verankert.
- Eine fünfte Gruppe von Akteuren beinhaltet Objekte, die ausschließlich in der virtuellen Welt existieren. Diese lassen sich weiter unterteilen in …
  - … Objekte, die die digitale Welt beschreiben, wie beispielsweise eine Tür als Portal, das zu einem anderen virtuellen Raum führt, oder ein Stuhl, auf den sich der virtuelle Avatar setzen kann, sowie in …
  - … Informationsobjekte, die mit den Dokumenten des klassischen Internet vergleichbar sind.
- Die sechste Gruppe von Akteuren beinhaltet Objekte, die ausschließlich zur Kommunikation zwischen virtueller und physischer Welt und umgekehrt dienen. Diese lassen sich entsprechend ihrer Hauptkommunikationsrichtung unterscheiden in …
  - … Kommunikationsobjekte zur Kommunikation aus der digitalen in die reale Welt und …
  - … solche zur Kommunikation aus der realen in die digitale Welt.

Insbesondere lässt sich die Gruppe 5b in Bezug auf ihre Inhalte mit dem klassischen Internet vergleichen. Die Akteure innerhalb dieser Gruppe zeigen kein oder lediglich ein äußerst geringfügiges Veränderungsverhalten bezüglich der Zeit auf, ganz ähnlich wie die Dokumente im klassischen Internet, die sich ebenfalls über die Zeit nicht verändern.

Dieses zeitliche Verhalten lässt sich auf einen Teil der Akteure der Gruppe 5a übertragen. Sicherlich wird sich der zuvor erwähnte Stuhl, auf den sich der Avatar normalerweise nicht von alleine setzt, ebenfalls nicht selbstständig bewegen, verändern oder gar verschwinden. Das bedeutet, solche Objekte zeigen kein oder nur ein äußerst geringes Veränderungsverhalten im Laufe der Zeit. Dennoch kann es in der Gruppe 5a auch solche Objekte oder Akteure geben, die sich selbstständig verändern, ohne dass eine physische oder virtuelle Benutzerinteraktion erforderlich ist. Das anschaulichste Beispiel hierfür ist wahrscheinlich ein ausschließlich in der virtuellen Welt existierendes Fahrzeug oder ein virtuelles Tier, welches keinen realen Zwilling besitzt.

Schon in dieser Teilgruppe der Gruppe 5a wird deutlich, dass bei der Verschmelzung von physischer und virtueller Welt zu einem Metaversum die unterschiedlichen zeitlichen Flüsse berücksichtigt werden müssen. Auch in den Gruppen 3 und 4 gibt es Objekte, die sich im zeitlichen Fluss nicht verändern, sowie solche, die eine eigene Dynamik oder eine interaktionsgetriebene Dynamik aufweisen und sich dementsprechend im zeitlichen Fluss verändern.

Obwohl die dritte und vierte Gruppe der Akteure getrennt aufgeführt sind, sind sie eng miteinander verbunden, da eine Gruppe den jeweiligen Zwilling der einzelnen Objekte in der anderen Welt repräsentiert. Dabei wird es sicherlich auch Objekte geben, die keine eigene Dynamik besitzen und somit statische Akteure ihrer jeweiligen Welt sind. Ein Blick in die physische Welt zeigt jedoch, dass solche statischen Objekte eher selten sind, denn der Aspekt der Dynamik betrifft nicht nur Charakteristika wie Position oder Größe, sondern alle Zustände, in denen sich einzelne Objekte in jeder Welt befinden können. Solche Zustandsveränderungen hinterlassen ebenfalls Spuren in den zeitlichen Flüssen der jeweiligen Welt, unabhängig davon, ob sie physisch oder virtuell ist.

Es wird deutlich, dass der Zwang zur zeitlichen Verschmelzung in den Gruppen 1 und 2 besteht, da es sich hierbei um den Menschen als Akteur handelt. In Gruppe 1 bewirkt der menschliche Benutzer durch sein eigenes Verhalten und seinen eigenen Antrieb, dass sein digitaler Zwilling als Akteur in Gruppe 2 zur Veränderung gezwungen wird. Jedoch ist auch die umgekehrte Wirkungsbeziehung denkbar, nämlich vom digitalen Zwilling als Akteur in Gruppe 2 zum menschlichen Benutzer als Akteur in Gruppe 1. Beispielsweise könnte der digitale Zwilling in seiner virtuellen Umgebung von einem anderen Akteur unabhängig von dessen Gruppenzugehörigkeit angesprochen oder auf andere Weise beeinflusst werden. In diesem Fall muss der virtuelle Akteur aus Gruppe 2 diese Beeinflussung oder deren Folgen an seinen Zwillingsakteur in Gruppe 1 übermitteln, um so eine Reaktion in Gruppe 1 auszulösen.

3.4 Temporales verschmelzen

		Entität	Verankert in der …	Rolle	Veränderung/Beispiel
1		Menschlicher Benutzer	physischen Welt	Der selbstständig handelnde Benutzer	Selbstgetriebene Veränderung von Zuständen aller Art (Position, Bewegung, Gestik, Informationsneugier, etc.)
2		Digitaler Zwilling eines menschlichen Benutzers (Avatar)	virtuellen Welt	Der Repräsentant des physischen Benutzers in der virtuellen Welt	Getrieben durch seinen phys. Zwilling
					Kann auch getrieben sein durch eigenes autonomes Verhalten
3	a	Physisch existierendes Objekt	physischen Welt	Repräsentiert als physischer Zwilling ein digitales Objekt der virtuellen Welt	Können statisch sein
					Können von außen angestoßen werden, den eigenen Zustand in allen Arten zu verändern (Größe, Position, eigenes Verhalten, etc.)
					Können selbstständig den eigenen Zustand in allen Arten verändern (Größe, Position, eigenes Verhalten, etc.)
	b	Physisch existierendes Objekt	physischen Welt	Existiert ohne digitalen Zwilling ausschließlich in der physischen Welt	
4	a	Digitales Objekt	virtuellen Welt	Repräsentiert als digitaler Zwilling ein reales Objekt der physischen Welt	Können statisch sein
					Können von außen aus der physischen Welt angestoßen werden, den eigenen Zustand in allen Arten zu verändern (Größe, Position, eigenes Verhalten, etc.)
					Können von außen aus der virtuellen Welt angestoßen werden, den eigenen Zustand in allen Arten zu verändern (Größe, Position, eigenes Verhalten, etc.)
					Können selbstständig den eigenen Zustand in allen Arten verändern (Größe, Position, eigenes Verhalten, etc.)

(Fortsetzung)

		Entität	Verankert in der …	Rolle	Veränderung/Beispiel
	b	Digitales Objekt	virtuellen Welt	Existiert ohne physischen Zwilling ausschließlich in der virtuellen Welt	
5	a	Weltbeschreibende Objekte	virtuellen Welt	Tragen zum Aufbau und zum Verständnis der virtuellen Welt bei. Haben in der Regel keinen Repräsentanten in der „anderen" Welt	Kein eigenes Bestreben zur Veränderung des Zustands (z. B. digitaler Stuhl in einem (virtuellen Raum));
					Geringes eigenes Bestreben zur Veränderung des Zustands (z. B. das Fallen einer Tasse von einem Tisch)
					Selbstständige Veränderung des eigenen Zustands auch ohne physische oder virtuelle Interaktion von Benutzern oder anderen Objekten (z. B. ein autonomes virtuelles Fahrzeug oder ein virtuelles Lebewesen)
	b	Informationsobjekte (Dokumente)	virtuellen Welt	Präsentieren statische und dynamische Medien und deren Informationsinhalte	z. B. virtuelle Screens ohne Möglichkeit zur eigenen Veränderung
6	a	Kommunikationsobjekte	physischen Welt	Kommunikation aus der physischen in die virtuelle Welt	z. B. physische Geräte zur Interaktion wie Tastatur, Maus, etc.
	b		virtuellen Welt	Kommunikation aus der virtuellen in die physischen Welt	z. B. virtuelle Werkzeuge zur Kommunikation wie Chats, o. ä.

Aus den oben genannten Beispielen wird klar, dass eine Synchronisierung der zeitlichen Abläufe und Flüsse unbedingt erforderlich ist. Denn wenn beispielsweise ein virtueller Akteur über den digitalen Zwilling eines Benutzers eine Kommunikation mit dem realen Benutzer initiieren möchte, muss dies zwangsläufig in zeitlicher Synchronität erfolgen. Das liegt daran, dass in der Regel davon ausgegangen werden kann, dass die Kommunikation zwischen Avataren und ihren „realen Zwillingen" wie in Form eines Gesprächs stattfinden wird und nicht in einer asynchronen Form, wie zum Beispiel in einem Textchat oder einem E-Mail-Verlauf.

Das gerade genutzte Beispiel der Kommunikation veranschaulicht die Diskussion aus der Perspektive von Sichtweise 1. Die Kommunikation zwischen menschlichen Benutzern, Avataren oder der Interaktion zwischen Mensch und Avatar kann sowohl synchron als auch asynchron ablaufen. Allerdings erfordert synchrone Kommunikation zwingend die gleichzeitige Anwesenheit oder zumindest Erreichbarkeit der beteiligten Akteure.

Der E-Mail-Verlauf, als Beispiel für asynchrone Kommunikation, löst sich von Sichtweise 1 und leitet über zu Sichtweise 2. Natürlich können beide Akteure, die an der Kommunikation beteiligt sind, gleichzeitig anwesend sein und dennoch asynchron kommunizieren. Es ist jedoch auch möglich, dass die Akteure nicht gleichzeitig in den jeweiligen Welten präsent sind. Der zeitliche Ablauf in der betreffenden Welt setzt sich dennoch fort, selbst wenn im Kommunikationsfluss gerade ein Zustand der statischen Pause erreicht ist. Der Zustand der jeweiligen Welt ändert sich auch dann kontinuierlich weiter, wenn Kommunikationsprozess oder -fluss sich momentan nicht verändern.

Auch wenn es auf den ersten Blick vielleicht nicht offensichtlich erscheint, erfordern die beiden Sichtweisen 1 und 2 eine äußerst anspruchsvolle technische Umsetzung des Metaversums. Die technischen Hürden und Herausforderungen, die sich aus Sichtweise 1 ergeben, wurden bereits im früheren Abschn. 2.5 bei der Analyse des Begriffs der Mixed Reality angesprochen. Das dortige Beispiel war die virtuelle Kaffeetasse, die auf einen Tisch gestellt wird. Die Idee der Mixed Reality wurde so interpretiert, dass, wenn der reale Tisch sich unter der virtuellen Tasse wegbewegt, die virtuelle Tasse nicht im Raum schwebt, sondern ganz wie ihr analoger Zwilling auch in der virtuellen Welt herunterfällt. Dies ist ebenfalls ein Aspekt der zeitlichen Verschmelzung, denn natürlich darf die virtuelle Tasse erst dann fallen, wenn der reale Tisch sich unter ihr wegbewegt hat und nicht früher. Sie darf jedoch auch nicht erst sekundenlang in der virtuellen Luft verharren, bevor sie in der virtuellen Welt in Richtung des Bodens beschleunigt. Um diese zeitliche Verschmelzung in dieser synchronen Form realisieren zu können, muss bekannt sein, wo und in welchem Bewegungszustand sich sowohl der Tisch in der realen Welt als auch die virtuelle Tasse in der virtuellen Welt befinden.

Bei der virtuellen Tasse könnte gesagt werden, dass dies natürlich Teil des Datenmodells der Tasse ist. Allerdings ergibt sich daraus auch die Anforderung, dass der Zustand im Datenmodell der Tasse stets persistent gespeichert und abrufbar sein muss. Hierbei handelt es sich um ein rein datengetriebenes Problem. Der reale Tisch in der realen Welt stellt jedoch noch deutlich höhere technische Anforderungen. Zwar kann auch hier gesagt werden, dass die Position und die Bewegungsinformationen des Tisches lediglich neben seiner Form, Größe und Farbe als sonstige Charakteristika in seinem Datenmodell gespeichert sein müssen. Die eigentliche Herausforderung besteht allerdings an einer anderen Stelle: Wie oder wer beobachtet den Tisch, nimmt die Position und Bewegung des Tisches auf und speichert diese ab? Ist es der Tisch selbst, der ein smarter Tisch ist und sich selbst in Bezug auf seinen eigenen Zustand in der physischen Welt sensorisch überwacht? Oder ist es die Welt, die die in ihr beheimateten Objekte, also auch den Tisch, beobachtet? Beide Ansätze erfordern eine immense technische Infrastruktur, die zwar theoretisch lösbar ist. Dies ist sicherlich ein Aspekt, der im weitläufigen Forschungsbereich des Internet of Things berücksichtigt wird. Die Realisierung stellt allerdings eine ausgesprochen hohe technische Hürde dar. Denn letztlich muss jedes einzelne reale Objekt, das einen Zwilling in der virtuellen Welt haben soll, entweder beobachtet werden oder selbst smart und intelligent sein. Ob und inwiefern dies den neuerdings geforderten Ansprüchen der Nachhaltigkeit entspricht, soll an dieser Stelle nicht diskutiert werden.

Die oben angedeuteten technischen Anforderungen und Herausforderungen, die bereits in den Sichtweisen 1 und 2 auftreten, treten insbesondere in der Sichtweise 3 in Erscheinung. In diesem Kontext geht es darum, dass die zeitlichen Verläufe der realen und virtuellen Welt gegeneinander verschiebbar sind. Dies impliziert jedoch, dass zumindest für die Zeitachse, die verschoben werden soll, Informationen über die historischen Zustände der beteiligten Akteure umfassend verfügbar sein müssen. Andernfalls wäre es nicht möglich, den zeitlichen Ablauf erneut in Gang zu setzen und die einzelnen zeitdynamischen Verhaltensweisen der Akteure zu berücksichtigen.

Schwammig bleibt in diesem Zusammenhang der Begriff „historisch", ebenso wie die Anforderungen an die Datenqualität schwammig bleiben. Wenn lediglich der letzte Kommunikationsverlauf wiederholt werden soll, sind sowohl der Informationsumfang als auch die zeitliche Reichweite vergleichsweise gering. Sollen jedoch tatsächliche historische Ereignisse rekonstruiert werden, beispielsweise die Schlacht von Waterloo oder die erste Mondlandung, so erfordert dies einen erheblichen Sprung auf der Zeitachse in Bezug auf die Historie sowie auf die Datenmenge und -qualität, die zur Beschreibung der jeweiligen Situation notwendig sind. Für die Darstellung der ersten Mondlandung genügen zunächst einmal Informationen über die Landekapsel Eagle sowie die beiden Astronauten Neil Armstrong und Edwin „Buzz" Aldrin. Ein realistisches Nacherleben der Schlacht von Waterloo hingegen würde eine enorme Menge mehr an Informationen erfordern, zum Beispiel über möglichst alle beteiligten Soldaten, deren Waffen, Bewegungen sowie den Zustand der Umwelt, der Landschaft und der Gebäude. Es ist jedoch unwahrscheinlich, dass solche Daten zur Schlacht von Waterloo vorhanden sind oder überhaupt generiert werden können, da nicht alle beteiligten Soldaten und deren Bewegungen und Verhaltensweisen bekannt sind. Ähnliche Informationen sind auch für historisch näherliegende Zeitpunkte oder Situationen oft nicht verfügbar. Daher stoßen wir hier sowohl auf technische als auch datentechnische Grenzen.

3.5 Das Verschmelzen der Interaktion

Im Abschn. 3.1 wurde bereits die Sensorik untersucht, die notwendig ist, um zunächst ganz allgemein die Umwelt erfassen zu können. Dabei ist es im ersten Schritt unerheblich, ob es sich um die virtuelle oder die reale Umwelt handelt, die erfasst werden soll. Da das Metaversum jedoch das Ziel verfolgt, Virtualität und Realität miteinander zu verschmelzen, genügt es nicht, lediglich die beiden Extreme der hundertprozentigen Realität und Virtualität zu betrachten, wie es in Abschn. 2.6 bei der Diskussion und Verortung des Metaversums im Realitäts-Virtualitäts-Kontinuum erörtert wurde. Dort war es wichtig, zunächst eine detailliertere Untersuchung der Wahrnehmungskanäle durchzuführen. Diese Vorgehensweise soll und muss nun auch in diesem Abschnitt fortgesetzt werden, in dem es um

3.5 Das Verschmelzen der Interaktion

die Frage geht, wie der Benutzer mit und in der kombinierten Umgebung im Metaversum interagieren soll.

Der Begriff „Interaktion" wird in vielen Disziplinen sehr unterschiedlich definiert und verwendet. Im Kontext der vorliegenden Betrachtungen des Metaversums sollen verschiedene Aspekte der Interaktion zusammengeführt werden. Zunächst ist es wichtig, die möglichen Interaktionsformen des menschlichen Benutzers zu klären: Wie kann er aktiv in seine Umgebung eingreifen? Üblicherweise liegt hier der Fokus auf den „Aktoren" des menschlichen Benutzers. Es darf bei der Betrachtung aber nicht unberücksichtigt bleiben, ob Interaktion sich auf die soziale Interaktion wie zum Beispiel die Kommunikation mit anderen Personen oder auf die Beeinflussung von Objekten oder der umgebenden Welt bezieht.

In der vollständig realen Umwelt, ohne digitale Artefakte, stehen dem Menschen diverse Werkzeuge zur Interaktion zur Verfügung.

- Die stärksten Werkzeuge sind zweifellos die Hände in Verbindung mit den Armen. Sie dienen sowohl als Greifwerkzeuge, um Objekte der realen Welt zu berühren, bewegen und verändern, als auch zur Kommunikation, etwa durch Zeigegesten.
- Zusätzliche menschliche Interaktionswerkzeuge sind Füße und Beine, die zur Fortbewegung genutzt werden.
- Der Mensch interagiert jedoch nicht nur mit seinen Extremitäten, sondern verwendet auch sein Gesicht und teilweise den gesamten Körper zur Kommunikation und Interaktion mit seinem sozialen Umfeld. Gestik, Mimik und Körperhaltung dienen dazu, verschiedenste Informationen zu übermitteln.
- Nicht zu vergessen das Sprechen als die wohl stärkste Form der Kommunikationsmittel.

Es ist hier schon erkennbar, dass Interaktion niemals isoliert betrachtet werden darf. Vielmehr ist es erforderlich, stets den Kontext sowie das Ziel, welches durch eine Interaktion erreicht werden soll, zu berücksichtigen. Aus der Auflistung der Interaktionskanäle lassen sich daher drei verschiedene Zielbereiche ableiten:

1. Die Veränderung der Umgebung und der Objekte innerhalb dieser Umgebung.
2. Die Anpassungen der Position des Menschen innerhalb der Umgebung.
3. Die direkte sowie indirekte Kommunikation mit der Umgebung, insbesondere in Bezug auf andere menschliche Interaktionspartner.

Selbstverständlich bildet diese Betrachtung lediglich die allgemeine Grundlage für die Interaktion des Menschen mit technischen Geräten und Umgebungen. Insbesondere aber ist sie noch relevanter für die Gestaltung der Interaktion des Menschen mit informationstechnischen Geräten. Im Gegensatz zu den klassischen Maschinen der analogen und physischen Welt, sind Computer nicht nur reine Arbeitsgeräte, sondern auch Interaktionswerkzeuge für die Kommunikation zwischen Menschen. Zudem entwickeln sie sich aktuell mehr und mehr selbst zu proaktiv kommunizierenden Partnern und damit auch zu autonomen Interaktionspartnern, wie sich an zahlreichen mehr oder weniger intelligenten Chatbots zeigen lässt. Weitergehend verringert sich mit dem Ansatz des Verschmelzens von Realität und Virtualität der Abstand des Menschen zu seinem digitalen Werkzeug.

Mit dem Absolvieren des finalen Schrittes, der vollständigen Immersion, gibt es diesen Abstand nicht mehr. Der Computer und die Anwendung werden zu eigenständigen Interaktions- und Kommunikationspartnern, die sich im Idealfall ebenso eigenständig verhalten. Dies bedeutet jedoch, dass für die Gestaltung der Interaktion neue Wege gefunden werden müssen, da die klassischen Interaktionsparadigmen immer noch zwischen den Entitäten Mensch und Computer trennen. Es erscheint für das Ziel des verschmolzenen Metaversums also von hoher Relevanz, dem Vorschlag von Steve Mann zu folgen und nicht mehr lediglich Human Computer Interfaces (HCI) zu gestalten, sondern diese Schnittstelle vielmehr unter dem Aspekt der Humanistic Intelligence zu betrachten. Dies sollte nicht verwechselt werden mit den typischen Ideen der Künstlichen Intelligenz (KI). Mit dieser Bezeichnung möchte Mann begrifflich darauf hinweisen, dass die Trennung in Mensch und Maschine in zukünftigen IT-Systemen nicht hilfreich sein wird. Nebenbei gesagt zeigt sich mit diesem Begriff, den Mann 1998 zum ersten Mal im Kontext des Wearable Computings prägte, auch, dass die Idee der Verschmelzung von Realität und Digitalität tatsächlich nicht so neu ist, wie sie derzeit häufig beschrieben wird [MAN91, MIN13].

Für die Gestaltung des Metaversums ist es erforderlich, mindestens ein neues Interaktionsparadigma für die IT zu entwickeln, da die bisherigen Paradigmen, wie oben schon dargestellt, dafür unzureichend sind. Dieses neue Interaktionsparadigma wird sich im Gegensatz zu den bisherigen Paradigmen weniger auf technische Möglichkeiten und Ausprägungen der Schnittstelle konzentrieren. Stattdessen wird dieses neuartige Interaktionsparadigma ein multidimensionales Paradigma sein, in welches verschiedene Aspekte integriert werden müssen:

- Die Betrachtung zu Beginn dieses Abschnitt, die auch in der Sensorik verwendet wurde, konzentrierte sich zunächst auf die Untersuchung der einzelnen Interaktionskanäle. In der realen, natürlichen Welt findet menschliche Interaktion jedoch normalerweise nicht nur über einen Kanal statt, sondern Menschen interagieren in der Regel mit einer Kombination verschiedener Kanäle gleichzeitig. In der Informatik wird dieses Phänomen als „multimodale Interaktion" bezeichnet. Bereits 1978 wurde am MIT ein Beispiel dafür vorgestellt (Abb. 3.8), die sogenannten „Put-that-there"-Szenarien, bei denen Zeigegesten mit Sprachbefehlen kombiniert wurden [BOL80].
- Die nächste Herausforderung bei der Entwicklung des neuen Paradigmas besteht darin, die Dimension der Multimodalität zu kombinieren, sodass sie synchron „cross-medial" sowie darüber hinaus auch „weltenübergreifend" wirksam sein kann. Eine Interaktion in der physischen Welt kann sich entweder ausschließlich auf die physische Umgebung beziehen oder auch Einfluss auf die virtuelle Umgebung nehmen. Gleichzeitig kann eine Interaktion in der virtuellen Umgebung sich entweder ausschließlich auf diese virtuelle Umgebung beziehen oder ebenfalls Einfluss auf die physische Umgebung aus-

3.5 Das Verschmelzen der Interaktion

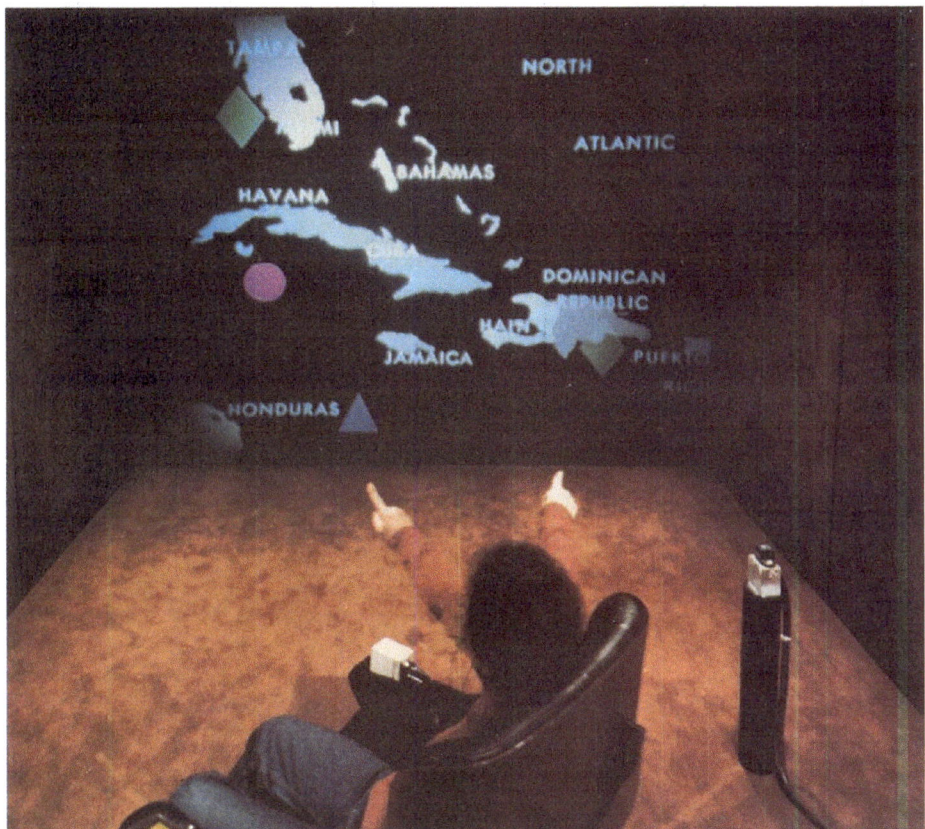

Abb. 3.8 Multimodale Interaktion: „Put that there" [BOL80]

üben. In diesem Zusammenhang werden die physische und die digitale Welt als Medialitäten betrachtet.
- Darüber hinaus zeichnet sich eine weitere Herausforderung für das neue Paradigma ab. Die Verschmelzung von Realität und Digitalität führt ebenfalls zu einer Verschmelzung der Anwendungswelten, Prozesse und Transaktionen. Klassische Interaktionsparadigmen beziehen sich stets ausschließlich auf eine einzelne Anwendung oder einen einzelnen Prozess. Eine Interaktion wird im Kontext einer Anwendung gestartet und bezieht sich auch ausschließlich darauf. Zwar können diese Anwendungen unterschiedlich komplex sein, dennoch bleiben sie in sich geschlossen. Ein Beispiel ist die Interaktion in einer Textverarbeitung, die die textuelle Information verändert oder im Extremfall diese Informationen speichert. Andere Informationen werden hier jedoch nicht adressiert. Diese Sichtweise lässt sich auch auf den Kontext von Betriebssystemen übertragen, da das Starten oder Schließen einer Anwendung in dem Kontext des Betriebssystems geschieht. In der klassischen Anwendungswelt ist die direkte Beeinflussung einer Anwendung durch eine andere auf der gleichen Ebene, zum Beispiel inner-

halb des ISO-OSI-Modells, noch recht selten zu finden. Im Umfeld des zukünftigen Metaversums wird dies jedoch die Regel sein. Interaktionen, die in einem virtuellen Raum vorgenommen werden, werden Einfluss auf die physische Umwelt oder auf andere virtuelle Räume haben und auf die dort jeweils ablaufenden Transaktionen und stattfindenden Ereignisse.

Ein Beispiel soll dies verdeutlichen. Wenn die Avatare zweier Personen einander gegenüberstehen und der eine Avatar auf ein Accessoire des anderen Avatars zeigt und sagt: *„Das ist eine schöne Tasche. Hallo, Metaversum, die möchte ich auch für mich haben."*, so hat dies Auswirkungen auf eine ganze Reihe unterschiedlicher, im Hintergrund laufender Anwendungen:

- Zunächst muss die multimodale Interaktion des Zeigens und Sprechens im aktuellen virtuellen Raum korrekt interpretiert werden. Es muss erkannt werden, um welches Accessoire – in diesem Beispiel die Tasche – es sich handelt und in welchem Store diese Tasche erworben werden kann.
- In diesem Store muss die Kauftransaktion angestoßen werden.
- Damit einhergehend muss in dem Store die virtuelle Lagerverwaltung sowie die virtuelle Bezahlung erfolgen.
- Letzteres zieht nach sich, dass auch Banking-Sub-Transaktionen bearbeitet werden müssen.
- Und zu guter Letzt muss die nun erworbene virtuelle Tasche dem Avatar der kaufenden Person hinzugefügt werden.

Diese Zusammenarbeit der verschiedenen Prozesse und Transaktionen muss automatisch erfolgen, ohne dass die Übergänge zwischen den einzelnen Transaktionssträngen im Einzelnen bestätigt werden müssen. Denn dies wiederum würde die Immersion der realen Person in die virtuelle Umgebung negativ beeinflussen.

- Die finale Herausforderung für das neue Interaktionsparadigma besteht in der technischen Realisierung. Schließlich muss sowohl das Initiieren der Interaktion selbst als auch aller weiterführenden Prozesse auf einer Vielzahl von Geräten bzw. Gerätetypen möglich sein. Im aktuellen Web-Design ist dieser Ansatz unter dem Begriff des Responsive Designs bekannt. Die Responsivität wird jedoch im Kontext des Metaversums noch deutlich komplexer. Während im klassischen Web-Design hauptsächlich verschiedene Bildschirmgrößen und Orientierungen berücksichtigt werden müssen, ist es für die Realisierung des Metaversums das Ziel, das gesamte Realitäts-Virtualitäts-Kontinuum abzubilden. Das bedeutet, dass sowohl klassische, displaybasierte Geräte wie Smartwatches, Smartphones, Tablets, Laptops und Desktop-PCs als auch VR-Geräte, Datenbrillen, CAVEs und sämtliche Augmented-Reality- bzw. Augmented-Virtuality-Geräte berücksichtigt werden müssen.

3.5 Das Verschmelzen der Interaktion

Die obige Darstellung verfolgt das Ziel, die Auswirkungen einer Interaktion in der physischen und virtuellen Welt zu kombinieren und im Idealfall zu synchronisieren. Die zeitlichen Effekte, die dabei zu berücksichtigen sind, wurden bereits im vorherigen Abschn. 3.4 behandelt. Dies ist jedoch nur einer der Zielaspekte eines solchen neuen Interaktionsparadigmas. Ein weiterer Aspekt, der letztendlich auch allen anderen Interaktionsparadigmen zugrunde liegt, besteht darin, dem Benutzer die Interaktion mit einer Maschine, einer Anwendung oder der gesamten Welt so einfach wie möglich bereitzustellen. An einigen Stellen wird dies als Natural User Interface (NUI) bezeichnet [BLA13, JAI11].

Einerseits bringt dies für den Benutzer sicherlich Vorteile, denn je natürlicher eine Interaktion gestaltet ist, desto intuitiver wird sie sein und sich umso einfacher verstehen lassen. Ob dies jedoch tatsächlich erreicht werden kann, bleibt abzuwarten, denn jedes Mal, wenn eine neue Technologie auf den Markt kommt, benötigt sie Zeit, um von den Menschen angenommen zu werden. So verlief beispielsweise auch die Einführung der grafischen Benutzeroberflächen (GUI) nach dem WIMP-Paradigma mit der ersten Maus von Douglas Engelbart Ende der 1960er-Jahre zwar beeindruckend, aber nicht unbedingt erfolgreich [ENG65].

Abgesehen von der damals unzureichenden Rechenleistung für solche Interaktionssysteme, standen die Benutzer vor einer immensen mentalen Herausforderung. Um zu verstehen, dass das Bewegen eines realen physischen Objekts auf dem Schreibtisch dazu führt, dass ein grafischer Zeiger auf dem Bildschirm sich entsprechend bewegt, war eine hohe Abstraktionsleistung erforderlich. Für die Benutzer dieser frühen Computersysteme war dies eine deutlich zu hohe Hürde. Ähnliche Hürden zeigten sich auch bei jedem später neu vorgestellten Interaktionsparadigma oder jeder neuen Interaktionstechnik. Erst wenn die Benutzer daran gewöhnt sind oder bereit sind, sich daran zu gewöhnen, verbreitet sich ein neues Paradigma in der Gesellschaft und wird erst dann zur neuen Normalität [NEXoJ].

Zwar lässt sich derzeit feststellen, dass im Falle des Metaversums durch die mittlerweile verfügbaren zahlreichen VR- und AR-Anwendungen sowie sicherlich auch durch die vielen Spiele, die diese Techniken nutzen, der Grundstein für ein metaversumbezogenes Interaktionsparadigma gelegt ist. Allerdings muss auch hier eingeschränkt betrachtet werden, dass die bisher an diese Technologien gewöhnten Benutzer hauptsächlich aus einigen, eher engen Nischen wie dem Gaming oder einzelnen Konstruktionsdomänen stammen und der Massenmarkt bisher noch nicht wirklich erreicht wurde.

Eine weitere spannende Herausforderung, insbesondere für Interaktionsdesigner, wird die Usability oder vielmehr die User Experience darstellen. Denn auch diese beiden Aspekte werden durch die Verschmelzung von Realität und Virtualität beeinflusst. Dabei geht es nicht mehr ausschließlich darum, die Benutzungsschnittstelle hinter der digitalen Grenze zu gestalten, sondern vielmehr muss die Usability sozusagen grenzübergreifend betrachtet werden. Der Mensch bewegt sich in der physischen Welt und initiiert eine Aktion in der digitalen Welt. So sagt Tauziet dazu beispielsweise [TAU16]:

> „Je höher die Person ihren Arm heben muss, um eine Interaktion durchzuführen, desto schneller sollte diese Interaktion sein, um Ermüdung zu vermeiden."

Aus diesem zunächst einmal recht einfach klingenden Satz entwickelt Tauzier eine Reihe an Herausforderungen [TAU16]:

- Ermüdung durch das Heben des Arms ohne Körperkontakt am Ellbogen
- Herausforderung bei der Interaktion mit sich bewegenden Benutzeroberflächen (z. B. Uhr), insbesondere bei schnellen Aktionen
- Schwierigkeiten bei visuellem Erfassen der Tiefe; dies erfordert Zeit und Übung da (noch) VR-Objektmanipulation oft unbekannt ist
- Greifen von Objekten im Sitzen nahe am virtuellen Körper kann problematisch werden
- Optisch realistische Hände können Unbehagen hervorrufen; insbesondere bei Fehlern wie dem Durchdringen von physischen Objekten
- Vertraute Gegenstände geben Hinweise zur Handhabung, z. B. die Erwartung, dass waffenförmige Requisiten zum Zielen genutzt werden können
- Unterschiedliche Physik für physische Objekte notwendig; soll z. B. ein Stift durch einen Tisch durchgehen oder stattdessen von ihm abprallen
- Verlust des Überblicks über die reale Umgebung beim Aufenthalt in VR; Handbewegungen könnten zu Kollisionen oder Controller-Verlust führen

Beispiele für technische Lösungsmöglichkeiten könnten möglicherweise aus dem großen Bereich der Telepräsenz [LEE20a] stammen. Als besonders veranschaulichende Beispiele seien hier auch das sogenannte ActiTouch [ZHA19] und der PocketThumb [DOB17] genannt.

Die finale Königsklasse ergibt sich schließlich aus dem Zusammenspiel der Verschmelzung der Interaktion PLUS der Verschmelzung der Sensorik PLUS Inklusion UND Barrierefreiheit. Wie im visionären Design der Mensch-Stadt-Interaktion [LEE20a] beschrieben, sollte die Gestaltung der mobilen AR-/MR-Benutzerinteraktion in städtischen Umgebungen verschiedene Interessengruppen berücksichtigen. Das Metaversum sollte zudem alle Mitglieder der Gemeinschaft einbinden, unabhängig von Rasse, Geschlecht, Alter und Religion, einschließlich Kinder, ältere Menschen, behinderte Personen und so weiter. Im Metaversum können unterschiedliche Inhalte auftreten, und es muss sichergestellt werden, dass diese für verschiedenste Benutzergruppen geeignet sind. Weiterhin ist es bedeutsam, personalisierte Inhaltsdarstellungen für die Nutzer in Betracht zu ziehen [LAM21] und die Fairness von Empfehlungssystemen zu fördern, um voreingenommene Inhalte zu reduzieren und damit das Nutzerverhalten und die Entscheidungsfindung zu beeinflussen [LAN18].

3.6 All-together – Der Weg zum Sozio-kulturellen Verschmelzen

Das Metaversum ist, nach der Vorstellung der treibenden Kräfte im Hintergrund, dazu bestimmt, noch stärker als es das Internet jemals geschafft hat, ein zentraler Bestandteil zukünftiger menschlicher Lebenswelten zu werden. Ob das Endresultat tatsächlich so aussehen wird, wie Neal Stephenson in „Snow Crash" [STE92], Ernest Cline in „Ready Player One" [CLI11] oder auch William Gibson in „Neuromancer" [GIB84] es vorgestellt haben, bleibt an dieser Stelle offen. Dass neue Technologien und insbesondere neue Medienformen die soziale und gesellschaftliche Umgebung des Menschen beeinflussen können, zeigt ein eindrucksvoller Blick in die Geschichte – beginnend mit der ersten medialen Revolution durch Johannes Gutenberg und der Einführung der Druckerpresse mit beweglichen Lettern im 15. Jahrhundert, über die Einführung elektrisch betriebener Medien und Kommunikationstechniken wie dem Telegrafen, dem Telefon, Radio und Fernsehen zu Beginn des 20. Jahrhunderts, bis hin zur noch nicht allzu weit zurückliegenden Einführung von PC, Internet und World Wide Web. Jede dieser neuen Medien- und Kommunikationstechniken hat mehr oder weniger radikal die Art und Weise verändert, wie Menschen miteinander kommunizieren, wie Informationen vermittelt werden und letztendlich auch die gesellschaftlichen Strukturen und den sozialen Umgang miteinander [MCL64]. Eine ähnliche Entwicklung dürfte folglich auch das Metaversum mit sich bringen, sofern es in der angedachten Form tatsächlich realisiert wird.

3.6.1 Der Real-Life-Connector – Basis für neue Interaktionsparadigmen

Die Bedeutung der Verschmelzung von virtueller und realer Welt wurde in den vorangegangenen Abschnitten exemplarisch aufgezeigt. Dabei lag der Fokus stets auf individuellen Aspekten, die einzeln betrachtet und bewertet wurden. Die Möglichkeiten jedes einzelnen Aspekts alleine sind bereits beeindruckend, an manchen Stellen möglicherweise auch bedrückend und insgesamt sicherlich auch technisch anspruchsvoll. Aber es ist wichtig zu berücksichtigen, dass diese Aspekte nicht isoliert voneinander existieren werden. Vielmehr ist zu erwarten, dass sie sich zwar vielleicht in unterschiedlichen Geschwindigkeiten, aber dennoch parallel, weiterentwickeln werden. Um somit eine zumindest annähernd realistische Perspektive auf die zukünftigen Möglichkeiten und Auswirkungen des Metaversums zu gewinnen, ist es notwendig, die einzelnen Aspekte miteinander zu verbinden – ein Prozess, der in diesem Abschnitt näher betrachtet werden soll.

Die Welt ist weder monomedial noch monomodal – das gilt sowohl für die reale als auch für die virtuelle Welt. Aus diesem Grund ist es notwendig, die verschiedenen Aspekte der obigen Betrachtung zu vereinen. Deshalb soll hier systematisch ein Real Life Connector entwickelt werden, der in Abb. 3.9 vorgestellt wird und dessen Ziel es ist, eine möglichst umfassende Darstellung der Verschmelzung von virtueller und realer Welt zu erreichen.

- *Schritt 1*: Da das Metaversum im Kern ebenfalls eine computergesteuerte Anwendung ist, ist es in diesem Kontext essenziell, dass der Benutzer die Möglichkeit besitzt, mit dem Metaversum ebenso zu interagieren, wie er es mit jeder anderen Anwendung täte.

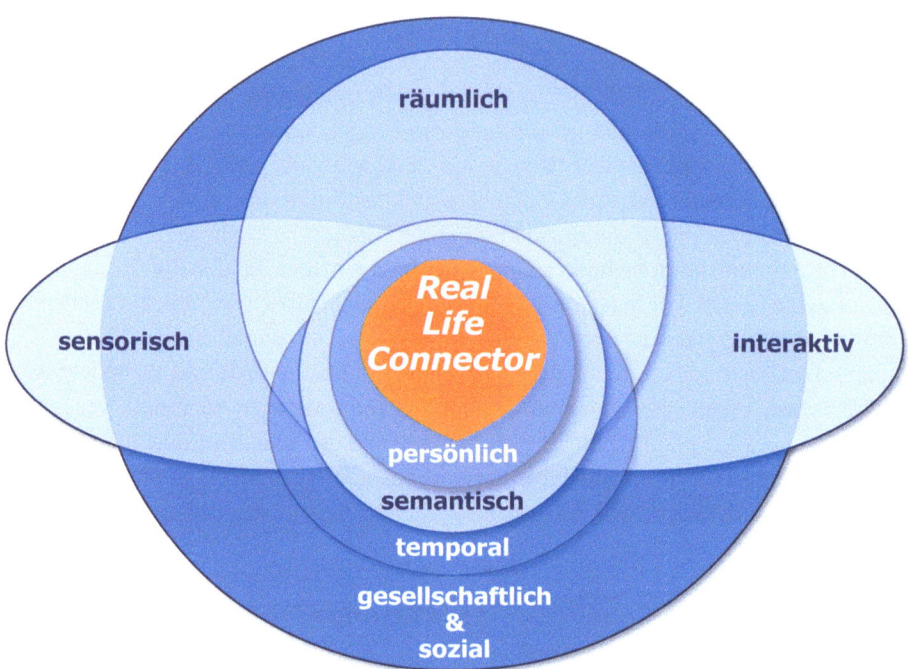

Abb. 3.9 Der Real-Life-Connector. (Eigene Darstellung: Peter Hoffmann, Invisible Cow)

An dieser Stelle sei angemerkt, dass der Begriff „Benutzer" als Bezeichnung für jemanden, der das Metaversum besucht, möglicherweise nicht optimal gewählt ist. Es bleibt fraglich, ob tatsächlich davon gesprochen werden kann, dass jemand das Metaversum wirklich „benutzt". Andere Begriffe wären eventuell treffender, bringen jedoch jeweils ihre eigenen Schwierigkeiten mit sich. Beispielsweise könnte statt „Benutzer" der Begriff „Zuschauer" verwendet werden, wobei hier allerdings eine Passivität mitschwingt, die sonstige Aktivitäten eher ausschließt und somit dem aktiven Erleben des Metaversums nicht gerecht wird. Der treffendste alternative Begriff wäre wahrscheinlich „Besucher", da dieser dem beabsichtigten Eintauchen in das Metaversum oder in eine virtuelle Welt am ehesten entspricht. Aufgrund dieser begrifflichen Problematik und der weitgehenden Verankerung des Begriffs in der IT wird hier jedoch weiterhin der Begriff „Benutzer" verwendet.

Um dem Benutzer nun die aktive Teilnahme an der Anwendung „Metaversum" zu ermöglichen, muss sichergestellt werden, dass er das Metaversum nicht nur wahrnehmen, sondern auch selbst aktiv werden kann. Dies muss auch der angestrebte Real Life Connector berücksichtigen. Daher ist der erste Schritt, die Verschmelzung von Sensorik und Interaktion zu beachten, wie sie in den Abschn. 3.1 und 3.5 detailliert beschrieben wurden. Ohne eine Wahrnehmung der realen Welt in Synchronisation mit der Wahrnehmung der virtuellen Welt bleibt der Benutzer einzig in seiner realen Umgebung verankert. Das bloße Wahrnehmen würde den Benutzer jedoch in die zuvor erwähnte Passivität drängen und zum Zuschauer machen. Aus diesem Grund muss auf derselben Ebene die Möglichkeit der Interaktion in der realen Welt in Synchronisation mit der Möglichkeit zur Interaktion in der virtuellen Welt kombiniert werden. Nur so kann erreicht werden, dass der Benutzer in beiden Welten aktiv teilnehmen kann. Die technische Herausforderung auf dieser unteren Ebene des Real Life Connectors ist somit die bidirektionale Synchronisierung der beiden genannten Aspekte.

- *Schritt 2*: Im ersten Schritt wurde sichergestellt, dass der Benutzer sowohl die beiden Teilwelten Realität und Virtualität sensorisch wahrnehmen als auch gleichzeitig mit den vorhandenen realen und virtuellen Artefakten interagieren kann. Der zweite Schritt muss daher darauf abzielen, die Wahrnehmungs- und Interaktionsmöglichkeiten sowohl räumlich als auch zeitlich mit dem Benutzer zu verbinden. Aktuell ist es unklar, ob eine Trennung der räumlichen von der zeitlichen Kopplung sinnvoll ist, weshalb beide Aspekte in dieser ersten Generation der Beschreibung des Real Life Connectors gemeinsam betrachtet werden sollen.

Die räumliche Kopplung von Wahrnehmung und Interaktion an den Benutzer im Metaversum ist elementar, da in der realen Welt sowohl Wahrnehmung als auch Interaktion stets auf die unmittelbare Umgebung des Benutzers bezogen sind: Wir sehen die Dinge, die uns an unserer aktuellen Position umgeben, und interagieren mit denjenigen, die Interaktion ermöglichen. Dies gilt auch im Kontext des Metaversums für die virtuelle Welt. Daher müssen die Ergebnisse der sensorischen und interaktiven Verschmelzung zwingend an den aktuellen räumlichen Standort des Benutzers gekoppelt sein. In Bezug auf die Wahrnehmung stellt dies vermutlich keine große Herausforderung dar, da der Benutzer jederzeit auf allen Sinnesmodalitäten sowohl die Realität als auch die Virtualität wahrnehmen möchte: In der realen Welt schalten wir unsere visuelle Wahrnehmung normalerweise nicht an einem Ort aus, um sie an einem anderen wieder einzuschalten, es sei denn, besondere Umstände oder Störfaktoren erfordern dies. Ähnlich werden wir auch in der virtuellen Welt versuchen, an jedem Ort und zu jeder Zeit Informationen auf allen erreichbaren Sinneskanälen zu erhalten. Bei der Interaktion könnte sich dies etwas anders gestalten, da es durchaus vorstellbar ist, dass die Interaktionsmöglichkeiten von der aktuellen Position abhängig sind. Schon allein dadurch, dass die interaktiv beeinflussbaren Artefakte an unterschiedlichen Orten variieren, ergibt sich in der realen Welt oft die Notwendigkeit, verschiedene Werkzeuge zur Interaktion zu verwenden. Als Beispiel sei an den Wechsel von Sprach- zur Tastatureingabe erinnert, wenn es an einer Position zu laut ist, sodass die Anwendung die Spracheingabe des Benutzers nicht korrekt erfassen könnte. Sensorische und interaktive Verschmelzung sind also unmittelbar an den Benutzer und seine räumliche Position gekoppelt.

Ebenso eng gekoppelt sind sensorische und interaktive Verschmelzung aus der temporalen Perspektive des Benutzers. Es kann angenommen werden, dass es für den Benutzer normal ist, die jeweils aktuelle Situation sowohl in der virtuellen als auch in der realen Umgebung wahrzunehmen. Ebenso ist es wahrscheinlich, dass der Benutzer mit den ihn aktuell umgebenden Artefakten interagieren möchte. In einer normalen Situation erscheint es eher ungewöhnlich, dass der Benutzer mit einem Artefakt interagiert, das zu einem früheren Zeitpunkt an der aktuellen Position präsent oder erreichbar war. Sicherlich könnten für solche Zustände Beispiele gefunden werden, wenn beispielsweise ein früherer Zustand eines digitalen Artefakts angeboten wird. In diesem Fall müsste der Benutzer jedoch über den früheren Zustand des digitalen Artefakts informiert sein. Dies bedeutet in Bezug auf den Benutzer, dass sensorische und interaktive Verschmelzungen sowohl räumlich als auch zeitlich an ihn, seine Position und möglicherweise zusätzlich an seinen aktuellen Zustand gebunden sind.

Räumliche und temporale Verschmelzungen können jedoch noch erweitert werden, da sie sich nicht nur auf den Benutzer beziehen, sondern auch auf alle anderen Artefakte. Es sind durchaus Artefakte denkbar, die unabhängig vom Benutzer sowohl in der realen als auch in der virtuellen Welt existieren und proaktiv oder interaktiv agieren. In solchen Fällen müssen Wahrnehmung und Interaktion dieser Artefakte räumlich und zeitlich synchronisiert sein.

Neben der gemeinsamen räumlichen und zeitlichen Kopplung ist es auch vorstellbar, dass sensorische und interaktive Verschmelzungen entweder nur räumlich oder nur zeitlich verkoppelt werden.

- *Schritt 3*: In den Schritten 1 und 2 lag der Fokus auf der Verschmelzung und Kopplung, welche direkt auf den Benutzer und die Artefakte bezogen waren, indem sie jeweils als Objekte betrachtet wurden. Dabei wurden diese Objekte auf ihre individuelle Bedeutung reduziert, die aus dem Objekt selbst hervorging. Die Berücksichtigung der räumlichen und zeitlichen Verbindungen zwischen Benutzer und Artefakten kann jedoch diesen Selbstbezug erweitern. Auf diese Weise kann eine semantische Bedeutung zugewiesen oder aus dem Objekt selbst entstehen. Dennoch ist eine solche semantische Bedeutung nicht ohne die situative, also die zeitliche und räumliche Ebene, vorstellbar. Ebenso muss für diese semantische Bedeutung eine Wahrnehmung vorhanden sein, welche den Zustand der Welt und die aktuelle Situation berücksichtigt. Die Interaktion kann, muss aber nicht zwingend auf dieser semantischen Ebene eine Rolle spielen.

In vielen Anwendungsfällen ist nun noch ein weiter Schritt erforderlich. Dies sind die Anwendungsfälle, die den letzten Schritt zum „Embodied Internet" im Sinne eines „Walkin-Internet", wie Kreutzer und Klose es bezeichnen [HUS24], unternehmen. Der Benutzer verschmilzt nun im wahrsten Sinne des Wortes persönlich mit seinem Avatar.

- *Schritt 4*: In diesem finalen Schritt steht die Verschmelzung des Benutzers mit seinem digitalen Abbild in der Virtualität des Metaversums im Fokus. Schon aktuell wird die sensorische und vielmehr noch die interaktive Verschmelzung zur direkten Steuerung von Avataren als Repräsentanten des Benutzers in virtuellen Umgebungen genutzt. Es lassen sich jedoch schon jetzt Anzeichen dafür erkennen, dass es bei der direkten Steuerung der Avatare durch den Benutzer nicht bleiben wird. Erstarrt der Avatar heutzutage noch in der virtuellen Welt, wenn sich der Benutzer in der realen anderen Dingen als seiner Steuerung zuwendet, so werden die Avatare der Zukunft zu Entitäten werden, die selbstständig im Sinne des Benutzers in der virtuellen Sphäre des Metaversums aktiv sein werden und auch dann Tätigkeiten ausführen, wenn der Benutzer den Avatar nicht unmittelbar steuert.

Mit den Schritten 1 bis 3 und der Integration sensorischer, interaktiver, semantischer sowie räumlicher und zeitlicher Verschmelzung wurde zunächst eine technische Grundlage für den Real Life Connector geschaffen. Es ist nun wichtig, einen Blick auf die bisher geltenden Interaktionsparadigmen zu werfen, um festzustellen, ob sie den Anforderungen gerecht werden, die aus der Verbindung dieser verschiedenen verschmelzenden Aspekte entstehen. Unter Berücksichtigung der Besonderheit, dass das Metaversum sowohl hochgradig interaktiv als auch hochgradig immersiv sein soll, müssen diese beiden Aspekte in die Anforderungen an den Real Life Connector einbezogen werden. Aus der Dimension der Immersion lassen sich für das Metaversum drei unterschiedliche Immersionsgrade identifizieren:

- Wird das Metaversum als klassisches Internet betrachtet, entspricht es typischen Desktopanwendungen.
- Wird das Metaversum als reine virtuelle Realität angesehen, gelten hier technische VR-Ausprägungen, wie der Zugang per VR-Headset oder der Zugang mittels einer CAVE.
- Zwischen diesen beiden extremen Immersionsgraden liegt der Bereich der Anreicherung, der AR und AV umfasst und sich dadurch auszeichnet, dass der Benutzer eine durch digitale Artefakte angereicherte Wahrnehmung der Realität erfährt.

Unabhängig von der Dimension der Immersion gibt es derzeit für die Dimension der Interaktion vor allem drei bekannte Interaktionsparadigmen:

- Das derzeit am weitesten verbreitete Interaktionsparadigma ist die Terminal- oder WIMP-Interaktion mit Tastatur, Maus oder, je nach Ausprägung, eventuell noch mit Touch-Eingabe oder Stift. Dieses Paradigma ist vorherrschend in Schreibtischarbeitsplatz-Situationen.
- Aus einigen spezialisierten Arbeitsplatzsituationen, aber vor allem aus Entertainment- und Spieleanwendungen, ist das Paradigma der direkten Interaktion bekannt. Hier erfolgt die Interaktion nicht über ein Schreibwerkzeug wie die Tastatur oder Zeigegestengeräte wie Maus oder Touchpad, sondern der Benutzer übernimmt mit spezialisierten Controllern die Kontrolle über digitale Artefakte. Im technisch ausgeprägtesten Fall kann dies bis hin zu Datenhandschuh oder gar zum ganzen Datenanzug reichen. Dieses zweite Paradigma ist im Vergleich zu WIMP und Terminal deutlich seltener anzutreffen.
- Möglicherweise könnte zukünftig noch die aktuell zunehmende Verbreitung der Sprachinteraktion als weiteres Interaktionsparadigma aufgenommen werden.

Es gilt nun, die beiden Dimensionen miteinander in Einklang zu bringen, um herauszufinden, ob die gegenwärtigen Interaktionsparadigmen den Anforderungen des Metaversums gerecht werden können. Dabei stellt sich die Frage, ob die aktuellen, vorherrschenden Interaktionsparadigmen ausreichend sind, um das breite Spektrum der Immersion abzudecken, das notwendig ist, um mit dem Metaversum effektiv interagieren zu können:

- Terminal und WIMP wurden speziell für die Desktop-Umgebung entwickelt und sind seit jeher darauf ausgerichtet.
- Eine direkte Interaktion in der Desktop-Umgebung ist nur mit großen Abstrichen möglich. Natürlich kann argumentiert werden, dass die Eingabe und Bearbeitung von Text- oder Bilddateien auf dem Desktop eine direkte Interaktion mit diesen Texten und Bildern darstellt. Dies ist jedoch eher eine Ausnahmeform der direkten Interaktion. Der unmittelbare Umgang mit einem dreidimensionalen digitalen Artefakt ist hingegen mittels Tastatur oder klassischer Maus, die sich meist nur in der zweidimensionalen Ebene des Schreibtischs bewegt, nur sehr schwer oder sogar gar nicht möglich.
- Terminal und WIMP sind jedoch sowohl für Augmented Reality (AR) als auch für Virtual Reality (VR) ungeeignet. Das Eintauchen in eine VR würde durch die Notwendigkeit, die Aufmerksamkeit auf eine Tastatur richten zu müssen, um eine Interaktion auszuführen, erheblich gestört. Dies gilt ebenso oder vielleicht sogar noch mehr für AR, denn hier steht der Benutzer in der physischen Welt und befindet sich normalerweise nicht am Desktop. Natürlich könnte ähnlich wie im häufig zitierten Beispiel von Tom Cruise in Minority Report eine Tastatur in das Sichtfeld des Benutzers eingeblendet werden [SPI02]. Dennoch wäre auch hier die Immersion durch die notwendige Aufmerksamkeit auf die Tastatur gestört.
- Genau wie Terminal und WIMP für die Desktop-Umgebung entwickelt wurden, ist das Paradigma der direkten Interaktion speziell für den Einsatz in virtuellen Realitäten konzipiert.
- Für Augmented Reality ist direkte Interaktion zumindest teilweise grundlegend, da die Darstellung digitaler Artefakte, die an eine räumliche Situation und Position gebunden sind, unmittelbar davon abhängt, aus welcher Position und mit welchem Betrachtungsvektor der Benutzer dieses digitale Artefakt wahrnimmt. Verändert der Benutzer seine Position oder Blickrichtung, verändert sich auch die Darstellung. Ein direkter Zusammenhang zwischen Benutzer und Artefakt ist hier also unerlässlich. Ob der Benutzer das digitale Artefakt jedoch auch „anfassen" oder „manuell bearbeiten" kann, ist nicht unbedingt garantiert.

Es kann aktuell gesagt werden, dass einige Aspekte der Interaktion und Immersion technisch umsetzbar sind, jedoch in vielen Bereichen und auf allen Immersionsgraden noch erhebliche Lücken bestehen. Daher erscheint es notwendig, für das Metaversum als ein verschmolzenes Medium ein neues, eigenständiges Interaktionsparadigma zu entwickeln. Wie dieses Paradigma konkret aussieht, lässt sich vermutlich erst beschreiben, wenn die Anforderungen für und an das verschmolzene Metaversum bekannt sind. In ein

3.6 All-together – Der Weg zum Sozio-kulturellen Verschmelzen

solches neues Interaktionsparadigma müssen die bekannten Vor- und Nachteile der bisherigen Interaktionsparadigmen einfließen. Es gibt bereits seit einiger Zeit Untersuchungen zum altbekannten GUI als dem Abbild des WIMP-Interaktionsparadigmas, die analysieren, wie die Nutzung von Tastatur und Maus die kognitiven Prozesse in unserem Gehirn beeinflussen, insbesondere in Bezug auf die Interaktion mit der Umwelt und anderen Menschen [DOU01]. Der Grundgedanke dabei ist, dass die menschliche kognitive Entwicklung maßgeblich durch körperliche und soziale Interaktionen mit Objekten und Lebewesen geprägt wird. Die Erkenntnisse solcher Untersuchungen erweitern den Paradigmenbegriff.

So gibt es seit einiger Zeit den Begriff der Reality-Based Interaction, den Jacob et al. geprägt haben [JAC08] und bei dessen Beschreibung sie auch Ansätze der sogenannten multimodalen Interaktion einbezogen haben, die bereits 1978 vorgestellt wurde. Obwohl Jakob et al. mit der Reality-Based Interaction ebenso wie andere Interaktionsparadigmen im technischen Fokus bleiben, gehen einige Entwicklungen, wie zum Beispiel Reiterer mit der Blended Interaction, einen deutlichen Schritt weiter, indem sie den rein technischen Kontext verlassen [DOU01] und auch berücksichtigen, wie sehr Arbeitsabläufe, Geschäftsprozesse oder der Umgang im Entertainment-Bereich die Gestaltung von Interaktionen beeinflussen.

Es wurden also bereits zahlreiche Grundlagen für ein neues, nennen wir es verschmolzenes, Interaktionsparadigma geschaffen, das auf das kommende Metaversum abgestimmt ist (siehe Abb. 3.10).

Grundlegend erforderlich ist es also für die Entwicklung eines Metaverse User Interaction Paradigmas (MUI), sowohl die technischen als auch die benutzerorientierten Aspekte, wie beispielsweise die Integration von Geschäftsprozessen in den Gestaltungs-

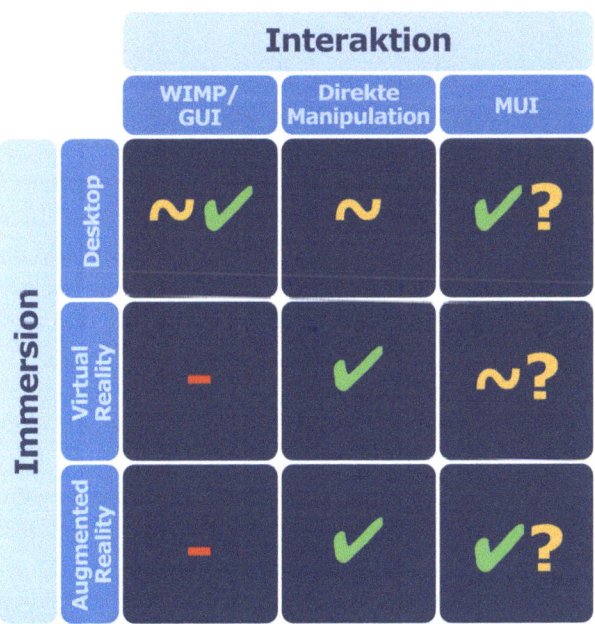

Abb. 3.10 Immersion der Interaktionsparadigmen: Metaverse User Interaction (MUI). (Eigene Darstellung: Peter Hoffmann, Invisible Cow)

prozess und -kontext, zu berücksichtigen. Darüber hinaus muss die neuartige Interaktion vom Benutzer nicht nur akzeptiert, sondern vor allem auch verstanden werden. Hierbei gilt es, unbedingt alle Erkenntnisse der Interaktionsgestaltung einzubeziehen, die in den Bereichen User Interaction Design oder Usability üblich sind. Diese lassen sich im Allgemeinen auf Don Norman und sein grundlegendes Werk „The Design of Everyday Things" [NOR02] zurückführen wobei selbstverständlich auch viele andere zu diesem Bereich beigetragen haben.

3.6.2 Das körperliche Verschmelzen

Der oben aufgezeigte vierte Schritt der Verschmelzung bedeutet das Erreichen des embodied, also des verkörperlichten, Internet. In diesem Kontext sollten zunächst allgemein die drei Konzepte Avatar, NPC und Digitaler Zwilling betrachtet werden, die Einfluss darauf haben, inwieweit diese Verkörperlichung erreicht und letztlich auch von den Benutzern akzeptiert wird. Gerade die Frage der Akzeptanz wird in zukünftigen Anwendungen des Metaversum wesentlich sein, da es sich hier auch um eine Form der Personifizierung und Identifizierung handelt und damit ausgesprochen nah – oder vielleicht sogar intim – den Benutzer berührt. Abb. 3.11 versucht dies als Annäherung zu zeigen.

- Avatare sind digitale Repräsentationen von Nutzern, die es ermöglichen, in virtuellen Umgebungen physisch erfahrbar zu sein [BAI04]. Diese Verkörperung kann sowohl visuell als auch interaktiv sein und reicht von einfachen 2D-Abbildern bis hin zu hochkomplexen 3D-Charakteren mit realitätsnahen Bewegungsmöglichkeiten [SCHroe02]. Moderne Technologien wie Motion-Capture-Systeme und Haptik-Technologien verstärken das Gefühl der physischen Präsenz, indem sie eine Echtzeit-Synchronisation zwischen Körperbewegungen und Avatar-Aktionen ermöglichen [LEE06].
- NPCs sind nicht-spielergesteuerte Charaktere, die in virtuellen Umgebungen agieren und eine vorprogrammierte oder KI-gesteuerte Rolle übernehmen. Sie dienen dazu, Interaktionen zu ermöglichen, Narrative voranzutreiben und die digitale Welt glaubwürdiger zu gestalten [LAI01]. Fortschritte im Bereich der Künstlichen Intelligenz (KI) erlauben es NPCs zunehmend, realitätsnahe Verhaltensweisen zu zeigen und sogar mit Avataren auf personalisierte Weise zu interagieren [DU25]. Dadurch entsteht eine verstärkte Verschmelzung von Realität und Virtualität, insbesondere wenn NPCs mit lernfähigen Systemen verbunden werden [RUS20].
- Das Konzept des Digital Twins geht über die reine virtuelle Repräsentation hinaus, indem es eine Echtzeitkopplung zwischen einem physischen Objekt oder einer Person und seiner digitalen Entsprechung ermöglicht [GRI15]. Diese Verbindung erlaubt es, physische Interaktionen in digitale Simulationen zu übertragen und vice versa [TAO18]. In Anwendungsbereichen wie Gesundheitswesen, Industrie und Smart Cities kann ein Digital Twin als digitale Verkörperung realer Personen dienen, was ein intensives Ineinandergreifen von Realität und Virtualität ermöglicht [FUL20].

3.6 All-together – Der Weg zum Sozio-kulturellen Verschmelzen 67

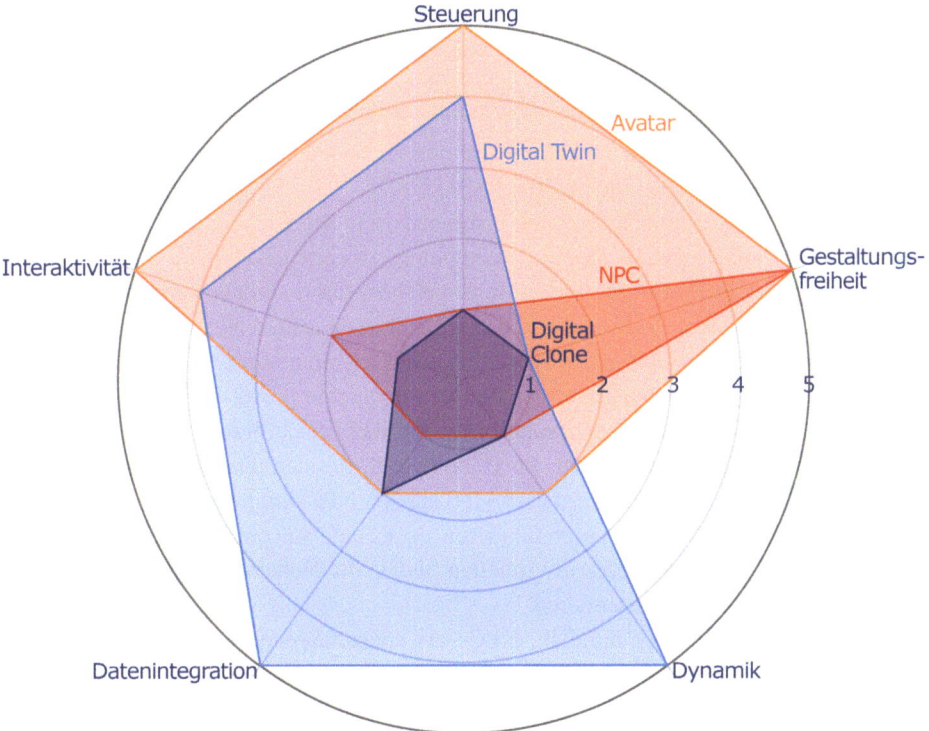

Abb. 3.11 Unterschiede in den Charakteristika von Avataren, NPCs und digital Twins. (Eigene Darstellung: Peter Hoffmann, Invisible Cow)

Avatare als digitale Repräsentation einer realen Personen in virtuellen Welten und im Metaversum sind ein mittlerweile etabliertes Konzept. Avatare werden, wie oben schon einleitend erwähnt, von Nutzern erstellt und gesteuert, um in virtuellen Welten zu interagieren, zu handeln oder sich zu präsentieren [BAI18]. Diese digitalen Identitäten sind ein essenzieller Bestandteil virtueller Umgebungen und ermöglichen es den Nutzern, sich in verschiedenen digitalen Räumen auszudrücken und soziale Interaktionen zu führen.

Mittlerweile spielen Avatare im Direct-to-Avatar (D2A)-Modell eine zentrale Rolle, insbesondere wenn der Avatar als direkter Konsument digitaler Güter und Dienstleistungen adressiert wird. Anstelle eines traditionellen B2C- oder D2C-Modells, in dem Marken direkt mit dem realen Kunden interagieren, richten sich Unternehmen im D2A-Ansatz unmittelbar an die Avatare der Nutzer. Dies umfasst digitale Produkte wie virtuelle Kleidung, Accessoires, Animationen oder sogar virtuelle Immobilien. Durch diesen direkten Zugang zu den digitalen Identitäten der Nutzer können Unternehmen personalisierte und immersive Einkaufserlebnisse schaffen, die tief in die digitalen Ökosysteme integriert sind [KIM23, RIV23, WIE23].

Ein prominentes Beispiel für das D2A-Modell ist der Kauf virtueller Luxusgüter innerhalb von Metaverse-Plattformen wie Roblox oder Decentraland. So bietet die Luxusmarke

Gucci digitale Kleidungsstücke an, die exklusiv für Avatare erworben und getragen werden können. Ein Nutzer kann so beispielsweise einen virtuellen Gucci-Mantel für seinen Avatar kaufen, um seinen digitalen Status innerhalb der Plattform zu repräsentieren. Solche digitalen Konsumgüter gewinnen zunehmend an Bedeutung, da sie es Nutzern ermöglichen, ihre Individualität in virtuellen Räumen zu betonen und gleichzeitig neue Geschäftsmodelle für Unternehmen eröffnen [HUS24].

Non-Player Characters (NPCs) sind, insbesondere in der Welt des Gaming, schon länger bekannt. Hierbei handelt es sich um computergesteuerte Charaktere, die in virtuellen Umgebungen eingesetzt werden, um diese zu beleben, Informationen bereitzustellen oder spezifische Aufgaben zu übernehmen. Sie sind nicht von echten Nutzern gesteuert. Vielmehr operieren sie klassisch auf der Grundlage vorprogrammierter Algorithmen, die ihre Interaktion mit der Umgebung und den Nutzern definieren [CAS00]. In aktuelleren Anwendungen findet die Implementierung mehr und mehr auch durch die Integration von KI-basierten Verhaltensweisen statt. Im D2A-Modell, das den direkten Verkauf digitaler Produkte an Avatare realer Nutzer beschreibt, spielen NPCs in der Regel keine Rolle als Käufer oder Zielgruppe. Stattdessen fungieren sie als unterstützende Elemente, beispielsweise als Verkäufer oder Guides in virtuellen Shops, die Nutzern Informationen zu Produkten liefern oder diese präsentieren.

Theoretisch erscheint es möglich, NPCs als konsumierende Entitäten in das D2A-Modell zu integrieren, jedoch würde dies eine Neubewertung der Definition und Funktion des Modells erfordern, sowohl des Begriffes NPC als auch des Begriffes D2A. In der aktuellen Praxis sind NPCs keine Käufer digitaler Produkte, da sie keine eigenen Konsumbedürfnisse haben [KIM23]. Zudem generiert der Verkauf an NPCs keinen wirtschaftlichen oder sozialen Mehrwert, da hinter der Transaktion keine reale Person steht [CAS06]. Diese Faktoren machen NPCs wohl auch in Zukunft eher zu einer eher ungeeigneten Zielgruppe für D2A-Modelle, da dieses sich auf die direkte Interaktion zwischen Marken und Avataren realer Nutzer konzentriert.

Dennoch gibt es potenzielle Szenarien, in denen NPCs als Konsumenten auftreten könnten. In virtuellen Wirtschaftssimulationen könnten sie beispielsweise als Käufer agieren, um ein realistisches Konsumverhalten nachzubilden und die Interaktion mit realen Nutzern zu intensivieren [MOR23c]. In diesem Kontext würden NPCs dazu beitragen, die Immersion in der virtuellen Umgebung zu steigern, indem sie wirtschaftliche Dynamiken simulieren. Ebenso könnten NPCs im Rahmen von Marken-Storytelling gezielt als konsumierende Charaktere eingesetzt werden. Beispielsweise wäre es denkbar, dass NPCs digitale Mode tragen und so als virtuelle Influencer fungieren, die reale Nutzer zum Kauf inspirieren [KAP20]. Auch in gamifizierten Metaversum-Umgebungen könnten NPCs eine Rolle als Käufer spielen, indem sie bestimmte Produkte erwerben, um Spielmechaniken zu unterstützen oder die Interaktivität mit Nutzern zu fördern [TAY15]. Ein weiteres denkbares Szenario ist der gezielte Einsatz von NPCs zur Stabilisierung interner Ökonomien innerhalb virtueller Welten, indem sie künstliche Nachfrage für digitale Güter generieren.

Obwohl diese Ansätze Potenzial bieten, ergeben sich aus der Integration von NPCs als Konsumenten mehrere Herausforderungen. Ein wesentlicher Punkt ist die Authentizität

3.6 All-together – Der Weg zum Sozio-kulturellen Verschmelzen

des D2A-Modells. Käufe durch NPCs könnten als künstlich wahrgenommen werden, was das Vertrauen der Nutzer in das wirtschaftliche System des Metaversums gefährden könnte [LAN17]. Ebenso bleibt fraglich, ob NPC-Transaktionen wirtschaftlich relevant sind, da sie keinen direkten finanziellen Mehrwert für Unternehmen generieren, solange keine reale Person hinter den Käufen steht. Darüber hinaus erfordert die Implementierung realistischer Konsumlogiken für NPCs fortschrittliche KI-Systeme, die in der Lage sind, authentische Kaufentscheidungen zu treffen und so das Nutzererlebnis sinnvoll zu erweitern [BRY14].

Trotz dieser Herausforderungen könnten NPCs in bestimmten Kontexten dennoch einen Mehrwert als konsumierende Entitäten bieten. Sie könnten beispielsweise zur Steigerung der Immersion in virtuellen Welten beitragen, indem sie eine belebtere und interaktivere Umgebung schaffen. Zudem könnten sie als Teil von Marketingstrategien genutzt werden, indem sie als Markenbotschafter fungieren und den Kaufanreiz für reale Nutzer erhöhen [HOL04]. In virtuellen Wirtschaftssystemen mit eigener Ökonomie könnten NPCs zudem eine stabilisierende Rolle übernehmen, indem sie zyklische Schwankungen der Nachfrage ausgleichen.

Mit der Weiterentwicklung künstlicher Intelligenz und der zunehmenden Komplexität virtueller Wirtschaften könnten NPCs zukünftig eine größere Rolle als konsumierende Entitäten spielen. Hochentwickelte KI-Modelle könnten NPCs mit realistischen Entscheidungs- und Konsummustern ausstatten, sodass sie sich in das wirtschaftliche System des Metaversums integrieren. In autonomen virtuellen Ökonomien wäre es denkbar, dass NPCs als Verbraucher agieren, um wirtschaftliche Prozesse anzutreiben. Darüber hinaus könnten Nutzer die Möglichkeit erhalten, NPCs in ihrer Umgebung individuell anzupassen und mit digitalen Gütern auszustatten, die sie selbst erworben haben.

In engen Zusammenhang stehen Digitale Zwillinge (Digital Twins) und das Metaversum, da beide Konzepte auf der Verschmelzung physischer und virtueller Welten basieren. Während das Metaversum eine immersive, interaktive digitale Umgebung schafft, dienen digitale Zwillinge als Brücke zwischen der realen Welt und diesen virtuellen Erlebnissen. Die Kombination beider Technologien ermöglicht eine tiefere Integration und Interaktion zwischen physischen und digitalen Systemen, wodurch neue Anwendungen in verschiedenen Bereichen entstehen [GRI17].

Ein digitaler Zwilling ist eine virtuelle Repräsentation eines physischen Objekts, Systems oder Prozesses, die in Echtzeit mit Daten aus der realen Welt synchronisiert wird. Diese Daten werden häufig durch IoT-Sensoren oder andere Datenerfassungssysteme erhoben und kontinuierlich aktualisiert [TAO19]. Digitale Zwillinge finden in zahlreichen Anwendungsfeldern Verwendung, darunter industrielle Fertigung, Stadtplanung, Gesundheitswesen und Architektur. Beispielsweise können Maschinen in einer Fabrik als digitale Zwillinge modelliert werden, um Wartungsarbeiten zu optimieren, Städte können durch virtuelle Modelle effizienter geplant werden, und im Gesundheitswesen ermöglichen digitale Zwillinge präzisere Diagnosen und Therapieplanungen durch simulationsbasierte Ansätze [BAR19].

Ein zentrales Merkmal digitaler Zwillinge ist die Echtzeit-Datenintegration, die eine kontinuierliche Synchronisation zwischen der physischen und digitalen Welt ermöglicht. Diese Technologie erlaubt es, physische Prozesse genau zu simulieren und durch datenbasierte Optimierungen effizienter zu gestalten. Darüber hinaus bieten digitale Zwillinge ein hohes Maß an Interaktivität, da Nutzer mit ihnen in virtuellen Umgebungen interagieren können, um beispielsweise Simulationen durchzuführen oder Vorhersagen zu testen [FUL20].

Die Integration digitaler Zwillinge ins Metaversum eröffnet weitreichende Möglichkeiten, insbesondere durch die realistische Abbildung der physischen Welt in virtuellen Räumen. Städte, Gebäude oder Maschinen können als 1:1-Modelle in das Metaversum übertragen werden, um eine detaillierte und interaktive Nachbildung der realen Welt zu ermöglichen. Durch die Echtzeit-Datenintegration werden diese Modelle dynamisch und reaktionsfähig, sodass Veränderungen in der physischen Welt unmittelbar im Metaversum reflektiert werden können. Dies hat insbesondere für Branchen wie Stadtplanung, Industrie, Gesundheitswesen und Architektur erhebliche Vorteile [YAQ23].

In der Stadtplanung könnten digitale Zwillinge dazu genutzt werden, urbane Entwicklungen zu simulieren und nachhaltigere Verkehrskonzepte zu erarbeiten. Durch virtuelle Modelle von Produktionsanlagen können Unternehmen ihre Fertigungsprozesse optimieren und effizienter gestalten. Im Gesundheitswesen ermöglicht die Kombination von digitalen Zwillingen mit dem Metaversum präzisere Diagnosen und individualisierte Therapieplanungen. So könnten digitale Zwillinge von Patienten dazu verwendet werden, chirurgische Eingriffe in einer virtuellen Umgebung zu planen, bevor sie in der Realität durchgeführt werden. Im Bereich der Architektur bieten digitale Zwillinge eine innovative Möglichkeit, Bauprojekte oder Renovierungen vorab in einer immersiven virtuellen Umgebung zu visualisieren und zu analysieren [BET19].

Die Interaktivität und Simulation, die durch die Verbindung von digitalen Zwillingen und dem Metaversum entsteht, ist ein entscheidender Vorteil dieser Technologien. Nutzer können mit digitalen Zwillingen interagieren, um Simulationen durchzuführen, Probleme zu analysieren und Entscheidungen auf Basis realistischer Modelle zu testen. Ein Ingenieur könnte beispielsweise im Metaversum die Leistung einer Maschine analysieren und Optimierungen vornehmen, bevor diese Änderungen in der realen Welt umgesetzt werden. Solche Simulationen helfen Unternehmen und Forschungseinrichtungen, Risiken zu minimieren und Innovationen effizienter zu testen [JON20].

Die Kombination digitaler Zwillinge mit dem Metaversum bietet zudem entscheidende Vorteile in den Bereichen Visualisierung, Zusammenarbeit und Echtzeitüberwachung. Das Metaversum ermöglicht eine immersive, dreidimensionale Darstellung von digitalen Zwillingen, wodurch komplexe Daten intuitiver erfasst und analysiert werden können. Gleichzeitig eröffnet diese Technologie neue Möglichkeiten für ortsunabhängige Zusammenarbeit, da Nutzer weltweit gemeinsam an digitalen Zwillingen arbeiten können. Dies ist besonders relevant für internationale Projekte in den Bereichen Architektur, Stadtplanung oder industrielle Fertigung, bei denen Experten aus verschiedenen Ländern simultan an virtuellen Modellen arbeiten können [SCHwir24].

3.6 All-together – Der Weg zum Sozio-kulturellen Verschmelzen

Ein weiterer wesentlicher Vorteil besteht in der Simulation von Szenarien, die durch digitale Zwillinge im Metaversum ermöglicht wird. Beispielsweise können im Bereich des Katastrophenmanagements verschiedene Krisenszenarien durchgespielt und Optimierungsstrategien getestet werden. Ebenso können digitale Zwillinge in wirtschaftlichen Simulationen zur Vorhersage von Marktveränderungen oder zur Analyse von Produktionsabläufen eingesetzt werden. Durch die Echtzeitüberwachung und -steuerung physischer Systeme lassen sich digitale Zwillinge zudem nutzen, um kritische Prozesse in Echtzeit zu überwachen und bei Bedarf Anpassungen vorzunehmen [LU20].

	Avatare	NPCs	Digitale Zwillinge
Definition	Digitale Repräsentationen realer Personen in virtuellen Welten.	Computergesteuerte Charaktere, die virtuelle Umgebungen beleben und Informationen bereitstellen.	Virtuelle Repräsentationen physischer Objekte, Systeme oder Prozesse mit Echtzeit-Datenintegration.
Steuerung	Von echten Nutzern erstellt und gesteuert	Gesteuert durch Algorithmen oder künstliche Intelligenz	Automatische Steuerung durch IoT-Sensoren oder Datensysteme.
Funktion im Metaversum	Dienen zur Interaktion, Kommunikation und Selbstdarstellung in digitalen Räumen.	Können als Verkäufer, Guides oder Storytelling-Elemente dienen.	Dienen zur Simulation, Optimierung und Echtzeitüberwachung physischer Systeme im Metaversum.
Interaktion mit Nutzern	Hoch, da sie von Nutzern gesteuert werden.	Begrenzt, primär über Skripte oder KI-gesteuerte Antworten.	Möglich, da Nutzer mit ihnen interagieren können, um Simulationen oder Tests durchzuführen.
Rolle im D2A-Modell	Zentrale Konsumenten digitaler Produkte und Dienstleistungen.	Keine direkten Konsumenten, potenziell als Markenbotschafter oder zur Simulation wirtschaftlicher Dynamiken nutzbar.	Nicht als Konsumenten vorgesehen, jedoch essenziell für datenbasierte Entscheidungen und Optimierung realer Prozesse.
Beispiele für Anwendungen	Kauf virtueller Güter (z. B. Mode von Gucci in Roblox oder Decentraland).	Virtuelle Shop-Verkäufer, KI-gesteuerte Assistenten, potenziell als digitale Influencer.	Virtuelle Städte für Verkehrsplanung, digitale Zwillinge von Maschinen zur Prozessoptimierung, Simulation medizinischer Diagnosen.

(Fortsetzung)

	Avatare	NPCs	Digitale Zwillinge
Potenzielle zukünftige Entwicklungen	Erweiterung der Individualisierungsoptionen, tiefer gehende Integration in digitale Wirtschaftssysteme.	Möglichkeit, Konsumverhalten zu simulieren oder als wirtschaftliche Stabilisatoren in virtuellen Ökonomien zu agieren.	Tiefere Integration in das Metaversum zur Echtzeit-Steuerung und Optimierung physischer Systeme.

3.6.3 Das soziale und gesellschaftliche Verschmelzen

Wie bereits oben betont, konzentriert sich die bisherige Analyse der Verschmelzungen auf einzelne, voneinander unabhängige Aspekte. Solche isolierten Betrachtungen sind zunächst hilfreich, da sie einfacher zu handhaben sind. Allerdings reichen diese nicht aus, wenn das Metaversum als zukünftiges verkörperlichtes Internet und somit als zukünftige Form des menschlichen Lebens und Zusammenlebens implementiert werden soll [JIA22]. Stattdessen wird etwas benötigt, das oben als „Real Life Connector" bezeichnet wurde, in dem die verschiedenen Aspekte zusammengeführt werden. Es ist wichtig zu beachten, dass es hierbei nicht nur um technische Aspekte geht, sondern auch um menschliche und soziale Dimensionen. Das Metaversum, wie es derzeit konzipiert ist, soll eine neue Erfahrbarkeit von virtuellen Realitäten in Verbindung mit der „realen Realität" ermöglichen. Dies beinhaltet nicht nur individuelle Erlebnisse, sondern betrifft auch das soziale Miteinander sowie unterschiedliche Lebensbereiche der einzelnen Nutzer, wie beispielsweise das Lernen, das Reisen oder kulturelle Erlebnisse [BIT22]. Um eine rein virtuelle Parallelwelt zu vermeiden, die lediglich eine andere Perspektive des heutigen mobilen Internets darstellt, muss das Metaversum vielmehr eine logische Weiterentwicklung dessen sein. Dies kann nur gelingen, wenn die Vernetzung der verschiedenen Aspekte erfolgreich umgesetzt wird.

Selbstverständlich basiert die gesamte Konzeption zunächst einmal darauf, dass jeder Einzelaspekt auch tatsächlich eigenständig implementiert werden und bestehen kann. Das bedeutet, es gilt zunächst, Methoden zu entwickeln, um die neue Kombination aus physischer und virtueller Realität überhaupt wahrnehmen zu können, ebenso wie Ansätze zu finden, um mit diesen neuen Realitätskombinationen interagieren zu können. Hierbei stehen vorerst die technischen Aspekte im Vordergrund.

Unabhängig von Sensor- und Interaktionstechnik müssen Lösungen entwickelt werden, um die räumlichen Teilaspekte und Herausforderungen aus beiden Realitäten zu vereinen, sodass beispielsweise die Bewegungen von Objekten in allen kombinierten Teilrealitäten stattfinden können.

An diesem Punkt wird die Notwendigkeit deutlich, sich von einer rein technischen Perspektive der Verschmelzung zu lösen. Wie im vorherigen Abschn. 3.6.1 bereits erwähnt, umfasst der Bereich der Interaktion nicht nur die unmittelbare Interaktion mit sichtbaren

Objekten in den verschiedenen Realitäten, sondern auch die Interaktion von Anwendungen untereinander im Sinne eines prozess- bzw. transaktionsorientierten Denkansatzes. Zwar sind für diese prozessübergreifenden Interaktionen technische Schnittstellen erforderlich, grundlegend ist jedoch zunächst ein elementares Prozessverständnis der Zusammenhänge im Metaversum an sich [BAL20].

Bereits in diesem ersten Schritt findet eine Kombination statt, indem sowohl die Zustände der physischen als auch der digitalen Realität gemeinsam betrachtet werden müssen. Die Verwirklichung der Verbindung von Sensorik und Interaktion in Bezug auf die Räumlichkeit ist in der Regel nur möglich, wenn auch zeitliche beziehungsweise temporale Aspekte berücksichtigt werden.

Diese ganzheitliche Zusammenführung ist es, die das Metaversum letztendlich tatsächlich auszeichnen wird. Multimodale Interaktion alleine ist ebenso wenig das Metaversum wie multimodale Sensorik alleine. Nur das Zusammenspiel aller Aspekte wird zu einem innovativen Medium führen, das den Erwartungen, die derzeit an die Idee des Metaversums gestellt werden, gerecht werden kann.

Spätestens an dieser Stelle muss sicherlich die Frage gestellt werden: Wozu das alles? Wozu benötigen wir ein solch aufgeblasenes, technisch-technologisches Netzwerk?

Zunächst kann dazu der oben begonnene Faden wieder aufgegriffen werden. Das zukünftige Metaversum soll allen Menschen offenstehen und es soll nicht zuletzt auch dazu dienen, all die Barrieren, vor denen wir in der alltäglichen Welt – zum Beispiel in der alltäglichen Mobilität, im Beruf und auch in der Freizeit – stehen, so zu gestalten, dass tatsächlich niemand ausgeschlossen wird. Der große Anspruch ist hier die praktische Barrierefreiheit. Was zunächst wie ein Widerspruch klingt, nämlich das viele verschiedene Aspekte gemeinsam gedacht und kombiniert werden müssen, was natürlich ein immenser technischer und technologischer Aufwand sein wird, ist aber gar kein Widerspruch. Denn gerade durch diese ausgeprägte Kombination wird sich die Barrierefreiheit deutlich einfacher erreichen lassen.

Die Einschränkungen der Menschen in Bezug auf ihre unterschiedlichen Fähigkeiten, wie zum Beispiel im Seh- und Hörvermögen oder auch in der Mobilität oder in der mentalen oder kognitiven Wahrnehmung, lassen sich durch eine Kombination verschiedener synchroner Kanäle im Sinne einer Redundanz ausgleichen. Herausforderungen sind hier die Vielfalt der verschiedenen Einschränkungen sowie das Fehlen von allgemein anerkannten Standards. Zwar gibt es für die allgemeine Webgestaltung eine ganze Reihe von Frameworks für die barrierefreie Gestaltung, aber schon diese werden relativ selten und, wenn überhaupt, oftmals nicht durchgängig und konsequent genutzt. Noch deutlich geringer ist die Zahl von barrierefreien Lösungen für den Bereich VR. Die Zahl akzeptierter etablierter Standards ist in diesem Bereich überschaubar. Über den Bereich AR muss an dieser Stelle gar nicht gesprochen werden, denn hier gehen schon die Zahl der Publikationen aus praktischen Projekten unmittelbar gegen null.

Neben diesem technisch getriebenen, praktischen oder nutzerzentrierten Ansatz, der das Metaversum ermöglichen soll, existiert ein weiterer, möglicherweise ebenso praktischer Ansatz. Wird die bisherige technische Entwicklung mit Schwerpunkt auf dem Internet betrachtet, ist offensichtlich und unübersehbar, dass die Einführung des Internets und insbesondere des World Wide Web die Lebensweise der Menschen bedeutend verändert hat. Sowohl die Arbeitswelt als auch die Beschaffung und der Umgang mit Informationen sowie das gesamte Freizeitverhalten heute unterscheiden sich grundlegend von dem vor wenigen Jahrzehnten. Sicherlich haben auch andere Technologien dazu beigetragen, wie beispielsweise die Mobiltelefonie. Letztendlich mündet jedoch auch diese Technologie im aktuellen mobilen Internet und prägt unsere gegenwärtige Lebensweise. Wie könnte dann ein Metaversum unter Berücksichtigung der bisher aufgeführten verschmelzenden Aspekte unsere Lebensweise in der Zukunft beeinflussen? Cathy Hackl, eine nicht ganz unbekannte Bloggerin und Journalistin im Bereich IT, Web und Metaversum, hat dazu ein sehr anschauliches Beispiel gegeben [HAC21]:

Zu Beginn dieses Beispiels sollte betont werden, dass der Leser dieses Buchs vermutlich etwas älter ist als die Hauptperson in besagtem Beispiel. Aber jeder dieser Leser kann sich zweifellos an seinen ersten Konzertbesuch erinnern. Dabei spielt es keine Rolle, ob es das Konzert einer kleinen lokalen Band in einem kleinen Lokal um die Ecke oder ein großes mehrtägiges Festival war. Wir alle erinnern uns noch daran, wie es sich anfühlte, in der Realität mit anderen euphorisierten Menschen, oft auch wörtlich Körper an Körper, vor der Bühne zu stehen, die Band zu sehen, zu hören, zu spüren und möglicherweise auch den Nachbarn zu riechen. Dies deckt sich soweit mit den Erinnerungen von Cathy Hackl, die jedoch von dem ersten Konzertbesuch ihres zehnjährigen Sohnes berichtet. Er besuchte die Performance von Lil Nas X, die aufgrund der damals grassierenden Coronapandemie nicht in einer realen Location stattfand, sondern in der virtuellen Welt von Fortnite. Im Gegensatz zum Gedränge im Mosh Pit vor einer realen Bühne genoss Cathy Hackls Sohn das Konzert von zu Hause aus durch ein VR-Headset. Obwohl es ein rein digitales Erlebnis war, war es für den jungen Mann nicht weniger real.

Dies wird durch das Verhalten unterstrichen, das Cathy Hackl an einem weiteren Beispiel zeigt. Während der Pandemie veranstaltete sie für ihren Sohn eine Geburtstagsfeier in der ebenfalls virtuellen Welt von Roblox [HAC21]. So, wie es nahezu jeder (nicht nur) Teenager in der realen Welt tun würde, legte auch der Sohn von Cathy Hackl großen Wert darauf, wie sein Avatar auf dieser Party erscheinen sollte. Die Gestaltung und das Aussehen des Avatars waren ihm genauso wichtig, wie es realweltlichen Gästen bei ihrem Hemd oder ihrer Bluse ist.

Solche und ähnliche Beispiele verdeutlichen eine wichtige Erkenntnis: VR, AR oder MR stellen nicht die essenziellen Kernkomponenten des herannahenden Metaversums dar. Vielmehr liegt das zentrale Element in der Möglichkeit zur sozialen Interaktion innerhalb der virtuellen Welt. Wenn diese Option nicht implementiert und den Nutzern zur Verfügung gestellt wird, würde das kommende Metaversum lediglich einer gewöhnlichen virtuellen Welt entsprechen, wie sie aus klassischen Unterhaltungs- und Spieleumgebungen bekannt ist oder wie sie in zahlreichen Dystopien dargestellt wird. Das wohl populärste Beispiel für eine solche dystopische Umsetzung ist das auch hier schon öfter erwähnte „Ready Player One" [CLI11], in dessen OASIS die Menschen vor allem deshalb eintauchen, um bessere Lebensbedingungen zu erfahren. Allerdings zeigt dies auch, dass eben jene OASIS keine echte Implementierung des Metaversums sein kann. Denn die Benutzer verlieren sich in der OASIS und entfliehen gleichzeitig der Realität, was jedoch der Definition des Metaversums fundamental widerspricht.

Dass die Technik in den Hintergrund tritt und dafür soziale und kulturelle Aspekte in den Vordergrund rücken, stellt für die Benutzerinnen und Benutzer eine große Herausforderung dar. Wenn das Metaversum tatsächlich in der hier angedachten, verschmolzenen Form realisiert wird, sind signifikante Auswirkungen auf das soziale Miteinander der Nutzerinnen und Nutzer zu erwarten, und es werden deutliche Veränderungen angestoßen. Solche Veränderungen sind durchaus bekannt, wenn die Geschichte des Computers, des Internets und insbesondere des World Wide Web betrachtet wird. Sowohl der Computer selbst als auch das Internet trugen bei ihrer Einführung zunächst ein Stigma mit sich. Die breite Bevölkerungsschicht in der Gesellschaft sah den Umgang mit dem Computer und später auch mit dem Internet als vor allem verschwendete und sogar asoziale Zeit an. Die Entstigmatisierung sowohl des Computers bzw. PCs als auch des Internets hat jeweils sehr lange gedauert. Zum Teil wird auch heute noch, etwa 30 Jahre nach der Einführung des Internets, der Umgang mit diesem Medium kritisch gesehen – was sicherlich zum Teil auch berechtigt ist.

Genau dies darf jedoch auch für das neue Metaversum erwartet werden. Wahrscheinlich sogar noch schlimmer als im klassischen Internet, da der typische Benutzer – der Surfer in den Medienwelten – im Internet normalerweise nicht von seiner Umwelt isoliert ist. Er sitzt in der Regel vor dem Bildschirm und ist grundsätzlich ansprechbar, selbst wenn er durch das Fenster seines Bildschirms in die Cybersphären hineinschaut [BAL22]. Im Metaversum hingegen besteht die Gefahr, dass der Benutzer sich durch die Verwendung von Geräten wie VR-Headsets und ähnlichen tatsächlich von der realen Welt abkoppelt und somit vermutlich nicht mehr direkt ansprechbar ist.

Die Early Adopter könnten in absehbarer Zeit mit diesem Stigma konfrontiert werden. Allerdings ist es möglich, dass der Zeitraum bis zur Umwandlung dieser negativen Sichtweise auf das Metaversum in eine neutrale oder sogar positive Perspektive kürzer ausfallen wird als beim Internet. Schließlich ist das Metaversum bereits vielen Nutzern und generell in der Gesellschaft bekannt, da zahlreiche Menschen bereits in VR- oder 3D-Welten aktiv sind, wenn sie sich in Spielwelten vertiefen [BAL21b].

Die eigentliche Herausforderung, die sich aus der Verschmelzung ergibt, ist somit nicht technischer, sondern soziokultureller Natur. Auf der einen Seite müssen das aufkommende Metaversum und dessen Benutzer in Einklang mit der reinen realen Realität stehen, denn nur wenn eine weitreichende Akzeptanz erreicht wird, kann sich dieses Metaversum erfolgreich etablieren. Vom World Wide Web lassen sich allerdings andere soziokulturelle Beobachtungen auf das kommende Metaversum übertragen. Es ist mittlerweile unbestritten [DÖR10, FRI09], dass die Etablierung des Internets erheblichen Einfluss auf die Gesellschaft und das soziale Miteinander hatte und immer noch hat. Verhaltensweisen, Ausdrucksformen und Erwartungshaltungen bezüglich Kommunikation und Kommunikationsstrukturen haben sich im Vergleich zur papierbezogenen analogen Zeit, nicht zuletzt aufgrund des Medienbruchs, verändert. Aber auch innerhalb des Mediums Internet oder des WWW haben sich neue gesellschaftliche Formen etabliert. So unterscheiden sich beispielsweise die Umgangsformen in sozialen Medien von denen in klassischen Foren des frühen Internets. Selbst innerhalb der sozialen Medien gibt es unterschiedliche Kommunikations- und Umgangsformen. Die Kommunikation auf Kanälen wie Twitter oder Telegram ist geprägt durch eine hohe Direktheit, die in dieser Ausprägung beispielsweise auf beruflich-professionellen Plattformen wie LinkedIn nicht zu finden ist. Dieser Aspekt lässt sich auch auf andere Medienformen wie Wikis übertragen, welche von der Zusammenarbeit geprägt sind, und erst recht auf solche Medienformen wie Spieleplattformen. Bei diesen wird zwar gegeneinander gespielt, jedoch oft innerhalb sozialer Strukturen wie Spiele-Clans und Ähnlichem.

Wenn sich bereits im „klassischen" Internet, in dem es noch keine Verschmelzung von Digitalität und Realität gibt, Pseudo- oder Teilgesellschaften sowie soziokulturelle Strömungen bilden, ist es sehr wahrscheinlich, dass im Umfeld eines neuen Mediums, bei dem genau diese Verschmelzung im Fokus steht und angestrebt wird, ebenfalls neue soziokulturelle Strömungen entstehen werden. Die große Herausforderung besteht darin, dass es in diesem Metaversum keine Möglichkeit mehr gibt, sich auf physische Erfahrungen zu verlassen, wie der Mensch sie bisher in und durch die reale Umwelt sowie sein soziales Umfeld gemacht hat. Auch wenn es unpopulär sein mag, so ist es doch eine urmenschliche Verhaltensweise, dass wir ein Gegenüber allein durch den ersten optischen und akustischen Eindruck automatisch vorab einordnen. Dem eurasisch aussehenden Menschen werden andere Charakterzüge zugeschrieben als einem afrikanisch aussehenden Menschen oder einem asiatisch aussehenden Menschen. Selbstverständlich sind solche ersten Kategorisierungen nicht immer zutreffend und werden in der Regel durch längeres Miteinander korrigiert. In der vollständig verschmolzenen Umgebung des Metaversums kann sich der Benutzer jedoch auf solche Wahrnehmungen in keiner Weise mehr verlassen.

Die Benutzer tauchen in das Metaversum ein und benutzen dabei Avatare, die sie in der Regel vollkommen frei gestalten können. Dies bezieht sich nicht nur auf das Äußere, sondern auch auf die Verhaltensweise des Avatars, die ebenfalls gescriptet werden kann. Es stellt sich nun also die Frage, in welche Kategorie wir den mit lila Plüsch überzogenen Gorgonen, der mit riesiger Axt in der Hand auf einem von seinen sieben Beinen hüpfend vor uns steht, einordnen sollen. Wie kommunizieren wir mit einem Avatar, der eine solch abstruse und sicherlich nicht mehr natürliche Form und Gestalt und möglicherweise auch Verhaltensweise aufweist? In der realen Welt wären wir in einer solchen Situation sicherlich zunächst einmal ausgesprochen vorsichtig und zurückhaltend, da wir annehmen würden, dass dieses Wesen uns nicht wohlgesonnen sei. Wer weiß schon, was passiert, wenn unser digitales Gegenüber auf die Idee kommt, plötzlich seine Axt zu schwingen und unseren Avatar, der – wie wir oben gelesen haben – unser digitaler Zwilling ist, zu verletzen oder gar zu töten. Schließlich sind wir als reale Person ja mit unserem digitalen Avatar verschmolzen. Solche Situationen können durchaus unterschiedliche Auswirkungen haben, nicht nur in Bezug auf persönliche Verhaltensweisen und Muster, sondern allgemein auch in Bezug auf die Struktur und das Verhalten von Individuen in sozialen Gruppen. Wenn wir positiv denken, könnten wir hoffen, dass das Metaversum uns die Möglichkeit gibt, all

3.6 All-together – Der Weg zum Sozio-kulturellen Verschmelzen

diese vorurteilsbehafteten Denkweisen und Denkstrukturen hinter uns zu lassen. Wohin es allerdings führt, wenn wir negativ denken, möge sich der Leser an dieser Stelle selbst vorstellen.

Probleme im Zusammenhang mit soziokultureller Verschmelzung im Metaversum können sich auch unter einem anderen Blickwinkel offenbaren. In der Zukunft wird es vermutlich eher unüblich sein oder möglicherweise sogar nicht vorkommen, dass wir in das Metaversum eintauchen und dabei die virtuelle Welt, in die wir uns begeben, ein digitaler Klon oder Zwilling unserer realen Welt ist. Selbstverständlich wird es solche Anwendungen geben, denn beispielsweise im Bereich der Tourismusindustrie wäre es durchaus wünschenswert, einen digitalen Zwilling eines Urlaubsparadieses zu haben, wie es in Abschn. 4.6.6 noch betrachtet werden soll. In diesen könnten wir nicht nur von zu Hause aus eintauchen, sondern auch direkt vor Ort, um unsere Wahrnehmung durch virtuelle Informationen zu bereichern. Typische Beispiele hierfür sind klassische Augmented Reality-Projekte, wie etwa der Besuch einer archäologischen Stätte, bei dem wir mithilfe von AR die Ruinen wieder zum Leben erwecken können.

Im Metaversum werden sich unter anderem kommerziell betriebene Plattformen etablieren, die innovative, von der realen Welt unabhängige virtuelle Welten präsentieren, in die von jedem Ort der realen Welt aus eingetaucht werden kann. Auch hier lässt sich ein Vergleich zu unseren Erfahrungen in der realen Welt ziehen: Wenn wir in der realen Welt in ein Flugzeug steigen und einen entlegenen Ort in einem anderen Kulturkreis besuchen, sei es das nepalesische Hochland oder eine abgelegene Insel Polynesiens, haben wir beim Verlassen des Flugzeugs eine Vorstellung davon, welche kulturelle Welt wir betreten. Darauf basierend ziehen wir normalerweise Schlüsse darüber, wie wir uns verhalten sollten oder nicht. In einer frei gestalteten virtuellen Welt, die wir betreten, können wir jedoch, wie im Fall des oben genannten Gorgonen-Avatars, solche Schlüsse nicht ziehen. Wenn wir es konsequent betrachten, betreten wir bei einer solchen frei gestalteten virtuellen Welt die Fantasie des Schöpfers. In einer derartigen Welt müssen die typischen Gesetze der realen Welt nicht zwangsläufig gelten. Das Wort „Gesetze" bezieht sich hier wohlgemerkt sowohl auf soziokulturelle Regeln als auch auf tatsächliche juristische Vorschriften. Darüber hinaus schließt es auch physikalische und andere naturwissenschaftliche Regeln mit ein. In der Tat kann ein Besucher in einer solchen frei gestalteten virtuellen Welt nicht sicher sein, ob …

- … die Naturgesetze, wie die Schwerkraft oder ähnliche, auch in dieser virtuellen Welt gelten, …
- … wie die räumliche Struktur der Welt beschaffen ist und wie sich der Besucher darin orientieren kann, sowie …
- … wie die anwesenden Avatare letztendlich auf seine Anwesenheit und sein Verhalten reagieren werden.

Aus diesem Grund ist der Benutzer zunächst ohne jegliche Informationen hilflos und muss die Welt sowie ihre Regeln auf allen Ebenen erkunden. Während manchen Benutzern dies leichtfällt, da sie offener und möglicherweise spielerisch geprägt sind, kann die anfängliche Hilflosigkeit für andere Benutzer problematisch sein und ihnen den leichten Zugang zu dieser Welt verwehren.

Die Integration der realen Welt mit virtuellen Welten bringt insbesondere im Bereich der soziokulturellen Verschmelzung, aber auch in anderen Bereichen wie der ökonomischen Verschmelzung, die im folgenden großen Kap. 4 noch näher untersucht werden, erhebliche Herausforderungen für die Legislative, Judikative und Exekutive mit sich. Ansatzpunkte für diese Herausforderungen lassen sich bereits im gegenwärtigen Umgang mit dem Internet erkennen und ableiten. Im Metaversum werden diese Herausforderungen jedoch weitaus größer sein. So stellt sich zum Beispiel die Frage, welche gesetzlichen Regeln in einer virtuellen Welt tatsächlich gelten. Nehmen wir als Gedankenexperiment an, dass zwei Avatare in der digitalen Welt aufeinandertreffen und beide die gleiche Handlung ausführen. In der physischen Herkunft des realen Zwillings des einen Avatars ist diese Handlung erlaubt, während sie in der physischen Herkunft des realen Zwillings des anderen Avatars verboten ist. Welche Implikationen hat dies für die virtuelle Welt? Welche Regeln und Gesetze gelten hier?

Der Begriff der Handlung wurde in diesem Zusammenhang bewusst gewählt, da er sowohl eine soziale Handlung als auch jede andere Art von Handlung, beispielsweise eine ökonomische Handlung, umfassen kann, wie bereits oben angedeutet wurde. Henz sagt zu dieser Problematik sehr anschaulich [HEN22]:

„Auch wenn eine Metaverse-Plattform global eingesetzt wird, müssen die Benutzer die Gesetze der physischen Region einhalten. Dies ist wichtig, da Straftaten auch in der virtuellen Realität vorkommen, beispielsweise Belästigung, Stalking, Diebstahl, Eliminierung oder Entführung eines Avatars. Wenn potenzielle Täter und Opfer aus verschiedenen Ländern stammen, können Gesetze zusätzlich gelten. Dies hängt von der Stärke eines Landes ab, sein Rechtssystem international zu erweitern. Der Avatar kann als einzigartiger Teil des Benutzers wahrgenommen werden, jede Art von Gewalt gegen ihn hätte relevante Auswirkungen auf die Person, auch wenn sie begangen würde, während der Benutzer offline war und der Avatar halbautonom handelte. Die wahrgenommene Sicherheit des Aufenthalts im Metaversum, aber auch in Kombination mit den Konsequenzen in der physischen Welt, ist zwingend erforderlich, um Benutzer zum Bleiben zu bewegen."

3.6.4 Die Verschmelzung im Alltag: Freizeit, Kultur, Kunst …

Während der vorherige Abschn. 3.6.3 den Benutzer sowohl individuell als auch in der gesellschaftlichen Perspektive als soziales Wesen untersuchte, widmet sich dieser Abschnitt der praktischen alltäglichen Lebenswelt dieses sozialen Wesens. Die Bandbreite der Einzelthemen, die sich hier eröffnet, ist natürlich so breit, dass letztlich für jedes Thema ein eigenes Buch nicht ausreichen würde, um in aller Tiefe in diese Themen einzusteigen. Dennoch soll an dieser Stelle zumindest versucht werden, einen kurzen Eindruck und Einblick in verschiedene Bereiche des alltäglichen Lebens zu geben. Exemplarisch

3.6 All-together – Der Weg zum Sozio-kulturellen Verschmelzen

sollen dazu für die drei großen Alltagsthemen Freizeit, Kunst und Kultur jeweils eine Anwendungswelt vorgestellt werden.

Die aufmerksame Betrachtung von Freizeitangeboten zeigt seit einiger Zeit, dass sich gerade in diesem Bereich Technologien wie VR und AR verstärkt etablieren. So sind derzeit zum Beispiel eine steigende Zahl von Angeboten zu finden, die die mittlerweile etablierten zahlreichen Freizeitangebote wie Escape Rooms und Lasertag-Arenen weiterentwickeln. Diese basieren häufig auf der CAVE-Idee, bei der, wie oben schon vorgestellt, der Besucher wie in eine Squashbox eintritt, in der auf jeder Wand sowie auf dem Boden und der Decke die Projektion einer VR-Welt zu sehen ist. Der Besucher steht also buchstäblich mitten in der VR-Welt. Vor dem Eintritt in die Welt legt der Besucher eine Ausrüstung an, die mit Sensoren ausgestattet ist und die es ermöglicht, die Bewegungen des Besuchers zu erfassen und in Positionsänderungen und Interaktionen zu übersetzen. Der Besucher ist also nicht nur passiv, sondern kann sich in der um ihn herum projizierten Welt frei bewegen und mit verschiedenen digitalen Artefakten interagieren. Da die Projektion hier lediglich auf den Wänden um den Benutzer herum erfolgt, ist jedoch die Interaktion mit den Artefakten hier noch relativ eingeschränkt. Einen Schritt weiter geht ein anderer technischer Ansatz, bei dem der Besucher zwar ebenfalls einen Raum betritt, die Projektion der virtuellen Welt jedoch über ein VR-Headset erfolgt, das der Besucher zusätzlich zu der Ausrüstung mit Sensoren tragen muss. Eigentlich handelt es sich hier um ein ähnliches Szenario, wie viele Spieler es von zu Hause schon kennen, wenn sie ihre Spielekonsolen mit einem VR-Headset erweitert haben. Allerdings bieten die professionellen Freizeitinstallationen einen deutlichen Mehrwert dadurch, dass der Benutzer sich tatsächlich in der Installation bewegen kann, was zu Hause aufgrund der beengten Raumsituation in der eigenen Wohnung oftmals gar nicht oder nur ausgesprochen problematisch möglich ist. Zudem ist es in diesen professionellen Umgebungen durch die verbauten leistungsstarken Rechnersysteme möglich, die jeweilige ausgewählte VR-Welt auch kollaborativ zu erleben. Dies ähnelt durchaus oftmals schon dem häufig zitierten Beispiel OASIS aus Ready Player One. Ziel sind hier entweder Action-Games oder Escape-Room-Szenarien, die in verschiedenen Themen, passend auf nahezu alle Altersstufen abgestimmt, angeboten werden können.

Die gerade erwähnten Freizeitangebote basieren vollständig auf Virtual Reality. Wenn jedoch über die Verschmelzung von virtueller und realer Welt, insbesondere im Freizeitbereich, gesprochen wird, darf natürlich ein anderer Trend, der deutlich älter ist als die oben beschriebenen VR-Angebote, nicht fehlen. Dabei handelt es sich um die wirkliche Integration digitaler Freizeitaktivitäten in die reale Präsenz, in Form digitaler oder virtueller Spiele, die allerdings in der realen Welt gespielt werden.

Das bekannteste Beispiel für diese Form der Verschmelzung mit dem Fokus auf Freizeit dürfte Pokémon Go sein, das 2015 von Niantic entwickelt und von Nintendo veröffentlicht wurde. In kürzester Zeit entwickelte sich das Spiel zu einem riesigen Erfolg, der weltweit hunderttausende Spieler dazu brachte, den virtuellen Pokémon-Figuren hinterherzujagen. Somit ist Pokémon Go das erste Spiel, das es schafft, die reale Welt mit einer digitalen Spielewelt und virtuellen Inhalten zu verschmelzen und einer großen

Öffentlichkeit bekannt zu werden [MAR15]. Zwar gab es bereits einige Vorläufer, wie das Spiel Ingress, auf dem Pokémon GO eigentlich basiert, doch war dies vor allem eine technische Machbarkeitsstudie und kein Spiel für die breite Öffentlichkeit.

So ging etwa Pokémon GO im November 2021 eine besondere Kooperation mit dem britischen Singer-Songwriter Ed Sheeran ein. Im Rahmen eines Events wurde ein exklusives Video von Sheeran in der Pokémon GO-App präsentiert, in dem er mehrere seiner Hits performte, darunter „Perfect", „Bad Habits" und „Shivers". Begleitend dazu fand ein In-Game-Event statt, bei dem vermehrt Wasser-Pokémon erschienen – eine Hommage an Sheerans Vorliebe für Wasser-Starter-Pokémon in den Hauptspielen der Serie. Zudem kehrte das beliebte Schiggy mit Sonnenbrille zurück, das sowohl in der Wildnis als auch durch Feldforschungsaufgaben erhältlich war. Mit dieser Zusammenarbeit drückte Sheeran seine langjährige Begeisterung für die Pokémon-Reihe aus und stellte damit zugleich eine durchaus gelungene Verbindung zwischen Musik und Gaming dar. Durch solche Events gelingt es Pokémon GO, kulturelle Phänomene aufzugreifen und das Spielerlebnis für die Community stetig zu erweitern [POK21].

Dass die Idee, virtuelle Welten, die aus den Computerspielen bekannt sind, mit der realen Welt zu kombinieren, deutlich älter ist als Pokémon GO, zeigt das Beispiel PacManhattan aus dem Jahr 2004, das von der Tisch School of the Arts der New York University initiiert wurde. Bei diesem Urban Game bildete die rechteckige Anordnung der Straßen von Manhattan die Grundlage, um das Pac-Man-Spiel in die reale Welt zu übertragen. In dieser Umsetzung übernahm ein menschlicher Spieler die Rolle des Pac Man und andere Spieler übernahmen die Rolle der feindlich gesinnten Pac-Man-Geister, die den Spieler jagen. Diese Geister erhielten die Anweisungen, wohin sie laufen mussten oder sollten, aus einer Zentrale, in der die jeweiligen Positionen der menschlichen Spieler in der realen Umwelt verwaltet wurden und wo entschieden wurde, in welche Richtung die Pac-Man-Geister laufen sollten. Der Grad der Digitalisierung war hier zwar relativ gering, nichtsdestotrotz war der Grad der Verschmelzung von realer Welt und Spielewelt doch recht hoch. Dies zeigen nicht nur Video-Aufzeichnungen, sondern auch die Berichte über das Spiel [LANoJ, LAN09].

Aber auch PacManhattan ist nicht das erste Beispiel für die Verschmelzung von realer und digitaler Welt. Bereits 1996 wurde mit einem deutlich höheren digitalen Grad der Versuch unternommen, eine virtuelle Spielewelt in die reale Welt einzubinden. Studierende der School of Computer and Information Science der University of South Australia unternahmen dazu den Versuch, das damals sehr angesagte Shooter-Game Quake mittels Augmented Reality auf den Parkplatz der Universität zu übertragen. Unter Berücksichtigung der damals zur Verfügung stehenden Rechenleistung sind die Ergebnisse auch für die heutige Zeit noch durchaus beeindruckend [PIEoJ, PIE02].

Es scheint durchaus relevant zu sein, die Verschmelzung von realer und virtueller Welt nicht nur für die Beschaffung und Verarbeitung von Informationen zu nutzen, sondern auch mit dem Ziel, Spiele auf diese Weise erleben zu wollen. In einem noch größeren Maßstab zeigt sich dies aktuell allgemein im Entertainment-Bereich. Hier setzen nicht nur die oben vorgestellten VR-basierten Installationen, sondern auch renommierte Freizeitparks

3.6 All-together – Der Weg zum Sozio-kulturellen Verschmelzen

verstärkt auf diese Verschmelzung. Der Markenbegriff „Coastiality" gibt einen Hinweis auf das Ziel dieser Bestrebungen [COA0J], nämlich das Erlebnis von Achterbahnfahrten mit VR-Technologien noch weiter zu verstärken. Die Fahrgäste sitzen im Coaster, also dem Achterbahnzug, und tragen während der Fahrt VR-Headsets. Somit sind sie visuell von der realen Umgebung abgekoppelt und tauchen visuell in eine virtuelle Welt ein. Die anderen Sinnesmodalitäten bleiben unberührt, das heißt die physischen Wahrnehmungen einer typischen Achterbahnfahrt wie die Beschleunigung, der Fahrtwind und auch das Lachen und die Schreie der Mitfahrer entstammen der realen Welt und werden auch so wahrgenommen [PLO0J].

Für die Fahrgäste mag es vielleicht eine körperliche Herausforderung sein, während der Beschleunigungen einer Achterbahnfahrt ein VR-Headset mit den aktuell üblichen Ausmaßen und dem üblichen Gewicht zu tragen. Allerdings ist die notwendige Registrierung des Fahrgasts gegenüber AR-Games wie zum Beispiel dem oben erwähnten AR Quake deutlich geringer. Die Registrierung kann hier über Installation der Sensorik am Fahrgeschäft erfolgen, die auf die jeweilige Umgebungssituation abgestimmt ist. Somit erhöht sich die Genauigkeit der Registrierung. Zudem ist auch die grafische Darstellung, also das Rendering der virtuellen Artefakte, hier deutlich einfacher. Da die gesamte Welt dargestellt wird, in die der Fahrgast eintaucht, müssen keine virtuellen Artefakte hochgenau in die visuelle Wahrnehmung des Fahrgasts eingebracht werden. Das weltweit erste auf diese Weise angereicherte Fahrerlebnis war der Galaxy Express im Bremer Space Center, der 2003 vorgestellt wurde. Dabei handelte es sich um eine Indoor-Stahlachterbahn, bei der die Fahrt unterstützt wurde durch in die Fahrgastgondeln eingelassene Bildschirme, die den VR-Effekt renderten. Das Ergebnis soll durchaus beeindruckend gewesen sein, was sich leider nicht mehr belegen lässt, da das Space Center in Bremen nach nur kurzer Zeit wieder geschlossen wurde [AIR14].

Obwohl der Galaxy Express nicht erfolgreich war, konnte die Technik, auf der er aufbaute, als Grundlage für weitere Entwicklungen dienen. Der Entwickler und Hersteller Mack GmbH & Co. KG hat seit 1921 Achterbahnen konstruiert und gebaut und ist seit 1975 eng mit dem Europa-Park in Rust verbunden, der ebenfalls von der Familie Mack gegründet wurde. Die Gegend um diesen Park hat sich mittlerweile als ein Mekka für die Verbindung von VR-, AR- und Freizeitpark-Technologien entwickelt. Neben virtuell angereicherten Achterbahnen im Park gibt es auch eigene VR-Erlebnisse in unmittelbarer Nachbarschaft, wo Forschung und Entwicklung in diesem Bereich betrieben und in die Anwendung und den Betrieb transferiert werden. Einige dieser Entwicklungen und Attraktionen sind technisch über den heutzutage üblichen Standard hinaus verbunden, wie zum Beispiel die Möglichkeit, VR im und unter Wasser in einem virtuellen Schnorchel- und Tauchgang zu erleben.

Die Anreicherung von Achterbahnen und anderen Fahrgeschäften durch VR- und AR-Technologien ist nicht nur für Fahrgäste interessant, sondern auch ein großer wirtschaftlicher Faktor für den Betreiber. Die Ausstattung eines bestehenden Fahrgeschäfts mit VR-Technologie eröffnet die Möglichkeit, das Erlebnis für den Fahrgast zu ändern, ohne dass etwas an der mechanischen Konstruktion geändert werden müsste.

Typischerweise haben auch solche Fahrgeschäfte eine begrenzte Akzeptanzdauer und müssen im Sinne der Attraktion in regelmäßigen Abständen durch neue oder andere Fahrgeschäfte ersetzt werden. Die VR-Technologie bietet hier die Möglichkeit, rund um die Konstruktionen in der realen Welt die virtuelle Welt, in die das Fahrgeschäft eingebettet ist, auszutauschen und so ein neuartiges Fahrerlebnis anzubieten. Es gibt jedoch noch keine langfristigen Studien darüber, wie lange sich die Betriebszeit der mechanischen Konstruktionen mit dem Einsatz von VR und AR verlängern lässt.

Im Bereich der kulturellen Unterhaltung, insbesondere in der Popkultur, gibt es immer mehr aktive Beispiele, die darauf hinweisen, dass eine Verschmelzung von virtueller und realer Welt auch in diesem Bereich von Interesse sein wird. Die Herangehensweise ist jedoch unterschiedlich. Ein Beispiel dafür ist das Denkbeispiel von Cathy Hackl, bei dem Künstler der realen Welt in der virtuellen Welt auftreten. Eine lange Liste von Künstlern tritt mittlerweile in virtuellen Welten wie Fortnite, Decentraland und Roblox auf. Das Konzert von Ariana Grande im Jahr 2021 in Fortnite soll etwa 78 Mio. Zuschauer aktiviert [WEB21] und dabei Einnahmen von etwa 20 Mio. € erzeugt haben [DAI21]. Verschiedene Videoaufzeichnungen auf YouTube und anderen Videoplattformen [MEI21] zeigen auch eine durchaus große Zahl von aktiven Avataren während der virtuellen Performance. Hier kann, auch wenn 78 Mio. Avatare nicht eindeutig zu sehen sind, dennoch durchaus von einer erfolgreichen Veranstaltung gesprochen werden. Obwohl nicht jedes virtuelle Konzertevent als ein solcher Erfolg angesehen werden kann, zeigt das Event von Ariana Grande, das ein Erfolg durchaus möglich ist. Allerdings gilt dies nicht für jede virtuelle Konzertveranstaltung. Beim Decentraland Metaverse Music Festival 2022, dass in Abb. 3.12 noch einmal gezeigt wird, gehen die Meinungen zu Erfolg und Misserfolg deutlich auseinander. Obwohl der Plattformbetreiber in unternehmensnahen Blogs und Veröffentlichungen von einer erfolgreichen Veranstaltung spricht, die viele virtuelle Besucher aktiviert und Einnahmen erzeugt hat, gibt es auch andere Quellen, die kein gutes Haar an der Veranstaltung lassen. So wurden zum Beispiel etwa 100 Studierende der Studiengänge Informatik, Wirtschaftsinformatik und digitale Transformation an der FOM Hochschule in München um Teilnahme an der Veranstaltung gebeten [HOF22]. Die im Nachgang eingeholten und besprochenen Eindrücke reichten von Unverständnis bis Entsetzen bezüglich der Qualität des grafischen Renderings und auch bezüglich der wenigen sichtbaren Benutzer-Avatare. Keiner der Studierenden, die entsprechend ihres technischen Hintergrundes und ihres Alters als Zielgruppe für solche Plattformen und Veranstaltungen gelten müssen, bewertete die Veranstaltung positiv oder gab an, sich in Zukunft vorstellen zu können, auf diese Weise Musikfestivals zu besuchen. In die gleiche Richtungen gehen auch die Berichte etablierter Zeitschriften wie zum Beispiel dem Metal Hammer [GER22].

Das gerade angeführte Decentraland Metaverse Music Festival 2022 zeigt deutlich die Problematik solcher Veranstaltungen auf, insbesondere im Vergleich zu Events wie dem oben ebenfalls genannten Fortnite-Konzert von Ariana Grande. Durch die wenigen anwesenden Avatare konnte kein typisches Festivalgefühl entstehen, wie es Besucher von Veranstaltungen wie Rock am Ring oder dem Wacken Open Air kennen. Die olfaktorischen und haptischen Wahrnehmungen, die typisch für Festivals sind, wurden nicht ange-

3.6 All-together – Der Weg zum Sozio-kulturellen Verschmelzen

Abb. 3.12 Das Decentraland Metaverse Music Festival 2022. (Screenshots: DMMF 2022, Peter Hoffmann, Invisible Cow)

sprochen. Zudem war die technische Umsetzung dieser Veranstaltung fragwürdig. Decentraland muss sich daher die Frage stellen, ob es wirklich notwendig ist, eine dreidimensionale virtuelle Veranstaltungsort zu modellieren und zu implementieren, wenn dort lediglich YouTube-Videos oder Livestreams über virtuell installierte Leinwände gezeigt werden. Wäre es nicht besser gewesen, diese Videos direkt auf einem Bildschirm zu zeigen? Auch zeigt sich an diesem Beispiel, dass große Namen allein keinen Erfolg garantieren. Der nicht unbekannte Ozzy Osbourne versuchte sein renommiertes Metal-Festival Ozzfest als Teil des DMMF 2022 virtuell zu vermarkten. Dafür wurde eine eigene virtuelle Festivalstätte modelliert und implementiert. Doch auch hier wurden vor allem Videos bekannter Metalbands gezeigt. Das Marketing dieses virtuellen Ozzfests ging aber immerhin noch einen Schritt weiter, indem neben den Videos auch Ozzy Osbourne selbst und der in der realen Welt schon verstorbene Lemmy Kilmister von Motörhead als Avatare auf der virtuellen Bühne rockten. Doch auch diese virtuellen Auftritte können als nicht gelungen bezeichnet werden. Die Modellierung der Avatare erinnerte eher an die Grafikqualität von frühen Computerspielen, und die Bewegungen der Avatare waren beschränkt und nicht mit der Musik oder dem Gesang synchron [GER22, HOF22].

An dieser Stelle muss ein weiterer Diskussionspunkt erwähnt werden, der unabhängig von den besprochenen Veranstaltungen DMMF und der Plattform ist. Es stellt sich die Frage, inwiefern die Interaktionsgeräte wie das VR-Headset die Immersion beeinträchtigen, selbst wenn das grafische Rendering und die fotorealistische Modellierung der Avatare der Musiker von höchster Qualität wären. Trotz gutem Tragekomfort ist das Gewicht dieser Geräte spürbar und beeinflusst die Bewegungsfähigkeit der Benutzer. Es ist anzunehmen, dass das typische körperliche Verhalten bei Musikrichtungen wie Metal beeinträchtigt wird. Headbanging mit einem VR-Headset wird wahrscheinlich erst dann Realität werden, wenn diese Geräte noch deutlich kleiner und leichter werden als heute.

Zusätzlich zu den technischen Diskussions- und Kritikpunkten, die im Zusammenhang mit der Umsetzung virtueller Musikveranstaltungen in Form des DMMF genannt wurden, begannen einige der nachfolgend befragten Besucher eine eher ethische Debatte. Es wurde ernsthaft die Frage gestellt, ob es vertretbar ist, verstorbene Künstler, die ihre Einwilligung nicht gegeben haben, nachträglich als Avatare auftreten zu lassen und insbesondere für wirtschaftliche Zwecke zu nutzen. Während der reale Zwilling von Ozzy Osbourne zum Zeitpunkt des DMMF 2022 noch am Leben war, verstarb Lemmy Kilmister bereits im Dezember 2015. Es ist wahrscheinlich, dass diese Frage nicht allgemein beantwortet werden kann. Es gibt jedoch mittlerweile eine Reihe von Veranstaltungen, bei denen verstorbene Künstler gemeinsam mit lebenden Musikern vor realem Publikum in der realen Welt auftreten. Beispiele dafür sind die Hologramm-Shows von Ronnie James Dio [BAK21, BLI19], Michael Jackson [FEE14, VIB23] und weiteren Künstlern. Als hauptsächliches Argument für diese Verschmelzung von realen Welten mit virtuellen Artefakten wird oft angeführt, dass auf diese Weise auch jüngere Menschen Konzerte mit diesen Künstlern erleben können. Die Hologrammtechnik sorgt für ein beeindruckendes Erlebnis, insbesondere da hier nicht nur die visuelle und auditive Modalität angesprochen wird, wie es bei virtuellen Konzerterlebnissen der Fall ist, sondern es sich um ein konkretes und reales Konzerterlebnis handelt.

Auch ein kurzer Ausflug in die Filmindustrie zeigt eine zunehmende Bedeutung des Einsatzes digitaler Technologien zur Wiederbelebung verstorbener Schauspieler. Ein prominentes Beispiel hierfür ist der Film „Rogue One: A Star Wars Story" aus dem Jahr 2016, in dem der bereits 1994 verstorbene Peter Cushing als Grand Moff Tarkin digital rekonstruiert wurde. Hierzu nutzte das Produktionsteam von Lucasfilm eine Kombination aus computergenerierten Bildern (CGI) und Motion-Capture-Technologie, um Cushings Gesicht und Mimik auf den Körper des Schauspielers Guy Henry zu projizieren. Diese digitale Wiederbelebung stieß jedoch auf ethische und rechtliche Bedenken, insbesondere

3.6 All-together – Der Weg zum Sozio-kulturellen Verschmelzen

hinsichtlich der posthumen Verwendung des Abbilds eines Schauspielers ohne dessen ausdrückliche Zustimmung. theguardian.com [PUL17].

Ähnlich wurde 2019 in „Star Wars: Der Aufstieg Skywalkers" die Figur der Leia Organa durch den Einsatz von CGI und unveröffentlichtem Filmmaterial der 2016 verstorbenen Carrie Fisher erneut zum Leben erweckt. Obwohl diese Techniken es ermöglichen, die Kontinuität von Charakteren in Filmreihen zu bewahren, werfen sie auch Fragen nach der Authentizität und dem Respekt gegenüber dem Vermächtnis der verstorbenen Schauspieler auf [SAR16].

Die Praxis, Avatare oder auch allgemein CGI zur Darstellung verstorbener Schauspieler zu verwenden, hat in der Filmindustrie, aber auch darüber hinaus, eine breitere Diskussion über die ethischen Implikationen solcher Technologien ausgelöst. Während einige Personen argumentieren, dass diese Methoden die künstlerische Integrität und das Erbe der Schauspieler bewahren können, sehen andere darin eine potenzielle Ausbeutung und eine Verletzung der posthumen Persönlichkeitsrechte. Zudem besteht die Sorge, dass die zunehmende Perfektionierung dieser Technologien zu einer Ersetzung lebender Schauspieler durch digitale Avatare führen könnte, was grundlegende Fragen zur Zukunft des Schauspielberufs aufwirft [LEF23].

Auf solche Weise können nicht nur verstorbene Künstlerinnen und Künstler auf die Leinwand und Bühne gebracht werden, sondern es ist ebenso möglich, lebende Künstlerinnen und Künstler auf diese Weise in Aktion zu erleben. Ein durchaus beeindruckendes Beispiel dafür ist die schwedische Gruppe ABBA, die 2022 in London eine eigene Konzerthalle errichten ließ, in der die sogenannten „Abbatare" in einer Show als virtuelle Zwillinge der Bandmitglieder auftreten [ABB23, ASW23]. Interessant ist, dass die digitalen Zwillinge in diesem Fall verjüngt wurden und nicht dem tatsächlichen Alter der realen Personen entsprechen. Dies entspricht im weitesten Sinne der Idee der temporalen Verschmelzung, die in Abschn. 3.4 betrachtet wurde und bei der zunächst die zeitlichen Verläufe zwischen realer und virtueller Welt verändert und diese erst dann miteinander verschmolzen wurden.

Ähnlich wie ABBA hat auch die Rockband KISS die Nutzung digitaler Avatare las interessant genug ausgemacht, um ihre musikalische Präsenz über traditionelle Live-Auftritte hinaus zu erweitern. In Zusammenarbeit mit Industrial Light & Magic (ILM) und Pophouse Entertainment, dem schwedischen Unternehmen, dass auch hinter ABBAs „Voyage"-Show steht, plant KISS nach dem Ende der „End oft he Road"-Tour und ihrem Live-Bühnenabschied, digitale Abbilder ihrer Mitglieder für zukünftige Performances zu nutzen. Diese Avatare wurden erstmals beim Abschiedskonzert der Band im Dezember 2023 im Madison Square Garden vorgestellt, wo sie als überlebensgroße, holografische Projektionen mit spektakulären Effekten wie Fliegen und Feuerspucken präsentiert wurden [HEL23].

Die Technologie hinter diesen Avataren basiert auf aktuellen Motion-Capture-Verfahren, bei denen die Bewegungen der Bandmitglieder in speziellen Anzügen aufgezeichnet und digital reproduziert wurden. Gene Simmons, Bassist und Mitgründer von KISS, betonte, dass diese digitalen Darstellungen es der Band ermöglichen, „für immer jung und ikonisch" zu bleiben und ihre Performances an Orte zu bringen, die zuvor unvorstellbar waren [BAU23]. Während ABBA ihre Avatare hauptsächlich zur Reproduktion klassischer Performances nutzt, plant KISS, ihre digitalen Abbilder mit zusätzlichen Superkräften und Effekten auszustatten, um ein noch intensiveres Erlebnis zu schaffen. Paul Stanley, Gitarrist und Mitbegründer von KISS, beschrieb das geplante Projekt als eine Mischung aus „KISS und Cirque du Soleil auf Steroiden" und betonte, dass die Avatare „irrsinnig realistisch" aussehen werden.

Die Idee der Verschmelzung realer und virtueller Elemente lässt sich jedoch noch weiterführen, indem vollständig auf menschliche Beteiligung auf der Bühne verzichtet wird. Die erfolgreichen und in der Regel ausverkauften Konzertveranstaltungen von Hatsune Miku sind ein hervorragendes Beispiel dafür. Ursprünglich im Jahr 2007 als gezeichnetes Maskottchen für einen Softwaresynthesizer entworfen, entwickelte sich diese Figur durch die künstlich synthetisierte Gesangsstimme der Software rasch zu einer Sängerin, die im J-Pop-Genre beheimatete Singles und Alben veröffentlichte, die durchaus erfolgreich waren [REH21]. Nur knapp ein Jahr nach der ersten Albumveröffentlichung trat Hatsune Miku zum ersten Mal live im Rahmen des größten Anime-Musik-Konzerts in Japan virtuell auf einer Videoleinwand auf. Die positive Resonanz auf das Konzert und die Musikveröffentlichungen führten dazu, dass Hatsune Miku seit 2013 unter dem Namen Magical Mirai jedes Jahr im August in Japan als Hologramm vor realem Publikum auftritt und mittlerweile auch unter dem Namen Miku Expo auf Welttournee geht [CLI20].

An dieser Stelle schließt sich zweifellos der Kreis, der mit der Konzertschilderung von Cathy Hackl im vorherigen Abschn. 3.6.3 begonnen hat: Die Verschmelzung von virtueller und realer Welt im Bereich der Konzertveranstaltungen kann mittlerweile als etabliert und erfolgreich bezeichnet werden. Allerdings ist die Grenze der Kreativität und der Möglichkeiten hier sicherlich noch nicht erreicht. Weitere Entwicklungen zeichnen sich in der äußerst lebendigen Popkultur Südkoreas ab. Im K-Pop-Business, dem koreanischen Pendant zum J-Pop, wird das Metaversum gezielt bei der Planung und Gestaltung neuer Gruppen adressiert und beachtet. So gibt es mittlerweile eine ganze Reihe von Bands in Südkorea, die ganz wie Hatsune Miku rein virtuell sind. Die im Jahr 2021 vorgestellte K-Pop-Girlgroup Eternity besteht beispielsweise aus 11 Mitgliedern, die alle nur virtuelle Charaktere sind [BBC22]. Im Gegensatz zu den oben erwähnten, manuell modellierten Avataren von Lemmy Kilmister und Ozzy Osbourne, sind die Charaktere dieser Gruppe jedoch mithilfe von KI-Rendering fotorealistisch. Die Gründung solcher Bands ist zumindest im Falle von Eternity nicht künstlerisch motiviert. Vielmehr wird hier argumentiert, dass insbesondere in der K-Pop-Industrie die menschlichen Stars oft an ihre physischen und auch mentalen Grenzen stoßen, denn die Belastungen durch die möglichst perfekt choreografierten Performances und die Zahl der Veranstaltungen, bei denen diese Gruppen auftreten müssen, sind extrem. Virtuelle Charaktere haben hier gegenüber menschlichen Personen deutliche Vorteile [BUS23, MUR22, NOO22, YOU23]. Zwar werden diese rein virtuellen Gruppen in hohem Maße vom Publikum akzeptiert, allerdings sagen selbst die Köpfe hinter der Industrie und diesen Gruppen, dass sie wohl die realen Gruppen durchaus bevorzugen würden [BBC22]:

3.6 All-together – Der Weg zum Sozio-kulturellen Verschmelzen

„Honestly, if someone asks me, „Do you want to watch Billlie on the metaverse for 100 minutes or in real life for ten minutes?", I'll choose to see Billie for ten minutes in real life."

Ein anderer Ansatz zur Verschmelzung von realer und virtueller Präsenz wird vom südkoreanischen Label SM Entertainment mit der Gruppe aespa verfolgt. Diese besteht aus vier realen Mitgliedern, für die bei der Gründung digitale Zwillinge entwickelt und präsentiert wurden. In verschiedenen Formen interagieren die menschlichen Mitglieder mit ihren digitalen Pendants. Dabei wird auch die Möglichkeit genutzt, dass die virtuellen Zwillinge unabhängig von den menschlichen Mitgliedern die Gruppe repräsentieren können, um so zur Verringerung der physischen und mentalen Belastung der einzelnen Mitglieder beizutragen [STEoJ]. Darüber hinaus sind diese digitalen Bandmitglieder auch aus wirtschaftlicher Perspektive interessant, denn sie können als Basis für Sammel- und Merchandise-Strategien verwendet werden.

Bereits die Gestaltung von 3D-Welten an sich, insbesondere aber die von 3D-Avataren, unabhängig davon, ob sie durch künstliche Intelligenz unterstützte Werkzeuge oder auf herkömmliche Weise vollständig manuell erstellt wurden, erfordert nicht nur umfangreiche technische Grundkenntnisse und Fähigkeiten. Vielmehr zeichnen sich viele Beispiele solcher 3D-Modelle durch einen hohen künstlerischen Anspruch aus. Nicht zuletzt ist digitale Kunst mittlerweile zu einer anerkannten Richtung innerhalb der Kunstwelt geworden. Hier zeigt sich eine Schnittmenge mit namhaften Computerkünstlern wie Herbert W. Franke [FRA01], Frieder Nake [DIE86] und anderen, die bereits in der Frühzeit der Computerentwicklung eine Verbindung zwischen neuer Technik und Kunst herzustellen versuchten. Diese stetig enger werdende Verbindung zwischen Kunst und Technik lässt sich seit 1979 auf der Ars Electronica verfolgen, die sich mittlerweile zu einer der führenden Plattformen und jährlichen Veranstaltungen für elektronische Kunst im weitesten Sinne etabliert hat [ARSoJ, FORoJ].

Ein kurzer Blick in die im Laufe der Zeit präsentierten Kunstobjekte und -performances zeigt, dass in diesem Umfeld schon seit langer Zeit auch ein künstlerischer Umgang und Austausch mit dem Metaversum und den zugeordneten Technologien stattfindet. Die Beispiele reichen von der Ausnutzung der Interaktionsmöglichkeiten zwischen Besucher und künstlerischem Artefakt über proaktive 3D-Installationen bis hin zur Augmentierung der realen Welt mit digitalen Kunstartefakten. Interessant ist, dass bereits vor der Einführung des Begriffs Metaversum mit den weiter oben beschriebenen Verschmelzungsaspekten künstlerisch experimentiert wurde. Dies reicht bis hin zu Kunstwerken, die mit dem zeitlichen Zusammenhang zwischen Besucher und Kunstwerk spielen. Dieses künstlerische Umfeld stellt eine Umgebung dar, in der Dinge und Ideen einfach ausprobiert werden können, ohne dass sie einen direkten wirtschaftlichen oder anderen Sinn und Zweck erfüllen müssen. Es könnte auch als Spielwiese für technische Ideen angesehen werden, die zu einem unbestimmten Zeitpunkt in seriöse Anwendungen einfließen können.

Es ist nicht wirklich überraschend, dass bei der Untersuchung der Verbindung zwischen Kunstwelt und Metaversum das aktuelle Metaversum, ganz ähnlich wie sein Vorgänger Second Life vor etwa 20 Jahren, von vielen Ausstellern und Museen als potenziell bedeutsamer Ort für zukünftige Präsenz betrachtet wird. Allerdings reicht die Entwicklung im Kontext des Metaversums deutlich über das hinaus, was in Second Life möglich war [SECoJ, HUA14]. Während in Second Life Museen und Ausstellungen fast ausschließlich von ihren realen Pendants, also den Museen in der realen Welt, gestaltet wurden, eröffnet das Metaversum durch seine Offenheit und die erheblich einfacheren Möglichkeiten zur Gestaltung eigener Welten auf zahlreichen Plattformen jedem Interessierten die Chance, sein eigenes virtuelles Museum oder seine eigene virtuelle Ausstellung zu entwerfen. Zu diesem Zweck existieren spezielle Plattformen wie zum Beispiel Spatial.io, die genau dieses Ziel verfolgen [SPAoJ].

3.6.5 Die Verschmelzung im Alltag: Arbeitswelt

Ein weiterer grundlegender Aspekt des menschlichen Alltags ist zweifellos die Arbeitswelt. Auch in diesem Bereich wird der Begriff Metaversum in der Zukunft eine wachsende Bedeutung erlangen. Allerdings sollte hier betont werden, dass die Verknüpfung von Metaversum und Arbeitsplatz bereits eine etablierte und weitverbreitete Anwendung darstellt.

Obwohl der Begriff „Metaversum" bislang nicht allzu häufig in diesem Kontext erwähnt wird, sind die damit verbundenen Technologien bereits seit einiger Zeit Gegenstand von Untersuchungen und Entwicklungen für den Einsatz in der Arbeitswelt. Es gibt zahlreiche Beispiele für die Implementierung und Verwendung von Virtual Reality für unterschiedlichste Anwendungsbereiche, ebenso wie für den Einsatz von Augmented Reality. Darüber hinaus ist es seit vielen Jahren gängige Praxis, dass Produktionsstraßen und Fertigungshallen einen digitalen Zwilling besitzen. An diesem werden die Installation von Einbauten und Produktionsmaschinen sowie Arbeitsabläufe und potenzielle Gefahrenstellen analysiert. Aufgrund dieser Tatsache wird dieser Bereich an dieser Stelle nicht weiter vertieft, sondern es wird bewusst auf die umfangreichen Veröffentlichungen zum Beispiel der Bitkom und anderer Branchenverbände und Forschungsinstitutionen verwiesen.

An dieser Stelle wird bewusst auch zur Diskussion gestellt, ob die Vision der zukünftigen Arbeitsplätze, die Mark Zuckerberg bei seiner Präsentation zur Umbenennung des Facebook-Konzerns in Meta so eindrucksvoll präsentierte, tatsächlich realistisch ist. Es wird sich erst in künftigen Arbeitsszenarien herausstellen, ob typische Büroarbeitsplätze, an denen mit ERP-Systemen, Tabellenkalkulationen oder Textverarbeitungen gearbeitet wird, geeignete Arbeitsumgebungen sind, die ins Metaversum übertragen oder zumindest durch AR und VR umgestaltet werden können. Dies betrifft auch andere Arbeitsplätze, -Situationen und Branchen. Vermutlich stellt sich die eben erwähnte Frage ebenso für den Einzelhandel oder handwerkliche Betriebe wie Friseure oder das Elektrohandwerk. Grundlegend wird es darauf ankommen, wie der Begriff Metaversum zukünftig definiert wird. Die Unterstützung der Arbeit durch Augmented- und Virtual-Reality-Technologien kann sicherlich in der Zukunft erfolgreich sein. Ob dies jedoch tatsächlich der Fall sein wird, bleibt momentan noch ungewiss, auch wenn zahlreiche Forschungsprojekte in diesem Bereich aktiv sind.

3.6.6 Oder das Gegenteil: Die Entschmelzung von …

Wenn die Verschmelzung ein derart zentrales Element bei der Etablierung eines Metaversums darstellt, das aus diversen oben angeführten Blickwinkeln betrachtet werden kann, ergibt sich die Frage, ob nicht ebenso das Gegenteil, also eine „Entschmelzung" und somit eine gezielte Separierung bestimmter Teilaspekte, vorstellbar ist und in manchen Situationen möglicherweise sogar von Vorteil sein kann.

Der erste Gedanke, der vermutlich in diesem Kontext eine Rolle spielt, ist der, dass der Benutzer seinen digitalen Zwilling mit einer Aufgabe ins Metaversum entsendet, um diese von ihm eigenständig erledigen zu lassen. Ein anschauliches Beispiel hierfür ist wieder die Konzertsituation. Der Benutzer möchte spontan ein Metaversum-Konzert, das sowohl reale als auch virtuelle Elemente beinhaltet, besuchen, verfügt jedoch noch über kein Ticket. Während er sich in der realen Welt auf den Weg zum realen Veranstaltungsort begibt, erteilt er seinem Avatar im virtuellen Raum den Auftrag, eigenständig die virtuelle Konzertlocation aufzusuchen und dort Eintrittskarten zu erwerben. Dadurch kann der Benutzer in der realen Welt seine Aufmerksamkeit auf die Verkehrslage und den Transport richten, ohne sich selbst um den Ticketkauf kümmern zu müssen. Letztendlich stellt diese Idee keine Neuheit dar, sondern ist lediglich eine Weiterentwicklung der bereits vorhandenen Assistenzlösungen in der Arbeitswelt.

Diese Entschmelzung muss sich allerdings nicht nur auf die Trennung der virtuellen und realen Artefakte beschränken. Vielmehr kann es insbesondere in der virtuellen Umgebung sinnvoll sein, den Gedanken einer Trennung gezielt einzuführen. Auch hier kann wieder die Konzertsituation die Grundlage für ein anschauliches Beispiel bilden. Das in Abschn. 3.6.4 erwähnte Konzert von Ariana Grande auf Fortnite besuchten nach Angaben der Veranstalter etwa 78 Mio. Gäste [WEB21, WIC21]. Selbst die heutigen Rechenleistung von Großrechnern lässt es nicht zu, dass jeder dieser Gäste seinen eigenen virtuellen Avatar in ein solches Event mitbringt, da die Registrierung und das Rendering stark rechenaufwendig sind. Die IT-Infrastruktur käme hier schnell an ihre Grenzen. Zudem benötigt auch in der virtuellen Welt jeder Avatar einen Platz, an dem er sich aufhalten kann, ganz wie auch in der realen Welt der menschliche Gast einen Platz braucht, von dem aus er das Konzert sehen kann. Eines der größten Konzerte in der realen Welt war der Auftritt der Rolling Stones 2006 in Rio de Janeiro während ihrer „Bigger Bang"-Welttour. Etwa 1,5 Mio. Besucher sollen sich dafür an der Copacabana versammelt haben [ROH06]. Diese verteilten sich auf dem etwa 4 km langen Strand. Davon ausgehend, dass ein Avatar im Metaversum etwa genauso viel Standfläche benötigt wie ein Mensch in der realen Welt, kann man sich die Ausmaße einer Konzertstätte vorstellen, die 78 Mio. Gästen Platz bieten soll. Hier liegt es also nahe, sowohl aus Gründen der Rechnerkapazität als auch aus Gründen der User Experience, das Event zu trennen und das Konzert in verschiedenen parallelen Sessions stattfinden zu lassen. Dass dies funktioniert und dass dies von den Besuchern auch akzeptiert wird, zeigt das Konzert des Künstlers Marshmello, das 2019 ebenfalls in Fortnite stattfand. Zwar besuchten nur 11 Mio. Gäste dieses Konzert im Metaversum, aber auch hier hätten sicherlich Rechnerleistung und die virtuelle Platzsituation einem hochqualitativen Konzerterlebnis entgegengestanden. Fortnite teilte dieses Konzert in 100.000 Instanzen, in denen jeweils nur etwa 100 Besucher anwesend waren. Die Benutzer haben diese Situation und diese Entschmelzung akzeptiert, auch wenn sie nur wenige der anderen Gäste gesehen haben und mit ihnen interagieren konnten. Das Konzert an sich wurde allerdings für jeden Besucher zu einem angenehmen Erlebnis [RUB19, WEB19].

Neben den bereits genannten technisch-praktischen Gesichtspunkten gibt es sicherlich noch zusätzliche Überlegungen, bei denen bestimmte Aspekte separat betrachtet werden können. In einigen Situationen könnte es durchaus interessant oder einfach vorteilhaft sein, eine zeitliche Verschmelzung vorzunehmen, um Mensch und digitalen Zwilling auf getrennten Zeitachsen zu platzieren. Auf der Zeitachse des digitalen Zwillings ließe sich dann die Zeitabfolge beschleunigen oder verlangsamen. Letztendlich bewegt sich ein solcher Gedanke in die Richtung der zuvor in Betracht gezogenen virtuellen Assistenz.

Literatur

[ABB23] ABBA (2023). Voyage. Online: https://abbavoyage.com/ (abgerufen am: 19.05.2023).

[AIR14] Airtimers (03.08.2014). Galaxie Express [2003/04] Space Center Bremen. In: Airtimers. Online: http://forum.airtimers.com/index.php?/topic/3807-galaxie-express-200304-space-center-bremen/ (abgerufen am: 22.05.2023).

[ARSoJ] Ars Electronica (o.J.). Ars Electronica. Online: https://ars.electronica.art (abgerufen am: 10.05.2023).

[ASC12] Ascher, Franziska (27.08.2012). Immersion – Die Faszinationskraft virtueller Welten. In: Paidia Zeitschrift für Computerspielforschung. Online: https://www.paidia.de/immersion (abgerufen am: 17.05.2023).

[ASW23] Aswad, Jem (02.05.2023). ABBA's 'Voyage' Virtual Concert to Go on Tour 'Around the World'. In: Variety. Online: https://variety.com/2023/music/news/abba-voyage-virtual-concert-tour-1235541368/ (abgerufen am: 19.05.2023).

[AYR13] Ayres, Anna Jean (2013). Bausteine der kindlichen Entwicklung – Sensorische Integration verstehen und anwenden. Heidelberg: Springer, 5. Auflage.

[AYR79] Ayres, Anna Jean (1979). Sensory Integration and the Child. Los Angeles: Western Psychological Services.

[BAI04] Jeremy N. Bailenson; James Blascovich (2004). Avatars. In: Encyclopedia of Human-Computer Interaction. ABC-CLIO, Santa Barbara.

[BAI18] Jeremy Bailenson (2018). Experience on Demand: What Virtual Reality Is, How It Works, and What It Can Do. W. W. Norton & Company, New York. ISBN-13: 978-0393253696.

[BAR19] Barbara Rita Barricelli; Elena Casiraghi; Daniela Fogli (2019). A Survey on Digital Twin: Definitions, Characteristics, Applications, and Design Implications. In: IEEE Access, vol. 7, pp. 167653–167671, 2019, https://doi.org/10.1109/ACCESS.2019.2953499.

[BAK21] Baker, Danica (05.04.2021). Ronnie James Dio's hologram for 'Dio Returns' cost $2.6 million. In: Tone Deaf. Online: https://tonedeaf.thebrag.com/widow-reveals-price-of-dio-hologram/ (abgerufen am: 19.05.2023).

[BAL20] Ball, Matthew (13.01.2020). What It Is, Where to Find it, and Who Will Build It. Online: https://www.matthewball.vc/all/themetaverse (abgerufen am: 17.05.2023).

Literatur

[BAL21b] Ball, Matthew (28.06.2021). Evolving User + Business Behaviors and the Metaverse. In: The Metaverse Primer. Online: https://www.matthewball.vc/all/userbehaviorsmetaverse (abgerufen am: 17.05.2023).

[BAL22] Ball, Matthew; Furness, Thomas; Inbar, Ori; Kalinowski, Caitlin; Lange, Danny; Lebaredian, Rev; Mann, Steve; Miralles, Evelyn; Rosedale, Philip; Trevett, Neil; Yuan, Yu (14.06.2022): Metaverse decoded by top experts. In: Versemaker: Metaverse Landscape & Outlook Series. Online: https://versemaker.org/download (abgerufen am: 10.05.2023).

[BAU23] Kristina Baum (03.12.2023). Hier verwandeln sich Kiss in Avatare. Rolling Stone. Online: https://www.rollingstone.de/hier-verwandeln-sich-kiss-avatare-video-2678055/. (Abgerufen: 14.02.2025).

[BBC22] BBC (12.12.2022). K-pop: The rise of the virtual girl bands. In BBC Asia. Online: https://www.bbc.com/news/world-asia-63827838 (abgerufen am: 19.05.2023).

[BET19] Bettels, Lutz (15.12.2019). Der digitale Zwilling - Die nächste Evolutionsstufe der BIM-Methode. Deutsche BauZeitschrift. Bauverlag BV GmbH. Online: https://www.dbz.de/artikel/dbz_Der_digitale_Zwilling-3472174.html (Abgerufen: 20.05.2025).

[BIT22] bitkom (2022). Wegweiser in das Metaversum – Technologische und rechtliche Grundlagen, geschäftliche Potenziale, gesellschaftliche Bedeutung. In: Bitkom e. V., AG Metaverse Forum, Projektleitung: Dr. Sebastian Klöß. Online: https://www.bitkom.org/Bitkom/Publikationen/Wegweiser-Metaverse (abgerufen am: 10.05.2023).

[BLA13] Blake Joshua (12.08.2013). Einführung in natürliche Benutzeroberflächen (NUI) und Kinect – Kinect für Windows: Blog für Entwickler. In: Microsoft Shows. Online: https://learn.microsoft.com/de-de/shows/k4wdev/introduction-to-natural-user-interfaces-nui-kinect (abgerufen am: 21.05.2023).

[BLI19] Blistein, Jon (09.04.2019). Ronnie James Dio Hologram to Tour U.S. In: Rolling Stone. Online: https://www.rollingstone.com/music/music-news/ronnie-james-dio-hologram-us-tour-dates-820040/ (abgerufen am: 19.05.2023).

[BLU21] Blug, Finn (14.10.2021). Immersion: Eintauchen ins Metaverse. In: ada. Online: https://ada-magazin.com/de/immersion-eintauchen-ins-metaverse (abgerufen am: 17.05.2023).

[BOL80] Bolt, Richard A. (1980). Put that there: Voice and gesture at the graphics interface. In: SIGGRAPH '80: Proceedings of the 7th annual conference on Computer graphics and interactive techniques; July 1980 Pages 262–270. https://doi.org/10.1145/800250.807503.

[BRY14] Erik Brynjolfsson; Andrew McAfee (2014). The Second Machine Age: Work, Progress, and Prosperity in a Time of Brilliant Technologies. W. W. Norton & Company, New York. ISBN: 978-0-393-35064-7.

[BUS23] Buse, Keskin (16.03.2023). Metaverse K-pop girl band MAVE goes viral on social media. In: Reuters, Daily Sabah. Online: https://www.dailysabah.com/life/science/metaverse-k-pop-girl-band-mave-goes-viral-on-social-media (abgerufen am: 19.05.2023).

[CAS00] Justine Cassell; Henry Jenkins (2000). From Barbie to Mortal Kombat: Gender and Computer Games. MIT Press, Cambridge. ISBN-13: 978-0262531689.

[CAS06] Edward Castronova (2006). Synthetic Worlds: The Business and Culture of Online Games. University of Chicago Press, Chicago. ISBN-13: 978-0226096278.

[CLI11] Cline, Ernest (2011). Ready Player One. Blanvalet Verlag, München 2014, ISBN 978-3-442-38030-5.

[CLI20] Cliff, Aimee (12.01.2020). Hatsune Miku review – hologram star fires up crowdsourced power pop. In: The Guardian. Online: https://www.theguardian.com/music/2020/jan/12/hatsune-miku-review-london-02-academy-brixton-london (abgerufen am: 19.05.2023).

[COAoJ]	Coastiality (o.J.). Coastiality – Entdecke neue unglaubliche Welten. Online: https://coastiality.com/ (abgerufen am: 19.05.2023).
[DAI21]	Daily Local (04.08.2021). Ariana Grande to earn more than „$20m" for virtual Fortnite concert. In: Daily Local News. Online: https://www.dailylocal.com/2021/08/04/ariana-grande-to-earn-more-than-20m-for-virtual-fortnite-concert/ (abgerufen am: 19.05.2023).
[DAN21]	Danneberg, Benjamin (19.09.2021). Feelbelt im Test: Zwischen Sound-Wucht und Haptikbrei. In: Mixed. Online: https://mixed.de/feelbelt-test/ (abgerufen am: 20.05.2021).
[DER19]	Dernbach, Beatrice; Godulla, Alexander; Sehl, Annika (08.01.2019). Komplexität im Journalismus. Springer Fachmedien Wiesbaden GmbH, ein Teil von Springer Nature. https://doi.org/10.1007/978-3-658-22860-6_8.
[DIE86]	Dietrich, Frank (1986). Visual Intelligence: The First Decade of Computer Art (1965–1975). In: Leonardo, vol. 19, no. 2, 1986, pp. 159–69. JSTOR, https://doi.org/10.2307/1578284. (abgerufen am: 19.05.2023).
[DOB17]	Dobbelstein, David; Winkler, Christian; Haas, Gabriel; Rukzio, Enrico. (2017). PocketThumb: a Wearable Dual-Sided Touch Interface for Cursor-based Control of Smart-Eyewear. Proceedings of the ACM on Interactive, Mobile, Wearable and Ubiquitous Technologies. 1. 1–17. https://doi.org/10.1145/3090055. Online: https://www.researchgate.net/publication/318071779_PocketThumb_a_Wearable_Dual-Sided_Touch_Interface_for_Cursor-based_Control_of_Smart-Eyewear (abgerufen am: 17.05.2023).
[DON17]	Donahue, Michelle Z. (09.11.2017). Ein farbenblinder Künstler wurde zum ersten Cyborg der Welt. In: National Geographic. Online: https://www.nationalgeographic.de/wissenschaft/2017/04/ein-farbenblinder-kuenstler-wurde-zum-ersten-cyborg-der-welt (abgerufen am: 21.05.2023).
[DÖR10]	Döring, Nicola (2010). Sozialkontakte online: Identitäten, Beziehungen, Gemeinschaften. Handbuch online-kommunikation 1 (2010): 159–183.
[DOU01]	Dourish, P. (2001). Where The Action Is: The Foundations of Embodied Interaction. MIT Press, Cambridge, MA, USA.
[DU25]	Du, Haodong. (2025). The Progress and Trend of Intelligent NPCs in Games. In: Applied and Computational Engineering. 133, 158–164. https://doi.org/10.54254/2755-2721/2025.20635.
[ENG65]	Engelbart, Douglas C.; English, W. K.; Huddart. B. (1965). Computer-aided display control Final report. In: NASA Technical Documents, 1965.
[FEE14]	Feeney, Nolan (19.05.2014). Watch a Michael Jackson Hologram Moonwalk at the Billboard Music Awards. In: Time. Online: https://time.com/104725/michael-jackson-hologram-billboard/ (abgerufen am: 19.05.2023).
[FORoJ]	Forum OÖ Geschichte (o.J.). Ars Electronica Festival. Online: https://www.ooegeschichte.at/archiv/themen/kunst-und-kultur/musikgeschichte-oberoesterreichs/musikforschung-und-musikpflege/ars-electronica-festival (abgerufen am: 10.05.2023).
[FRA01]	Franke, Herbert W. (2001). Wege zur Computerkunst – ein Rückblick In: Murnau Manila Minsk – 50 Jahre Goethe-Institut. 2001, ISBN 3-406-47542-6.
[FRI09]	Frieling, J. (2009). Zielgruppe Digital Natives: Wie das Internet die Lebensweise von Jugendlichen verändert: Neue Herausforderungen an die Medienbranche. Diplomica Verlag.
[FUL20]	Aidan Fuller; Zhong Fan; Charles Day; Chris Barlow (2020). Digital Twin: Enabling Technologies, Challenges and Open Research. In: IEEE Access, Vol. 8, pp. 108952–108971, 2020. https://doi.org/10.1109/ACCESS.2020.2998358.

[GIB84]	Gibson, William (1984). Neuromancer. Ace.
[GER22]	Gerber, Lothar (15.11.2022). Das Ozzfest im Metaverse: was für ein überflüssiges Event. In: Metal-Hammer. Online: https://www.metal-hammer.de/das-ozzfest-im-metaverse-was-fuer-ein-ueberfluessiges-event-1992083/ (abgerufen am: 19.05.2023).
[GRI15]	Michael Grieves. Digital Twin: Manufacturing Excellence through Virtual Factory Replication. White Paper. Online: https://www.researchgate.net/publication/275211047_Digital_Twin_Manufacturing_Excellence_through_Virtual_Factory_Replication. (Abgerufen: 14.02.2025).
[GRI17]	Michael Grieves; John Vickers (2017). Digital Twin: Mitigating Unpredictable, Undesirable Emergent Behavior in Complex Systems. In: Kahlen, J., Flumerfelt, S., Alves, A. (eds) Transdisciplinary Perspectives on Complex Systems. Springer, Cham. https://doi.org/10.1007/978-3-319-38756-7_4.
[HAC21]	Hackl, Cathy (27.10.2021). The metaverse is coming. Cathy Hackl explains why we should care. In: Freethink. Online: https://www.freethink.com/hard-tech/building-the-metaverse-cathy-hackl-gives-us-a-glimpse-of-the-future (abgerufen am: 21.05.2023).
[HEL23]	Burt Helm (12-03-2023). Kiss exits the stage and leaves its avatar band to rock and roll all night, forever. Fastcompany. Online: https://www.fastcompany.com/90989900/kiss-final-concert-avatar-virtual-band-pophouse. (Abgerufen: 14.02.2025).
[HEN22]	Henz, Patrick (2022). The societal impact of the metaverse. In: Discov Artif Intell 2, 19. https://doi.org/10.1007/s44163-022-00032-6 (abgerufen am: 19.05.2023).
[HOF10]	Hoffmann, Peter (01.12.2010). „Narrative Realitäten": Informationspräsentation über multimediales, programmiertes Geschichtenerzählen. In: Berichte aus der Informatik. Shaker, Düren.
[HOF21]	Hoffmann, Peter (04.12.2021). Beyond Hypermedia – Interaktion in Hypermedia neu gedacht. bifop-Verlag, Bremen. ISBN: 978-3-948773-27-4.
[HOF22]	Hoffmann, Peter (16.11.2022). Lemmy würde …! Virtual Headbanging beim #DLMVMF Ozzfest. In 1E9, Community #Metaverse. Online: https://1e9.community/t/lemmy-wuerde-virtual-headbanging-beim-dlmvmf-ozzfest/18268 (abgerufen am: 19.05.2023).
[HOL04]	Douglas B. Holt (2004). How Brands Become Icons: The Principles of Cultural Branding. Harvard Business Review Press, Brighton. ISBN-13: 9781578517749.
[HUA14]	Huang, Yu-Chun; Han, Sooyeon (2014). An Immersive Virtual Reality Museum via Second Life Extending Art Appreciation from 2D to 3D. Communications in Computer and Information Science. 434. https://doi.org/10.1007/978-3-319-07857-1_102.
[HUS24]	Muhammad Hussain; Shahid Khalil; Raza Hasan; Muhammad Khuram Khalil (2024). The Metaverse Marketing Revolution: How Virtual Worlds Are Redefining Digital Advertising and Paving the Way for Corporate Success. In: AI-Driven Marketing Research and Data Analytics (pp. 360–377), IGI Global. https://doi.org/10.4018/979-8-3693-2165-2.ch020.
[JAC08]	Jacob, Robert; Girouard, Audrey; Hirshfield, Leanne; Horn, Michael; Shaer, Orit; Solovey, Erin; Zigelbaum, Jamie (2008). Reality-based interaction: A framework for post-WIMP interfaces. CHI '08: Proceeding of the Twenty-Sixth Annual SIGCHI Conference on Human Factors in Computing Systems, Florence, Italy, 5–10 April 2008, ACM, New York, NY, pp 201–210.
[JAI11]	Jain, Jhilmil; Lund. Arnold; Wixon, Dennis (07.05.2011). The future of natural user interfaces. In: CHI EA '11: CHI '11 Extended Abstracts on Human Factors in Computing Systems May 2011 Pages 211–214. https://doi.org/10.1145/1979742.1979527.
[JIA22]	Jiaxin, Li; Gongjing, Gao (2022). Socializing in the Metaverse: The Innovation and Challenge of Interpersonal Communication. In: Advances in Social Science, Education and Humanities Research, volume 664. Proceedings of the 2022 8th International Conference on Humanities and Social Science Research (ICHSSR 2022).

[JON20] David Jones; Chris Snider; Aydin Nassehi; Jason Yon; Ben Hicks (2020). Characterising the Digital Twin: A systematic literature review. In: CIRP Journal of Manufacturing Science and Technology. 29.https://doi.org/10.1016/j.cirpj.2020.02.002.

[KAP20] Jean-Noël Kapferer; Vincent Bastien (2020). The Luxury Strategy: Break the Rules of Marketing to Build Luxury Brands. Kogan Page, London. ISBN-13: 978-0749464912.

[KIM23] Kim, Se (2023). Virtual fashion experiences in virtual reality fashion show spaces. Frontiers in Psychology. 14. https://doi.org/10.3389/fpsyg.2023.1276856.

[KRE13] Kress, Bernard; Starner, Thad (2013). A review of head-mounted displays (HMD) technologies and applications for consumer electronics. In: Proceedings of SPIE – The International Society for Optical Engineering. 8720. 87200A. 10.1117/12.2015654.

[LAI01] John Laird; Michael van Lent (2001). Human-level AI's killer application: Interactive computer games. In: AI Magazine, 22(2), 15–26. https://doi.org/10.1609/aimag.v22i2.1558.

[LAM21] Lam, Kit Yung; Lee, Lik Han; Hui, Pan (21). A2w: Context-awarerecommendation system for mobile augmented reality web browser. InACM International Conference on Multimedia, United States, October2021. Association for Computing Machinery (ACM).

[LAN09] Lantz, Frank. (2009). PacManhattan. https://doi.org/10.1007/978-3-7643-8415-9_94.

[LAN17] Jaron Lanier (2017). Dawn of the New Everything: Encounters with Reality and Virtual Reality. Henry Holt and Company, New York. ISBN-13: 978-1627794091.

[LAN18] Lanette, Simone; Chua, Phoebe K.; Hayes, Gillian; Mazmanian, Melissa (2018). How much is 'too much'? the role of a smartphone addictionnarrative in individuals' experience of use. Proc. ACM Hum.-Comput. Interact., 2(CSCW), November 2018.

[LANoJ] Lantz, Frank (o.J.). Pacmanhattan. In: New York University NYU ITP/ IMA. Online: https://www.pacmanhattan.com/about.php (abgerufen am: 22.05.2023).

[LEE06] Kwan Min Lee (2006). Presence, Explicated. In: Communication Theory, Volume 14, Issue 1, 1 February 2004, Pages 27–50. https://doi.org/10.1111/j.1468-2885.2004.tb00302.x.

[LEE20a] Lee, Lik-Hang; Braud, Tristan; Hosio, S.; Hui, Pan (2020). Towards augmented reality-driven human-city interaction: Current research and futurechallenges. ArXiv, abs/2007.09207, 2020.

[LEE20b] Lee, Shaun; Teh, Pei-Lee (2020). "Suiting Up" to Enhance Empathy Toward Aging: A Randomized Controlled Study. Frontiers in Public Health. 8. 376. https://doi.org/10.3389/fpubh.2020.00376.

[LEF23] Lauren Leffer (2023). Ersetzt künstliche Intelligenz bald Schauspieler?. Spektrum.de. Online: https://www.spektrum.de/news/ersetzt-kuenstliche-intelligenz-bald-schauspieler/2166312. (Abgerufen: 14.02.2025).

[LIU23] Liu, Yiming; Yiu, Chun, Zhao, Zhao; Park, Wooyoung; Shi, Rui; Huang, Xingcan; Zeng, Yuyang; Wang, Kuan; Wong, Tsz; Jia, Shengxin; Zhou, Jingkun; Gao, Zhan; Zhao, Ling; Yao, Kuanming; Li, Jian; Sha, Chuanlu; Gao, Yuyu; Zhao, Guangyao; Huang, Ya; Yu, Xinge (2023). Soft, miniaturized, wireless olfactory interface for virtual reality. Nature Communications. 14. https://doi.org/10.1038/s41467-023-37678-4.

[LU20] Yuqian Lu; Chao Liu; Kevin Wang; Huiyue Huang; Xun Xu (2019). Digital Twin-driven smart manufacturing: Connotation, reference model, applications and research issues. In: Robotics and Computer-Integrated Manufacturing. 61. https://doi.org/10.1016/j.rcim.2019.101837.

[MAN13] Mann, Steve (01.03.2013). My „Augmediated": Life What I've learned from 35 years of wearing computerized eyewear. In: IEEE Spectrum. Online: https://spectrum.ieee.org/view-from-the-valley/consumer-electronics/portable-devices/steve-mann-the-man-who-invented-wearable-computing (abgerufen am: 21.05.2023).

[MAN91]	Mann, Steve; Wyckoff, Charles (1991). Extended Reality, MIT 4-405, 1991, Online: http://wearcam.org/xr.htm (abgerufen am: 17.05.2023).
[MAR15]	Marshall, Cain (10.092015). Pokémon go is brought up into the real world through iOS and Android. In: GeekSnack. Online: https://web.archive.org/web/20150912184201/http://www.geeksnack.com/2015/09/10/pokemon-go-is-brought-up-into-the-real-world-through-ios-and-android/ (abgerufen am: 21.05.2023).
[MCL64]	McLuhan, Marshall (1964). Understanding Media: The Extensions of Man. McGraw-Hill, New York.
[MEI21]	MeinMMO (07.08.2021). Fortnite: So lief das Ariana Grande Konzert ab – Lasst es euch nicht entgehen. In:. MeinMMO. Online: https://mein-mmo.de/fortnite-so-lief-das-ariana-grande-konzert-ab-lasst-es-euch-nicht-entgehen/ (abgerufen am: 19.05.2023).
[MOR01]	Morawe, Volker; Reiff, Tilman (2001). Painstation. In: Kunsthochschule für Medien zu Köln. Online (Memento des Originals vom 28. September 2007 im Internet Archive): https://web.archive.org/web/20070928103548/http://www.khm.de/~morawe/painstation/PainStation_ger.pdf (abgerufen am: 20.05.2021).
[MIN13]	Minsky, Marvin; Kurzweil, Ray; Mann, Steve (2013). „The society of intelligent veillance." 2013 IEEE International Symposium on Technology and Society (ISTAS): Social Implications of Wearable Computing and Augmediated Reality in Everyday Life. IEEE, 2013.
[MOR23c]	Roberto Moro-Visconti; Andrea Cesaretti (2023). Digital Token Valuation Cryptocurrencies, NFTs, Decentralized Finance, and Blockchains. Springer. ISBN-13: 978-3-031-42970-5.
[MUR22]	Murray, Sean (28.01.2022). South Korea Is Planning A 'K-Pop Metaverse' With Full Government Support. In: The Gamer. Online: https://www.thegamer.com/south-korea-k-pop-metaverse/ (abgerufen am: 19.05.2023).
[NEXoJ]	Next Meet (o.J.). Will Metaverse Change How People Interact With The World | Metaverse The Technology Of Future. Online: https://nextmeet.live/people-interacting-in-metaverse-metaverse-the-technology-of-future/ (abgerufen am: 17.05.2023).
[NOR02]	Norman, Donald A. (2002). The Design Of Everyday Things. Basic Books (Perseus).
[NOO22]	Noor, Jasmine; Putri, Andhreta (04.03.2022). A World Beyond: Metaverse and the K-pop Industry. In: Center for Digital Society. Online: https://cfds.fisipol.ugm.ac.id/2022/03/04/a-world-beyond-metaverse-and-the-k-pop-industry/ (abgerufen am: 19.05.2023).
[PIE02]	Piekarski, Wayne & Thomas, Bruce. (2002). ARQuake: The Outdoor Augmented RealityGamingSystem.Commun.ACM.45.36–38.https://doi.org/10.1145/502269.502291.
[PIEoJ]	Piekarski, Wayne (o.J.). The Wearable Computer Lab at the School of Computer and Information Science, University of South Australia. In: tinmith. Online: https://www.tinmith.net/arquake/ (abgerufen am: 22.05.2023).
[PLOoJ]	Ploog, Keno (o.J.). Die Entwicklung von VR in Freizeitparks. In: Coasterfriends. Online: https://coasterfriends.de/joomla/magazin/15-sonstige/2934-die-entwicklung-von-vr-in-freizeitparks (abgerufen am: 19.05.2023).
[POK21]	Pokemon Go Live (2021). A brand-new collaboration event with Ed Sheeran! Online: https://pokemongolive.com/post/ed-sheeran-collab/. (Abgerufen: 14.02.2025).
[PUL17]	Andrew Pulver (Mon 16 Jan 2017 15.13 CET). Rogue One VFX head: 'We didn't do anything Peter Cushing would've objected to'. The Guardian. Online: https://www.theguardian.com/film/2017/jan/16/rogue-one-vfx-jon-knoll-peter-cushing-ethics-of-digital-resurrections. (Abgerufen: 14.02.2025).
[REH21]	Rehagen, Tony (05.05.2021). One of Japan's most beloved pop stars is a hologram. In: experience magazine. Online: https://expmag.com/2021/05/one-of-japans-most-beloved-pop-stars-is-a-hologram/ (abgerufen am: 19.05.2023).

[RIV23]   war [WIE22] Giuseppe Riva; Brenda Wiederhold; Fabrizia Mantovani (2023). Searching for the Metaverse: Neuroscience of Physical and Digital Communities. In: Cyberpsychology, behavior and social networking. 27. 10.1089/cyber.2023.0040.

[ROH06]   Rohter, Larry (19.02.2006). The Stones Rock 1.5 Million in Rio Days Before Carnival. In: The New York Times. Online: https://www.nytimes.com/2006/02/19/world/americas/the-stones-rock-15-million-in-rio-days-before-carnival.html (abgerufen am: 10.05.2023).

[RUB19]   Rubin, Peter (05.02.2019). Fortnite's Marshmello Concert Is the Future of the Metaverse. In: Wired. Online: https://www.wired.com/story/fortnite-marshmello-concert-vr-ar-multiverse/ (abgerufen am: 10.05.2023).

[RUS20]   Stuart Russell; Peter Norvig (2020). Artificial Intelligence: A Modern Approach. Pearson, 4. Auflage. ISBN-13: 978-0134610993.

[SAR16]   Samit Sarkar (Dec 27, 2016, 10:30 PM GMT+1). Rogue One filmmakers explain how they digitally recreated two characters. The Polygon. Online: https://www.polygon.com/2016/12/27/14092060/rogue-one-star-wars-grand-moff-tarkin-princess-leia. (Abgerufen: 14.02.2025).

[SCH23a]. Schlott, Karin (10.05.2023). Wenn die Computerblume duftet. In: Spektrum.de. Online: https://www.spektrum.de/news/virtuelle-realitaet-wenn-die-computerblume-duftet/2137641 (abgerufen: 17.05.2023).

[SCHroe02] Ralph Schroeder (2002). Social Interaction in Virtual Environments: Key Issues, Common Themes, and a Framework for Research. In: Schroeder, R. (eds) The Social Life of Avatars. Computer Supported Cooperative Work. Springer, London. https://doi.org/10.1007/978-1-4471-0277-9_1.

[SCHwir24] Martin Schwirn (2024). The future of collaboration in virtuality. In: Computer Weekly. Online: https://www.computerweekly.com/feature/The-future-of-collaboration-in-virtuality. (Abgerufen: 14.02.2025).

[SECoJ]   Second Life (o.J.). Museen. In: Second Life. Online: https://secondlife.com/destinations/learning/museums (abgerufen am: 10.05.2023).

[SPAoJ]   Spatial.io (o.J.). Unlock Your Imagination. Online: https://www.spatial.io/ (abgerufen am: 10.05.2023).

[SPI02]   Spielberg, Steven (Regie) (2002). Minority Report. 20th Century Fox.

[SPI18]   Spielberg, Steven (Regie) (2018). Ready Player One. Warner Bros. Pictures.

[STA23]   Staista (2023). Hours of video uploaded to YouTube every minute as of February 2022. In: Statista. Online: https://www.statista.com/statistics/259477/hours-of-video-uploaded-to-youtube-every-minute/ (abgerufen am: 21.05.2023).

[STE92]   Stephenson, Neal (1992). Snow Crash. Blanvalet, München 1995. ISBN 978-3-442-23686-2, Kap. 37. Englisches Original: Snow Crash. New York, 1992.

[STEoJ]   Stern, Bradley (o.J.). aespa Is Leading Us Into the Metaverse. Get in loser, we're going to the SMCU. In: MuuMuse. Online: https://muumuse.com/2021/11/aespa-metaverse-sm-entertainment.html/ (abgerufen am: 19.05.2023).

[STO22]   Stoyanov, Nadine; Moser, Christian; Kwiatkowski, Marta (2022). Extended Retail – Die Zukunft des Handels ist grenzenlos. Zühlke und GDI/Studie zu «Extended Retail». Von: – Zühlke Engineering AG. Online: https://www.zuehlke.com/de/extended-retail-die-zukunft-des-handels-ist-grenzenlos (abgerufen am: 17.05.2023).

[SUN23]   Sun T, He X, Li Z. Digital twin in healthcare: Recent updates and challenges. In: Digit Health, Jan. 2023. https://doi.org/10.1177/20552076221149651.

[TAO18]   Fei Tao; He Zhang; Ang Liu; Andrew Y. C. Nee (2018). Digital Twin in Industry: State-of-the-Art. In: IEEE Transactions on Industrial Informatics. 15. 2405–2415. https://doi.org/10.1109/TII.2018.2873186.

[TAO19]	Fei Tao; He Zhang; Ang Liu; Andrew Y. C. Nee (2019). Digital Twin in Industry: State-of-the-Art. In IEEE Transactions on Industrial Informatics, vol. 15, no. 4, pp. 2405–2415, April 2019. https://doi.org/10.1109/TII.2018.2873186.
[TAU16]	Tauziet,Christophe (15.12.2016). Designing for Hands in VR – The next step in buil-ding natural human-machine interactions. In: Design at Meta, Medium. Online: https://medium.com/designatmeta/designing-for-hands-in-vr-61e6815add99 (abgerufen am: 17.05.2023).
[TAY15]	T. L. Taylor (2015). Raising the Stakes: E-Sports and the Professionalization of Computer Gaming. MIT Press, Cambridge. ISBN-13: 978-0262527583.
[THEoJ]	The Fabricant x DapperLabs (o.J.): Iridescence. Online: https://www.thefabricant.com/iridescence (abgerufen am: 10.05.2023).
[THO06]	Thon, Jan-Noël (2006). Immersion revisited. Varianten von Immersion im Computerspiel des 21. Jahrhunderts. In: Christian Hißnauer/Andreas Jahn-Sudmann (Hg.): Medien – Zeit – Zeichen. Beiträge des 19. Film- und Fernsehwissenschaftlichen Kolloquiums. Marburg: Schüren 2006. S. 125–132. Online: https://www.academia.edu/3414149/Immersion_revisited_Varianten_von_Immersion_im_Computerspiel_des_21_Jahrhunderts (abgerufen am: 17.05.2023).
[WEB19]	Webster, Andrew (21.02.2019). Fortnite's Marshmello concert was the game's biggest event ever. In: The Verge. Online: https://www.theverge.com/2019/2/21/18234980/fortnite-marshmello-concert-viewer-numbers.
[WEB21]	Webster, Andrew (09.08.2021). Ariana Grande's Fortnite tour was a moment years in the making. In: The Verge. Online: https://www.theverge.com/2021/8/9/22616664/ariana-grande-fortnite-rift-tour-worldbuilding-storytelling (abgerufen am: 10.05.2023).
[WEH20]	Wehden, Lars-Ole; Reer, Felix; Janzik, Robin; Tang, Wai Yen; Quandt, Thorsten (17.04.2020). The Slippery Path to Total Presence: How Omnidirectional Virtual Reality Treadmills Influence the Gaming Experience. In: Media and Communication (ISSN: 2183-2439) 2021, Volume 9, Issue 1, Pages 5–16. https://doi.org/10.17645/mac.v9i1.3170.
[WIC21]	Wickes, Jade (09.08.2021). Inside Ariana Grande's Fortnite virtual concert. In: The Face. Online: https://theface.com/music/ariana-grande-fortnite-rift-tour-performance-gaming-vr-mac-miller-travis-scott-lil-nas-x (abgerufen am: 10.05.2023).
[WIE23]	war [WIE22] Brenda, Wiederhold, Brenda (2023). (Mental) Healthcare Consumerism in the Metaverse: Is There a Benefit? In: Cyberpsychology, behavior and social networking. 26. 145–146. https://doi.org/10.1089/cyber.2023.29269.editorial.
[VIB23]	Vibe (05.05.2023). Michael Jackson Most Requested Artist for a Hologram Concert in Canada. In: Vibe. Online: https://www.mjvibe.com/michael-jackson-most-requested-artist-for-a-hologram-concert-in-canada/ (abgerufen am: 19.05.2023).
[YAQ23]	Ibrar Yaqoob; Khaled Salah; Latif U. Khan; Raja Jayaraman; Ala Al-Fuqaha; Mohammed Omar (2023). Digital Twins for Smart Cities: Benefits, Enabling Technologies, Applications, and Challenges. https://doi.org/10.1109/FNWF58287.2023.10520349.
[YOU23]	Young, Jin Yu; Stevens, Matt (29.01.2023). Will the Metaverse Be Entertaining? Ask South Korea. In: The New York Times. Online: https://www.nytimes.com/2023/01/29/business/metaverse-k-pop-south-korea.html (abgerufen am: 19.05.2023).
[ZHA19]	Zhang, Yan; Kienzle, Wolf; Ma, Yanjun; Ng, Shiu S.; Benko, Hrvoje; Harrison, Chris (2019). ActiTouch: Robust Touch Detection for On-Skin AR/VR Interfaces. In: UIST '19: Proceedings of the 32nd Annual ACM Symposium on User Interface Software and Technology, October 2019, Pages 1151–1159. https://doi.org/10.1145/3332165.3347869.
[ZIE05]	Ziegler, Jürgen; Lohmann, Steffen; Kaltz, J. Wolfgang (2005). Kontextmodellierung für adaptive webbasierte Systeme. In: C. Stary (Hrsg.): Mensch & Computer 2005: Kunst und Wissenschaft – Grenzüberschreitungen der interaktiven ART. München: Oldenbourg Verlag. 2005, S. 181–189.

Eine andere Dimension: Ökonomisches Verschmelzen

4

Wenn das Metaversum als Weiterentwicklung des Internets betrachtet wird, reicht seine Entwicklung technisch gesehen bis ins Jahr 1968 zurück, als das ARPANET entstand. Aber die Theorie, die dem Internet und insbesondere dem heutigen World Wide Web zugrunde liegt, hat ihre Wurzeln noch viel früher [REDoJ]. Bereits 1948 stellte Vannevar Bush in seinem Artikel „As We May Think" im Magazin The Atlantic die theoretische Idee eines vernetzten Informationsverwaltungs- und -recherchesystems vor [BUS45]. Seine Überlegungen gingen damals noch von statischen Dokumenten aus, die zweidimensional in Form von Text und Bild vorlagen. Bush sah jedoch bereits zu dieser Zeit die Notwendigkeit, nicht nur die Dokumente selbst, sondern auch die Arbeit an ihnen für zukünftige Recherchezwecke zu speichern. Die von ihm skizzierte Benutzungsschnittstelle würde auch heute noch aktuellen Systemen entsprechen, allerdings konnte der Memory Expander alias „Memex" zur damaligen Zeit technisch noch nicht umgesetzt werden. Dennoch jedoch war die theoretische Idee zur damaligen Zeit revolutionär.

Es ist unbelegt, ob oder inwiefern der Memex von Vannevar Bush bei der Konzeption des ARPA-Netzwerks berücksichtigt wurde. Jedoch entsprachen das Ziel und der Inhalt des ARPA-Netzwerks dem Memex-Konzept, da es ein dezentrales Netzwerk für die Kommunikation und den Datenaustausch zwischen US-amerikanischen Universitäten und Forschungseinrichtungen schaffen wollte. Über das ARPA-Netzwerk wurde 1972 die erste E-Mail versendet und es entwickelte sich daraus langsam ein Vorläufer des heutigen Internets. Obwohl im Jahr 1983 noch lediglich 400 Computer an das Netzwerk angeschlossen waren, stieg die Zahl danach deutlich an, bis das Internet 1989/1990 für die kommerzielle Nutzung freigegeben wurde [HRZoJ].

Etwa zur gleichen Zeit begann Tim Berners-Lee am CERN in Zürich mit seinem Hypertext-Projekt, das schließlich 1991 als WWW veröffentlicht wurde und sich zum heutigen World Wide Web entwickelte. Es bildet somit die theoretische und technische Grundlage für das zukünftige Metaversum. Interessanterweise begleitet die Entwicklung des WWW eine Parallele zur aktuellen Diskussion um das Metaversum [BER89]. Während technikbegeisterte Nerds die Idee unterstützen und vorantreiben, bezeichnen andere sie als unnützen Hype, der keinen Bestand haben wird. Im Falle des WWW gab es Stimmen wie Bill Gates und Ron Sommer, die der Meinung waren, das Internet und das WWW seien lediglich ein vorübergehender Trend, der für ihre Unternehmen keine Rolle spiele. Solche Stimmen lassen sich auch in der aktuellen Diskussion um das Metaversum finden.

In der frühen Zeit des World Wide Web lag der inhaltliche Fokus auf Dokumenten und Informationen. Es etablierte sich die idealistische Vorstellung, dass das Web den Zugang zu Informationen erleichtern würde und somit auch den Zugang zu Bildung und politischer Information zu verbessern, um demokratische Strukturen zu stärken (siehe dazu auch Abb. 4.1). Jedoch wurde bald erkannt, dass das Web auch ökonomische Potenziale bietet. Die Möglichkeit des Konsums wurde in das Netz integriert und Papierkataloge wurden in elektronische Form übertragen. Obwohl zur Bestellung zunächst noch ein Medienbruch überwunden werden musste und die bestellrelevanten Informationen entweder per Telefon, Fax oder auch per Mail versandt werden mussten, stand dies der rasanten Etablierung der wirtschaftlichen Nutzung des Webs nicht im Weg. Die damalige Situation, in der alle Informationen und damit auch die Kataloginhalte frei zugänglich und abrufbar waren, legte vielmehr den Grundstein für die Entwicklung und den Erfolg des Web.

Mit dem Beginn der 2000er-Jahre vollzog sich eine bedeutende Veränderung des Webs im Vergleich zur früheren Version. Dank neuer Technologien, Programmiersprachen und -konzepte konnte das ursprünglich statische Web unter dem Label Web 2.0 zu einem interaktiven Medium weiterentwickelt werden. Eine zentrale Rolle spielte dabei die Entwicklung von Wikis. Obwohl Benutzer auch im frühen Web bereits Beiträge in Foren speichern konnten, erweiterten Anwendungen wie Wikis die Interaktionsmöglichkeiten der Benutzer mit den Inhalten des Webs erheblich. Im Web 2.0 konnten Benutzer nun direkt mit den Inhalten arbeiten, indem sie beispielsweise Texte in einem Wiki veränderten oder eigene Inhalte hochluden, um sie anderen Benutzern zur Verfügung zu stellen. Das statische Web, das nur zur Konsumption von Inhalten oder zur Abwicklung von Bestellungen diente, wandelte sich in ein interaktives Web, an dem jeder Benutzer unmittelbar teilhaben

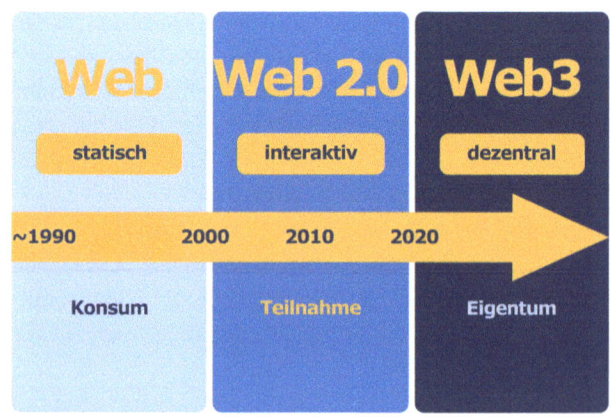

Abb. 4.1 Web 1–2–3. (Nach [SCHm21a])

konnte. Relativ schnell wurde auch hier das ökonomische Potenzial dieser Partizipation erkannt und es begann der Versuch, die Inhalte zu monetarisieren. Allerdings war dies aufgrund der Technologie schwierig, da digitale Artefakte und Informationen als Inhalt des Web 2.0 nicht wirklich geschützt werden konnten und zudem die Benutzer gewohnt waren, kostenlos auf die Inhalte im Web zuzugreifen. Diese „Kostenlosmentalität" ist nach wie vor in den Köpfen der Benutzer tief verankert und es bleibt ausgesprochen schwierig, sie dazu zu bewegen, für Inhalte auch im Web 2.0 zu zahlen. Dieser Aspekt wird in den folgenden Abschnitten immer wieder aufgegriffen werden.

Die ursprünglichen idealistischen Ziele des frühen Internets haben sich offensichtlich nicht durchgängig realisiert. Die Freiheit des Zugangs zu jeglicher Information wird mittlerweile von vielen Seiten eingeschränkt und kontrolliert. Darüber hinaus ist die zugrunde liegende Technologie ein Kritikpunkt und auch ein Sicherheitsrisiko für bestimmte Benutzer, da es oft schwierig oder gar unmöglich ist, im Internet ohne Preisgabe persönlicher Daten zu agieren. Zudem wird allmählich auch erkannt, dass nicht jeder Inhalt kostenlos sein kann. Die Produktion von Medien und hochwertigen journalistischen Inhalten erfordert eine Bezahlung für den Aufwand und die Arbeit, die darin stecken. Aus diesem Grund wird seit Beginn der 2020er-Jahre an der Entwicklung eines dezentralen Internets gearbeitet, das auf dem Gedanken des Eigentums basiert und das das interaktive Web 2.0 ablösen soll. Diese Entwicklung wird von neuen technologischen Ansätzen wie der Blockchain, Smart Contracts und NFTs begleitet und soll die Grundlage für das Metaversum bilden.

Im Metaversum geht es also zu einem wesentlichen Teil um den Besitz und den Handel von virtuellen Gütern und Artefakten. Daher ist es wichtig, dass das Konzept des Urheberrechts und geistigen Eigentums im virtuellen Raum etabliert wird, um Besitz und Eigentum zu ermöglichen [BIT22]. Dies steht im Gegensatz zu dem üblichen Verständnis, dass digitale Artefakte unendlich vervielfältigt werden können, wie es durch das typische Copy & Paste ermöglicht wird. Blockchain und NFT bieten nun zumindest Ansätze, um digitalen Gegenständen einen eindeutigen Eigentümer zuzuweisen. Dies ist insbesondere im Bereich der Kryptowährungen elementar, da das einfache Kopieren von Zahlungseinheiten ökonomisch fatal wäre. Gleiches gilt für digitale Artefakte wie virtuelle Kunstwerke. Ohne ökonomische Sicherheit kann das Metaversum sich nicht zu einem eigenständigen Wirtschaftssystem entwickeln.

	Web	Web 2.0	Web3
Präsentation	• Web-Browser (WIMP Paradigma)	• Web-Browser • mobile Web	• Web-Browser • mobile Web • immersives Web
Technik	• HTML • frühes JavaScript	• HTML • CSS • ECMAScript, TypeScript	• HTML • CSS • ECMAScript, TypeScript • spezielle APIs und Anwendungen (z. B. Unity)

(Fortsetzung)

	Web	Web 2.0	Web3
Daten	• Statische Daten • meistens Textdateien mit geringem Bildanteil	• Statische Daten • Dynamische Daten • User Generated Content • wachsender Bild- und Videoanteil	• Statische Daten • Dynamische Daten • User Generated Content • NFT & Smart Contracts • wachsender Anteil von Synthetic Media
Nutzung	• Kommunikation und Verknüpfung von Dokumenten	• Kommunikation und Verknüpfung von Dokumenten • Anwendung in/für Arbeitsumgebungen • Soziale Medien	• Kommunikation und Verknüpfung von Dokumenten • Anwendung in/für Arbeitsumgebungen • Soziale Medien • Vernetze Ökosysteme

Laut Chris Dickson von Andreesen Horowitz ist es unerlässlich, dass sich das Metaversum als vollwertiges Wirtschaftssystem entwickelt, das unserem physischen Leben entspricht [SCHm21a]. Hierbei sollten Benutzer die Möglichkeit haben, digitale Artefakte zu erschaffen, zu erwerben, zu besitzen, zu verkaufen oder anderweitig zu bewirtschaften. Das Beispiel Second Life zeigt, dass auch bezahlte Arbeit in einem solchen Kontext möglich ist [SEC19, LAY07]. Daher ist es unbedingt erforderlich, dass Anwendungen in einem Metaversum oder in verschiedenen parallelen Metaversen höchste Interoperabilität aufweisen, einschließlich der Interoperabilität zwischen technischen Plattformen, kommerziellen Anwendungen und der digitalen und realen Welt [BAL20].

4.1 Die analoge Ökonomie der „klassischen Wertschöpfungskette"

Wenn das Metaversum als ökonomisches System betrachtet wird, das die reale und digitale Ökonomie miteinander verbindet, muss die Wertschöpfungskette an die neue Umgebung angepasst werden. Bereits im Internet hat sich eine eigenständige Ökonomie entwickelt, die sich insbesondere durch die starke Verbreitung von sozialen Medien und Plattformen zu einer Plattformökonomie weiterentwickelt hat. Wenn diese auch im Metaversum eine wichtige Rolle spielen soll, müssen einzelne Transaktionen und Geschäftsmodelle auch über die Grenze zwischen der realen und virtuellen Welt verschmelzen können. Der deutsche Branchenverband Bitkom betont in seinem „Wegweiser in das Metaversum", dass die Rolle der Marktteilnehmer sich verändern wird, bis hin zu dem Punkt, an dem getrennte Rollen von einem einzigen Unternehmen oder einer einzigen Person übernommen werden können [BIT22].

Um diese Veränderungen innerhalb der Wertschöpfungskette im Metaversum besser zu verstehen, wird in den folgenden Abschnitten zunächst eine stark vereinfachte Sichtweise auf diese Wertschöpfungskette angenommen, wie sie in Abb. 4.2 gezeigt wird, und diese wird dann mit bestehenden Theorien und Modellen der Betriebs- und Volkswirtschaftslehre

4.1 Die analoge Ökonomie der „klassischen Wertschöpfungskette"

Abb. 4.2 Vereinfachte Wertschöpfungskette. (Eigene Darstellung: Peter Hoffmann, Invisible Cow)

verglichen und erweitert. Ziel ist es, zumindest eine Grundvorstellung der neuen Wertschöpfungskette im Metaversum zu erhalten. Die Vereinfachung besteht darin, dass die Wertschöpfungskette auf drei Teilnehmer reduziert wird:

- den Produzenten, der ein Produkt oder eine Dienstleistung anbietet,
- den Konsumenten, der das Produkt oder die Dienstleistung konsumieren möchte, und
- den Distributor als Intermediär.

Wenn auch die Rollen und Aufgaben von Produzent und Konsument sich ebenfalls verändern werden, so erfährt die Rolle des Distributors und seine Aufgaben einen deutlich stärkeren Wandel und gewinnt an zentraler Bedeutung.

In der hier betrachteten, auf das Wesentliche reduzierten Wertschöpfungskette wird die Situation der klassischen Ökonomie dargestellt.

- Die Rolle des Produzenten ist, wie bereits angedeutet, klar in ihren Zielen definiert: Der Produzent möchte ein Produkt auf dem Markt bewirtschaften und dem Konsumenten anbieten. Trotz der starken Vereinfachung in dieser Darstellung sind die Teilaufgaben des Produzenten umfangreich. Sie beinhalten sowohl die Planung der Produktion als auch die Beschaffung von Rohstoffen, Betriebsmitteln und insbesondere Produktionsmitteln. Als Beispiel kann hier die Automobilindustrie dienen, in der der Produzent ein Automobil konstruiert sowie die Produktionsstraßen für die Montage errichtet und betreibt.
- In dieser noch klassischen Betrachtung der Wertschöpfungskette übernimmt der Distributor die Aufgaben des Transports und des Verkaufs. Hierbei ist vor allem der Verkauf von hoher Bedeutung, da durch diesen der kommunikative Kontakt zum Konsumenten hergestellt wird.
- Obwohl es ohne den Konsumenten die vorgestellte Wertschöpfungskette nicht geben würde, ist seine funktionale Aufgabe in diesem Zusammenhang am geringsten ausgeprägt. Sie besteht lediglich im Erwerb und in der Inanspruchnahme des vom Produzenten offerierten Angebots.

Bei einer genaueren Betrachtung des Kommunikationsflusses zeigt sich sowohl ein Vorteil als auch ein Nachteil dieser vereinfachten Kette. Der Vorteil besteht zweifellos darin, dass der Produzent sich auf seine eigentlichen Kernkompetenzen fokussieren kann und alle Tätigkeiten, die im weitesten Sinne der Distribution zugeordnet werden können, eben dem Distributor überlässt. Allerdings ergibt sich aus dieser Übergabe unmittelbar aber auch der Nachteil, das keine direkte Verbindung zwischen Konsument und Produzent besteht. Das bedeutet, Informationen über Erwartungen, Wünsche und Verhalten des Konsumenten gelangen nicht oder nur dann zum Produzenten, wenn der Distributor zusätzlich zu seinen eigentlichen Tätigkeiten einen Kommunikationsrückkanal zwischen Konsument und Produzent einrichtet. Durch diese zusätzliche Aufgabe wird der Distributor zum Infomediär, der sowohl in Richtung Konsument als auch in Richtung Produzent kommuniziert.

Für die reale Welt mit ausschließlich physischen Produkten und Dienstleistungen, die sich um diese physischen Produkte gruppieren, genügt diese Betrachtungsweise. Die in diesem Zusammenhang vorgestellten Rollen verbleiben in ihren jeweils klar abgegrenzten Zuständigkeitsbereichen und überschreiten diese Grenzen nur selten.

4.2 Erste Verschmelzungsgedanken: Prosumtion

Die im vorigen Abschn. 4.1 eingeführte reduzierte Wertschöpfungskette der klassischen Ökonomie etablierte sich auf der Basis begrenzter Kommunikation und fehlender industrieller Massenproduktion über lange Zeit. Erst mit der Einführung von automatisierten Fertigungsmethoden und einer erheblichen Zunahme der produzierten Stückzahlen konnten Verbraucher aus einer wachsenden Anzahl von Produzenten und deren Produkten wählen. Spätestens zu diesem Zeitpunkt wurde es für die Hersteller immer bedeutender, einen kommunikativen Rückkanal zum Kunden einzurichten. Die einfache Aussage von Henry Ford aus dem Jahr 1909 bezüglich seines Modell T [CRO22]

> „You can have it in any color you want as long as it's black"

war für eine erfolgreiche Markttätigkeit nicht mehr ausreichend. Stattdessen wurde es für die Produzenten immer wichtiger, die Bedürfnisse und Erwartungen der Verbraucher zu verstehen. Während der Anfangszeit der industriellen Massenproduktion war dieser Rückkanal noch sehr schwach, aber mit der Einführung elektrischer und später digitaler Kommunikationsmittel kamen Konsumenten und Produzenten kommunikativ immer näher zusammen. Infolgedessen begann sich auch die Rolle des Distributors zu verändern, da seine Bedeutung als Infomediär oder Kommunikationskanal zwischen Konsumenten und Produzenten erheblich abnahm. Neue, insbesondere digitale Kommunikationskanäle ermöglichen eine nahezu direkte Kommunikation zwischen Kunden und Herstellern (siehe Abb. 4.3), wodurch die Informationsweitergabe über den Distributor zu nur noch einem von vielen möglichen Kanälen wurde.

Der US-amerikanische Zukunftsforscher Alvin Toffler war einer der ersten, der die Bedeutung dieser Entwicklungen in ökonomischen Systemen erkannte und ihnen großes Potenzial für die Zukunft zuschrieb. In seinem 1980 veröffentlichten Buch „Die dritte Welle" [TOF80] prognostizierte er das Phänomen, das heute als Industrie 4.0 [PLAoJ] bekannt ist: eine durchgängige, hochgradig kommunikative Vernetzung zwischen Konsu-

4.2 Erste Verschmelzungsgedanken: Prosumtion

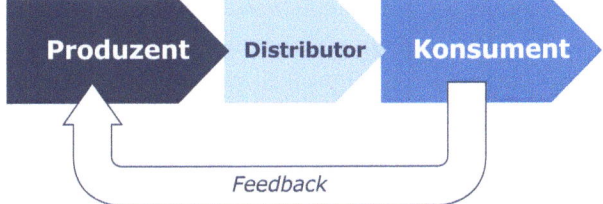

Abb. 4.3 Feedback als Erweiterung der vereinfachten Wertschöpfungskette: Prosumtion. (Eigene Darstellung: Peter Hoffmann, Invisible Cow)

menten, Produzenten und Produktionsmaschinen. Diese eher technischen Vorhersagen bildeten die Basis für sein Werk „Power Shift", in dem er 1991 beschrieb, dass die etablierte Trennung in die zuvor genannten Rollen sich aufgrund der engen kommunikativen Verbindung zwischen den Teilnehmern der Wertschöpfungskette auflösen werde [TOF90]:

> „Produzent und Konsument, die durch die industrielle Revolution getrennt wurden, werden im Kreislauf der Vermögensbildung wieder vereint, wobei der Kunde nicht nur das Geld, sondern auch Markt- und Designinformationen beisteuert, die für den Produktionsprozess von entscheidender Bedeutung sind.
> Käufer und Lieferant teilen Daten, Informationen und Wissen.
> Eines Tages können Kunden auch Knöpfe drücken, die Remote-Produktionsprozesse aktivieren. Konsument und Produzent verschmelzen zu einem ‚Prosumer'."

Besonders der letzte Aspekt hat sich mit der Verbreitung des Web 2.0 und den neu entstandenen Möglichkeiten im Rahmen von Industrie 4.0 bestätigt. Diese Entwicklung begann in der Automobilindustrie, wo Automobilhersteller das Web nutzten, um Verbrauchern die Option zu geben, das gewünschte Modell gemäß ihren Vorstellungen zu konfigurieren. Zunächst standen den Konsumenten lediglich einige wenige Konfigurationsmöglichkeiten wie Lackierung, Innenausstattungsfarbe oder grobe Auswahlmöglichkeiten wie der Motorentyp zur Verfügung. Doch mit der Zeit wuchs der Detaillierungsgrad der Konfiguratoren immer mehr. Heutzutage ist es nicht nur vorstellbar, sondern auch technisch möglich, dass alle möglichen Eigenschaften des zukünftigen Autos über ein Webportal oder einen Konfigurator vom Kunden eingegeben werden können. Diese Informationen fließen direkt bis in die Produktion und hin zu den Produktionsmaschinen. Es wird dann vorhergesagt, wann das gewünschte Fahrzeug fertig produziert sein wird und der Kunde es abholen kann. Durch das Drücken des Bestätigungsbuttons wird dann, ganz wie Toffler es voraussagte, die Produktion gestartet.

Dies ist nicht nur für hochpreisige und große Produkte wie Autos möglich. Auch alltägliche Güter können im Rahmen dieser Prosumtion hergestellt und erworben werden. Ein frühes Beispiel dafür ist Adidas, die den ersten webbasierten Konfigurator für Sneaker vorstellten. Dieser ermöglichte es den Prosumenten, Turnschuhe selbst zu gestalten, sie herstellen zu lassen und anschließend zu kaufen [VET15].

Bei einem unvoreingenommenen Blick von außen erscheint es tatsächlich so, als ob der Konsument die Produktion selbst in die Hand nehmen würde. Selbstverständlich bleibt jedoch die ursprüngliche Trennung, wie sie im vorangegangenen Abschn. 4.1 im Zusammenhang mit der reduzierten Wertschöpfungskette dargelegt wurde, durchaus bestehen. Die Produktionsmittel verbleiben in der Hand des Produzenten, und auch die Einflussmöglichkeiten des Konsumenten auf die Produktionsmaschinen sind lediglich in dem Ausmaß gegeben, wie es der Produzent tatsächlich gestattet. Gleichwohl rücken Konsument und Produzent so eng zusammen, dass tatsächlich eine neue, wenn auch abstrakte Rolle im Rahmen der Wertschöpfungskette entsteht, nämlich der sogenannte Prosument. Kevin Kelly hat diese Situation im Wired-Magazin im Jahr 2005 sehr eindrucksvoll beschrieben [KEL05]:

> „The producers are the audience, the act of making is the act of watching, and every link is both a point of departure and a destination."

In diesem Szenario erscheint die Bedeutung des Distributors auf den ersten Blick möglicherweise weniger relevant und unbedeutend. Beim ausschließlichen Blick auf die Rolle des Infomediärs, mag dies zutreffend sein. Dennoch eröffnet diese Situation dem Distributor auch neue Chancen, da er hierdurch die Gelegenheit erhält, den ersten Schritt in Richtung einer neuen Rolle zu unternehmen, nämlich hin zum Plattformökonom.

Um die enge kommunikative Bindung zwischen Konsumenten und Produzenten zur Realisierung der neuen abstrakten Rolle des Prosumenten zu erreichen, sind leistungsfähige Kommunikationskanäle erforderlich. Der Aufwand, um solche Kommunikationskanäle bereitzustellen, darf sowohl in Bezug auf die hardwareseitige Infrastruktur als auch auf die softwareseitige Umsetzung keineswegs unterschätzt werden. Dieser Aufwand wird normalerweise nicht von den Produzenten getragen, da sie in der Regel nicht über die notwendigen Kompetenzen verfügen, um solche Kommunikationskanäle oder -plattformen einzurichten und zu betreiben. Hier kommt nun der Distributor wieder ins Spiel, der die Rolle des Plattformbetreibers übernehmen und die Kanäle und Werkzeuge zur Kommunikation zwischen Konsument und Produzent anbieten kann.

Technische sowie volkswirtschaftliche Visionäre erkennen seit geraumer Zeit durch fortlaufende technologische Entwicklungen die Möglichkeit, die Idee von Toffler, Konsumenten und Produzenten in der neuen Rolle des Prosumenten zu vereinen, noch weiter voranzutreiben. Die Potenziale, welche der 3D-Druck bereithält, der mittlerweile fest in der industriellen Fertigung verankert ist und sich zunehmend vom industriellen Kontext löst, um auch im Endverbrauchermarkt Fuß zu fassen, scheinen diese Verschmelzung zum Prosumenten tatsächlich zu ermöglichen. Der Konsument kann mithilfe des 3D-Drucks zum eigenen Produzenten physischer Güter avancieren.

4.3 Die Verschmelzung in der Web-Ökonomie: Produsage

Wenn das Realitäts-Virtualitäts-Kontinuum nicht ausschließlich auf digitale Artefakte, sondern ebenso auf das ökonomische Umfeld angewandt wird, lässt sich der im vorherigen Abschn. 4.2 untersuchte Begriff der Prosumtion nach Toffler auf der Seite der hundertpro-

4.3 Die Verschmelzung in der Web-Ökonomie: Produsage

zentigen Realität verorten, da hier die Produktion physischer Produkte das Ziel darstellt. Demgegenüber stünde auf der Seite der hundertprozentigen Virtualität eine Ökonomie, die nur virtuelle Produkte und Dienstleistungen beinhaltet. In diesem Fall präsentiert sich die zuvor verwendete reduzierte Wertschöpfungskette vollkommen anders. Dies lässt sich auf die grundlegenden Merkmale digitaler Objekte zurückführen, welche im Gegensatz zu physischen Objekten nicht einzeln mit speziell dafür konzipierten Produktionsmaschinen hergestellt werden müssen. Stattdessen können sie einfach kopiert werden, wobei Original und Kopie vollständig identisch sind. Allein dadurch wird eine Veränderung der Wertschöpfungskette noch nicht ermöglicht, denn auch in der digitalen Welt ist die Entwicklung oder Produktion digitaler Güter erforderlich, auch wenn diese natürlich anders aussieht als die Entwicklung und Produktion physischer Güter.

Durch die Implementierung von Web 2.0-Technologien und der damit einhergehenden Möglichkeit für Nutzer, im Sinne des User-generated content eigene Inhalte ins Web einzubringen, eröffnet sich eine Option zur Transformation der Rollen und ihrer Merkmale entlang der Wertschöpfungskette. Der australische Medienwissenschaftler Axel Bruns hat im Jahr 2008 das Veränderungspotenzial bei der Erforschung der Web 2.0-Technologien und deren Ausprägungen, beispielsweise in Blogs, Wikis und dem Vorreiter des Metaversums, in Second Life, dargelegt (siehe dazu Abb. 4.4). Bruns prägte den Ausdruck „Produsage" als Bezeichnung für eine damals noch neuartige Form der gemeinschaftlichen Erstellung und Verwendung von Inhalten im Internet. Analog zu Toffler, der die Begriffe Produzent und Konsument zum neuen Schlagwort Prosument verschmolz, verwendet Bruns die Termini Produzent und Benutzer oder User im Englischen. Er kreiert daraus den „Produser" als neue Rolle, in der beide Aspekte miteinander verschmelzen [BRU07].

Produsage bezieht sich also auf eine Art der Wertschöpfung, die erst durch die weitreichende Verbreitung des Internets ermöglicht wurde. Genauer gesagt, ist es nicht ausschließlich die Einführung des klassischen Internet, sondern vor allem die des Web 2.0, die hierbei relevant ist. Denn Produsage steht für eine Form von Wertschöpfung und Zusammenarbeit, bei der die Nutzer, also die User, die Inhalte nicht nur konsumieren, sondern sich ebenso aktiv an der Erstellung und Optimierung beteiligen können. Solch eine Betei-

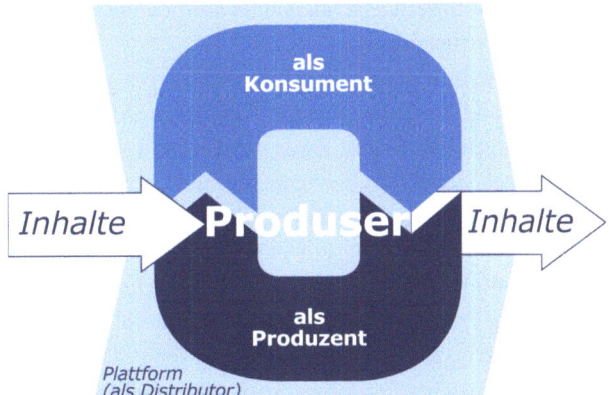

Abb. 4.4 Die Veränderung der Wertschöpfungskette: Produsage. (Eigene Darstellung: Peter Hoffmann, Invisible Cow)

ligung wäre mit den statischen Inhalten des ursprünglichen Webs nicht realisierbar gewesen. Durch die aktive Einbindung der User entsteht ein Mehrwert, der sich oft nicht nur in monetären, sondern auch in sozialen Anerkennungs- und individuellen Zufriedenheitsaspekten manifestiert. Das Konzept der Produsage von Bruns basiert auf der Idee des offenen Zugangs zu Informationen im Internet und der gemeinschaftlichen Arbeit der User. Diese Art der Produktion und Nutzung von Inhalten ist insbesondere im Bereich des Web 2.0 anwendbar und hat zur Entstehung einer Vielzahl erfolgreicher Plattformen wie Wikipedia, YouTube oder OpenStreetMap beigetragen.

Das Konzept der Produsage ist als zweite bedeutsame Transformation der Wertschöpfungskette zu betrachten, die in die gleiche Richtung geht wie die Prosumtion. Im Gegensatz zur konventionellen, aber auch zur durch die Prosumenten veränderten Wertschöpfungskette, die beide noch von einer begrenzten Anzahl an Produzenten kontrolliert wurden, ermöglicht der Produsage-Gedanken eine umfassendere Kontrolle über Produktionsprozesse, Produktionsmaschinen sowie die Verbreitung digitaler Inhalte und Produkte. Dadurch werden diese Aspekte auf eine größere Menge an Beteiligten verteilt. Infolgedessen wird die herkömmliche Wertschöpfungskette dauerhaft aufgelöst und es entsteht eine innovative Form der Wertschöpfung. Hierbei nehmen die Nutzer nicht ausschließlich eine passive Rolle, wie beim bloßen Konsumieren, ein, sondern können selbst aktiv teilhaben.

Inzwischen gibt es zahlreiche Beispiele sowohl für nicht-kommerzielle als auch kommerzielle Anwendungen in der Produsage-Wertschöpfungskette. Das bekannteste Beispiel ist vermutlich die Online-Enzyklopädie Wikipedia. Hierbei wird der aktive Nutzer zum sogenannten Produser, der weiterhin wie gewohnt die Enzyklopädieeinträge unverändert konsumieren kann. Die Idee hinter Wikipedia ermöglicht es dem Produser jedoch auch, selbst neue Beiträge zu erstellen oder die Beiträge anderer Produser zu bearbeiten und für die weitere Nutzung freizugeben. Wikipedia zeigt, dass auch oder gerade nicht-kommerzielle Anwendungen von der Idee des Produsage profitieren können. Das Beispiel verdeutlicht zudem, dass Produsage nur erfolgreich sein kann, wenn sich eine ausreichend große Gemeinschaft aktiver Produser um das Anwendungsziel bildet. Denn nur so kann gewährleistet werden, dass genügend konsumier- und „produsier"bare Inhalte entstehen, damit die Produser tatsächlich aktiv werden und ausreichend Personen gefunden werden, die sich aktiv beteiligen.

Als weitere Beispiele für erfolgreiche Produsage-Anwendungen werden häufig OpenStreetMap und YouTube genannt. Allerdings entspricht YouTube im Detail nicht ganz den Vorstellungen von Bruns. Zwar werden die Inhalte auf YouTube und anderen Videoplattformen von Benutzern hochgeladen und bereitgestellt, jedoch werden sie nicht für eine weitere Verarbeitung angeboten. Ein besonderes Problem von Produsage besteht darin, dass die von den Produsern erstellten, hochgeladenen und zur weiteren Nutzung angebotenen Inhalte letztlich frei von Vermarktungs- und Lizenzüberlegungen sein müssen. Dies macht Produsage, wie Bruns es beschreibt, insbesondere für den kommerziellen Einsatz schwierig. Im Zusammenhang mit dem 3D-Druck für den Verbrauchermarkt gab es mehrere Versuche, Produsage zu implementieren. Auf verschiedenen Webportalen zum

Thema 3D-Druck konnten Benutzer klassische Lizenzen für 3D-Druckmodelle erwerben. Die Idee bestand darin, dass Benutzer, wenn sie diese Modelle veränderten, für die Nutzung bzw. Lizenzierung der Modelle ihre Kosten erstattet bekamen [THIoJ, BAI08]. Keines dieser kommerziellen Projekte konnte sich jedoch langfristig durchsetzen. Der Hauptgrund für das Scheitern liegt nicht, wie oft behauptet, in den nur scheinbaren Veränderungen, die Benutzer vornahmen. Vielmehr stellte sich heraus, dass die Modellierung von qualitativ hochwertigen 3D-Modellen eine komplexe und anspruchsvolle Aufgabe ist, die nur von einer begrenzten Anzahl von Personen beherrscht wird. Hier scheint also die relativ geringe Größe der aktiven Community einem Erfolg im Weg zu stehen.

Die Idee des Produsage vollendet die Gedanken von Toffler und seiner Prosumtion, indem die bisher verteilten Rollen von Produzent und Konsument beziehungsweise User in einer Person zu einer neuen Rolle verschmelzen. Der Produzent und der Konsument vereinen sich tatsächlich in der neuen Rolle, anstatt nur kommunikativ nah beieinander zu sein, wie bei Toffler. In diesem Modell gibt es augenscheinlich keine Rolle des Distributors mehr, der in der klassischen Wertschöpfungskette noch eine zentrale Vermittlerrolle zwischen Produzent und Konsument spielte und auch in der Wertschöpfungskette der Prosumtion eine kleinere Rolle hatte. Bei genauerem Hinschauen stellt sich jedoch heraus, dass die Wertschöpfungskette der Produsage aus mehr als einer Person mit zwei Rollenanteilen besteht. Zum einen gibt es eine Community, die notwendig ist, um die Inhalte zu erzeugen und die Produsage-Wertschöpfungskette am Laufen zu halten. Zum anderen bedarf es aber auch einer Plattform, auf der diese Gemeinschaft aktiv werden und in der die Rolle des Produsers überhaupt erst entstehen kann. Der Distributor hat hier also die Form und Aufgabe eines Plattform-Anbieters. Ohne ihn würde es den virtuellen Raum für die Produsage-Community nicht geben. Die meisten Beispiele für Produsage haben einen nicht-kommerziellen Hintergrund, aber die Bewirtschaftung einer Plattform bietet nun die Möglichkeit, neue Geschäftsmodelle rund um diese Art der Wertschöpfungskette zu entwickeln. Unter der Bezeichnung „Plattformökonomie", die seit etwa 2014 im Bereich der digitalen Wirtschaft und in der Sozialwissenschaft entwickelt wurde, wird dies im Kontext der später vorgestellten „Digital 49er" noch eine Rolle spielen.

4.4 Die verschmolzene Cross-Economy des Metaversums: Modusage

Um die veränderten Wertschöpfungsketten im Kontext der Ideen der Prosumtion und des Produsage im Realitäts-Virtualitäts-Kontinuum zu verorten, müssen sie in den beiden Extremen der realen Realität und der hundertprozentigen Virtualität angesiedelt werden. Obwohl die Prosumtion nach Toffler das Extrem der hundertprozentigen Realität nur zögerlich verlässt, da in diesem Modell nur wenige Möglichkeiten der virtuellen Welt integriert sind, ist die Kommunikation des Konsumenten mit dem Produzenten über das Internet ein wichtiger Aspekt. Selbst wenn der Produzent durch Industrie 4.0-Anwendungen die vom Prosumenten gesendeten Informationen direkt an die Produktionsmittel weiterleitet, ändert sich daran nichts. Darüber hinaus bleibt auch die bisherige strikte Rollentrennung in diesem Modell bestehen.

In Kap. 2 und insbesondere in Abschn. 2.6 wurde deutlich, dass das Metaversum im Extrem der realen Realität nicht existieren kann und auch im anderen Extrem der hundertprozentigen Virtualität nur bedingt zu finden ist. Stattdessen befindet sich das Metaversum in dem flexiblen Bereich, in dem reale und digitale Artefakte in unterschiedlichen Anteilen gleichzeitig vorhanden sind. Weder die klassische Wertschöpfungskette noch die Modelle von Bruns oder Toffler sind auf diesen Teil des Realitäts-Virtualitäts-Kontinuums anwendbar. Daher bedarf es also einer erneuten Veränderung oder Erweiterung der Wertschöpfungskette für das zukünftige Metaversum.

Um ein solches neues Modell der Wertschöpfungskette, wie es versuchsweise in Abb. 4.5 gezeigt wird, zu schaffen, ist es notwendig, verschiedene Aspekte synchron zu berücksichtigen. Das Metaversum besteht aufgrund seiner Verortung zwischen den beiden Extremen in der Regel aus realweltlichen und virtuellen Anteilen. Dies setzt voraus, dass die Beteiligten innerhalb dieses Modells sowohl mit realen als auch mit digitalen Artefakten umgehen können müssen. Es wäre also sinnvoll, den Gedanken der Trennung zwischen realer und virtueller Welt zu erweitern und eine Brücke zwischen beiden Welten zu schaffen. Dadurch wäre es dann möglich, eine Cross-Economy entstehen zu lassen, die beide Welten verbindet. In dieses neue Modell fließen die Ideen der beiden oben genannten Modelle ein und verbinden und erweitern sich zugleich.

- In diesem neuen Modell wird die ursprüngliche Wertschöpfungskette nicht berücksichtigt, da sie außerhalb des Metaversums ausschließlich in der realen Welt angesiedelt ist.
- In dem neuen Modell werden die Rollen des Produzenten und des Distributors aus den klassischen Modellen integriert. Der Produzent stellt nach wie vor die Produktionsmittel bereit, die vom neuen „Moduser" genutzt werden, um über Feedback die individuell angepasste Produktion gewünschter Artefakte anzustoßen. Die Produktionsmittel blei-

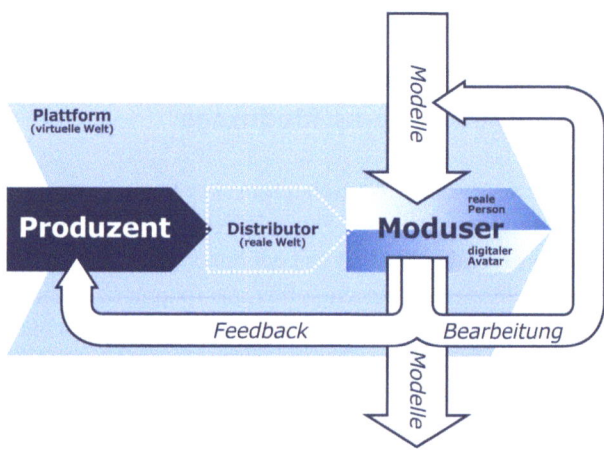

Abb. 4.5 Die Wertschöpfungskette im Metaversum: Modusage. (Eigene Darstellung: Peter Hoffmann, Invisible Cow)

4.4 Die verschmolzene Cross-Economy des Metaversums: Modusage

ben dabei weiterhin im Besitz des Produzenten. Da die hergestellten realweltlichen Artefakte an den Moduser geliefert werden müssen, wird ein Distributor benötigt, der als logistischer Mittler zwischen Produzent und Moduser fungiert. Die Frage, ob diese Rolle von einer eigenständigen Person oder von der Plattform „Metaversum" übernommen wird, kann flexibel gehandhabt werden.

- Die Idee der Produsage gliedert sich ebenfalls nahtlos in dieses Modell ein. Hier wird nun die Rolle des Produsers durch die Rolle des Modusers ersetzt. Diese Person greift gemäß der Idee von Bruns auf vorhandene digitale Artefakte zu, nutzt sie und bearbeitet sie bei Bedarf, um sie dann wieder in die virtuelle Welt zurückzuführen. Diese Bearbeitung kann innerhalb oder außerhalb der Plattform „Metaversum" stattfinden. Selbstverständlich zählt die Erstellung neuer Artefakte ebenfalls zur Bearbeitung.
- Auch in dem neuen Modell gibt es eine Plattform, welche die virtuelle Welt des Metaversums repräsentiert und auf der digitalen Seite die Rolle des Distributors übernimmt, ähnlich wie es in der Abb. 4.4 zur Produsage nach Bruns [BRU07] dargestellt ist. Die Bedeutung dieser Rolle ist hier besonders groß, da die Plattform alle Funktionalitäten des Metaversums bereitstellt und übernimmt. Dies umfasst nicht nur die üblichen Funktionalitäten virtueller Welten wie die persönliche Interaktion und das Rendering der Welten als 3D-Modell, sondern auch die Integration von sozialen Interaktionsmöglichkeiten, welche die Bildung von Communities ermöglicht, wie Bruns es als grundlegend für die Produsage ansieht.
- Ähnlich wie der Konsument in der traditionellen Wertschöpfungskette, der Prosument bei Toffler oder der Produser bei Bruns, steht im neuen Modell der sogenannte Moduser in der zentralen aktiven Mitte. Der Moduser prosumiert einerseits über das Feedback mit dem Produzenten und andererseits „prodused" er mit den Modellen, die aus der Community als digitale Artefakte in die Plattform eingespeist werden. Im Gegensatz zu Bruns' Inhalten oder Content, die sich auf passive, meist mediale Inhalte beschränken, besteht ein wesentlicher Unterschied darin, dass der Moduser auch komplexe Modelle und sogar komplexe Skripte bearbeiten kann, die das Verhalten von digitalen Artefakten in der Plattform Metaversum beschreiben.
- In seinem Inneren besteht der Moduser aus zwei Teilrollen. Wie weiter oben bereits aus verschiedenen Perspektiven beschrieben, ist eine grundlegende Eigenschaft des Metaversums, dass digitale und reale Artefakte synchronisiert zusammenkommen. Der Benutzer wird in der realen Welt durch sich selbst als Person und in der digitalen Welt durch seinen digitalen Zwilling, den Avatar, repräsentiert. Die Person kann unmittelbar mit der realen Umgebung interagieren und über den Avatar mit der digitalen Umgebung. Gleichzeitig hat auch der Avatar die Möglichkeit, aus der digitalen Welt heraus mit der realen Welt zu kommunizieren, beispielsweise über Ausgaben, die er anstößt. Für eine umfassende Reichweite des Modells ist es wichtig zu beachten, dass nicht nur der reale Teil des Modusers, sondern auch der digitale Avatar Feedback zum Produzenten senden kann. Darüber hinaus kann die Bearbeitung digitaler Modelle sowohl von der realen als auch von der digitalen Teilrolle des Modusers erfolgen. Voraussetzung

für diese Vorstellung ist, dass der digitale Zwilling, der die Teilrolle des Modusers in der virtuellen Welt übernimmt, über die Möglichkeit verfügt, selbstständig zu agieren.

Die neue Rolle des Modusers und die Verbindung seines realen und digitalen Teils mit anderen Akteuren in der Wertschöpfungskette des Metaversums zeigen, dass das Modell des Modusage mehr ist als nur die Zusammenführung der Modelle von Toffler und Bruns. Vielmehr wird deutlich, dass es im Metaversum normal sein wird, dass die Wertschöpfungskette zwischen der realen und virtuellen Welt hin und her wechseln kann. Es entsteht also, in Abhängigkeit des Grades der Digitalisierung (siehe dazu auch Abb. 4.6), eine echte „Cross Economy" zwischen den beiden Welten, die ökonomisch voneinander abhängig sind. Diese Entwicklung bietet breite Möglichkeiten zur Entstehung neuer oder zumindest neuartig erscheinender Geschäftsmodelle, wie in den folgenden Abschnitten näher erläutert werden soll.

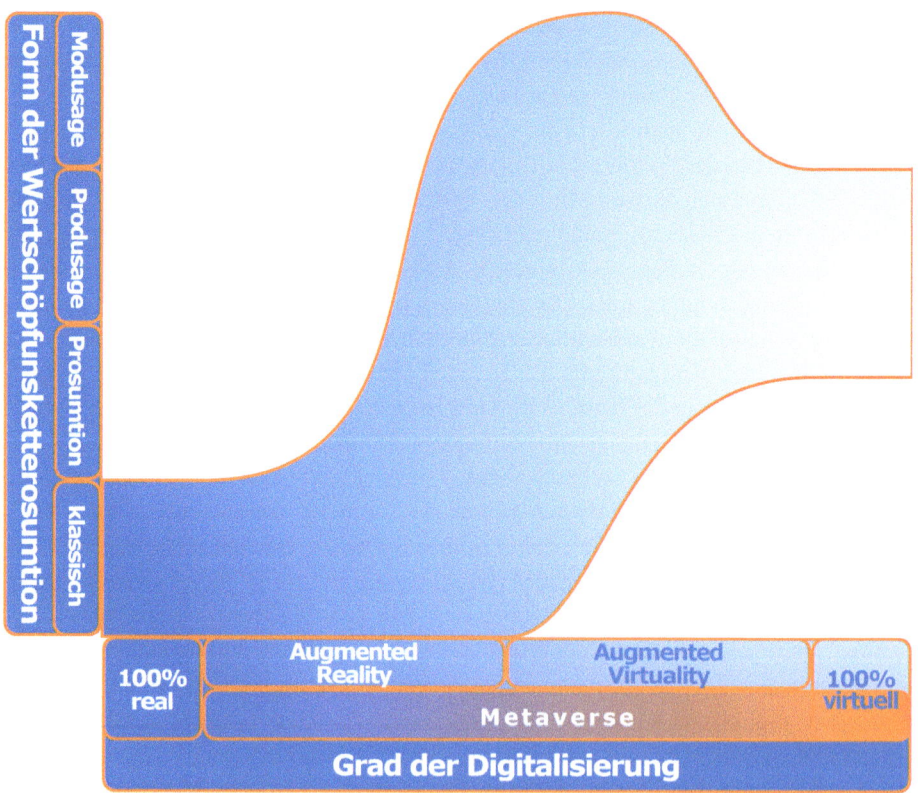

Abb. 4.6 Grad der Digitalisierung vs. WSK-Modell. (Eigene Darstellung: Peter Hoffmann, Invisible Cow)

4.5 Eine heutige Form des Modusage: D2A-Commerce

Bei der Erläuterung der persönlichen Verschmelzung in wurde eine Form des heute schon realisierten Modusage vorweg genommen. Gemeint ist der sogenannte Direct-to-Avatar-Commerce (D2A).

Diese neue Form von Handelsstrategie wurde speziell für die Nutzung um Umfeld des Metaversum entwickelt. Hiermit wird es Marken ermöglicht, digitale Produkte und Dienstleistungen direkt an die Avatare der Nutzer zu verkaufen, ohne dass physische Waren oder traditionelle Lieferketten erforderlich sind. Diese Form des Handels basiert auf der zunehmenden Bedeutung digitaler Identitäten und der Personalisierung von Avataren in virtuellen Welten. Die Verbindung von D2A mit Technologien wie Blockchain, Non-Fungible Tokens (NFTs) und virtuellen Marktplätzen spielt dabei eine zentrale Rolle in der wirtschaftlichen Entwicklung des Metaversums und eröffnet neue Möglichkeiten für Interaktion, Individualisierung und Markenerlebnisse [KIM23].

D2A zeichnet sich dadurch aus, dass digitale Güter wie Kleidung, Accessoires oder exklusive virtuelle Erlebnisse direkt an Avatare verkauft werden. So bieten beispielsweise Marken wie Gucci, Nike oder Adidas virtuelle Modeartikel an, die in Plattformen wie Roblox oder Decentraland erworben werden können. Darüber hinaus spielen NFTs eine entscheidende Rolle, indem sie die Einzigartigkeit und den Besitz dieser digitalen Güter sichern und so exklusive, plattformübergreifende Nutzungsmöglichkeiten eröffnen [WIE23].

Eine der Kernkomponenten von D2A ist die enge Verbindung zu virtuellen Marktplätzen, auf denen Nutzer digitale Assets handeln können. Plattformen wie The Sandbox oder Decentraland ermöglichen den Kauf und Verkauf virtueller Immobilien, Kunstwerke oder In-Game-Items, wodurch eine digitale Wirtschaft entsteht, die ausschließlich im Metaversum operiert. Die Blockchain-Technologie sichert dabei Transaktionen und gewährleistet die Authentizität sowie den Besitz der erworbenen digitalen Produkte [HUS24].

Neben dem reinen Verkauf digitaler Produkte bietet D2A aber auch immersive Erlebnisse, die über klassische E-Commerce-Modelle hinausgehen. Unternehmen können exklusive virtuelle Veranstaltungen, Konzerte oder interaktive Erlebnisse für Avatare schaffen, die durch den Erwerb bestimmter digitaler Güter freigeschaltet werden. Diese Strategie ermöglicht eine tiefere Markenbindung und eröffnet neue Einnahmequellen für Unternehmen, da digitale Güter keine Produktions- oder Logistikkosten verursachen und skalierbar sind [KAP20].

Trotz der zahlreichen Vorteile von D2A bestehen weiterhin Herausforderungen, insbesondere im Hinblick auf Datenschutz, technologische Abhängigkeiten und Interoperabilität zwischen verschiedenen Metaversen. Da digitale Identitäten zunehmend wirtschaftlich genutzt werden, stellen sich Fragen zur Datensicherheit und dem Schutz persönlicher Informationen der Nutzer. Zudem ist die Infrastruktur vieler Metaverse-Plattformen noch nicht vollständig ausgereift, was die plattformübergreifende Nutzung digitaler Güter einschränken kann [LAN17].

Die Zukunft von D2A wird sowohl stark von der technischen Weiterentwicklung des Metaversums sowie der zunehmenden Integration künstlicher Intelligenz und Blockchain-Technologien abhängen, als aber auch von Fragen der Benutzerakzeptanz und der tatsächlichen Implementierung der Plattformen. Mögliche Entwicklungen umfassen eine verbesserte Interoperabilität zwischen Metaverse-Plattformen, die Einführung hybrider Güter, die sowohl physische als auch digitale Komponenten kombinieren, sowie personalisierte Empfehlungen für Avatare basierend auf Nutzerdaten. Langfristig könnte D2A den digitalen Handel revolutionieren und neue Standards für wirtschaftliche Interaktion in virtuellen Räumen setzen.

Während D2A hauptsächlich noch in virtuellen Welten operiert, gibt es im Sinne des oben vorgestellten Modusage, zunehmend Schnittstellen zu physischen Produktionsprozessen. Besonders ist hier die Technologie des 3D-Drucks zu beachten. Die Verbindung dieser beiden Technologien eröffnet neue Möglichkeiten zur Verschmelzung von digitalen und physischen Gütern und erweitert den Handel zwischen virtueller und realer Welt [KIM23].

Die 3D-Druck-Technologien ermöglichen es, digitale Designs aus dem Metaversum in physische Objekte zu transformieren, wodurch ein hybrides Geschäftsmodell entsteht. Digitale Kleidungsstücke, Accessoires oder sogar architektonische Designs, die im Metaversum als NFTs erworben werden, können durch additive Fertigung in der physischen Welt reproduziert werden. Eine solche Schnittstelle zwischen D2A-Commerce und 3D-Druck erlaubt es Nutzern, virtuelle Objekte nicht nur in digitalen Umgebungen zu besitzen, sondern diese bei Bedarf auch als reale Produkte zu erhalten. Unternehmen wie Nike und Adidas haben bereits begonnen, digitale Sneaker-Kollektionen als NFTs anzubieten, die mit physischen Gegenstücken über 3D-Drucktechnologien kombiniert werden können. Dies schafft eine neue Form der Produktindividualisierung, bei der Kunden ihre digitalen Designs durch Fertigungstechnologien in materielle Güter umwandeln können [WIE23].

Technologisch gesehen basiert die Verbindung von D2A-Commerce und 3D-Druck auf hoch entwickelten CAD-Designs (Computer Aided Design), die als Grundlage sowohl für digitale als auch physische Produkte dienen. Während im Metaversum diese Designs als NFTs gespeichert und gehandelt werden, können dieselben Dateien für additive Fertigungsprozesse genutzt werden. Hierbei spielt die Blockchain eine wichtige Rolle, da sie die Echtheit und Einzigartigkeit der digitalen Designs sichert und sicherstellt, dass nur autorisierte Nutzer Zugang zu den Druckdateien haben. Diese Kombination könnte dazu beitragen, den Markt für personalisierte physische Produkte zu revolutionieren, indem Nutzer digitale Güter kaufen und anschließend in physischer Form reproduzieren lassen.

Ein wesentlicher und oft hervorgehobener Vorteil dieser hybriden Nutzung liegt in der ressourcenschonenden Produktion. Während traditionelle Herstellungsverfahren oft mit hohen Materialverlusten und langen Lieferketten verbunden sind, kann der 3D-Druck eine nachhaltigere Alternative darstellen. Individuell angefertigte Objekte werden nur bei Bedarf produziert, was Überproduktion reduziert und gleichzeitig Transportkosten minimiert. Dies ist insbesondere für Luxusmarken von Interesse, die exklusive digitale Mode anbieten und ihren Kunden durch den 3D-Druck die Möglichkeit geben, physische Versionen dieser Modeartikel in limitierter Auflage zu erwerben [KAP20].

In der realen Anwendung entstehen durch diese technologischen Schnittstellen bereits konkrete Geschäftsmodelle. Unternehmen bieten digitalen Künstlern und Designern die Möglichkeit, ihre Kreationen zunächst als NFTs auf virtuellen Marktplätzen zu verkaufen, bevor diese mittels 3D-Druck für physische Produktionen genutzt werden. Diese Entwicklung verändert nicht nur den E-Commerce, sondern auch die Art und Weise, wie Produkte entworfen, erworben und genutzt werden. Zudem eröffnen sich neue Potenziale für personalisierte Fertigung und Co-Creation, da Kunden aktiv in den Designprozess eingebunden werden und ihre digitalen Einkäufe flexibel zwischen der physischen und der virtuellen Welt wechseln können [BRY14].

Wie bei jeder Technologie gibt es sowohl bei der einzelnen Betrachtung des 3D-Drucks als auch bei seiner Anbindung an existierende Geschäftsmodelle Hemmnisse und Herausforderungen, die die Integration von D2A-Commerce und 3D-Druck betreffen. So ist die notwendige Interoperabilität zwischen digitalen Plattformen und physischen Fertigungsprozessen derzeit noch nicht vollständig ausgereift, und es besteht weiterhin die Notwendigkeit, Standards für den Schutz geistigen Eigentums zu entwickeln. Zudem erfordert die breite Anwendung dieser Technologien eine zunehmende Akzeptanz sowohl bei Unternehmen als auch bei Konsumenten. Dennoch ist absehbar, dass die Verbindung von D2A-Commerce mit 3D-Druck langfristig neue Maßstäbe für den digitalen Handel und die individualisierte Produktion setzen wird [LAN17].

4.6 Die Digital 49ers: Neue Geschäftsmodelle und Anwendungsfelder

Zahlreiche Publikationen über die ungeahnten und anscheinend grenzenlosen Chancen, die sich im Metaversum kommerziell ergeben, könnten darauf hindeuten, dass ein neuer digitaler Goldrausch unmittelbar bevorsteht. Selbst wenn die Vorhersagen, die aus den eher typischen Marketing-Quellen stammen, abgezogen werden, gibt es immer noch eine große Menge ernsthafter und unabhängiger Untersuchungen, die dem Metaversum als Ökosystem eine wachsende Bedeutung beimessen. Hierzu gehören sowohl die Roadmap des deutschen IT-Branchenverbands Bitkom als auch international renommierte Thinktanks [BIT22, STO22, WEFoJa, PER22]. Fast alle solcher Untersuchungen und Studien gliedern die wirtschaftliche Entwicklung des Metaversums in einen näheren und einen weiteren Zeithorizont, was darauf hindeutet, dass dem Metaversum eine langfristigere Perspektive zugetraut wird. Diese Veröffentlichungen gehen davon aus, dass in der näheren Zukunft zahlreiche neue Geschäftsmodelle entstehen, die überlebensfähig sind. Dieser nähere Zeithorizont erstreckt sich etwa über die nächsten 5 bis 10 Jahre, während in der Regel keine weiteren Prognosen gewagt werden, denn es wird stets betont, dass es schwierig bis unmöglich ist, Geschäftsmodelle über einen längeren Zeitraum erfolgreich vorherzusagen.

Es scheint jedoch Einigkeit darüber zu bestehen, dass das Metaversum nicht lediglich ein einzelnes Geschäftsmodell repräsentiert, sondern vielmehr eine Vielzahl unterschiedlicher Geschäftsmodelle beherbergen wird. Diese Modelle werden sich aus den Rollen der verschiedenen Akteure im Metaversum herausbilden. Hierbei werden klassische Geschäftsmodelle wie die werbefinanzierte oder abonnementbasierte Finanzierung weiterhin existieren. Gleichzeitig werden sie aber auch weiterentwickelt, um eine bessere Integration in das Umfeld der Plattformökonomie zu ermöglichen. Insbesondere bieten neuere technische Ansätze wie NFTs und ähnliche Technologien ein großes Entwicklungspotenzial. Eine Begründung dafür ist unter anderem der Vergleich mit der ökonomischen Entwicklung des frühen World Wide Web. So äußert sich beispielsweise Zühlke dazu [STO22]:

„Gerade die Plattformökonomien bieten sich als Modelle an, die dominierenden Geschäftsmodelle im Metaverse zu werden. Globale oder plattformbasierte Währungssysteme, wie die der Crypto- und Game Branche, ergänzen heutige Plattformökonomien."

Interessant ist das breite Spektrum der potenziellen, zukünftigen ökonomisch auftretenden Akteure des Metaversums:

- Hier müssen die aktuellen und zukünftigen Betreiber von Metaversum-Plattformen natürlich zuerst genannt werden ebenso wie auch
- die großen Technologieanbieter und -hersteller, allen voran als sichtbarstes Beispiel sicherlich Nvidia [KER21].
- Dazu kommen Dienstleister als „Creator und Developer" oder sonstige professionellen Dienstleistungen für die Medienentwicklung.
- Dem Umfeld „Creator und Developer" muss sicherlich auch die Gaming Industrie hinzugerechnet werden, die als eine der treibenden Kräfte im Bereich der Entwicklung des Metaversums angesehen werden kann und somit auch ökonomisch tätig werden wird.
- In den Bereich der Medienentwicklung fallen im weiteren Sinne dann auch die Anbieter von Social Media und Social Media-Content so wie natürlich auch
- die klassischen Marketing- und Werbeagenturen.
- Interessant ist, das im Bereich der Geschäftsmodellentwicklung häufig auch Forschungseinrichtungen wie Fraunhofer, das MIT oder weitere genannt werden.
- Nicht vergessen werden dürfen als Beteiligte und auch als Entwickler neuer Geschäftsmodelle die Anwender und Anwenderinnen, die als Moduser selbst ökonomisch im Metaversum tätig sein können.

Es ist von Bedeutung, dass bei der Untersuchung der wirtschaftlichen Möglichkeiten, die das Metaversum bietet oder bieten könnte, nicht ausschließlich die reinen ökonomischen Grundlagen und Mechanismen in Betracht gezogen werden. Stattdessen ist es unerlässlich, diese in den technischen und technologischen Kontext einzubinden. Das

4.6 Die Digital 49ers: Neue Geschäftsmodelle und Anwendungsfelder

Internet bzw. das World Wide Web mag zwar als Technologie fest etabliert sein, das Metaversum als das Internet der Zukunft jedoch befindet sich noch in der Entwicklungsphase. Da keine genaue Aussage darüber getroffen werden kann, wie das Metaversum technisch gestaltet sein wird, hängen zukünftige Geschäftsmodelle stark davon ab, welche Technologien und Implementierungen für verschiedene Anwendungsbereiche eingesetzt werden können.

In diesem Zusammenhang ist es hilfreich, aktuelle Beispiele für geschäftliche Aktivitäten aus verschiedenen Branchen auf das Realitäts-Virtualitäts-Kontinuum zu projizieren. Eine Studie von Zühlke, die fünf verschiedene Branchen hinsichtlich ihrer Aktivitäten im Metaversum untersucht, zeigt, dass sich Beispiele für wirtschaftliche Aktivitäten in nahezu allen Branchen über das gesamte Spektrum des Kontinuums verteilen [STO22] (siehe auch Abb. 4.7).

- *Mode*: Ein häufig angeführtes Beispiel für unternehmerische Aktivitäten im Metaversum ist die Modeindustrie. Dies zeigt sich beispielsweise dadurch, dass es inzwischen ähnlich wie in der realen Welt auch im Metaversum umfangreiche Modeveranstaltungen gibt. Die Decentraland Fashion Week ist hierbei vermutlich das bekannteste Event. Es soll hier nicht das Ziel sein, wie es im zuvor genannten Beispiel des Decentraland Metaverse Music Festivals einen kritischen Blick auf diese Veranstaltung zu werfen. Ungeachtet der Größe des teilnehmenden Publikums aber verdeutlicht diese virtuelle Fashion Week die hohe Anzahl von Modelabels, die das Metaversum bereits heute als zukünftiges Konsumumfeld identifiziert haben [DEC23, DRA22, METoJa, METoJb]. Bemerkenswert ist, dass frühzeitig Möglichkeiten ausgelotet werden, um Mode für die reale Welt mit Mode für die virtuelle Welt zu verbinden. Dies erscheint jedoch auch durchaus logisch, da eine der grundlegenden Ideen für die Verschmelzung von realer und virtueller Welt darin besteht, dass der Benutzer einen Avatar in der virtuellen Welt

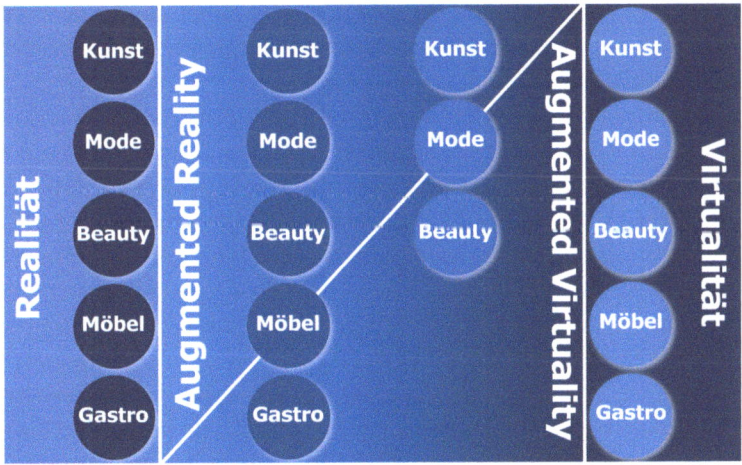

Abb. 4.7 Branchenaktivitäten im RVK. (Eigene Darstellung: Peter Hoffmann, Invisible Cow)

als seinen digitalen Zwilling agieren lässt. Dieser digitale Zwilling soll selbstverständlich nicht wie ein einfaches und billiges „digitales Massenprodukt" aussehen, sondern dem Modebewusstsein des realen Menschen entsprechen und entsprechend gekleidet sein. Daher ist es nur konsequent, dass zum Beispiel Gucci als modisches Accessoire eine Handtasche für die Dame in der realen Welt anbietet und diese Tasche gleichzeitig auch für den Avatar in der virtuellen Welt zur Verfügung stellt. Der Preis von knapp $4000 scheint in diesem Zusammenhang kein wirkliches Hindernis zu sein.

- Natürlich werden auch in Zukunft in der realen Welt weiterhin Konsumangebote gemacht werden, denn trotz dem Wandel der Innenstädte ist nicht davon auszugehen, dass gewöhnliche Warenhäuser oder Ladengeschäfte ganz verschwinden werden.
- Einige Unternehmen setzen dennoch auf das Konzept des digitalen Zwillings und bieten auf bekannten Plattformen wie Roblox oder Decentraland virtuelle Shopping-Erlebnisse in VR-Stores an. Diese Idee ist nicht neu, da bereits im Vorläufer des Metaversums, Second Life, nicht nur Adidas, sondern auch viele andere Unternehmen aus unterschiedlichen Branchen virtuelle Filialen hatten.
- Aber es sind leicht auch zahlreiche Anwendungen, die Realität und Virtualität verbinden, in diesem Bereich zu finden. Augmented Reality ist, wie oben schon ausführlich beschrieben, eines der ältesten Anwendungsbeispiele für Technologien, die heute im Zusammenhang mit dem Metaversum genannt werden. So gibt es beispielsweise die augmentierte Ankleide sowohl in einer großen als auch in einer kleineren Ausführung. Die große Ausführung kann aus einem Ganzkörperspiegel im realen Ladengeschäft bestehen, in dem dem eigenen Spiegelbild digitalisierte 3D-Modelle von Kleidungsstücken angezogen werden, die der Körperhaltung und Bewegung folgen. So kann ein Eindruck von den Kleidungsstücken gewonnen werden, bevor diese gekauft oder online bestellt werden, ohne dass sie vorher tatsächlich angezogen werden müssen. Im kleineren Maßstab gibt es dies beispielsweise auch für Schuhe. Die Augmentierung erfolgt hier über eine App auf dem Smartphone, die das Display und die Kamera des Geräts nutzt. Auch Augmented Virtuality wäre in diesem Bereich durchaus denkbar, obwohl derzeit noch keine weit verbreitete Anwendung dafür final gezeigt wird.

- *Beauty und Kosmetik*: Ein Bereich, der eng mit der Modewelt verbunden ist, ist Beauty und Kosmetik. Obwohl es derzeit noch keine ähnlich groß angelegten Veranstaltungen wie die Metaverse Fashion Week gibt, gibt es dennoch schon viele Artikel in sowohl Mode- als auch in Wirtschafts- und Technikmagazinen über Aktivitäten von Kosmetikmarken zu lesen, die darauf abzielen, sich im Metaversum zu etablieren. Beauty und Kosmetik ist in der realen Welt ein überaus profitabler Markt, und deshalb liegt es nahe, zu untersuchen, ob der digitale Zwilling durch virtuelle Kosmetik noch attraktiver gemacht werden oder digital besser duften kann.
  - Auch der Konsum von Kosmetik in der realen Welt erfolgt normalerweise über stationäre Verkaufsstellen in Kaufhäusern oder im spezialisierten Einzelhandel sowie über den Onlinehandel. Es ist zu erwarten, dass sich dies mit der Etablierung des Metaversums nicht ändern wird.

- Der Bereich der Augmentierung von Realität und Virtualität scheint für die Beauty- und Kosmetikindustrie noch mehr als für die Modebranche über das gesamte Realitäts-Virtualitäts-Kontinuum hinweg als ein durchaus potenzielles Feld für Anwendungen und Geschäftsmodelle interessant zu sein. So ermöglicht Augmented Reality zum Beispiel das Auftragen eines virtuellen Make-ups, das nur im erweiterten Spiegel oder auf dem Display einer entsprechenden Smartphone-App sichtbar ist. Auf diese Weise kann die Farbe von Kosmetika oder Accessoires wie Kontaktlinsen vor dem Kauf oder Auftragen prüfend begutachtet werden. Interessanterweise wird in diesem Branchenbeispiel auch häufig von „Augmented Virtuality" gesprochen. Ein Konzept, das in diesem Zusammenhang erwähnt wird, ist der sogenannte „Facefilter", bei dem das Abbild des realen Gesichts auf einen geschminkten Avatar in der virtuellen Welt projiziert wird. Hier wird also das digitale Abbild mit dem Erscheinungsbild der realen Person überlagert und somit erweitert.
- Vollständig anders als für den Modebereich präsentiert sich jedoch die vollständige Virtualität für den Beauty- und Kosmetiksektor. Während im Modebereich ganze Filialen und Geschäfte in die virtuelle Welt verlegt werden, konzentriert sich der Beauty-Bereich zumindest derzeit noch auf den einzelnen realen Benutzer. Zumindest sind im Moment noch keine virtuellen Kosmetikgeschäfte für Avatare in einer virtuellen Welt bekannt. Allerdings können auf vielen Plattformen und bei vielen plattformübergreifenden Diensten, wie zum Beispiel ReadyPlayerMe, die eigenen Avatare nicht nur in ihrem modischen, sondern auch in ihrem kosmetischen Erscheinungsbild verändert werden. Dies geht weit über die traditionelle Kosmetik hinaus, denn die Möglichkeiten zur Gestaltung von Avataren sind hier nicht auf die menschliche, humanoide Physiognomie beschränkt. Stattdessen können alle denkbaren Formen auf den Avatar angewendet werden, von klassischen menschlichen Erscheinungen über Cartoon- und Manga-Charaktere bis hin zu Fantasy- und Furry-Figuren. All dies ist denkbar und wird tatsächlich umgesetzt [WEI20, ORT22].

- *Möbel und Einrichtung*: Die Möbel- und Einrichtungsindustrie ist ein weiterer Sektor mit zahlreichen Aktivitäten im Zusammenhang mit dem Metaversum. Schon bevor das Wort Metaversum gebräuchlich wurde, gab es die Idee, Einrichtungsobjekte wie Möbel zuerst virtuell zu betrachten, bevor sie gekauft, geliefert und aufgestellt werden. Letztendlich ist dies auch naheliegend, denn eine entsprechende Anwendung kann das Vermessen der Wohnung und der Einrichtungsgegenstände sowie das Abgleichen der beiden Größen überflüssig machen. Das virtuelle Möbelstück wird einfach in den realen Raum projiziert, um dem Kunden einen Eindruck davon zu vermitteln, wie es sich in das Wohnambiente einfügt. Zwar kann niemand auf dem virtuellen Stuhl sitzen, aber er kann im Raum hin und her geschoben werden, um zu überprüfen, ob er sowohl in Größe als auch im Design zur Wohnung passt. Ein äußerst aktiver Akteur in dieser Branche ist Ikea, das bereits seit mehreren Jahren mit unterschiedlichsten Technologien experimentiert.
  - Aber nicht nur Ikea, sondern auch viele andere Möbelhäuser bieten eine Vielzahl von AR-Anwendungen an, die Kunden auf vielfältige Weise bei der Auswahl von

Möbeln und Einrichtungsgegenständen unterstützen sollen [LEWoJ, WEI22]. Der grundlegende Gedanke dabei ist der zuvor genannte, nämlich dass ein digitalisiertes 3D-Modell des Einrichtungsgegenstandes in die reale Wohnsituation integriert wird, um so einen deutlich besseren Eindruck zu erhalten, als es ein passives Bild auf dem Bildschirm oder das Möbelstück selbst, das sich noch im Ausstellungsbereich des Möbelhauses befindet, bieten kann.

- In der Möbel- und Einrichtungsbranche wird die hundertprozentige Virtualität auf verschiedene Weise genutzt. Der einfachste Ansatz besteht darin, ganz wie in der Mode- oder anderen Konsumbranchen, ein komplettes Ladengeschäft in die virtuelle Realität zu übertragen. So kann der digitale Zwilling die Einrichtungsgegenstände in der virtuellen Realität betrachten, genau wie in einem echten Möbelhaus. Das technisch anspruchsvollere Szenario an diesem Ende des Realitäts-Virtualitäts-Kontinuums für diese Branche ist es, die eigene Wohnung des Kunden in die virtuelle Realität zu übertragen und dort das digitale Äquivalent des gewünschten Möbelstücks in die Wohnsituation einzufügen. Dafür muss ein vollständiges 3D-Modell der Wohnung vorhanden sein, das entweder manuell modelliert oder aus einem Scan mit entsprechenden technischen Mitteln erstellt werden kann. Herausfordernd wird jedoch die Inneneinrichtung des Zimmers oder der Wohnung, wenn nur die architektonischen Maße bekannt sind. In diesem Fall müssten alle Einrichtungsgegenstände, die in der realen Welt existieren und die Wohnung verschönern, ebenfalls modelliert oder gescannt werden. Nicht vergessen werden auch hier ältere Beispiele aus Zeiten vor dem Metaversum, zum Beispiel Second Life oder auch das ehemals sehr erfolgreiche Social Game „Die Sims". In beiden Fällen war es durchaus möglich, in der virtuellen Welt eine eigene Wohnung zu gestalten, die, wie in der realen Welt, ebenfalls mit Möbelstücken eingerichtet werden konnte. Wie weit diese dann den realen Möbeln entsprachen, oblag dem Modellierungswillen und den Modellierungskompetenzen der Benutzer.

- *Gaming und Entertainment*: Unbestreitbar gehört Gaming und Entertainment zu den umsatzstärksten Sektoren im Computerwesen und im Internet. In diesem Bereich ist fast alles vorstellbar und wird tatsächlich auch umgesetzt. Obwohl auch hier konkrete wirtschaftliche Ziele verfolgt werden, bietet dieser Sektor eine weitläufige Experimentierfläche für das Erproben verschiedenster neuer Technologien und neuer kreativer Ideen, die das gesamte Spektrum des Realitäts-Virtualitäts-Kontinuums abdecken. Einige Beispiele wurden bereits oben genannt. Interessant ist wohl insbesondere aber, dass sowohl für Technologie- und Technikentwickler als auch für die Schöpfer neuer Geschäftsmodelle eine hohe Kundenbereitschaft, Offenheit und Experimentierfreude vorhanden ist.
  - Der spielende Mensch, der Homo ludens, existiert schon wesentlich länger als alle Ideen für Computer, digitale oder elektronische Medien. Ein Blick in die Spieleabteilungen von Buchläden oder Spielwarengeschäften offenbart eine unüberschaubare Menge und Vielfalt an Würfel-, Karten- und Brettspielen. Doch Spiele sind nicht der einzige Teil der Unterhaltungsbranche. Seit mindestens ebenso langer Zeit

wie es Spiele gibt, hat der Mensch auch den Wunsch, sich beispielsweise durch Theater oder Musikdarbietungen unterhalten zu lassen. Auch hier ist die Bandbreite der Angebote außerordentlich groß, von privaten Lagerfeuerkonzerten bis hin zu mehrtägigen Open-Air-Festivals ist in der realen Welt fast alles möglich.
- Wie oben schon gezeigt, können diese Aktivitäten problemlos in der vollständigen Virtualität umgesetzt werden. Es ist mittlerweile üblich, sowohl Spiele als auch Konzertveranstaltungen in der virtuellen Realität und auf Metaversum-Plattformen wie Fortnite und Roblox zu finden.
- Im Bereich der erweiterten Realität sind es noch zwar hauptsächlich Spiele, die sowohl reale als auch virtuelle Elemente miteinander verbinden und erweitern. Beispiele hierfür sind Pokémon Go im Bereich der Augmented Reality oder das bereits erwähnte PacManhattan im Bereich der Augmented Virtuality. Doch auch für Unterhaltungsveranstaltungen eignet sich der Bereich der erweiterten Realität. Hierzu seien erneut die Beispiele von Ronnie James Dio, ABBA und Hatsune Miku in Erinnerung gerufen.

- *Kunst*: Die konsequente Fortsetzung der im Entertainment- und Gaming-Bereich präsentierten Ideen besteht darin, diese auf das Feld der Kunst anzuwenden und zu übertragen. Letztlich lässt sich alles, was über den Entertainment- und Gaming-Sektor gesagt wurde und wird, direkt auf die Kunst übertragen. Kunst stellt einen Experimentierraum dar, in dem alles machbar ist und in dem, wie ein Blick in die Kunstgeschichte zeigt, alles Mögliche tatsächlich ausprobiert wird. Daher ist es nicht überraschend, dass es bereits Beispiele für Kunst entlang des gesamten Realitäts-Virtualitäts-Kontinuums aus Zeiten gibt, in denen weder der Begriff „Metaversum" noch die Begriffe „virtuelle" oder „erweiterte Realität" bekannt waren. Besonders interessant ist jedoch, dass im Zusammenhang mit dem Metaversum und den Web3-Ideen nun der ökonomische Aspekt, Kunst auch in der virtuellen Welt zu bewirtschaften, an Bedeutung gewinnt. Das derzeit wahrscheinlich bekannteste Beispiel hierfür ist Bored Ape, eine NFT-Kollektion, die auf der Ethereum-Blockchain basiert. Die Preise für ein solches Bored-Ape-Objekt scheinen nahezu unbegrenzt zu sein. So soll beispielsweise ein seltenes Exemplar dieser Kollektion bereits für etwa eine Million US-Dollar verkauft worden sein [DRA22].
- Kunst in der physischen Welt ist allgegenwärtig und an beinahe jedem Ort vorzufinden. Hierfür muss es nicht unbedingt ein Museum oder eine Galerie sein; Kunst kann auch als Teil des öffentlichen Raums existieren.
- Auch im Bereich der vollständigen Virtualität sind die herkömmlichen Umsetzungspraktiken erkennbar, die bereits erwähnt wurden. So gibt es reale Museen, die sich vollständig mit allen Exponaten und Gebäuden in der Virtualität repräsentieren als aber auch solche Museen und Ausstellungen, die ausschließlich in der virtuellen Realität existieren. Allerdings ist auch dies nichts wirklich Neues, da viele Museen auch schon in Second Life und anderen frühen Umgebungen Präsenz gezeigt haben. Im Bereich der Augmentierungen gibt es zudem zahlreiche Kunstwerke, die zum Teil älter sind als der Begriff „Metaversum" selbst. Aktuelle Beispiele für Augmented Reality sind beispielsweise geführte Touren durch eine Stadt, bei denen mithilfe

einer App auf einem Mobilgerät an ausgewählten Positionen digitale Kunstwerke hinzugefügt werden. Die ARTour in Basel ist ein häufig zitiertes Beispiel in diesem Bereich [BAS22, WEB22]. Eine Technologie, die eigentlich unabhängig von der Idee des Metaversums betrachtet werden kann, wird derzeit in einigen Beispielen im Bereich der Augmented Virtual Reality genutzt. Die sogenannte Deep Fake Art ermöglicht es beispielsweise, das eigene reale Abbild in bekannte Kunstwerke einzubetten. So kann die Mona Lisa auf diesem Weg einfach die eigenen Gesichtszüge annehmen [SIR22, BBC19].

- *Gastronomie*: Im Kontext von Anwendungen und Geschäftsmodellen im Metaversum wird wahrscheinlich nicht als erstes an die Gastronomie gedacht. Die Welt der IT, des Computers und des Internets ist vor allem visuell und in einigen wenigen Beispielen auch auditiv. Es ist zwar technisch möglich, alle anderen Sinnesmodalitäten in diese Welt einzubinden, jedoch ist der technische Aufwand oft sehr hoch und der Mehrwert gering. Trotzdem gibt es zahlreiche Ideen, wie die Gastronomie sich im Metaversum etablieren oder es sich zunutze machen könnte.
  - An dieser Stelle muss sicherlich nicht über die hundertprozentige Realität gesprochen werden, da Gastronomie sowohl in Gaststätten, Hotels und Restaurants als auch im privaten Umfeld in der realen Welt stattfindet.
  - Warum sollte ein Restaurant komplett virtuell abgebildet werden? Zwar mag es sinnvoll erscheinen, dass der digitale Avatar einen visuellen Eindruck des 5-Sterne-Restaurants eines Spitzenkochs auf einer Metaversum-Plattform bekommt, um einen Einblick in die Speisekarte und das Ambiente zu bekommen. Allerdings stellt sich die Frage, was der Avatar dort bestellen und tatsächlich genießen könnte. In der Gastronomie und Hotellerie im Metaversum geht es in erster Linie aber nicht darum, den Gästen ein Erlebnis zu bieten, sondern eher darum, VR-Anwendungen als Unterstützung für die Ausbildung des Personals in der realen Welt zu nutzen. Hier können räumliche Anordnungen innerhalb von Hotels oder Handlungsabläufe gelernt und trainiert werden. Das Geschäftsmodell der Metaversum-Plattformen zielt somit auf den beruflichen Einsatz ab, anstatt auf den Massen- oder den Verbrauchermarkt. Dennoch wird die virtuelle Realität für Touristen und Gäste in Zukunft sicherlich eine Rolle spielen, beispielsweise indem sie das Interieur eines Kreuzfahrtschiffs vorab in der virtuellen Realität betrachten können. In Zukunft könnten möglicherweise sogar ganze Destinationen in die virtuelle Realität verlagert werden, um das Flair von Städten wie Venedig zu erleben, ohne tatsächlich dorthin reisen zu müssen. Diese Idee könnte für stark frequentierte Touristenziele wie Venedig eine interessante Alternative darstellen und wird auch aktuell diskutiert [HUG23, SER18]. Allerdings gibt es bisher nur wenige Konzepte, wie ein solches Szenario vollständig umgesetzt werden könnte.
  - Obwohl die Gastronomie die Entwicklung von hundertprozentiger Realität und Virtualität im Metaversum als Geschäftsumgebung ermöglicht, gestaltet sich dies im Bereich der Augmentierungen etwas schwieriger. Es gibt zwar durchaus einige Erwähnungen sogenannter Augmented Food Experiences, aber wie diese technisch

und sensorisch umgesetzt werden sollen, bleibt oft unklar. Hier stellt sich sicher auch die Frage nach einem Mehrwert für den Benutzer, der erst noch gefunden werden muss. Im Bereich der Augmented Reality gibt es jedoch bereits Beispiele wie QR-Codes, die Speisekarten oder Bierdeckel ergänzen, wie es Lindenbräu zeigt [NET18].

Die vorgestellten Beispiele illustrieren, wie intensiv und umfassend im Zusammenhang mit dem Metaversum neue Geschäftsmodelle und Optionen auf technologischer Ebene erforscht werden. Im Gegensatz zu anderen gehypten Themen wie dem 3D-Druck oder der Künstlichen Intelligenz prognostizieren nicht nur einige wenige vermeintliche Experten eine vielversprechende Zukunft für die Technologie und die Idee des Metaversums, wobei an dieser Stelle angemerkt werden muss, dass sich dies auch für den Bereich KI mittlerweile so darstellt. Im Metaversum sind es zahlreiche Experten aus verschiedenen Bereichen, die eine ähnliche Meinung vertreten. Ein Beispiel hierfür ist Tim Sweeney, der ehemalige Spieleentwickler und heutige CEO von Epic Games, der 2020 vorhersagte [MAR20]:

„So wie jedes Unternehmen vor ein paar Jahrzehnten eine Webseite und dann irgendwann eine Facebook-Seite erstellt hat, nähern wir uns meiner Meinung nach dem Punkt, an dem jedes Unternehmen eine Echtzeit-Live-Präsenz in 3D haben wird."

Bei einer Analyse der zahlreichen Veröffentlichungen, in denen Konzepte und Modelle für die zukünftige Ökonomie im Metaversum präsentiert werden, lässt sich eine unüberschaubare Anzahl an wirtschaftlichen Optionen erkennen (siehe dazu auch Abb. 4.8), sogar wenn nur die relevantesten Tech- und Business-Quellen berücksichtigt werden. In Abb. 4.8 wird versucht, diese vielfältigen Ideen strukturiert zu präsentieren.

4.6.1 Werbung & Marketing

Die intensive Vermischung von realer und virtueller Welt im Metaversum wird durch das Eintauchen des Nutzers mithilfe seines Avatars oder digitalen Zwillings verstärkt. Dadurch soll eine stark individualisierte Erfahrung entstehen, die nahezu grenzenlos erscheint. Obwohl es wie typische Marketing-Floskeln klingt, spiegelt es tatsächlich die Hoffnung der Werbe- und Marketingbranche wider, das Metaversum zu einer herausragenden Plattform für Marketingaktivitäten zu entwickeln. Dies geschieht durch die Nutzung von Immersion, Interaktivität und Personalisierung mit dem Ziel einer gesteigerten Marketingeffizienz. Inzwischen hat das Metaversum tatsächlich schon den Status eines Multi-Milliarden-Dollar-Marktes erreicht, in den nicht nur große Marken wie Ralph Lauren, Gucci und Louis Vuitton investieren. Diese Markenpioniere im Metaversum erzielen aktuell schon beeindruckende Gewinne aus ihren Investitionen und experimentieren mit neuen Markenmanagement-Methoden, die es Nutzern ermöglichen, Kleidungsstücke,

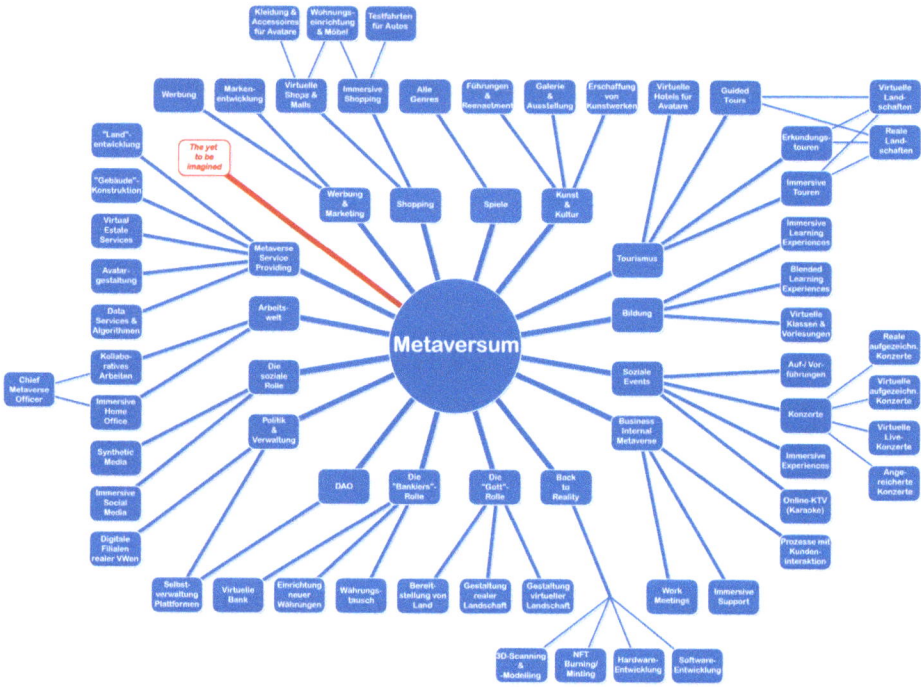

Abb. 4.8 Überarbeiten Geschäftsmodelle rund um das Metaversum Überarbeiten: (Eigene Darstellung: Peter Hoffmann, Invisible Cow)

Produkte und Styles auszuprobieren und zu erwerben, wie im vorherigen Abschn. 4.6 über den Konsum im Realitäts-Virtualitäts-Kontinuum beschrieben [BID22, DEW22].

Werbung im Metaversum zielt besonders darauf ab, eine (inter-)aktive Erfahrung zu bieten, in der potenzielle Kunden aktiv in das Marketing einbezogen werden, anstatt nur passive Zuschauer zu sein. Dies führt zu zusätzlichen Herausforderungen für Unternehmen, da zunächst das allgemeine Misstrauen gegenüber Werbung abgebaut werden muss. Erfolgreiche Kampagnen betonen jedoch, dass der Schlüssel zum Erfolg darin liegt, mit bestehenden Gemeinschaften zusammenzuarbeiten, anstatt gegen sie anzukämpfen. Einige Marken konnten beispielsweise erfolgreich Kooperationen mit der Roblox-Entwicklergemeinschaft eingehen, was in gewisser Weise vergleichbar ist mit dem Einsatz von Influencern in Social-Media-Kampagnen.

- Innerhalb der Werbeindustrie hat das Angebot interaktiver Events in den virtuellen Welten des Metaversums als populäres Marketinginstrument an Bedeutung gewonnen. Es ist weit verbreitet, Werbung in solchen Events zu integrieren und dabei auf mehreren der derzeit bedeutenden Plattformen wie Metas Horizon Worlds, Decentraland, Sandbox, Fortnite, Roblox oder Minecraft präsent zu sein.

- Eine zusätzliche Herangehensweise ist die „Try before you buy"-Strategie, die darauf abzielt, eine starke Verbindung zwischen Marke und Verbraucher herzustellen. Mit dieser Methode haben Kunden die Möglichkeit, das Produkt zunächst aktiv zu testen und kennenzulernen, um herauszufinden, welchen Mehrwert es ihnen wirklich bietet. Diese Vorgehensweise verwandelt das passive Marketing in ein dynamisches Erlebnis, das den Schwerpunkt auf die Experience legt, die im Marketing im Metaversum von zentraler Bedeutung ist. Eine solche immersive Experience im Metaversum ermöglicht es den Kunden beispielsweise, den digitalen Zwilling mit neuer Kleidung auszurüsten und diese in der virtuellen Welt aus- bzw. anzuprobieren [MIRoJ]. Darüber hinaus können preisgünstige VR-Headsets wie das Meta Quest verwendet werden, um zum Beispiel ein realistisches Fahrerlebnis mit dem neuen Fahrzeug, an dem der Kunde interessiert ist, zu simulieren.
- Die Bindung von Kunden mithilfe von Kollektionen und Sammlerobjekten scheint eine wirksame Methode zu sein, um das Interesse auf eine Marke zu ziehen. Das Sammeln von Objekten und die Faszination, die es auf Menschen ausübt, ist auch in der rein physischen Welt ein lange bekanntes und angewendetes Phänomen. In jüngerer Zeit hat sich diese Begeisterung auch auf digitale Sammlungen im Metaversum ausgedehnt. Werbeaktionen, die sich auf digitale Sammelobjekte konzentrieren, sollen durch den Einsatz von NFT- und Kryptotechnologien Einzigartigkeit erzeugen und Exklusivität bieten. Virtuelle Güter haben im Metaversum eine beachtliche Bedeutung erlangt, mit einem aktuellen Direct-to-Avatar-Marktwert im Jahr 2021 von etwa 30 Mrd. US-Dollar und einer Prognose für Ende 2022 von deutlich über 50 Mrd. US-Dollar [HAC21]. Wie das vorgestellte Modusage-Modell zeigt, eröffnet sich in der Zukunft ein potenzieller Metaversum-zu-Offline-Konsum, der analog zur Konversion von Online-zu-Offline-Verkäufen durch das Internet funktionieren wird.
- Häufig wird angenommen, dass die Nutzung des Metaversums zwangsläufig mit kostspieligen Hardwarekomponenten verbunden ist. Dabei wird jedoch oft übersehen, dass bereits Smartphones als Metaversum-taugliche Geräte fungieren können, die beispielsweise für AR-Anwendungen geeignet sind. Schon jetzt gibt es etliche Firmen, die bedeutende Erfolge durch den Einsatz von smartphonebasiertem AR in der Werbung im Metaversum verzeichnet haben. Ein Beispiel hierfür ist die Verwendung von AR durch Home Depot, um Kunden die Wirkung verschiedener Farbtöne aus ihrem Sortiment in Räumen zu demonstrieren [CRE20]. Auch das angesehene Unternehmen Sephora bietet im Kosmetikbereich eine Produktpalette an, die viele Konsumenten ungern online erwerben, da es sich um sehr individuelle Produkte handelt und die Vorhersage, wie ein bestimmtes Produkt auf der eigenen Haut aussehen wird, schwierig ist. Daher bevorzugen viele Kunden den persönlichen Besuch in Sephora-Filialen. Durch den Einsatz von Augmented-Reality-Marketing hat Sephora jedoch eine Möglichkeit gefunden, den Bedürfnissen seiner Kunden gerecht zu werden [BAL20c]. Hierzu wird eine Technik namens „Modiface" genutzt, die qualitativ hochwertige Gesichtsscans ermöglicht. So können Kunden Sephoras Make-up bequem von zu Hause aus digital auf Lippen und

Augen auftragen, um sich ein realistisches Bild davon zu machen, wie es auf ihrem Gesicht wirken würde [ABU21, METoJb].

Für Unternehmen bedeutet Werbung und Marketing im Metaversum, dass neue Ansätze und Techniken gefunden werden müssen, die bisher weder in der realen Welt noch im World Wide Web existierten. Deshalb werden aktuell und wohl auch in Zukunft viele Werbe- und Marketingversuche durch Try-and-Error und Ausprobieren entdeckt.

Auch wenn zunächst ein Smartphone für den Einstieg in das Metaversum reicht, so steigen allerdings doch die Kosten für Metaversum-kompatible Geräte wie VR-Headsets und leistungsstarke Computer für den Nutzer, wenn die Immersion der (Werbe-)Erlebnisse gesteigert werden soll. Dies könnte dann dazu führen, dass sich nur eine begrenzte Anzahl von Benutzern den Zugang zu solchen Werbekampagnen und -veranstaltungen im Metaversum leisten können, was wiederum nicht im Interesse der werbenden Firmen sein kann. Darüber hinaus müssen diese Unternehmen auch neue Bedenken in Bezug auf die Cybersicherheit berücksichtigen, wenn sie im Metaversum erfolgreich sein möchten.

Über das Marketing einzelner Produkte hinaus eröffnet das Metaversum zudem auch die Möglichkeit, digitaler Marken zu erschaffen. Dies stellt eine zunehmend relevante Strategie dar.

Die fortschreitende Digitalisierung und die Entwicklung des Metaversums beeinflussen mehr und mehr die Art und Weise, wie Marken erschaffen, präsentiert und letztlich auch, wie sie konsumiert werden. Digitale Marken im Metaversum sind nicht mehr nur Erweiterungen physischer Unternehmen, sondern können als eigenständige, vollständig virtuelle Identitäten existieren. Sie basieren auf digitalen Geschäftsmodellen, die in der Regel durch Blockchain-Technologie, Non-Fungible Tokens (NFTs) und immersive Nutzererfahrungen unterstützt werden. Solche neuen Marken entstehen durch eine Kombination aus innovativem Design, interaktiven Elementen und plattformübergreifender Integration, wodurch sie sich von traditionellen Marken deutlich unterscheiden [KAP20].

Die Schaffung einer digitalen Marke im Metaversum beginnt mit der Entwicklung einer einzigartigen digitalen Identität, oft repräsentiert durch Avatare, virtuelle Räume oder personalisierte Markenelemente. Unternehmen und Designer nutzen 3D-Modellierung, virtuelle Realität (VR) und erweiterte Realität (AR), um ganze Markenräume zu gestalten, in denen Nutzer mit digitalen Produkten interagieren können. Ein Beispiel hierfür sind Marken wie „RTFKT", die vollständig digitale Sneaker und Modeartikel als NFTs anbieten, welche in verschiedenen Metaverse-Plattformen getragen oder getauscht werden können [RTF25]. Durch diese digitale Identität schaffen Marken eine interaktive und immersive Umgebung, die es Nutzern ermöglicht, sich mit ihnen auf neue Weise zu verbinden [KIM23].

Ein wesentlicher Bestandteil digitaler Marken im Metaversum ist der Einsatz von Blockchain-Technologie zur Sicherstellung von Eigentumsrechten und Authentizität. NFTs dienen dabei als digitale Zertifikate, die den Besitz eines virtuellen Produkts oder einer Marke belegen und es den Nutzern ermöglichen, exklusive, limitierte oder sammelbare Artikel zu erwerben. Dies schafft neue Möglichkeiten für Markenbildung und

Kundenbindung, da Nutzer nicht nur Käufer, sondern auch Mitgestalter und Investoren innerhalb des Markensystems werden können.

Zentral neben der technologischen Infrastruktur ist das Community-Building bei der Erschaffung digitaler Marken. Marken im Metaversum entstehen oft in enger Zusammenarbeit mit ihrer Nutzerbasis, indem sie partizipative Elemente wie Crowdsourcing-Designs, Community-Abstimmungen oder exklusive Mitgliedschaftsmodelle einführen. Diese Interaktivität verstärkt die emotionale Bindung der Konsumenten an die Marke und ermöglicht eine stärkere Markenidentifikation. Digitale Modehäuser oder Kunstkollektive setzen zunehmend auf diese Mechanismen, um personalisierte und dynamische Markenwelten zu schaffen [WIE23].

Entscheidend für den Erfolg digitaler Marken im Metaversum ist die plattformübergreifende Interoperabilität. Während traditionelle Marken in spezifischen Märkten oder geografischen Regionen agieren, existieren digitale Marken in einer dezentralen, globalen Umgebung. Dadurch wird es möglich, dass Nutzer ihre virtuellen Güter in unterschiedlichen Plattformen und digitalen Räumen verwenden. Ein Beispiel hierfür ist die Gaming-Industrie, in der Skins oder digitale Gegenstände aus Spielen in mehreren Metaverse-Plattformen genutzt werden können. Dies erhöht die Reichweite der Marken und ermöglicht eine nachhaltigere Monetarisierung digitaler Produkte [LAN17].

Herausfordernd in diesem Kontext sind die rechtlichen Rahmenbedingungen, der Datenschutz und die Authentizität digitaler Identitäten. Da das Metaversum sich noch in der Entwicklung befindet, gibt es derzeit noch keine einheitlichen Regularien zur Markensicherheit, was Risiken wie Plagiate oder unautorisierte Nutzung digitaler Produkte mit sich bringt. Zudem erfordert die erfolgreiche Etablierung einer digitalen Marke erhebliche Investitionen in Technologie, Design und Marketing, um sich in der wachsenden digitalen Wirtschaft durchzusetzen [BRY14]. Einerseits kann gerade der hohe Investitionsbedarf ein Hemmschwelle für kleiner Unternehmen darstellen, andererseits aber kann die technologische Freiheit allerdings für solche Unternehmen auch ganz neue Möglichkeiten eröffnen.

4.6.2 Shopping

Sowohl 2021 als auch 2022 verzeichnete der Online-Handel ein neues Umsatzhoch, und trotz Inflation sowie aktuellen Krisen zeichnet sich eine vielversprechende Lage ab, in der das Metaversum den Anbietern im Shopping-Bereich neue Chancen für eine positive Entwicklung eröffnen kann. Um mit dem Wachstum des E-Commerce-Sektors Schritt zu halten, müssen Firmen ihre Geschäftspraktiken an die sich wandelnden Konsumgewohnheiten angleichen und Multi-Channel-Vertriebsansätze verwenden. Die Relevanz von Social-Media-Plattformen im Vertriebskontext ist gestiegen, und etliche Unternehmen planen die Erschaffung eigener virtueller Universen im Metaversum.

Unternehmen wie Adidas und Netflix haben schon begonnen, ihre Waren- und Dienstleistungsangebote im Metaversum zu präsentieren. Die Anwendung virtueller Umkleidekabinen und digitaler Replikate physischer Geschäftslokale soll den Verbrauchern ein immersives Erlebnis und die Gelegenheit bieten, Produkte auf realistische Weise auszuprobieren [FLO22, PAR23].

Auch andere Firmen und Branchen intensivieren ihre Anstrengungen, ihre Geschäfte und Produkte ins Metaversum zu integrieren. Im Oktober 2021 reichte Nike beim US-Patentamt sieben Patente ein, um digitale Kleidung im Metaversum zu vertreiben. Das Unternehmen sucht aktuell Materialdesigner für virtuelle Sportschuhe, um sein Produktentwicklungsteam entsprechend zu erweitern [BRA21]. Die Modeindustrie hat ebenfalls das Potenzial des Metaversums erkannt und experimentiert mit virtuellen Einzelhandelskonzepten. Gucci ist das wohl prägnanteste Beispiel dafür und stellte im September 2021 im Rahmen seiner Metaversum-Strategie den Online-Concept-Store „Vault" vor. Kunden können dort Vintage-Stücke, limitierte und weitere Artikel sowie NFTs „erleben", die vom Kreativdirektor ausgesucht wurden [SCH22]. Im Juni 2022 wurde Gucci Town auf der Roblox-Plattform eingeführt, wo Benutzer an Wettbewerben teilnehmen, digitale Kunstwerke erschaffen oder digitale Gucci-Produkte kaufen können. Gucci verwendet das „Layered Clothing System", um Kleidung und Accessoires den Körpertypen der Avatare anzupassen [BED22]. Auch der US-Discounter Walmart plant, ins Metaversum einzusteigen und reichte dazu im Dezember 2021 Anträge beim US-Patentamt ein, um eine eigene Kryptowährung und den Verkauf virtueller Güter zu ermöglichen. Die deutsche Supermarktkette Kaufland folgte Walmart und anderen Discountern mit ihrem Projekt „Kaufisland" ins Metaversum, indem sie eine Insel im Nintendo-Spiel Animal Crossing: New Horizon erworben und darauf einen virtuellen Supermarkt eingerichtet hat. Das Unternehmen verfolgt dort bisher keine primären Profitabsichten, bietet aber den Nutzern Informationen über Lebensmittelherkunft und umweltbewusstes Handeln. Zudem können die Kunden oder ihre Avatare auf Kaufisland in einem Café verweilen oder in einer Freiluftküche kochen [BUS22a, BUS22b]. Es bleibt abzuwarten, wie Firmen das Metaversum zukünftig tatsächlich nutzen werden und welche Auswirkungen die digitale Welt auf die Konsumenten haben wird.

Ein wesentlicher Vorteil, der in diesem Zusammenhang immer wieder betont wird, besteht in der Erschaffung einer vollkommen neuen virtuellen Welt, in der Verbraucher eintauchen und interagieren können. Auch für das Shopping eröffnen sich damit eine Reihe mehr oder weniger neuer Möglichkeiten:

- *Augmentierte Shopping-Erlebnisse*: Dank Augmented Reality-Technologie haben Verbraucher die Möglichkeit, Kleidungsstücke oder Accessoires virtuell auszuprobieren, ohne das physische Produkt besitzen zu müssen. Zusätzlich zu den oben bereits erwähnten Beispielen, erlaubt die App „Sayduck" Benutzern, Möbel in ihren eigenen Räumen virtuell zu positionieren und deren Aussehen zu beurteilen [MAR14].
- *Personalisierung*: Innerhalb des Metaversums haben Verbraucher die Option, eigene Avatare zu kreieren und individuell zu gestalten. Dadurch entsteht eine besondere Shopping-Erfahrung, bei der Produkte speziell auf den Avatar abgestimmt werden kön-

nen, wie es zum Beispiel beim oben ebenfalls schon genannten „Layered Clothing System" der Fall ist.
- *Interaktive Einkaufserlebnisse*: Marken können im Metaversum ihre Präsenz und Kundenbindung durch interaktive Einkaufserlebnisse intensivieren, wozu Wettbewerbe, Spiele, sowie das Sammeln von digitalen Kunstwerken und Artefakten geeignet sind.
- *Virtuelle Zahlungsmethoden*: Ein Großteil des Metaversums ist darauf ausgelegt, virtuelle Währungen und NFTs für den Verkauf digitaler Einzelstücke zu nutzen [HAM22].
- *Globale Erreichbarkeit*: Ähnlich wie im traditionellen World Wide Web können Unternehmen im Metaversum global Kunden erreichen, ohne in jedem Land eine physische Niederlassung eröffnen zu müssen. Dies erleichtert es kleinen und mittelständischen Unternehmen, ihre Produkte weltweit anzubieten.

In den letzten Jahren verzeichnete das Influencer-Marketing einen beachtlichen Zuwachs und wird wahrscheinlich durch das Metaversum zusätzlich beeinflusst werden. Unternehmen profitieren durch den Einsatz von realen oder virtuellen Influencern, indem sie ihre Reichweite vergrößern und ein spezifisches Publikum ansprechen [METoJb].

Obwohl das Metaversum viele Möglichkeiten bietet, sind Herausforderungen wie technische Beschränkungen, rechtliche Regulierungsfragen und Unsicherheiten in einem auf NFTs basierenden Wirtschaftsökosystem vorhanden. Es ist wichtig, diese frühzeitig zu erkennen und zu lösen, um das gesamte Potenzial des Metaversums für den Bereich Shopping nutzen zu können [BUS22a].

Eine Untersuchung von GetApp [PAV23] zeigt, dass eine durchaus große Menge an Konsumenten ein Interesse am Metaversum als Shopping-Plattform bekunden (Abb. 4.9). An der Möglichkeit, in „3D virtuell" zu shoppen und Artikel auszuprobieren, zeigen sich 48 % der Umfrageteilnehmer interessiert. Kleidung ist dabei für 75 % der Befragten, am reizvollsten, während Elektronik (57 %), Haushaltsgegenstände wie Möbel (47 %), Videospiele (40 %) und Musik (38 %) als bevorzugte Warengruppen folgen. Die Studie verdeutlicht zudem, dass das Metaversum dazu beitragen kann, die Kluft zwischen dem Online-Einkauf und dem realen Einkaufserlebnis im Geschäft zu überbrücken. Immerhin 96 % der am Metaversum-Shopping interessierten Teilnehmer sind dieser Ansicht. Obgleich das

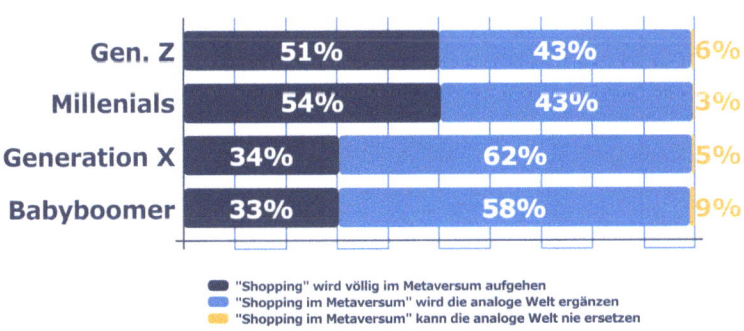

Abb. 4.9 Verbrauchererwartungen für das Shopping der Zukunft. (In Anlehnung an [PAV23])

Metaversum Unternehmen etliche neue Chancen zur Warenpräsentation und Monetarisierung eröffnet, sind die Meinungen der Konsumenten darüber dennoch geteilt, ob es das herkömmliche Online-Shopping vollständig ersetzen wird. Die Studie weist jedoch darauf hin, dass Konsumenten das komfortable Einkaufen, das Betrachten aktuellster Produkte ohne lästiges Warten und die Option, Artikel mittels Augmented Reality auszutesten, als wesentliche Vorteile des Metaversum-Shopping betrachten.

4.6.3 Gaming & Spiele

Die stetige technologische Weiterentwicklung im Bereich der Videospiele führt zu einer immer realistischeren Abbildung von Spielumgebungen, was das Interesse der Spieler an einer aktiveren Rolle innerhalb des Spiels steigert. Das Metaversum bietet daher eine vielversprechende Möglichkeit, in der Spieler ihren Handlungsspielraum und ihre Kreativität nutzen können, um eigene Inhalte zu erschaffen und mit anderen Spielern in Interaktion zu treten. Die prognostizierte wachsende Nutzung des Metaversums, wie auch immer es dann final tatsächlich aussieht, wird bedeutende Auswirkungen auf die Videospiel- und Film- bzw. Medienbranche haben, da Nutzer nicht nur selbst Spiele spielen und VR-Filme schauen können, sondern auch in verschiedene virtuelle Welten eintauchen und an sozialen Aktivitäten innerhalb dieser Welten teilnehmen können. Plattformen wie „Roblox" verdeutlichen bereits, dass Benutzer fähig sind, eigene Spiele und Inhalte im Metaversum zu kreieren und miteinander zu interagieren. Darüber hinaus wird durch die kontinuierliche Verbesserung der Technologien im Zusammenhang mit dem Metaversum erwartet, dass die Schaffung von komplexeren und realistischeren virtuellen Umgebungen ermöglicht wird. Diese Entwicklung wird es den Spielern gestatten, auch in die Welt des Films einzutauchen und diese unmittelbar zu erleben [JAL22].

Die ausgeprägte 3D-Charakteristik, die dem Metaversum zugeschrieben wird, bildet einen bedeutenden Faktor für alle Arten von Produkten im Bereich Gaming und stellt auch insgesamt einen wichtigen wirtschaftlichen Faktor innerhalb des Metaversums dar. Dieser resultiert stark aus der engen Kooperation zwischen der Branche „Metaversum" und der Spielebranche. Nutzer können nun in die virtuelle Spielewelt eintauchen. Dies verschafft ihnen ein immersives Erlebnis, das weit über das, was ein herkömmlicher Flachbildschirm bieten kann, hinausgeht, insbesondere dann, wenn es zudem auch noch in die physische Umgebung des Spielers eingebettet sein wird. So kann das Metaversum in Zukunft Welten erschaffen, in der digitale Bildung, Netzwerken, Arbeiten, Geldverdienen und sogar Konzertbesuche komplett digital ablaufen können.

Die Debatten darüber, wie die Entwicklung des Metaversums die Zukunft des Gamings beeinflussen wird, sind noch im Anfangsstadium, aber es ist vorherschbar, dass laufende Forschung und Entwicklung sowie neue Projekte und Plattformen wie Decentraland [DEC20] oder Axie Infinity [BEL23a] und andere dazu beitragen werden, dass hierdurch „the next big thing" im Bereich Gaming entstehen wird. Insbesondere werden kompetitive Spiele davon profitieren, denn nun gibt es eine Form der Spielerinteraktion, die früher un-

4.6 Die Digital 49ers: Neue Geschäftsmodelle und Anwendungsfelder

möglich und zudem auch undenkbar war. In der Kombination all dieser Faktoren eröffnen sich für den Spiel- und Unterhaltungsbereich zahlreiche neue Möglichkeiten:

- Das Metaversum zeigt durch seinen sozialen Charakter einen bedeutenden Vorteil gegenüber herkömmlichen Virtual-Reality-Experiences, bei denen die Nutzer häufig alleine und abgeschottet agieren. In den virtuellen Welten des Metaversums haben Spieler die Möglichkeit, mehrere Freunde aus der realen Welt einzuladen, mit anderen Nutzern weltweit in Kontakt zu treten, Beziehungen zu knüpfen und an weiteren sozialen Aktivitäten teilzunehmen. In Ansätzen geht dies zwar auch in aktuellen Spielen. Aber die Intensität der sozialen Interaktion ist dabei noch sehr gering.
- Das Paradigma „Games-as-a-Platform" ermöglichen den Spielern ein überzeugenderes Spielerlebnis, das sich durch Flexibilität und Erweiterungsmöglichkeiten auszeichnet. In der virtuellen Welt haben Nutzer die Möglichkeit, eigene Inhalte zu kreieren und sogar selbst kleinere Spiele innerhalb eines Spiels zu entwickeln. Durch die Teilnahme an ergänzenden Aktionen können Spieler die Spielumgebung als plattformartigen Raum verwenden [BAT23, KIT16].
- Die Kombination aus erweiterter Realität und virtueller Realität im Metaversum bietet den Spielern ein weitaus natürlicheres Erlebnis. Die gemischten AR-/VR-Aktivitäten im Metaversum erlauben Nutzern zum Beispiel einen fließenden Übergang vom erweiterten Realitätsgruppenchat hin zu einem Mixed-Reality-Brettspiel und letztendlich in eine vollständige Virtual-Reality-Welt.
- Dank der angestrebten Interoperabilitätsstruktur des Metaversums wird die Übertragbarkeit von virtuellen Assets wie Waffen, Waffenskins und anderen Gegenständen, die von Spielern genutzt werden, erleichtert. Assets, die in einem Spiel erworben wurden, könnten so in andere Spielumgebungen übertragen werden, vorausgesetzt NFTs und eventuelle Gesetzgebungen ermöglichen das dauerhaften Eigentum an diesen Objekte.
- Ein zusätzlicher besonderer Aspekt, den das Metaversum in der Zukunft bereitstellen soll, ist die Chance, durch Spielen Geld zu generieren. Abgesehen vom Verfolgen einer linearen (Spiele-)Handlung können Gamer an einer Vielzahl mehr oder weniger lukrativer Aktivitäten teilhaben, etwa indem sie ihre Assets oder solche, die sie in Play-to-Win-Spielen erlangt haben, gegen Kryptowährungen an andere Nutzer veräußern.
- Die in der virtuellen Welt individuell anpassbaren Avatare repräsentieren auch die Spieler und erlauben es ihnen, sich mit Freunden in einer virtuellen Umgebung zu versammeln und gemeinschaftlich zu spielen. Zudem können sie von anderen Gamern geschaffene virtuelle Welten besichtigen, was die Wahrnehmung der gesamten Online-Spielergemeinschaften verändert.
- Es wird prognostiziert, dass das Metaversum darüber hinaus auch erheblichen Einfluss auf den E-Sports-Bereich nehmen wird, der bereits jetzt äußerst populär ist und Millionen von Menschen weltweit begeistert. Durch das Metaversum können E-Sports-events noch weitaus immersiver und aufregender werden als bisher, da die Spieler an virtuellen Schauplätzen agieren können, während Zuschauer aus

aller Welt beobachten können und womöglich sogar passiv oder aktiv in der virtuellen Umgebung präsent sind [ZAV21, SEN22].

4.6.4 Kunst & Kultur

Kunst hat stets als Wegbereiter für zahlreiche technologische und gesellschaftliche Entwicklungen gedient. Insbesondere im Bereich der Technologie spielt sie eine wichtige Rolle. Viele Künstlerinnen und Künstler experimentieren gezielt mit elektronischen und digitalen Möglichkeiten und können als „Post-Internet Artists" zusammengefasst werden. Die experimentelle Natur der Kunst ermöglicht es, gesellschaftliche und technologische Veränderungen an ihren Rändern zu erkunden. Die daraus entstehenden Kunstwerke werden schon heute auf einem virtuellen Markt gehandelt und von Sammlern gekauft [STO22]. So wird dem Metaversum für die Zukunft eine wesentliche Bedeutung für Kunst- und Kulturschaffende zugeschrieben. In dieser Welt des Metaversums können sie ihre Werke einem globalen Publikum vorstellen und interaktive Erfahrungen erschaffen, die in der physischen Welt undenkbar wären. In diesem Zusammenhang können virtuelle Museen und Galerien entstehen, die Kunstwerke in digitalen Räumen zeigen, die es in der physischen Welt nicht gibt. Ein Beispiel hierfür ist „The VR Museum of Fine Art", in dem Besucherinnen und Besucher Kunst aus verschiedenen Epochen und von unterschiedlichen Künstlerinnen und Künstlern betrachten können [BEZ19].

Das Metaversum eröffnet zudem auch Chancen für Kulturschaffende, interaktive Erfahrungen ohne großen Aufwand zu ermöglichen. Ein Beispiel dafür ist „The Wave XR", eine Plattform, die Benutzern die Teilnahme an gemeinsamen virtuellen Konzerten und das Erleben von Musik in einer immersiven Umgebung ermöglicht [WAVoJ]. Zusätzlich können, wie bereits mehrfach erwähnt, ganze Konzerte und Theateraufführungen virtuell abgehalten werden, sodass Menschen aus aller Welt daran teilnehmen können. Neben der bereits genannten Ariana Grande fand beispielsweise auch das virtuelle Konzert von Travis Scott im Jahr 2020 auf der Plattform „Fortnite" statt und erreichte dort über 12 Mio. Menschen [TIP20]. Neben den reinen Konzertevents besteht auch die Möglichkeit zum Austausch zwischen Künstler und Publikum. Virtuelle Meet-and-Greets, bei denen Fans ihre Lieblingskünstlerinnen und -künstler treffen können, oder virtuelle Workshops und Kurse sind Beispiele dafür.

Die andere Art der Relevanz des Metaversums für die Kunstwelt zeigt sich auch im „Museum of Other Realities" (MOR), einer virtuellen Galerie, die sich der Präsentation immersiver Kunst widmet [COA21, MUSoJ, DAM20]. Hier können Künstler ihre Arbeiten ausstellen, während Besucher diese in einer von der realen Welt unabhängigen, immersiven Umgebung erleben können. Ein weiteres Beispiel ist der „CryptoArt"-Markt, auf dem digitale Kunst in Form von NFTs gehandelt wird [CRYoJ, LUC22]. Solche NFTs können in virtuellen Welten wie Decentraland oder Somnium Space ausgestellt und getauscht werden. Für die Zukunft ist zu erwarten, dass das Metaversum in der Kunst- und Kulturszene eine noch bedeutendere Rolle einnimmt als es interaktive Medien und immersive Welten heute schon tun. Dabei wird der Fokus darauf liegen, fortschrittlichere Technologien und Instrumente für die Modellierung und die Interaktion in virtuellen Umgebungen zu entwickeln, um die Möglichkeiten des Metaversums weiter auszubauen.

Mit der prognostizierten steigenden Popularität des Metaversums ist zu erwarten, dass sich auch die Chancen für Künstler in der Zukunft weiterentwickeln und vergrößern werden:

- *Second Life*, die älteste virtuelle Welt im Kontext des Metaversums, die seit 2008 existiert und immer noch viele Nutzer hat, ermöglicht es Benutzern, eigene virtuelle Räume wie Galerien, Theater oder Museen zu erstellen und Kunstwerke auszustellen. Zudem sind hier auch bekannte Museen mit eigenen virtuellen Ausstellungsräumen präsent.
- Auch auf der Ethereum-Blockchain aufbauend, ermöglicht *The Sandbox*, eine virtuelle Welt, in der Benutzer ihre eigenen virtuellen Welten vollständig erstellen können, Künstlern, ihre Kunstwerke auszustellen und zu verkaufen, indem sie eigene Welten schaffen oder ihre Werke in bestehende Welten einfügen [SPE21].
- *Somnium Space* ist eine immersive, virtuelle Welt, die gezielt die Möglichkeit bietet, Kunstwerke in virtuellen Galerien oder Museen auszustellen und zu verkaufen [SOMoJ].
- *SuperRare*, ebenfalls auf digitale Kunst spezialisiert und auf Ethereum basierend, ermöglicht Künstlern, ihre Kunstwerke als digitale Sammlerstücke, repräsentiert durch einzigartige Token, verkaufen können [SUPoJ].
- *Nifty Gateway* ist eine Plattform, die Künstlern erlaubt, ihre digitalen Kunstwerke in limitierten Auflagen zu verkaufen. Auch hier wird die Ethereum-Blockchain genutzt, um Authentizität und Einzigartigkeit der Kunstwerke sicherzustellen [NIFoJ].
- *Art Planet* (ArtsCloud) ist eine immersive, virtuelle Welt, in der Benutzer Kunstwerke erschaffen, präsentieren und verkaufen können. Die Plattform nutzt die Unity-Engine, um den Benutzern die einfache Präsentation ihrer Kunstwerke in einer 3D-Umgebung zu ermöglichen [ARToJ].

4.6.5 Social Events

Social Events sind Ereignisse, die zum Ziel haben, Menschen miteinander zu verbinden, um gemeinsame Interessen auszutauschen, Beziehungen aufrecht zu erhalten oder neue Bekanntschaften zu schließen. Solche Ereignisse können online oder offline durchgeführt werden und umfassen eine Vielzahl von Tätigkeiten wie Konzerte, Feiern, Tagungen, Networking-Events und vieles mehr. Das Metaversum eröffnet vielfältige Chancen für derartige Social Events, um Personen aus der gesamten realen und virtuellen Welt zusammenzubringen, unabhängig von ihrem jeweiligen geografischen Standort:

- *Virtuelle Konzerte*: Musiker können in einer virtuellen Umgebung auftreten und Fans weltweit einladen, an diesem Event teilzunehmen. Es gibt verschiedene Möglichkeiten, wie solche virtuellen Konzerte im Metaversum gestaltet werden können.

- Beispielsweise können Künstler auf einer virtuellen Bühne performen, die in einer eigens dafür entwickelten virtuellen Umgebung errichtet wurde, wie am Beispiel Ariana Grande oben schon mehrfach beschrieben. Fans können dann ihre Avatare steuern und sich in der Nähe der Bühne versammeln, um das Konzert zu genießen. Die Musik wird entweder live von den Musikern gespielt oder als Aufzeichnung abgespielt.
- Ein alternativer Ansatz für virtuelle Konzerte im Metaversum besteht in der Nutzung von Motion-Capture-Technologie, um die Bewegungen und Handlungen der Musiker in Echtzeit auf einen Avatar zu übertragen. Dadurch ist es möglich, dass die Musiker gleichzeitig auf einer realen Bühne performen und zugleich in einer virtuellen Umgebung auftreten, um den Fans auch dort ein Konzert zu bieten.
- Auch ein zeitlich versetztes Wiederholen des einmal modellierten und programmierten Konzertes in der virtuellen Welt öffnet neue Wege der Bewirtschaftung.

Die ökonomische Bedeutung virtueller Konzerte im Metaversum ist gewaltig. Durch den Einsatz dieser Technologie können Künstler und Organisatoren zudem ihre Reichweite beträchtlich ausdehnen, indem sie Fans weltweit ansprechen, die normalerweise nicht in der Lage wären, ein physisches Konzert zu besuchen. Das bedeutet, dass mehr Tickets verkauft werden können und dass Fans auf der ganzen Welt Zugang zu Musik und Künstlern erhalten, die sie sonst nicht hören könnten.

Zudem stellen virtuelle Konzerte im Metaversum eine kostengünstige Alternative zur Veranstaltung von Konzerten insgesamt dar. Die Ausgaben für die Implementierung eines solchen virtuellen Konzerts können erheblich geringer ausfallen als diejenigen, die bei der Planung eines realen Konzerts anfallen. Dies bedeutet, dass mehr Künstler und Organisatoren, insbesondere aufstrebende und noch nicht etablierte Künstler, von dieser Technologie profitieren können.

Ein zusätzlicher Vorzug von virtuellen Konzerten im Metaversum ist die Schaffung neuer Einnahmequellen. Beispielsweise können Künstler und Organisatoren virtuelle Objekte wie digitale Tickets, virtuelles Merchandising und vieles mehr als NFTs anbieten, um zusätzliche Einnahmen zu erzielen.

- *Virtuelle Partys*: Im Metaversum sind Partys eine Form sozialer Interaktion, bei der Menschen aus aller Welt in einer virtuellen Umgebung zusammenkommen, um gemeinschaftlich zu feiern, zu tanzen und zu interagieren. Diese Veranstaltungen können in verschiedenen virtuellen Welten abgehalten werden, die von Unternehmen wie Facebook, Roblox oder Fortnite entwickelt wurden:
  - Virtuelle Partys können in einer Vielzahl von Umgebungen stattfinden, von virtuellen Clubs und Bars bis hin zu virtuellen Stränden und Festivals. Die Umgebungen werden in der Regel von den Organisatoren gestaltet und können sehr detailreich sein, um ein einzigartiges und realistisches Erlebnis zu bieten. Ein zwar diskussionswürdiges, aber großes Beispiel ist das oben schon erwähnte Decentraland Metaverse Musicfestival.
  - Virtuelle Partys ermöglichen es den Gästen, durch die Steuerung ihrer virtuellen Avatare und das Senden von Emotes oder Textnachrichten miteinander zu interagie-

4.6 Die Digital 49ers: Neue Geschäftsmodelle und Anwendungsfelder

ren. Einige Plattformen bieten auch die Option des Sprachchat an, um das Event noch interaktiver zu gestalten.
- Musik ist ein essenzieller Bestandteil von Partys, dies gilt auch in der Virtualität. Die Organisatoren können häufig DJ-Software oder Musik-Streaming-Dienste nutzen, um die Musik für die Veranstaltung bereitzustellen. Teilnehmer können eigene Playlists erstellen oder sich auf die von den Organisatoren bereitgestellte Musik einlassen.
- Häufig kann der Besuch von virtuellen Partys kann auch personalisiert werden, indem Gäste ihre eigenen Avatare und Outfits speziell für dieses eine Event entwerfen. Teilnehmer können auch personalisierte Nachrichten und Grüße für das Event erstellen.
- Wie bei allen Veranstaltungen müssen auch bei virtuellen Partys Sicherheitsaspekte berücksichtigt werden, um sowohl in der virtuellen als auch in der realen Welt ein sicheres Gefühl für die Teilnehmer zu gewährleisten. Organisatoren müssen möglicherweise auch die Einhaltung von Regeln und Richtlinien überwachen, um sicherzustellen, dass die Feier für alle Gäste angenehm bleibt.

Virtuelle Partys im Metaversum haben das Potenzial, eine große wirtschaftliche Bedeutung zu erlangen. Unternehmen können solche Partys nutzen, um ihre Angebote oder Services zu promoten und eine größere Zielgruppe zu erreichen. Ebenso können sie durch den Eintritt oder den Vertrieb von virtuellen Objekten wie Avataren oder Bekleidung Einnahmen generieren. DJs und Musikschaffende haben die Option, virtuelle Darbietungen bereitzustellen, um ihr Publikum auszuweiten und eventuell neue Anhänger zu begeistern.

Darüber hinaus stellen virtuelle Partys eine Gelegenheit dar, Menschen während Phasen sozialer Distanzierung und Reiseeinschränkungen zusammenzubringen, da sie unabhängig vom jeweiligen räumlichen Standort zugänglich sind. Insgesamt verfügen virtuelle Partys im Metaversum somit über das Potenzial, eine bedeutende Funktion in der zukünftigen sozialen Interaktion und Vergnügung einzunehmen.

- *Networking Events*: Unternehmen haben die Möglichkeit, virtuelle Veranstaltungen zu organisieren, um Experten aus aller Welt zu vereinen und Gelegenheiten für Vernetzung und Kooperation zu ermöglichen. Diese Events können auf unterschiedliche Weise gestaltet sein. So ist es zum Beispiel möglich, dass Unternehmen virtuelle Konferenzen und Netzwerkveranstaltungen vollständig in einer virtuellen Umgebung abhalten, um Fachleute global zu versammeln. Solche Events können in Echtzeit oder auf Abruf stattfinden und diverse Werkzeuge und Features bieten, um Interaktion und Kooperation unter den Anwesenden zu fördern.

Ein Beispiel hierfür ist die virtuelle Plattform „VirBELA", die Firmen bei der Planung virtueller Konferenzen und Networking-Events unterstützt. Die Plattform stellt eine virtuelle Umgebung zur Verfügung, in der Teilnehmer in einem 3D-Raum navigieren und interagieren können, während sie miteinander kommunizieren. Die Anwesenden können sowohl in Gruppen- als auch in Einzelgesprächen miteinander kommunizieren und durch verschiedene Räume und Themenbereiche navigieren. Außerdem haben sie die Möglichkeit, Dokumente und Präsentationen auszutauschen, um Kooperation und Wissensaustausch zu fördern [VIRoJ].

Hinsichtlich der ökonomischen Relevanz von Netzwerkveranstaltungen im Metaversum existieren diverse Faktoren, die Einfluss darauf nehmen können. Einerseits können solche virtuellen Events Unternehmen dabei unterstützen, ihre Reichweite zu vergrößern und ein breiteres Publikum anzusprechen. Infolgedessen können sie möglicherweise mehr Kunden akquirieren und ihr Geschäft erweitern. Andererseits können durch die Organisation von Networking-Events im Metaversum Kosteneinsparungen erzielt werden. Virtuelle Veranstaltungen können im Vergleich zu physischen Ereignissen häufig mit einem geringeren finanziellen Aufwand realisiert werden, da keine Ausgaben für Reise- und Unterkunft der Teilnehmenden anfallen. In der gegenwärtigen wirtschaftlichen Lage, in der viele Firmen bestrebt sind, ihre Ausgaben zu reduzieren und effektiver zu agieren, kann dies besonders vorteilhaft sein.

Zusätzlich eröffnet das Metaversum neue Geschäftschancen für Unternehmen. Indem sie virtuelle Umgebungen und Plattformen erschaffen, können Firmen neuartige Produkte und Services anbieten, die eigens für diese Umgebungen konzipiert wurden. Beispielsweise könnten sie virtuelle Produkte oder Dienstleistungen bereitstellen, die zur Nutzung in sämtlichen virtuellen Ausprägungen des Metaversums optimiert sind.

- *Virtuelle Messen und Ausstellungen* ermöglichen es Anbietern, ihre Produkte und Services in einer digitalen Umgebung darzustellen und mit Kunden aus aller Welt zu kommunizieren. Solche Veranstaltungen bieten Firmen eine innovative Gelegenheit, ihre Angebote vorzustellen und mit potenziellen Kunden global zu interagieren. Im Vergleich zu konventionellen Ausstellungen bieten virtuelle Ausstellungen eine Reihe von Vorteilen:
  - Eine größere Reichweite wird durch die Online-Verfügbarkeit erreicht, sodass Firmen weltweit potenzielle Kunden ansprechen können, ohne dass Reise- und Unterbringungskosten entstehen.
  - In der Regel sind virtuelle Ausstellungen kosteneffizienter als herkömmliche, da keine Standmieten, Reise- und Übernachtungskosten anfallen. Allerdings entwickelt sich auch die Bewirtschaftung virtueller Welten weiter, weshalb es ungewiss ist, wie Unternehmen zukünftig virtuelle Ausstellungen vermarkten.
  - Virtuelle Messen bieten bessere Trackingoptionen, da Unternehmen genau feststellen können, wer ihre Stände besucht hat und welche Interaktionen stattgefunden haben.
  - Interaktive Funktionen wie Live-Chats, Video-Präsentationen und Webinare sind meist Bestandteil entsprechender virtuellen Umgebungen und können von Unternehmen genutzt werden, um ihre Produkte und Services auf eine ansprechende Art und Weise darzustellen.

Es gibt verschiedene Möglichkeiten, virtuelle Messen im Metaversum zu gestalten. Eine Option ist die Erstellung einer virtuellen Messehalle oder eines Messezentrums als virtuellen Ausstellungsort für Unternehmen. Die virtuelle Messehalle kann verschiedene Bereiche haben, in denen Unternehmen ihre Stände aufstellen und ihre Produkte und Dienstleistungen interaktiv präsentieren können, um Besucher anzulocken und die Interaktion zu fördern.

Alternativ können virtuelle Stände auf Plattformen wie Roblox, Decentraland oder Second Life erstellt werden. Hier haben Unternehmen die Möglichkeit, ihre Produkte und Dienstleistungen auf individuell gestalteten Ständen mit interaktiven Funktionen wie Live-Chats, Webinaren und Video-Präsentationen zu präsentieren.

Ein deutlicher Vorteil virtueller Messen gegenüber realen Messen ergibt sich daraus, dass sie das ganze Jahr über stattfinden können, wodurch Unternehmen ihre Produkte und Dienstleistungen zu jeder Zeit präsentieren können, anstatt auf eine jährliche Messe beschränkt zu sein.

- *Virtuelle Schulungen*: Die Möglichkeit, Schulungen und Workshops in einer virtuellen Umgebung durchzuführen, bietet Unternehmen und Bildungsanbietern im Metaversum eine noch recht neue Optionen:
  – Schulungen können vollständig in einer virtuellen Umgebung stattfinden und interaktive Elemente wie 3D-Modelle, Simulationen und Animationen enthalten. Auf diese Weise können die Teilnehmer das Gelernte auf praktische Art und Weise auch in der Virtualität erfahren und anwenden.
  – Durch den zusätzlichen Einsatz von KI und Machine Learning können virtuelle Schulungen personalisiert werden, um den individuellen Lernstil und die Bedürfnisse jedes Teilnehmers besser zu berücksichtigen. Beispielsweise können bestimmte Themen oder Übungen automatisch ausgewählt werden, basierend auf den individuellen Lernbedürfnissen jedes Teilnehmers.
  – Durch die Integration von Voice- und Video-Chat-Optionen können virtuelle Schulungen auch Echtzeit-Kommunikation ermöglichen. Dadurch können die Teilnehmer Fragen stellen und Feedback von Trainern und anderen Teilnehmern erhalten.
  – Virtuelle Schulungen im Metaversum können auch das Social Learning Verhalten fördern, indem sie die Teilnehmer in interaktive Gruppen einteilen, in denen sie zusammenarbeiten und sich gegenseitig unterstützen können. Dies fördert die Zusammenarbeit und hilft den Teilnehmern, das Gelernte besser zu verstehen und anzuwenden.

  Die Bedeutung von virtuellen Schulungen für die Wirtschaft wird voraussichtlich ausgeprägt sein:
  – Zum einen sind sie oft kosteneffektiver als traditionelle Schulungen, da keine Raumanmietung sowie Reise- oder Übernachtungskosten erforderlich sind.
  – Zum anderen lassen sie sich leicht skalieren, um eine große Anzahl von Teilnehmern unabhängig von ihrem Standort zu erreichen.
  – Zudem bieten virtuelle Schulungen durch interaktive Elemente, personalisierte Erfahrungen und Social Learning bessere Lernergebnisse und können flexibler gestaltet werden, indem sie aufgezeichnete Sessions oder Live-Streams anbieten, um die Bedürfnisse der Teilnehmer zu erfüllen.

  Mit der zunehmenden Digitalisierung wird die Nachfrage nach virtuellen Schulungen im Metaversum voraussichtlich weiter steigen, was zu einem wachsenden Markt für Unternehmen und Anbieter von virtuellen Schulungen führen wird.

4.6.6 Tourismus

In der kurzen Zeit des bisherigen Hypes hat das Metaversum auch erhebliche Aufmerksamkeit von Seiten der Tourismusindustrie erhalten. Die Nutzung virtueller Welten für die Vermarktung von Reisezielen stellt ein vergleichsweise junges Konzept dar, das dennoch schon Einfluss auf den Tourismussektor ausübt (siehe Abb. 4.10).

Ein hohes Potenzial des Metaversums liegt für den Tourismus in der Bereitstellung virtueller immersiver Erfahrungen für Reisende. Innerhalb der virtuellen Welt können Nutzer Destinationen und Attraktionen auf eine Art und Weise erkunden, die in der realen Welt nicht realisierbar wäre. So ermöglicht beispielsweise das virtuelle Erforschen antiker Stätten den Touristen, Orte wie das Kolosseum in Rom oder den Leuchtturm von Alexandria auf virtueller Ebene zu besuchen. Diese virtuellen Touren gewähren ein hohes Maß an Flexibilität, da sie die Möglichkeit bieten, die Sehenswürdigkeiten in einem eigenen Tempo zu entdecken und sich auf individuelle Aspekte zu fokussieren.

In Zukunft dürfte das Metaversum für den Tourismus noch bedeutender werden, da es Reisenden eine Option bietet, an virtuellen Erlebnissen und Aktivitäten teilzuhaben. Beispielsweise könnte das Metaversum Nutzern die Teilnahme an virtuellen Aktivitäten wie Tauchen, Bergsteigen oder Fallschirmspringen ermöglichen, ohne physisch anwesend sein zu müssen. Zudem könnte es Reisenden die Chance bieten, verschiedene Kulturen und Traditionen kennenzulernen, indem sie virtuell an Festivals und Feierlichkeiten teilnehmen, ohne die eigenen vier Wände verlassen zu müssen. Auch wenn dies zunächst ungewöhnlich erscheinen mag, gibt es bereits einzelne Erfahrungen in solchen eher untypischen Umgebungen für die VR-Technologie. Das von der oben schon erwähnten Mack GmbH betriebene Rulantica, in dem VR mit Schnorcheln und Tauchen verknüpft wird, ist ein Beispiel für solche Herangehensweisen [STU19].

Der Tourismus im Metaversum stellt eine Industrie dar, die auch bei deutschen Benutzern zunehmend auf Interesse stößt. Gemäß einer Bitkom-Studie [BIT22] können sich 21 % der Deutschen vorstellen, ab etwa 2030 ihre Ferienreisen mithilfe von VR-Headsets anzutreten, um die Welt auf eine andere Art zu erkunden und Erlebnisse zu haben, die in der Realität und der physischen Welt unerreichbar wären. Beispiele für dieser neuen Möglichkeiten sind virtuelle Exkursionen in die Tiefsee oder auch in weit zurückliegende Epochen. Das Potenzial für virtuelle Reiseorte ist offensichtlich groß und kann dazu beitragen, schwer zugängliche oder gar gänzlich unerreichbare Plätze zu entdecken und auch dazu, eventuelle Urlaubsdestinationen im Voraus virtuell zu erkunden. Das Beispiel wurde

Abb. 4.10 Reisen im zukünftigen Metaversum. (In Anlehnung an [BIT22b])

4.6 Die Digital 49ers: Neue Geschäftsmodelle und Anwendungsfelder

im Kontext Gastronomie in Abschn. 4.5 in diesem Zusammenhang schon erwähnt, und auch weitere Destinationen wie Machu Picchu in Peru denken über eine solche Lösung nach.

Eine weitere Bitkom-Umfrage [BIT22b] zeigt aber auch, dass 87 % der Befragten davon ausgehen, dass herkömmliche Reisen auch zukünftig eine wichtige Abwechslung zum täglichen Leben darstellen werden. Es wird angenommen, dass internationale Online-Portale bei Reisereservierungen weiterhin vorherrschen, während klassische Reisebüros vermutlich verschwinden oder verdrängt werden. Die meisten Ferienerlebnisse werden zudem auch heutzutage schon über Social-Media-Kanäle und Messenger-Apps geteilt, was auf eine wachsende Relevanz der digitalen Welt in unserem Alltag hindeutet. Nutzer sozialer Medien sind zudem daran interessiert, mittels Ferienfotos auf sozialen Plattformen auch an den Ferien ihrer Freunde und Familien teilzuhaben.

Obwohl dies alles eigenartig anmuten mag, scheint es dennoch nicht abwegig zu sein, Urlaub im Metaversum zu machen. In Anbetracht des technologischen Fortschritts gibt es eine durchaus erwähnenswerte Entwicklung, das „M Social Decentraland", ein Hotel im Metaversum. Dieses Hotel (siehe dazu auch Abb. 4.11) befindet sich in der Nähe von Genesis Plaza, dem Haupteintrittsareal von Decentraland und fällt durch seine Architektur mit virtuellen Glaswänden, neonpinken Akzenten und einem großen „M" auf jeder Seite deutlich auf. In der Empfangshalle werden die Gäste von einem Avatar empfangen, der sie durch das Hotel leitet. Einer Pressemitteilung zufolge können einige glückliche virtuelle Gäste sogar echte Hotelüberraschungen gewinnen [TEO22, MUL23].

„Das Ziel von M Social ist es, einzigartig und anders zu sein",

so Kwek Leng Beng, dem Executive Chairman von Millennium & Copthorne Hotels Limited und verantwortlich auch für das virtuelle Projekt [MIL22]:

Abb. 4.11 Hotels im Metaversum (hier: M Social). ([MUL23, TEO22])

„Um in die Zukunft zu schauen, müssen wir über das traditionelle Modell der Gastfreundschaft hinausblicken und unsere Gäste durch neue immersive Erfahrungen begeistern. Das Hotel hofft, Gastfreundschaft durch M Social Decentraland neu zu de-finieren, indem es Online-Abenteuer schafft, die sich in reale Ereignisse integrieren."

Zukünftig will M Social Decentraland auch spezielle Events für Feiertage und andere Anlässe wie den Valentinstag veranstalten. Darüber hinaus plant Millennium Hotels and Resorts Gespräche mit Partnern über mögliche zukünftige Kooperationen auf verschiedenen Plattformen. Saurabh Prakash, Group Senior Vice President, Commercial, Millennium Hotels and Resorts, sagte gegenüber BizBash, dass das M Social Hotel als neuer Kanal eröffnet wurde, um Kunden zu gewinnen und sie mit Millennium Hotels and Resorts, insbesondere der Marke M Social, vertraut zu machen [TEO22].

Seitdem treibt Millennium Hotels and Resorts das Projekt „M Social Decentraland" aktiv weiter. Im Februar 2024 wurde mit „The Vacay Collection" eine virtuelle Erweiterung eingeführt, die es Nutzern ermöglicht, digitale Versionen von Reisezielen wie Phuket im Metaversum zu erkunden. Diese Initiative zielt darauf ab, die Grenzen der traditionellen Gastfreundschaft zu erweitern und immersive Erlebnisse zu schaffen, die die physische und virtuelle Welt miteinander verbinden [HOS22, HOS24].

Zudem plant die Hotelkette zukünftig, Kooperationen mit Partnern einzugehen und spezielle Veranstaltungen zu besonderen Anlässen wie Neujahr oder Valentinstag im virtuellen Hotel abzuhalten. Diese kontinuierlichen Bemühungen unterstreichen das Engagement von Millennium Hotels and Resorts, innovative Wege zu beschreiten und die Möglichkeiten des Metaversums für die Hotellerie zu nutzen [HOS22] (Abb. 4.12).

Abb. 4.12 M-Social Vacay Phuket

4.6.7 Bildung

Wie bereits in Abschn. 4.6.6 erwähnt, eröffnet das Metaversum auch Chancen für Bildungszwecke, indem es die Möglichkeit für das Einrichten interaktiver, immersiver und kollaborativer Lernumfelder schafft, die den Lernenden ein verbessertes Verständnis von Ideen, Konzepten und ganzen Themenbereichen ermöglicht.

Ein Beispiel für die Anwendung des Metaversums im schulischen Bereich ist die Nutzung von virtuellen Welten wie Second Life oder Minecraft. Innerhalb solcher virtuellen Umgebungen können Schülerinnen und Schüler sowohl individuelle als auch gemeinschaftliche Projekte umsetzen, welche dazu beitragen, ihr Verständnis für Konzepte wie Geometrie, Architektur und Programmierung zu erweitern. Auch die Gestaltung virtueller Labore ist in immersiven Räumen wie dem Metaversum möglich. In diesen können Schülerinnen und Schüler Experimente durchführen, ohne auf physische Ressourcen angewiesen zu sein. Des Weiteren können sie unzugängliche oder gefährliche Experimente ausprobieren, die in der realen Welt undenkbar oder zu riskant wären. Dadurch erlangen sie ein vertieftes Verständnis für wissenschaftliche Ideen und verbessern ihre Fähigkeiten im Bereich der Datenanalyse und Problemlösung [RZE20, DAV22, HOW22].

Ein weiteres Beispiel mit dem Fokus der sozialen Bildung besteht darin, Schülerinnen und Schüler aus unterschiedlichen Ländern und Kulturen miteinander zu verbinden. Durch virtuelle Austauschprogramme können Lernende aus diversen Nationen und Kulturen in einer gemeinsamen virtuellen Umgebung kooperieren und voneinander profitieren [RZE20, DAV22, HOW22]. Auf diese Weise wird für die Schüler eine kreative, interaktive und immersivere Art des Lernens ermöglicht, wodurch ihr Verständnis für Ideen und Themen intensiviert wird.

Aber auch im akademischen Bildungsbereich gewinnt das Metaversum zunehmend an Akzeptanz. Es ermöglicht Studierenden und Forschenden, ihre Arbeiten auf innovative Weise darzustellen und zu teilen, und fördert Zusammenarbeit und Austausch mit Gleichgesinnten weltweit. Virtuelle Konferenzen sind ein Beispiel hierfür. Sie erlauben Teilnehmenden aus aller Welt, ohne physische Barrieren an Präsentationen und Postersessions teilzunehmen, in virtuellen Räumen auszustellen und zu publizieren, sowie in virtuellen Foren über Forschungsergebnisse und Ideen zu diskutieren.

Des Weiteren bieten virtuelle Labore, wie bereits erwähnt, Forschenden zahlreiche Möglichkeiten. Experimente, die in der realen Welt aufgrund von Ressourcen-, Sicherheits- oder ethischen Einschränkungen nicht möglich sind, könnten hier durchgeführt werden. Dies ermöglicht eine effektivere Forschung und den schnelleren Erwerb neuer Erkenntnisse [MAC09]. Zudem ergeben sich Chancen für Zusammenarbeit und Austausch zwischen Forschenden weltweit, indem virtuelle Arbeitsräume genutzt werden. Unabhängig vom Standort können sie gemeinsam an Projekten arbeiten und Ideen austauschen, was wiederum die Kooperation zwischen Wissenschaftlern verschiedener Länder erleichtert und die internationale Zusammenarbeit fördert.

Es wird auch daran gearbeitet, Lernplattformen wie Moodle mit Hilfe des Metaversums zu erweitern. Moodle ist eine Open-Source-Plattform, die Lehrpersonen und

Dozierenden erlaubt, Lerninhalte online bereitzustellen und zu verwalten. Das Metaversum könnte potenziell dazu beitragen, dass Lernplattformen wie Moodle und ähnliche noch effizienter und attraktiver werden als sie es derzeit schon sind [SA23, SAAoJ]. Eine Möglichkeit, wie derartige Plattformen vom Metaversum Nutzen ziehen können, besteht in der Integration in bestehende virtuelle Umgebungen. Durch eine solche Verknüpfung können Lehrkräfte und Dozenten eine interaktive und immersive Erfahrung für ihre Schüler und Studierenden erschaffen. Dies kann beispielsweise durch die Einbindung von virtuellen Lernspielen oder Simulationen realisiert werden, die den Lernprozess unterstützen und bereichern. Durch die Integration eines Zugangs zum Metaversum in Moodle können Schüler und Studierende desweitern verstärkt interagieren und kooperieren, um gemeinsam zu lernen und ihre Kompetenzen zu erweitern. Ferner eröffnet das Metaversum große Möglichkeiten für die Personalisierung von Lerninhalten. Durch den gezielten Einsatz von Metadaten und maschinellem Lernen können entsprechende Lernplattformen die Lernbedürfnisse und -vorlieben der Schüler und Studierenden besser erfassen und anpassen. So stehen Optionen für die Bereitstellung personalisierter Lerninhalte zur Verfügung, die den individuellen Bedürfnissen und Interessen der Schüler und Studierenden gerecht werden. Das Metaversum bietet insgesamt zahlreiche Chancen, um Lehr-/Lernplattformen wie Moodle und andere zu optimieren. Die Einbindung virtueller Welten, der Einsatz als Moodle-Erweiterung und die Anpassung von Lernmaterialien tragen dazu bei, dass diese Plattformen effizienter und ansprechender gestaltet werden können [HAN23].

Obwohl manche Kritiker das Metaversum als Bedrohung für das herkömmliche Bildungssystem ansehen, stellt es tatsächlich eher eine Bereicherung dar und eröffnet den Schülerinnen und Schülern neue Wege, um ihre Kompetenzen zu steigern und ihr Wissen auszubauen. Das konventionelle Bildungssystem wird nach wie vor eine essenzielle Rolle in der Ausbildung der Schülerinnen und Schüler einnehmen, da sie weiterhin grundlegende Fertigkeiten wie Lesen, Schreiben und Rechnen benötigen, die dort vermittelt werden. Zudem fördert das traditionelle System soziale Kompetenzen und die persönliche Entwicklung der Lernenden. Das Metaversum kann jedoch dazu beitragen, das klassische Bildungssystem zu erweitern und zu optimieren.

Es ist jedoch unerlässlich, darauf zu achten, ob das Metaversum für alle Schülerinnen und Schüler erreichbar ist. Gerade in Deutschland stellt der flächendeckende hochqualitative Zugang zum Internet eine Herausforderung. So wäre es nicht überraschend, wenn Lernenden der Zugang zu notwendigen Technologien fehlen würde oder Schüler/-innen sich die notwendigen Geräte nicht leisten können oder Probleme haben, in einer virtuellen Umgebung zu lernen. Nicht alleine deshalb ist es von großer Bedeutung, dass das konventionelle Bildungssystem erhalten bleibt und die Schülerinnen und Schüler auf vielfältige Weise unterstützt werden.

werden.

Insbesondere die Integration von KI-Werkzeugen zum Beispiel als KI-gestützter Lehrer-Avatare in immersiven virtuellen Lernumgebungen scheinen aktuell eine neue Perspektive für den Bereich des digitalen Lehren und Lernens zu eröffnen. So wird derzeit diskutiert, ob solche Arten von Avatare eine interaktive, personalisierte und kollaborative

4.6 Die Digital 49ers: Neue Geschäftsmodelle und Anwendungsfelder

Form des Unterrichts ermöglichen, die über traditionelle Lernmethoden und auch über solche des klassischen E-Learning hinausgeht. Ziel ist es, Schülern durch den Einsatz virtueller Technologien einen flexibleren, zugänglicheren und effektiveren Bildungsansatz zu bieten:

- Ein solches Szenario könnte mit dem Betreten eines virtuellen Klassenzimmers, das als dreidimensionaler Raum gestaltet ist, beginnen. Schüler melden sich über ein Lernportal an, tauschen in das virtuelle Klassenzimmer ein und interagieren mit einem KI-gesteuerten Lehrer-Avatar, der in verschiedenen Formen auftreten kann. So kann dieser sowohl als „normales" Abbild des Lehrers, aber auch als historischer Charakter, Wissenschaftler oder als eine andere berühmte Persönlichkeit auftreten. Dieser Avatar analysiert auf Basis seiner integrierten KI-Werkzeuge das Vorwissen der Schüler, stellt personalisierte Fragen und Aufgaben und gibt in Echtzeit Feedback. Die Schüler können mit dem Avatar entweder sprachlich oder schriftlich kommunizieren, um zusätzliche Erklärungen zu erhalten. Diese interaktive Unterrichtsführung ermöglicht eine dynamische Anpassung an individuelle Lernbedürfnisse [FAD19].
- Neben der sozialen Komponente aus der Interaktion zwischen den Avataren von Lehrer und Schüler ist ein wesentlicher Vorteil solcher virtuellen Lernumgebungen die Möglichkeit, durch Simulationen und interaktive Experimente ein praxisnahes Lernen zu ermöglichen. In naturwissenschaftlichen Fächern könnten Schüler beispielsweise eine virtuelle Zelle betreten, um die Organellen zu erkunden, oder in einem digitalen Physiklabor Experimente zu Gravitationskräften durchführen. Diese Art des Lernens erhöht nicht nur das Engagement, sondern verbessert auch das Verständnis komplexer Konzepte durch unmittelbare, visuelle Erfahrungen [TOV20].
- Zur Steigerung der Motivation der Schüler können die Lehrer-Avatare gamifizierte Elemente in den Unterricht einbauen. Rätsel, Tests und Belohnungssysteme wie Abzeichen oder virtuelle Zertifikate fördern das spielerische Lernen und ermöglichen es den Schülern, Fortschritte sichtbar nachzuvollziehen. Zudem fördert der Lehrer-Avatar die Zusammenarbeit zwischen den Schülern, indem er Gruppenprojekte moderiert und gezielt individuelles Feedback gibt. Durch Echtzeit-Interaktion mit den Schülern kann der Avatar auch emotionale Intelligenz zeigen, indem er Stimmungsschwankungen erkennt und den Schwierigkeitsgrad oder die Unterrichtsmethode entsprechend anpasst. Beispielsweise könnte der Avatar beruhigende Worte finden, wenn ein Schüler frustriert wirkt, oder zusätzlichen Input geben, wenn ein Schüler unterfordert erscheint [DME12].

Eine zentrale Stärke des Einsatzes KI-gestützter Lehrer-Avatare liegt in der Personalisierung des Lernens, da der Unterricht an die individuellen Bedürfnisse der Schüler angepasst werden kann. Durch den virtuellen Raum entfällt zudem die Notwendigkeit physischer Präsenz, was die Zugänglichkeit für Schüler aus verschiedenen Regionen erhöht. Zudem sind solche Avatare rund um die Uhr verfügbar und können Schüler auch außerhalb des regulären Unterrichts unterstützen. Die immersive Natur des Metaversums sorgt für eine motivierende, interaktive Lernerfahrung, während der Verzicht auf physische Ressourcen Kosten für Schulen und Institutionen reduzieren kann [OWO21].

Die praktische Anwendung solcher Integrationsformen erstreckt sich bereits auf verschiedene Bildungsbereiche. Virtuelle Avatar fungieren als muttersprachliche Lehrer und begleiten Schüler durch realitätsnahe Sprachübungen in digitalen Umgebungen wie einem Café in Paris oder einem Markt in Tokio durch den Sprachunterricht. Im Geschichtsunterricht können Avatare die Rolle historischer Figuren übernehmen und eine vergangene Epoche aus der Ich-Perspektive erzählen, während Schüler durch eine virtuelle Rekonstruktion dieser Zeit reisen. Ebenso kann technisches Training in einer virtuellen Werkstatt stattfinden, in der Avatare den Aufbau und die Bedienung von Maschinen erklären, bevor Schüler in realen Situationen damit arbeiten [BAI18].

4.6.8 Das Metaversum und die Arbeitswelt

Die Umsetzung der Idee des Metaversums wird nicht nur neue Formen der Arbeit auf den Plattformen und in den immersiven Welten des Metaversums hervorbringen. Vielmehr werden sich auch in der physischen Welt neue Arbeitsformen und neue Berufsbilder rund um das Metaversum etablieren. Ein solches, bisher nicht existierendes Berufsbild ist das des CMO, des Chief Metaverse Officers. So beschreibt die oben schon erwähnte Cathy Hackl in ihrem Buch „Into the Metaverse" die Rolle eines solchen CMO und bezeichnet sie als eine strategische Führungsposition, die Unternehmen dabei unterstützt, die Potenziale des Metaversums zu erschließen. Sie betont die Relevanz einer solchen Position durch die Brückenfunktion zwischen Technologie und Geschäftsentwicklung, die der CMO einnimmt. Zu seinen Kernaufgaben gehören die Entwicklung und Umsetzung von Strategien für virtuelle Güter, Avatare, NFTs, Gaming und Technologien wie VR, MR und AR. Ein tiefgehendes Verständnis von Kryptowährungen, Blockchain-Technologie, Cloud Computing, Gaming-Engines und digitalem Design ist dabei unerlässlich [HAC23].

Diese neue Rolle hat eine Schnittstellenfunktion und erfordert somit eine Mischung aus Marketing- und Kommunikationsexpertise, strategischem Geschäftssinn und technologischem Know-how. Der CMO ist dafür verantwortlich, die Präsenz der Marke im Metaversum zu gestalten und zu steuern, einschließlich der Entwicklung von Strategien für virtuelle Produkte und Dienstleistungen sowie der Schaffung immersiver Markenerlebnisse. Zum Aufgabenbereich des CMO gehört ganz zentral die Zusammenarbeit mit verschiedenen Branchen, die bereits Fortschritte im Metaversum machen, wie beispielsweise Mode und Marketing. Der CMO sollte in der Lage sein, Partnerschaften zu identifizieren und zu fördern, die das Potenzial des Metaversums für das Unternehmen maximieren. Dies beinhaltet auch die Überwachung von Entwicklungen in Bereichen wie Gaming, synthetischen Medien, räumlichem Computing und künstlicher Intelligenz, um neue Geschäftsmöglichkeiten zu identifizieren und zu nutzen.

Der Chief Metaverse Officer kann für Unternehmen in Zukunft eine bedeutende Rolle spielen und die Management-Ebene als eine wesentliche Führungsposition solcher

Unternehmen, die die Chancen des Metaversums proaktiv angehen möchten, bereichern. Durch die Integration von technologischem Wissen und strategischer Vision kann der CMO dazu beitragen, die digitale Transformation voranzutreiben und neue Einnahmequellen im aufstrebenden Metaversum zu erschließen.

4.6.9 Das Metaversum und die Medizin

Es ist erwartbar, dass die Idee des Metaversums auch im medizinischen Bereich eine bedeutende Rolle spielen wird. Ein Bereich, in dem dies schon heute der Fall ist, ist die medizinische Ausbildung. Durch das Einrichten virtueller Umgebungen können medizinische Studenten Szenarien in einer realistischen Umgebung simulieren und so ihre praktischen Fähigkeiten verbessern. Ein Beispiel hierfür sind virtuelle Notfallmedizin-Simulatoren, in denen Studierenden lernen sollen, in einer stressigen Umgebung schnell und effektiv zu reagieren und zu arbeiten [ZIV03, MEDoJ, VIN15]. Auch der Bereich der Telemedizin wird absehbar durch das Metaversum Veränderungen erfahren. Durch die Nutzung von VR können Patienten und Ärzte in Echtzeit miteinander interagieren, unabhängig von ihrem Standort. Dies ermöglicht es Patienten, eine Diagnose oder auch eine Behandlung von Ärzten zu erhalten, die sich möglicherweise weit entfernt befinden [BAL21b, MAR22]. Dies wiederum könnte zu einer Verbesserung der Versorgungslage zum Beispiel in ländlichen Regionen beitragen.

Darüber hinaus wird das Metaversum auch in der medizinischen Forschung eingesetzt werden, um die Entwicklung neuer Medikamente und Therapien zu beschleunigen. Virtuelle Umgebungen können verwendet werden, um die Auswirkungen von Medikamenten auf verschiedene menschliche Organe und Systeme oder um neue Wege medizinischer Eingriffe zu simulieren und so möglicherweise Jahre der Forschung und Entwicklung einsparen [KAW22].

Auch die klinische Behandlung und Krankenhäuser können vom Metaversum profitieren. Durch die Integration virtueller Realität in den Betrieb von Krankenhäusern können auch sie ihre Effizienz und Effektivität steigern und so letztendlich bessere Patientenergebnisse erzielen. Ein Beispiel dafür ist die Verwendung von VR für die Schulung von medizinischem Personal. Durch das Einrichten virtueller Umgebungen durch medizinische Einrichtungen, kann Ärzten, Krankenschwestern und anderen Mitarbeitern die Option eröffnet werden, praktische Fähigkeiten zu erlernen und zu verbessern, bevor sie diese in der realen Welt anwenden. Die Hoffnung ist, dass dies dazu beiträgt, die Schulungskosten und die Zeit, die für die Schulung benötigt wird, zu reduzieren, während gleichzeitig die Qualität der Aus-bildung verbessert wird. Zudem ermöglicht die VR-Technologie Krankenhäusern auch, eine breitere Palette von Dienstleistungen anzubieten und zum Beispiel Patienten von entfernten Standorten aus zu erreichen. Dies kann dann dazu beitragen, die Wartezeiten für Termine zu reduzieren und den Zugang zu hochwertiger Gesundheitsversorgung zu verbessern. Die virtuellen Umgebungen tragen auch dazu bei, die Genauigkeit von Diagnosen und Behandlungsplänen zu verbessern. Durch die Generierung von individuellen virtuellen Modellen des Patienten können Ärzte und andere medizinische Fachkräfte eine genaue Darstellung des Körpers des Patienten erhalten und so fundiertere Entscheidungen treffen. Darüber hinaus können virtuelle Umgebungen auch dazu beitragen, die Planung von chirurgischen Eingriffen zu verbessern und Risiken zu minimieren [WAN22, WU23].

Auch im Pflegebereich gibt es viele Möglichkeiten, von der Integration von virtueller Realität in das Metaversum zu profitieren. Die Technologie kann hier dazu beitragen, die Qualität der Pflege zu verbessern, die Effizienz der Arbeitsabläufe zu steigern und das Leben von Pflegebedürftigen zu erleichtern. Ein Bereich, in dem das Metaversum im Pflegebereich von besonderem Vorteil sein kann, ist die Schulung von Pflegekräften. Ebenso wie in Krankenhäusern können virtuelle Umgebungen genutzt werden, um Pflegekräfte in verschiedenen Situationen zu trainieren und ihre Fähigkeiten zu verbessern, ohne dass Patienten gefährdet werden. Auch dies erhöht letztlich die Qualität der Pflege zu verbessern und die Sicherheit der Patienten [WAN22].

Ein weiterer Bereich, in dem das Metaversum im Pflegebereich von Vorteil sein kann, ist die Verbesserung der Kommunikation zwischen Pflegekräften und Patienten. Virtuelle Umgebungen können genutzt werden, um die Bedürfnisse und Wünsche von Pflegebedürftigen besser zu verstehen und ihnen eine bessere Betreuung und Unterstützung zu bieten. Darüber hinaus können virtuelle Umgebungen nachweislich dazu beitragen, soziale Isolation bei älteren Menschen zu reduzieren, indem sie ihnen den Zugang zu sozialen Kontakten und Aktivitäten erleichtert [WAN22, MOZ23]. Sowohl in der Pflege als auch in der stationären Behandlung in Krankenhäusern kann das Metaversum dazu beitragen, die Effizienz zu steigern. So besteht das Potenzial, die Logistik und die Planung von Abläufen zu verbessern, indem beispielsweise automatisierte Systeme oder virtuelle Assistenten eingesetzt werden, die an ihren digitalen bzw. realen Zwillingen optimiert wurden. Dies kann dazu beitragen, Zeit und Ressourcen zu sparen und die Qualität der Pflege zu erhöhen [ADI23, KAL22].

Letztlich hoffen auch die Krankenversicherungen und Krankenkassen vom Metaversum profitieren zu können. Beispielhaft ist hier die Verbesserung der Patientenaufklärung. Durch die Schaffung von virtuellen Umgebungen können Krankenkassen interaktive Schulungen und Informationen anbieten, die den Patienten helfen, ihre Gesundheit besser zu verstehen und sich besser auf ihre Behandlung vorzubereiten. Dies wiederum kann dazu beitragen, die Einhaltung von Behandlungsplänen zu verbessern und letztendlich die Gesundheit der Patienten zu verbessern. Aber auch geschäftliche Prozesse wie die Abrechnungen werden absehbar vom Metaversum profitieren können, indem hier der Grad der Automatisierung und Digitalisierung erhöht wird. Darüber hinaus könnten auch Krankenkassen eigene virtuelle Umgebungen einrichten und nutzen, um die Entwicklung von Behandlungsplänen und Therapien zu beschleunigen. Durch die Simulation von Krankheiten und Behandlungsplänen können umgekehrt aber auch Krankenkassen besser verstehen, welche Behandlungen am effektivsten sind und welche Risiken damit verbunden sind. Dies kann weiterhin dazu beitragen, die Kosten für die Gesundheitsversorgung insgesamt zu senken, indem unnötige Behandlungen vermieden werden und effektivere Therapien ausgewählt werden [SOS22, ADI23, KAL22].

Die genannten Möglichkeiten, die das Metaversum im medizinischen Bereich eröffnet, stellen zugleich auch eine Herausforderung für das klassische medizinische Versorgungssystem dar. Es bietet neue Möglichkeiten für die Bereitstellung von Gesundheitsleistungen und die Zusammenarbeit zwischen Patienten, Anbietern und Krankenkassen und ermöglicht den Zugang zu medizinischen Dienstleistungen in Echtzeit und von überall auf der Welt, ohne dass Patienten physisch zu einem Arzt oder einer medizinischen Einrichtung gehen müssen. Dies kann allerdings dazu führen, dass die traditionellen medizinischen Versorgungssysteme „vor Ort" an Bedeutung verlieren. Eine weitere Herausforderung besteht darin, dass das Metaversum den Patienten eine größere Kontrolle über ihre Gesundheitsversorgung gibt. Patienten können auf Informationen und Ressourcen zugreifen, um ihre eigene Gesundheit zu verwalten, anstatt auf die Hilfe von Ärzten oder anderen medizinischen Fachkräften angewiesen zu sein. Auch dies kann dazu führen, dass die Rolle von Ärzten und anderen medizinischen Fachkräften in der Gesundheitsversorgung abnimmt [ADI23].

Letztlich kann das Metaversum aber dazu beitragen, den Zugang zu Gesundheitsleistungen zu verbessern, insbesondere für Menschen, die in ländlichen Gebieten oder in Regionen mit begrenztem Zugang zu medizinischer Versorgung leben. Durch die Nutzung von virtuellen Umgebungen können Patienten und medizinische Fachkräfte unabhängig von ihrem Standort miteinander kommunizieren und jede mögliche medizinische Dienstleistungen auswählen und mehr noch als mit bzw. über das WWW in Anspruch nehmen.

Ein besonderer Bereich medizinischer Anwendungen, der eine große Schnittmenge auch mit dem oben angesprochenen Bereich der Pflege aufweist, ist das sogenannte Ambient Assisted Living (AAL).

AAL umfasst Technologien, die älteren oder eingeschränkten Personen ein selbstbestimmtes Leben ermöglichen. Dazu gehören smarte Sensoren zur Gesundheitsüberwachung und Notfallprävention, assistierende Systeme wie sprachgesteuerte Assistenten oder automatische Erinnerungsfunktionen sowie Kommunikationstechnologien, die soziale Interaktion erleichtern. Diese Systeme sollen den Nutzern mehr Autonomie im Alltag bieten und gleichzeitig Angehörige oder Pflegekräfte entlasten.

Eine der wichtigsten Schnittstellen zwischen AAL und dem Metaversum liegt in der Förderung sozialer Interaktion. Viele ältere Menschen leiden unter sozialer Isolation, insbesondere wenn sie mobilitätseingeschränkt sind. Das Metaversum hingegen bietet virtuelle Räume, in denen sie sich mit Familie und Freunden treffen, an digitalen Gemeinschaftsaktivitäten teilnehmen oder neue soziale Netzwerke aufbauen können. Der Zugang zu virtuellen Welten könnte es älteren Menschen ermöglichen, sich aktiver in soziale Interaktionen einzubringen und neue Formen der Teilhabe zu entdecken.

Darüber hinaus könnte das Metaversum therapeutische Anwendungen für AAL-Umgebungen erweitern. Virtuelle Physiotherapieprogramme, die von KI-gestützten Avataren angeleitet werden, könnten Bewegungsübungen in einer motivierenden Umgebung ermöglichen. Ebenso könnten virtuelle Entspannungs- oder Meditationsräume die mentale

Gesundheit fördern und Stress reduzieren. Besonders für Menschen mit kognitiven Einschränkungen könnte das Metaversum eine Plattform bieten, um Gedächtnistraining und interaktive Therapien durchzuführen, die individuell auf die Bedürfnisse der Nutzer zugeschnitten sind [MAT22b]. Ebenso kann das Metaversum in AAL-Umgebungen integriert werden, um Schulungen für ältere Menschen oder deren Betreuer anzubieten. Beispielsweise könnten virtuelle Kurse helfen, den Umgang mit neuen Technologien zu erlernen, Gesundheitsmaßnahmen zu verstehen oder pflegerische Aufgaben zu bewältigen. Dadurch könnten sowohl die Selbstständigkeit älterer Menschen als auch die Effizenz der Pflegekräfte verbessert werden [ORT24].

Ein weiteres Potenzial liegt in der Verbindung smarter Umgebungen mit virtuellen Räumen. AAL-Haushalte, die bereits über smarte Steuerungssysteme verfügen, könnten über das Metaversum erweitert werden. Nutzer könnten beispielsweise durch eine VR-Brille eine virtuelle Darstellung ihres Hauses betreten und dort Beleuchtung, Heizung oder Sicherheitssysteme steuern. Dies könnte insbesondere für Personen mit Mobilitätseinschränkungen eine erhebliche Erleichterung im Alltag bedeuten [SOU24]. Ein innovativer Ansatz innerhalb dieser Verbindung ist die Nutzung digitaler Zwillinge für Gesundheitsüberwachung und Pflege. AAL-Sensoren könnten kontinuierlich Gesundheitsdaten sammeln, die als digitale Zwillinge im Metaversum visualisiert werden. Ärzte oder Pflegekräfte könnten auf diese Weise Bewegungsprofile oder Vitalwerte in Echtzeit analysieren und präventive oder akute Maßnahmen ergreifen. Dies könnte eine bessere medizinische Versorgung ermöglichen und frühzeitig Hinweise auf gesundheitliche Veränderungen liefern [LU20].

Den soweit als positiv zu bewertenden Potenzialen der Verbindung von AAL und dem Metaversum stehen zwei besondere Herausforderungen gegenüber, die sich aus den zumeist demografischen Eigenheiten der „typischen" AAL-Benutzer ableiten lassen [SCHwir24, MOR23]:

- Technologische Barrieren stellen eine der größten Hürden dar, da viele ältere Menschen Schwierigkeiten haben könnten, komplexe Geräte wie VR-Brillen oder AR-Systeme zu nutzen. Die Benutzungsfreundlichkeit solcher Technologien muss daher garantiert werden, um eine breite Akzeptanz zu ermöglichen. Zudem sind in der Regel recht hohe Investitionen erforderlich, um AAL-Systeme mit Metaversum-Technologien zu verknüpfen und sicherzustellen, dass sie zuverlässig und sicher funktionieren
- Zudem spielt auch die Benutzerakzeptanz eine wesentliche Rolle. Während einige ältere Menschen offen für neue Technologien sind, könnten andere das Metaversum als unnötig oder schwer verständlich empfinden. Die Einführung solcher Systeme muss daher mit umfassenden Schulungsangeboten und benutzerfreundlichen Schnittstellen begleitet werden, um eine breite Nutzung zu gewährleisten.

4.6.10 Das Business Internal Metaverse

Als „Business Internal Metaverse" oder auch „Intraverse" [MAL22] werden virtuelle Umgebungen bezeichnet, die speziell für den Einsatz in einem Unternehmen oder einer Organisation entwickelt wurde. Es handelt sich als Erweiterung des Intranet um eine Art geschlossener virtueller Ökosysteme, die nur den Mitarbeitern, Führungskräften und anderen zugelassenen Personen des Unternehmens zugänglich ist. Ein solches Business internal Metaverse ermöglicht es den Nutzern, sich in einer virtuellen Umgebung zu treffen, zu kommunizieren, zusammenzuarbeiten und Aufgaben zu erledigen, wie jedes andere, „öffentliche" Metaversum auch. Diese virtuelle Welt integriert allerdings Anwendungen und Tools, die speziell auf die Bedürfnisse des Unternehmens zugeschnitten sind, wie z. B. virtuelle Konferenzräume, digitale Arbeitsbereiche, Schulungsmodule und Simulationsprogramme, usw.

Das Konzept des Business internal Metaverse ist noch relativ neu, aber es gibt bereits eine Reihe von Unternehmen, die virtuelle Arbeitsumgebungen nutzen, um ihre Mitarbeiter besser zu vernetzen und optimaler in interne Prozesse einzubinden. Ein Beispiel dafür ist Spatial, die eine virtuelle Arbeitsplattform entwickelt, die es Nutzern ermöglicht, in einer gemeinsamen virtuellen Umgebung zusammenzuarbeiten, egal wo sie sich physisch befinden [CAR23].

Insbesondere aber scheint die Zukunft dieser Ausprägung des Metaversums darin zu liegen, Prozesse, die auch Kundeninteraktion beinhalten, zu etablieren. Einige Beispiele für solche Prozesse könnten sein [MAL22, ROE22, CAR23]:

- Unternehmen können virtuelle Konferenzräume einrichten, um Kundenmeetings abzuhalten. Die Kunden können sich einfach über eine virtuelle Plattform anmelden und an einem virtuellen Meeting teilnehmen, ohne dass sie physisch anwesend sein müssen.
- Unternehmen können auch einen Kundensupport einrichten. Kunden können eine solche virtuelle Kundensupport-Plattform nutzen, um ihre Fragen zu stellen oder Probleme zu melden. Der Kundensupport-Mitarbeiter kann dann über eine virtuelle Plattform antworten und Lösungen bereitstellen. Dieser Mitarbeiter kann dabei sowohl ein echter Mitarbeiter oder ein autonom wirkender Supportassistent oder Chatbot sein.
- Unternehmen können auch virtuelle Produktpräsentationen durchführen. Kunden können sich einloggen und sich virtuell durch die Produkte des Unternehmens führen lassen. Der Vorteil hierbei ist, dass die Kunden die Produkte in einer interaktiven 3D-Umgebung sehen und ausprobieren können, ohne dass sie physisch anwesend sein müssen.
- Unternehmen können auch virtuelle Schulungen für Kunden im Business internal Metaverse anbieten. Kunden können sich dort für eine virtuelle Schulung anmelden und sich dann in einem virtuellen Klassenraum mit anderen Teilnehmern treffen. Die Schulung kann sowohl von einem realen Mitarbeiter als auch von einem virtuellen Trainer durchgeführt werden, die die Teilnehmer durch die Schulung führen.

- Unternehmen können auch jede andere Art von virtuellen Events im Business internal Metaverse veranstalten. Zum Beispiel können sie ein virtuelles, immersives Kundenforum einrichten, bei dem Kunden untereinander oder mit dem Support Ideen und Vorschläge diskutieren und Feedback geben können. Denkbar sind auch virtuelle Produkt-Launch-Events, bei denen Kunden die Möglichkeit haben, die neu vorgestellten Produkte des Unternehmens in einer interaktiven Umgebung auszuprobieren.

Ein besonders bedeutender Bereich für die Implementierung einer Business Internal Metaverse ist der Support. „Immersiver Support" bezieht sich auf eine Form des technischen Supports oder Kundendienstes, bei dem die Support-Mitarbeiter den Kunden in einer immersiven, virtuellen Umgebung treffen, um Probleme zu lösen oder Fragen zu beantworten. Im Gegensatz zum herkömmlichen Kundensupport, bei dem Kunden in der Regel telefonisch oder per E-Mail unterstützt werden, ermöglicht der immersive Support eine intensivere und persönlichere Interaktion zwischen Kunden und Support-Mitarbeitern. Zum Beispiel könnten die Support-Mitarbeiter dem Kunden in einer virtuellen, aber realitätsnahen Umgebung zeigen, wie er ein Produkt gezielt verwendet wird oder wie er ein technisches Problem eigenständig beheben kann. Dies kann nicht nur die Kundenzufriedenheit erhöhen, sondern auch die Effizienz des Kundensupports verbessern, indem Probleme schneller und effektiver gelöst werden [MON22, MAL22].

In der produzierenden Industrie wird die Virtual-Reality-Technologie (VR) bereits genutzt, um Simulationen von Fabriken und Produktionsprozessen zu erstellen. Die VR-Technologie kann auch in diesem Bereich zur Schulung von Mitarbeitern verwendet werden, um sie auf bestimmte Arbeitssituationen vorzubereiten und ihre Fähigkeiten zu verbessern. Stärkere Bedeutung bekommt es aber durch die digitalen Abbilder von Anlagen und ganzen Fertigungs- und Fabrikationsteilen. So werden zum Beispiel virtuelle Fabriken erstellt, in denen verschiedene Produktionsprozesse simuliert werden können [GEY23].

Eine inzwischen als alt anzusehende Thematik ist die sogenannte Industrie 4.0. Sie zielt darauf ab, eine intelligente Fabrik zu schaffen, in der Produktion, Logistik, Technologie und Arbeitskräfte miteinander vernetzt sind, um effizientere und flexiblere Produktionsprozesse zu ermöglichen. Durch die Vernetzung von Maschinen, Anlagen und Systemen in Echtzeit sollen autonome Entscheidungen getroffen werden, um die Produktionsprozesse zu optimieren [PLAoJ]. Die Idee der Industrie 4.0 und die des Metaversums haben auf den ersten Blick nicht viel gemeinsam, aber dennoch gibt es einige mögliche Verbindungen:

- Sowohl Industrie 4.0 als auch das Metaversum sind visionäre Konzepte, die eine Zukunft der digitalen Optimierung und des digitalen Zusammenlebens darstellen.
- Beide Konzepte nutzen Technologien wie künstliche Intelligenz, virtuelle und erweiterte Realität, Internet der Dinge, Blockchain usw. Die Technologie ist der Schlüssel, um die Realität zu digitalisieren und zu optimieren.
- Industrie 4.0 strebt nach einer nahtlosen Vernetzung von Produktionsanlagen, Maschinen, Systemen und Menschen, um die Effizienz zu steigern und die Entscheidungsfindung

4.6 Die Digital 49ers: Neue Geschäftsmodelle und Anwendungsfelder

zu verbessern. Das Metaversum ist eine solche erweiterte Form der Vernetzung, bei der Menschen in virtuellen Welten miteinander interagieren können.

- In beiden Konzepten geht es um Personalisierung. In der Industrie 4.0 werden Produkte und Dienstleistungen auf die individuellen Bedürfnisse der Kunden zugeschnitten. Im Metaversum können Nutzer ihre virtuelle Identität anpassen und ihre eigenen Welten erschaffen und in Zukunft auch Einfluss auf die Bildung und Abläufe von Prozessen nehmen.
- Industrie 4.0 sammelt und analysiert große Mengen an Daten, um bessere Entscheidungen zu treffen und die Effizienz zu steigern. Im Metaversum werden ebenfalls viele Daten erzeugt, die für Personalisierung und Verbesserung der Nutzererfahrung genutzt werden können.

Die Verbindung von Industrie 4.0 und Metaversum könnte so also dazu führen, dass die Produktionsprozesse in einer virtuellen Welt simuliert werden, um die Effizienz und Flexibilität der realen Fabrik zu verbessern. In einer solchen virtuellen Welt könnten autonome Entscheidungen getroffen werden, um die Produktion zu optimieren und gleichzeitig die Interaktion zwischen den Mitarbeitern und Anlagen zu simulieren. Durch die Integration der Technologien des Metaversums in Industrie-4.0-Lösungen könnten neue Formen der Zusammenarbeit und Schulung von Mitarbeitern ermöglicht werden.

Nicht unbedingt neu klingen die Ideen, die üblicherweise für den Bereich der Wartung und Instandhaltung mit Hilfe des Metaversums genannt werden:

- Durch die Nutzung von VR und AR kann das Metaversum dazu beitragen, Mitarbeiter zu schulen und zu trainieren. Beispielsweise können Wartungs- und Instandhaltungstechniker in einer virtuellen Umgebung trainieren, die der realen Umgebung ähnelt, in der sie arbeiten werden.
- Im Metaversum können Sensoren und andere Geräte in Echtzeit überwacht werden. Dies ermöglicht es Wartungstechnikern, Probleme in der Ferne zu diagnostizieren und zu beheben, bevor es zu Ausfallzeiten kommt.
- Das Metaversum bietet eine Plattform für die Zusammenarbeit zwischen Wartungstechnikern, Ingenieuren und anderen Fachleuten. Zum Beispiel können sie gemeinsam an einem virtuellen Modell einer Maschine arbeiten, um Probleme zu lösen und Verbesserungen vorzunehmen.
- Mit dem Metaversum können Wartungstechniker und Ingenieure komplexe Informationen in visueller Form darstellen und analysieren. Beispielsweise können sie 3D-Modelle von Maschine und Anlagen erstellen und verschiedene Daten in Echtzeit aufrufen, um Probleme schnell zu erkennen und zu lösen.
- Durch die Analyse von Daten in Echtzeit können Wartungstechniker und Ingenieure Muster erkennen und vorhersagen, wann Wartungsarbeiten anfallen werden. Dadurch können präventive Wartungsmaßnahmen ergriffen werden, um Ausfallzeiten zu minimieren und die Lebensdauer der Maschinen zu verlängern.

4.6.11 Metaverse Service Providing

Nicht nur „das Innere" des Metaversums eignet sich, um bewirtschaftet zu werden. Die Bezeichnung „Metaverse Service Providing" (MSP) bezieht sich auf die Idee der Bereitstellung von Dienstleistungen innerhalb, aber auch außerhalb des Metaversums. Metaversum-Plattformen sind virtuelle Umgebungen, in denen Benutzer interagieren, Inhalte erstellen und teilen, sowie auch kommunikative und geschäftliche Transaktionen durchführen können. Einzelbenutzer im privaten Umfeld können ebenso wie Unternehmen diese Plattformen nutzen, um zu kommunizieren und interagieren, aber auch um ihre eigenen Produkte und Dienstleistungen zu präsentieren und ihre Zielgruppen zu erreichen. Dazu werden vielfältigste Dienstleistungen benötigt:

- Entwicklung und Design von Inhalten und -Anwendungen im und für die Plattform
- Hosting und Verwaltung von Servern
- Bereitstellung von Cloud-basierten Speicher- und Verarbeitungsdiensten
- Sicherheitsdienste und Identitätsmanagement innerhalb des Metaversums und seiner Plattformen
- KI- und Machine Learning-Dienste, um die Interaktion und die Benutzererfahrung zu verbessern
- Zahlungsabwicklung und -verwaltung innerhalb des Metaversums.

War in Abschn. 4.6.8 schon der CMO als Schlüsselfunktion in einem Metaverseorientierten Unternehmen vorgestellt worden, gibt es jedoch im Kontext des MSP noch eine Reihe weiterer Tätigkeitsfelder, die mit passenden Fähigkeiten bedient werden müssen.

So ermöglicht das Metaversum im Bereich des Kunden-Supports die Schaffung virtueller Helpdesks, in denen Kunden mit digitalen Avataren interagieren können. Solche Avatare bieten, wie schon vielfach auch heutige Support-Chatbots, personalisierte Unterstützung in Echtzeit. Beispielsweise können Kunden in einer virtuellen Umgebung Produkte ausprobieren oder Probleme durch interaktive Demonstrationen lösen. Unternehmen wie Verizon haben bereits VR-Technologien eingesetzt, um Kunden bei der Fehlerbehebung in einem 3D-Raum zu unterstützen, was den Support intuitiver gestaltet.

Auch für den direkten Support von Software und Software-Systemen bietet das Metaversum die Möglichkeit, komplexe Probleme durch visuelle und interaktive Methoden zu adressieren. Kunden können über AR-gestützte Videoanrufe mit Supportmitarbeitern kommunizieren, die in der Lage sind, virtuelle Markierungen oder Hologramme zu verwenden, um spezifische Anweisungen zu geben. Dies erleichtert die Fehlersuche und reduziert die Notwendigkeit physischer Eingriffe. Plattformen wie Blitzz bieten bereits solche AR-unterstützten Videoanrufe an, bei denen Agenten die Kamera des Kunden nutzen, um Probleme zu diagnostizieren und durch visuelle Hinweise zu lösen [BLI21].

In Bezug auf die Software-Wartung ermöglicht die Charakteristik des Metaversum proaktive und vorausschauende Ansätze. Durch Simulation von Softwareumgebungen in virtuellen Räumen können Entwickler potenzielle Probleme identifizieren, bevor sie auftreten. Zudem können regelmäßige Wartungsarbeiten in einer kontrollierten virtuellen Umgebung durchgeführt werden, wodurch das Risiko von Ausfallzeiten minimiert wird. Die Integration von KI und maschinellem Lernen in diese Prozesse unterstützt die kontinuierliche Überwachung und Optimierung von Softwarelösungen.

Unternehmen, die sich auf Dienste im Metaverse Service Providing spezialisieren, bieten diese Dienstleistungen an und arbeiten eng mit den Plattformbetreibern und Kunden zusammen, um sicherzustellen, so das die beiderseitigen Bedürfnisse erfüllt werden. Solche Unternehmen sind in der Regel schon auf die spezifischen Anforderungen des Internet spezialisiert und verfügen so auch über ausreichend Erfahrung für die Bereitstellung von Dienstleistungen auch für das neue Umfeld Metaversum. In diesen Bereich fallen zum Beispiel Dienstleistungen wie die „Landentwicklung" und die Gebäudekonstruktion, die einen wichtigen Beitrag zur Entwicklung virtueller Welten im Metaversum leisten, in dem sie Entwicklern und Nutzern bei der Gestaltung von virtuellen Welten und Gebäuden helfen:

- Landentwickler können beispielsweise virtuelle Landschaften und Umgebungen entwerfen und erstellen, die dann von Benutzern zu eigenen Zwecken genutzt werden können. Sie modellieren dazu die Topografie, Vegetation und andere Merkmale von virtuellen Welten und passen sie so an, dass Immersion und Benutzungserlebnisse optimiert werden.
- Eine weitere wichtige Rolle spielt die Gebäudekonstruktion bzw. -modellierung. Hier fließen die besonderen und individuellen Wünsche der Auftraggeber ein, damit die virtuellen Gebäude als virtuelle Büros, Geschäfte, Wohnungen, Parks oder zu anderer Zwecken genutzt werden können. Unternehmen wie VRJAM [VRJoJ] und Sine Wave Entertainment [SINoJ] bieten Tools und Technologien zur Erstellung solcher virtueller Gebäuden und Umgebungen an, die dann möglichst nahtlos in die Plattformen des Metaversums integriert werden können.
- Sowohl die Landentwicklung als auch die Gebäudekonstruktion tragen wesentlich dazu bei, eine möglichst immersive und ansprechende virtuelle Umgebung zu schaffen
- Unternehmen wie Decentraland, Somnium Space und viele andere bieten virtuelle Grundstücke zum Kauf an. Decentraland hat dies inzwischen sogar weiterentwickelt und bietet mittlerweile die Möglichkeit an, erworbenes virtuelles Land zu verpachten oder zu vermieten. Neben der eigentlichen Entwicklung und Modellierung virtuellen „Landes" bietet sich hier die Chance, zukünftig virtuelle Immobilienentwicklung als angebotene Dienstleistung zu etablieren. Solche „Virtual Estate Services" konzentrieren sich auf den Kauf, Verkauf und die Verwaltung von virtuellen Grundstücken und Immobilien im Metaversum. Beispiele hierfür sind finden sich momentan vor allem unter den Plattformanbietern [STO22]:
  - Wie oben schon erwähnt ermöglicht Decentraland ist den Benutzern, virtuelle Grundstücke zu kaufen, zu verkaufen und zu verwalten. Das Unternehmen bietet auch selbst Tools und Dienstleistungen für die Entwicklung von Inhalten und Anwendungen auf ihrer Plattform an.

- Somnium Space ist eine weitere immersive und dezentralisierte virtuelle Welt, in der Benutzer Grundstücke kaufen, bauen und verwalten können. Auch auf dieser Plattform wird den Benutzern eine Vielzahl von Tools und Dienstleistungen angeboten, um ihre virtuellen Welten zu gestalten [SOMoJ, SOM22].
- The Sandbox bietet Benutzern die Option, eigene virtuelle Welten erstellen und mit anderen Benutzern zu teilen. Zudem steht den Benutzer auch die Möglichkeit offen, virtuelle Grundstücke zu kaufen, zu verkaufen und mit diesen auch Handel zu treiben [THEoJ, THE20].
- Eine andere Herangehensweise an den Begriff „Land" wählt die Plattform Upland. Das hier angebotene virtuelle Land basiert auf der realen Welt. Benutzer können auch hier virtuelle Grundstücke kaufen, verkaufen und handeln, diese aber sind digitale Zwillinge realer Standorte in der realen Welt [UPLoJ, CHA22].

- Größere Ziele verfolgt die virtuelle Stadtplanung mit dem Konzept des Building Information Modeling (BIM). Dieser Ansatz konzentriert sich speziell auf den Baubereich und ermöglicht die Erstellung detaillierter digitaler Modelle einzelner Gebäudes oder ganzer urbaner Infrastrukturen. Es umfasst Informationen zu Geometrie, Materialien, Kosten, Zeitplänen und anderen relevanten Daten. BIM wird in der Regel von Architekten, Ingenieuren, Bauunternehmen und anderen Baufachleuten verwendet, um den gesamten Lebenszyklus von Gebäuden und städtischen Infrastrukturen zu verwalten. Durch die Verbindung von BIM und Metaversum werden virtuelle Umgebungen geschaffen, in denen Gebäude und Infrastrukturen visualisiert und manipuliert werden können. So eröffnen sich neue Möglichkeiten zur Zusammenarbeit, Simulation ebenso wie für die Optimierung von Gebäuden und Infrastrukturen in der virtuellen Umgebung [BOR15].
- Unternehmen wie Matterport bieten Technologien zur Vermessung realer Gegebenheiten und der darauf basierenden 3D-Modellierung von Gebäuden und Umgebungen an, die dann zum Beispiel mittels dem gerade genannten BIM in das Metaversum integriert werden können [JAV21].
- In den Bereich „Metaverse Service Provider" fällt auch die Gestaltung von Avataren, Fashion und Accessoires. Da Avatare die digitalen Zwillinge der Benutzer darstellen, ist die Gestaltung von Avataren und von Accessoires für sie ein wichtiger Aspekt des Metaverse Service Providings, denn auf diesem Wege erhöhen sie die Möglichkeiten der Personalisierung der Benutzer „experience" und erhöhen so die Akzeptanz und Bindung Erfahrung der Benutzer an die Plattform. Auch in diesem Bereich haben sich schon eine Vielzahl an Unternehmen etabliert [STO22]:
  - Daz 3D hat sich auf die Erstellung von 3D-Modellen, Charakteren und Accessoires für verschiedene Anwendungen spezialisiert, einschließlich des Metaversums.
  - Morph 3D bietet eine Werkzeugbaukasten für die Erstellung und Anpassung von Avataren für das Metaversum an.
  - IMVU ist eine Social-Media-Plattform, die sich auf die Erstellung und Anpassung von Avataren spezialisiert hat und eine Vielzahl von Accessoires anbietet, die von den Benutzern gekauft werden können.

- Second Life ist die älteste virtuelle Welt, die vorgemacht hat, was Monetarisierung und Bewirtschaftung von Dienstleistungen im Metaversum bedeutet. Hier finden sich sowohl Beispiele für Werkzeuge, die Benutzern angeboten werden, um eigene Avatare und Accessoires zu erstellen als auch Bewirtschaftungswerkzeuge für den Immobilienmarkt. Wie mächtig diese Werkzeuge für den Handel mit virtuellen Immobilien sein können zeigte eine Benutzern schon im Jahr 2006, in dem als Immobilienmaklerin sie zur ersten Millionärin im Metaversum wurde [RIX22, GOL21].

4.6.12 Back into the real world

Die im vorigen Abschnitt aufgeführten Beispiele für „Metaverse Service Providing" bezogen sich vor allem auf Dienstleistungen im „Inneren" des Metaversums. Allerdings sind auch vielfältige Dienstleistungen für die Entwicklung und den Support einzelner Benutzer, aber auch ganzer Plattformen notwendig, die in der realen Welt angesiedelt sind und sozusagen von außen das Metaversum „am Laufen" halten. Dies schließt sowohl Software- als auch Hardware-Dienstleistungen in der realen Welt ein:

- Cloud-basierte Dienste ermöglichen es Benutzern und Plattformanbietern, eigene virtuelle Umgebungen und Anwendungen im Metaversum zu hosten und zu betreiben.
- Unternehmen, die VR-Headsets und andere Hardware für immersive Anwendungen entwickeln, können ihre Produkte leicht auch für das Metaversum anpassen und anbieten.
- 3D-Modellierungssoftware kann von Unternehmen bereitgestellt werden, um Benutzern und Betreibern die Erstellung von Inhalten und ganzen Umgebungen im Metaversum zu erleichtern.
- Die Entwicklung haptische Feedback-Systeme ermöglichen es Benutzern, die virtuelle Welt des Metaversums durch taktile Empfindungen und Rückmeldungen zu erleben.
- Dieser Gedanke kann mit der Berücksichtigung weiterer menschlicher Sinnesmodalitäten in Richtung des barrierefreien Zugangs zu Metaversen weiterentwickelt werden. Dies wird zukünftig unter anderem durch den European Accessibility Act [AMT19] und das deutsche Barrierefreiheitsstärkungsgesetz eine erhöhte Bedeutung erlangen [BMA21].
- Unternehmen können zudem KI-basierte Dienstleistungen anbieten, die Benutzern im Metaversum personalisierte Erfahrungen und Empfehlungen bieten.
- Schließlich können auch spezielle Geräte und Apps entwickelt werden für die mobile Nutzung entwickelt werden, die es Benutzern ermöglichen, auf mobil flexibel auf das Metaversum zuzugreifen.

4.6.13 Die „Gott-Rolle"

Die Idee einer „Gott-Rolle" im Metaversum bezieht sich darauf, dass Benutzer, Unternehmen sowie auch Dienstleistungsanbieter und Plattformbetreiber „gottgleiche" Macht und Kontrolle über die Gestaltung und Entwicklung von virtuellem Land, Umgebungen und Avataren haben können. In vielen virtuellen Welten und Plattformen, die auf dem Konzept des Metaversums basieren, ist es üblich, dass es eine zentrale Autorität oder eine Gruppe von Personen gibt, die für die Bereitstellung von virtuellem Land verantwortlich sind und die Kontrolle über die Gestaltung von Landschaften und Avataren haben. Diese Personen nehmen in gewisser Weise eine „Gott-Rolle" wahr, da sie die Möglichkeit haben, die virtuelle Welt nach ihren Vorstellungen zu gestalten und zu kontrollieren. Sie allein können entscheiden, welche Arten von Gebäuden und Objekten in der virtuellen Welt zugelassen werden und welche nicht, und sie können auch entscheiden, wer Zugang zu bestimmten Bereichen der virtuellen Welt hat. Aus ihrer jeweiligen Sicht verfolgen sie die besten Ziele für „ihre" Welten.

Besonders angesprochen wird die „Gott-Rolle" auf Plattformen wie Bit.Country. Hierbei handelt es sich um eine Metaverse-Plattform, die es Nutzern ermöglicht, eigene virtuelle Welten zu erschaffen und zu verwalten. Als „Metaverse as a Service" bietet sie ein Anwendungsframework und eine Blockchain-Infrastruktur, die auf dem Metaverse.Network basiert, um benutzerdefinierte Metaversen und Spiele zu erstellen [BAR23].

Ein herausragendes Merkmal von Bit.Country ist die Möglichkeit für Nutzer auch ohne technische Vorkenntnisse innerhalb von nur wenigen Sekunden „ein eigenes Metaverse" zu starten. (ACHTUNG: Diese beschreibende Aussage von Coinbureau widerspricht natürlich den Charakteristika von Ball und Parisi!) Diese „Metaversen" (besser: diese Plattformen) beinhalten eine 3D-Welt mit einer Karte, auf der virtuelle Landparzellen besessen, gehandelt und bebaut werden können. Zudem steht ein eigener NFT-Marktplatz zur Verfügung, auf dem Nutzer ihre NFT-Sammlungen erstellen, anzeigen und handeln können. Die Plattform bietet auch „Pulse", eine soziale Medienfunktion, die es ermöglicht, Inhalte zu veröffentlichen, Veranstaltungen zu bewerben und mit der Community zu interagieren.

Technologisch unterstützt Bit.Country sowohl WebAssembly (WASM) als auch Ethereum-kompatible Smart Contracts, was Entwicklern die Erstellung von dezentralen Anwendungen (dApps) und Spielen auf der Plattform erleichtert. Die Plattform ist browserbasiert, wodurch keine zusätzlichen Software-Downloads erforderlich sind, und legt Wert auf Benutzerfreundlichkeit und Zugänglichkeit [GIToJ].

Die native Kryptowährung der Plattform, $NUUM, dient als universelles Zahlungsmittel für verschiedene Aktivitäten innerhalb des Metaverse.Network-Protokolls. Dazu gehören der Kauf von Ressourcen wie Landblöcken, das Bezahlen von Gasgebühren für Transaktionen, Werbung und Promotionen sowie der Handel auf dem Marktplatz.

Bit.Country hat bedeutende Unterstützung von Investoren und Partnern erhalten, darunter Animoca Brands, Hypersphere Ventures und Digital Renaissance. Diese

Partnerschaften unterstreichen das Potenzial der Plattform, die Art und Weise zu verändern, wie Communities und Einzelpersonen virtuelle Welten erschaffen und erleben.

Selbstverständlich kann diese hier beschriebene „Gott-Rolle" auch kritisiert werden, da sie letztlich ein Ungleichgewicht der Macht schafft und den Benutzern des Metaversums, also den Besuchern und Teilnehmern der Welten, möglicherweise Freiheit nimmt und sie so einschränkt, ihre eigenen Erfahrungen und Welten frei zu gestalten. Einige virtuelle Plattformen und Welten haben daher begonnen, den Benutzern mehr Kontrolle über Gestaltung und Entwicklung ihrer eigenen virtuellen Umgebungen zu geben, um diese Machtverteilung auszugleichen.

Die Bewertung dieser Rolle kann also sowohl positiv als auch negativ sein, abhängig von der Art und Weise, wie sie ausgeübt wird, und abhängig auch von den Werten und Überzeugungen der Personen, die diese Rolle einnehmen Ein Missbrauch der zentralisierte Kontrolle ist in der Virtualität ebenso möglich wie auch in der Realität. Nicht nur kann so die Freiheit und Kreativität der Benutzer eingeschränkt werden. Benutzer können auch in der Form diskriminiert, dass sie zum Beispiel durch die Wahl des Avatars oder auch gänzlich ohne Grund aus der virtuellen Welt ausgeschlossen werden oder ihnen der Zutritt zu bestimmten Teilen der Plattform und die Nutzung bestimmter Dienstleistungen verwehrt bleibt.

Tatsächlich wurde bereits in einigen Fällen von Missbrauch im Metaversum berichtet [EHL20, LE22]. Es erscheint also nicht unbedeutend, dass die Betreiber virtueller Plattformen und Welten Wege finden, um sicherzustellen, dass zum einen die Macht gleichmäßiger verteilt wird und dass zum anderen die Interessen und Bedürfnisse der Benutzer in den Mittelpunkt gestellt werden. Dies kann zum Beispiel durch die Implementierung von demokratischen Strukturen, einer transparenten Entscheidungsfindung und der Schaffung einer offenen und inklusiven Community erreicht werden.

Auch die Bildung geschlossener Gruppierungen, ähnlich wie Sekten und Geheimbünde, könnte im Kontext einer „Gott-Rolle" im Metaversum auftreten [END22, MOR22] Wenn eine Person oder eine Gruppe von Personen, die die Kontrolle über einen Teil des virtuellen Landesbeziehungsweise der Plattform ausübt, ihre Macht auf autoritäre oder undemokratische Weise ausübt, könnte dies dazu führen, dass sich bestimmte Benutzer zusammenschließen und eine Art Kult oder Geheimbund bilden, um ihre eigenen Interessen zu verteidigen oder sich gegen die herrschende Autorität zu wehren. Personen, die an dieser Stelle die „Gott-Rolle" einnehmen, können so eine wichtige Rolle bei der Schaffung einer sicheren und geschützten Umgebung spielen, indem sie beispielsweise Richtlinien zur Bekämpfung von Hassrede oder Cybermobbing durchsetzen. Sie können auch helfen, Betrug oder Missbrauch zu verhindern, indem sie Benutzer überwachen und verdächtige Aktivitäten melden. Auch hier kann sicherlich die Analogie zum Internet nützlich sein, um die Bedeutung dieser Entwicklungspotenziale vor Augen zu haben. Auch wenn es sich nicht gleich um ein „Dark Metaverse" handeln muss, können aber Plattformen wie 4chan oder 8chan und andere als Anschauungsobjekte für Gegenmaßnahmen genutzt werden [DAL15, OHL19].

Selbstverständlich muss nicht jede Form von Gruppenbildung im Metaversum negative Auswirkungen haben. Es ist durchaus möglich, dass Benutzer sich auch auf positive Weise zusammenschließen, um gemeinsam an Projekten zu arbeiten, Ideen auszutauschen oder einfach eine Gemeinschaft von Gleichgesinnten zu bilden. Der Schlüssel liegt darin, sicherzustellen, dass die hier betrachtete Rolle auf eine Weise ausgeübt wird, die die Freiheit und Kreativität der Benutzer respektiert und fördert, und dass eine offene und inklusive Community geschaffen wird, die auf gegenseitigem Respekt und Zusammenarbeit beruht.

Eine zentralisierte Kontrolle einer virtuellen Welt oder Plattform kann als positiver Effekt zudem dazu beitragen, dass die Qualität der virtuellen Welt auf einem hohen Niveau gehalten wird, da die Betreiber die Standards und Regeln festlegen können, die von allen Benutzern eingehalten werden müssen. So kann ein einheitliches Erscheinungsbild und eine konsistente Benutzererfahrung gewährleistet werden, was wiederum das Engagement der Benutzer erhöhen und das Wachstum der Community fördern kann. Letztendlich können Personen in der „Gott-Rolle" auch selbst als kreative Impulsgeber fungieren, die die Entwicklung neuer Ideen und Konzepte fördern und die Community inspirieren können, ihre eigenen Beiträge zu leisten. Wenn diese Rolle auf positive Weise genutzt wird, kann sie dazu beitragen, das Potenzial des Metaversums als virtuelle Welt zu maximieren, die neue Möglichkeiten für Interaktionen, Kreativität und Zusammenarbeit bietet.

4.6.14 DAOs und das Metaversum

DAO steht für Decentralized Autonomous Organization. Damit sind Organisationen gemeint, die auf einem dezentralisierten Netzwerk wie der Blockchain-Technologie basieren, auf der die Finanz- und weitere Transaktionen sowie die Regeln der Organisation aufgezeichnet werden. Im Gegensatz zu traditionellen Unternehmen oder Organisationen, die von einer zentralen Autorität geleitet werden, ist eine DAO eine selbstorganisierte und autonome Struktur, die von ihren Mitgliedern gemeinsam gesteuert wird. Als noch recht neue Form der Organisation ist der genaue rechtliche Status von DAO im allgemeinen bisher noch ungeklärt [CHO17].

Im Metaversum können DAOs als Werkzeug für die Gemeinschaftsverwaltung und die Koordination von Projekten genutzt werden. Darüber hinaus können sie auch für die Finanzierung von Projekten, die Abstimmung über Entscheidungen und die Verteilung von Ressourcen genutzt werden. DAOs ermöglichen es für Benutzer, eine demokratische und transparente Organisation zu schaffen, die ohne menschliche Intermediäre arbeitet und auf Konsens beruht. Durch die Verwendung von Smart Contracts kann eine DAO sicherstellen, dass Entscheidungen und Transaktionen auf eine transparente und vertrauenswürdige Weise durchgeführt werden, ohne dass eine zentrale Autorität oder Vermittler benötigt wird. Dies kann dazu beitragen, das Vertrauen und die Zusammenarbeit in der Community zu fördern, da alle Mitglieder auf gleicher Ebene beteiligt sind und sich an Entscheidungen beteiligen können. Darüber hinaus können DAOs auch eine Möglichkeit bieten, um die

Einnahmen und Gewinne aus Projekten auf eine gerechte und transparente Weise zu verteilen, wodurch ein Anreiz für die Benutzer geschaffen wird, sich an der Entwicklung und dem Wachstum des Metaversums zu beteiligen [LIU22, MOR20].

Ein Beispiel für eine DAO im Metaversum ist „The Sandbox". Auf dieser Plattform können Spieler eigene Assets erstellen und diese Assets können als NFTs auf Ethereum verkauft werden. Die Governance des Spiels wird durch eine DAO namens „The Sandbox DAO" verwaltet, die von den Token-Inhabern kontrolliert wird. Die DAO entscheidet über die Richtung des Spiels, über neue Funktionen und Upgrades, und über die Allokation von Ressourcen [SPE21].

In Zukunft könnten DAOs im Metaversum eine noch wichtigere Rolle spielen, da sie als Werkzeug für die Schaffung von dezentralisierten Unternehmen und autonomen Organisationen genutzt werden könnten. DAOs könnten auch zur Regulierung der sich bildenden zukünftigen Märkten im Metaversum eingesetzt werden, indem sie transparente Entscheidungen treffen und die Interessen der Gemeinschaft vertreten. Umgekehrt könnten aber auch existierende DAOs aus dem Metaversum einen Nutzen in der realen Welt ziehen, in-dem das Metaversum als Werkzeug für die Schaffung von dezentralisierten Organisationen und Unternehmen genutzt werden. In der realen Welt können DAOs genutzt werden, um beispielsweise das Risiko von Betrug und Korruption zu minimieren, indem sie transparente Entscheidungen treffen und den dortigen Einfluss von menschlichen Intermediären reduzieren:

- Ein Beispiel ist „MolochDAO", die als dezentralisierte Investment-Plattform für die Finanzierung von Blockchain-Start-ups konzipiert ist. Diese DAO besteht aus Mitgliedern, die ETH-Token in die DAO einzahlen und gemeinsam über die Investitionen entscheiden. MolochDAO wird von einem Smart Contract verwaltet und ist dezentralisiert, was bedeutet, dass Entscheidungen von der Gemeinschaft getroffen werden und nicht von einer zentralen Autorität. Nicht unerwähnt bleiben sollte an dieser Stelle, dass die MolochDAO die Weiterentwicklung einer DAO ist, die als Antwort auf einen Hackerangriff auf die Vorgänger-DAO entstand [DUN19].
- Ein weiteres Beispiel ist „MakerDAO", ebenfalls eine dezentralisierte Plattform, die aber das Ziel hat stabilen Münzen auf Ethereum auszugeben. Die DAO-Mitglieder halten MKR-Token, die ihnen das Stimmrecht bei Entscheidungen über die Verwaltung der Plattform geben [SMAoJ].

In Zukunft könnten DAOs im Metaversum auch dazu genutzt werden, um physische und virtuelle Vermögenswerte miteinander zu verbinden. Beispielsweise könnten DAOs genutzt werden, um Tokenisierung von Immobilien in der realen Welt zu ermöglichen, die dann im Metaversum als virtuelle Vermögenswerte gehandelt werden können. Zudem könnten DAOs auch genutzt werden, um die Governance von Open-Source-Software-Projekten zu dezentralisieren, indem Entscheidungen von einer Community getroffen werden, anstatt von einer zentralen Autorität.

DAOs bieten im Metaversum und in der realen Welt eine Möglichkeit, demokratische und transparente Organisationen zu schaffen, die auf Konsens und dezentralisierter Governance basieren. Allerdings gibt es derzeit noch wenige politischen DAOs, die explizit auf das Metaversum setzen. Allerdings gibt es einige politische Organisationen, die sich mit der Blockchain-Technologie und den Möglichkeiten von DAOs beschäftigen:

- Ein Beispiel für solche politischen Bestrebungen ist die Partei „DEMOKRATIE IN BEWEGUNG" in Deutschland, die sich als Bürgerbewegung versteht und die Blockchain-Technologie nutzen will, um die direkte Demokratie zu fördern. Die Partei arbeitet daran, ein eigenes DAO-System zu entwickeln, das es den Mitgliedern ermöglicht, an der Entscheidungs-findung und der politischen Agenda der Partei teilzunehmen [DEMoJ].
- Ein weiteres Beispiel ist das „Taipei City Government", das in Taiwan ein Blockchain-System namens „TIPAS" (Taipei Smart City Public Affairs System) implementiert hat. TIPAS soll die Transparenz und Effizienz der Regierung verbessern, indem es den Bürgern Zugang zu Informationen und Entscheidungen der Regierung gibt. Die Plattform nutzt auch DAO-ähnliche Strukturen, um Entscheidungen zu treffen und Governance-Funktionen auszuführen [TAIoJ].

Politische DAOs und ihre Nutzung im Metaversums scheinen noch in einer recht frühen Entwicklungsphase zu sein. Es bleibt abzuwarten, wie die zugrunde liegenden Technologien und Konzepte in Zukunft von politischen Organisationen genutzt werden könnten.

4.6.15 Die Bankier-Rolle

Im Kontext des Metaversums nimmt die Rolle des „Bankiers" eine zentrale Bedeutung ein, insbesondere in Bezug auf die Verwaltung und Schaffung digitaler Vermögenswerte durch Kryptowährungen und Non-Fungible Tokens. Die Bankier-Rolle im Metaversum agiert als Finanzdienstleister, die die Ausgabe, Verwaltung und den Handel von digitalen Währungen und NFTs überwacht und unterstützt.

Die Schaffung neuer digitaler Vermögenswerte, bekannt als „Minting", ist ein wesentlicher Prozess im Metaversum. Beim Minting wird ein digitaler Vermögenswert, wie beispielsweise ein NFT, erstellt und auf einer Blockchain registriert, wodurch seine Einzigartigkeit und Eigentümerschaft festgelegt werden. Dieser Prozess erfordert spezialisierte Kenntnisse in Blockchain-Technologie und Smart Contracts, die die Bankier-Rolle im Metaversum bereitstellt. Durch das Minting können digitale Kunstwerke, virtuelle Immobilien oder andere einzigartige digitale Güter geschaffen und gehandelt werden [KIN22].

Zudem spielt die Bankier-Rolle eine entscheidende Rolle bei der Verwaltung der im Metaversum verwendeten Währungen. Viele Metaverse-Plattformen verfügen über eigene Kryptowährungen, die für Transaktionen innerhalb der virtuellen Welt verwendet werden.

Der Bankier ist verantwortlich für die Ausgabe dieser Währungen, die Festlegung von Wechselkursen und die Sicherstellung der Stabilität des virtuellen Finanzsystems. Dies beinhaltet auch die Überwachung von Geldflüssen, die Prävention von Betrug und die Einhaltung regulatorischer Anforderungen.

Ein besonderer Aspekt der Tätigkeiten, die die Bankier-Rolle im Metaversum übernimmt, ist die Bereitstellung von Finanzdienstleistungen wie Kreditvergabe, Vermögensverwaltung und Investitionsberatung für virtuelle Vermögenswerte. Da der Wert von NFTs und Kryptowährungen erheblichen Schwankungen unterliegen kann, benötigen Nutzer fachkundige Beratung, um fundierte finanzielle Entscheidungen zu treffen. Der Bankier bietet diese Expertise und unterstützt Nutzer dabei, ihre digitalen Vermögenswerte effektiv zu verwalten und zu vermehren.

Letztlich darf selbstverständlich die Sicherstellung der Compliance mit regulatorischen Anforderungen nicht außer Acht gelassen werden- Die gilt sowohl innerhalb des Metaversums als auch in Bezug auf die realweltlichen Gesetze. Da Transaktionen im Metaversum oft grenzüberschreitend sind und unterschiedliche Rechtsräume berühren, müssen Bankiers komplexe rechtliche Rahmenbedingungen navigieren und implementieren, um die Rechtmäßigkeit und Sicherheit der Finanzaktivitäten zu gewährleisten [KAR23].

4.6.16 Ein soziales Metaversum?

Da sich digitale Räume sowohl aus bestehenden sozialen Strukturen ableiten als auch neue Formen der Interaktion, Gemeinschaft und Identitätsbildung ermöglichen, stehen das Metaversum und die soziale Entwicklung der menschlichen Gesellschaft insgesamt in einem dynamischen Wechselverhältnis, Das Metaversum beeinflusst, so wie auch jede andere Technologie, soziale Beziehungen, Arbeitsprozesse, Bildungszugänge und Konsumverhalten, während es gleichzeitig gesellschaftliche Trends widerspiegelt und weiterentwickelt.

Ein wesentlicher Aspekt ist die soziale Interaktion und die Bildung virtueller Gemeinschaften. Das Metaversum erweitert herkömmliche soziale Netzwerke, indem es immersive Umgebungen schafft, in denen Nutzer als Avatare miteinander interagieren können. Dies ermöglicht neue soziale Aktivitäten wie virtuelle Treffen, Veranstaltungen oder Konferenzen, die geografische Grenzen überwinden. Solche virtuellen Räume fördern die Bildung globaler Gemeinschaften, die nicht auf physischer Nähe, sondern auf gemeinsamen Interessen, Werten oder Zielen basieren. Dadurch entstehen neue Formen sozialer Organisation, die traditionelle Strukturen wie lokale Vereine oder Nachbarschaften ergänzen oder ersetzen könnten. Während das Metaversum das Potenzial hat, Isolation zu überwinden, besteht zugleich die Gefahr, dass soziale Bindungen oberflächlicher werden [BAI18].

Ein weiterer zentraler Faktor ist die Identitätsbildung und Selbstdarstellung. Nutzer können ihre Identität im Metaversum frei gestalten, indem sie Avatare verwenden, die ihrem realen Selbst entsprechen oder völlig neue Persönlichkeiten repräsentieren. Dies eröffnet vielfältige Möglichkeiten zur Erkundung sozialer Rollen, ohne an physische Einschränkungen gebunden zu sein. Gleichzeitig könnte das Metaversum zur Akzeptanz von Diversität und Individualität beitragen, da Menschen Identitäten unabhängig von gesellschaftlichen Normen konstruieren können. Allerdings besteht das Risiko von Identitätskrisen oder einer Trennung zwischen realer und virtueller Existenz, insbesondere wenn virtuelle Identitäten stark von der physischen Realität abweichen [TUR12].

Das Metaversum hat zudem tiefgreifende Auswirkungen auf Bildung und soziale Mobilität. Virtuelles Lernen eröffnet immersive Lernerfahrungen, in denen komplexe Themen durch interaktive Simulationen und virtuelle Umgebungen vermittelt werden. Dies könnte insbesondere Menschen aus benachteiligten Regionen zugutekommen, die dadurch Zugang zu hochwertiger Bildung erhalten. Ebenso bietet das Metaversum neue berufliche Chancen, indem es Remote-Arbeit in virtuellen Büros, digitale Unternehmen und den Handel mit virtuellen Gütern ermöglicht. Während dies soziale Mobilität fördern kann, indem es wirtschaftliche Teilhabe unabhängig von geografischen und sozialen Barrieren ermöglicht, könnten gleichzeitig bestehende Ungleichheiten verstärkt werden, wenn nicht alle Menschen gleichermaßen Zugang zu diesen digitalen Infrastrukturen haben [WIE23].

Auch in kultureller Hinsicht kann das Metaversum sowohl positive als auch herausfordernde Entwicklungen mit sich bringen. Einerseits erleichtert es den kulturellen Austausch, indem es Menschen ermöglicht, an virtuellen Veranstaltungen teilzunehmen, Traditionen kennenzulernen und Kunstwerke weltweit zugänglich zu machen. Andererseits könnte das Metaversum zu einer kulturellen Homogenisierung beitragen, indem es globale Trends verstärkt und lokale Traditionen verdrängt. Die zunehmende Digitalisierung kultureller Inhalte könnte somit zu einer Standardisierung sozialer Werte führen, die bestehende kulturelle Identitäten herausfordert [LAN17].

Ein weiteres wesentliches Thema ist der Einfluss des Metaversums auf persönliche Beziehungen und soziale Nähe. Virtuelle Beziehungen können sowohl platonisch als auch romantisch sein, wobei neue Formen der Verbundenheit durch haptisches Feedback und immersive Erlebnisse geschaffen werden. Gleichzeitig besteht jedoch die Gefahr, dass sich Nutzer zunehmend von physischen Beziehungen entfremden, wenn soziale Interaktionen vollständig in die virtuelle Welt verlagert werden. Die Herausforderung besteht darin, eine Balance zwischen virtuellen und realen sozialen Interaktionen zu finden, um soziale Isolation zu vermeiden [BAI18].

Das Metaversum könnte darüber hinaus einen Beitrag zur sozialen Gerechtigkeit und Inklusion leisten, indem es barrierefreie Räume schafft, in denen physische Einschränkungen oder soziale Stigmata keine Rolle spielen. Menschen mit Behinderungen könnten beispielsweise durch virtuelle Umgebungen gleichberechtigt am gesellschaftlichen Leben teilnehmen. Gleichzeitig besteht die Gefahr, dass technologische Zugangsbeschränkungen bestehende Ungleichheiten verstärken. Menschen ohne Internetzugang oder moderne Geräte könnten von diesen Entwicklungen ausgeschlossen bleiben, wodurch neue Formen digitaler Exklusion entstehen [ORT24].

Die virtuelle Welt ist zudem nicht frei von Konflikten und Machtstrukturen. Soziale Spannungen und Diskriminierung aus der realen Welt könnten ins Metaversum übertragen werden. Cybermobbing, die Bildung virtueller Echokammern oder algorithmische Voreingenommenheit könnten soziale Ungleichheiten im digitalen Raum verstärken. Darüber hinaus ist die Machtverteilung innerhalb des Metaversums problematisch, da große Technologieunternehmen oft die Kontrolle über virtuelle Plattformen haben und so soziale Interaktionen überwachen oder beeinflussen könnten. Die damit verbundene Überwachung könnte die Autonomie der Nutzer gefährden und neue Formen digitaler Machtausübung etablieren [ZUB19].

Trotz dieser Herausforderungen birgt das Metaversum auch Potenzial für gesellschaftliche Veränderungen und soziale Bewegungen. Es kann als Plattform für politischen Aktivismus dienen, indem es Menschen weltweit zusammenbringt, um gemeinsame Anliegen zu unterstützen. Virtuelle Proteste, Fundraising-Veranstaltungen und digitale Kampagnen könnten dazu beitragen, soziale Gerechtigkeit zu fördern. Gleichzeitig besteht jedoch das Risiko, dass Desinformation und Manipulation durch gezielte Einflussnahme im Metaversum neue Herausforderungen für die öffentliche Meinungsbildung darstellen [MOR11].

Die Art und Weise, wie das Metaversum gestaltet und genutzt wird, wird entscheidend dafür sein, ob es eine Bereicherung oder eine Herausforderung für bestehende soziale Strukturen darstellt.

4.6.17 Politik und Verwaltung

Eine wahrscheinlich uralte Erkenntnis jeden Politikers und jeder Politikerin lautet: „Man muss die Menschen dort abholen, wo sie sind." Diesem Spruch folgend ergibt sich, dass auch das Metaversum ein politischer Ort ist oder sich zu einem solchen entwickeln wird. So stehen die politische Entwicklung der menschlichen Gesellschaft und das Metaversum in einem spannenden und potenziell transformativen Zusammenhang, da das Metaversum nicht nur ein technologischer Raum ist, sondern auch eine Plattform, die neue politische Strukturen, Machtverhältnisse und gesellschaftliche Dynamiken zulässt und sie potenziell sogar selbst schafft. Diese Entwicklung berührt grundlegende Aspekte der Politik, einschließlich Governance, Bürgerbeteiligung, Machtverteilung, Freiheit und Regulation.

Das Metaversum ist nicht nur eine technologische Entwicklung, sondern auch ein Raum, der von politischen und gesellschaftlichen Dynamiken geprägt wird. So erfordert es in jedem Fall auch eigene Governance-Strukturen, um Ordnung, Fairness und Sicherheit zu gewährleisten. Diese Strukturen können entweder zentralisiert durch Unternehmen wie Meta oder dezentralisiert über sogenannte Decentralized Autonomous Organizations (siehe dazu auch Abschn. 4.6.14) verwaltet werden. Dabei stellt sich die grundlegende Frage, wer die Regeln im Metaversum festlegt und wie demokratische Teilhabe gewährleistet werden kann. Die historische Entwicklung politischer Systeme, von Monarchien hin zu modernen Demokratien, könnte sich in ähnlicher Weise im Metaversum vollziehen, wenn Nutzer mehr Mitspracherechte fordern und die Transparenz von Governance-Modellen erhöht wird [DEF18].

Die Frage nach Macht und Kontrolle ist zentral für die politische Organisation des Metaversums. Während zentralisierte Plattformen großen Technologieunternehmen erhebliche Kontrolle über Daten, Zugänge und wirtschaftliche Aktivitäten geben, bieten dezentralisierte, blockchain-basierte Ansätze die Möglichkeit einer demokratischeren Struktur. Nutzer könnten so mehr Autonomie über ihre digitalen Identitäten, Daten und Ressourcen erlangen. Diese Machtkämpfe im Metaversum spiegeln historische Auseinandersetzungen zwischen zentralisierten und dezentralisierten Machtstrukturen wider, etwa zwischen Absolutismus und Demokratie. Gleichzeitig könnten Monopolbildungen oder Missbrauch durch mächtige Akteure im virtuellen Raum neue Formen des digitalen Widerstands oder virtuellen Aktivismus hervorrufen [ZUB19].

Mit wachsender Bedeutung des Metaversums rücken auch Fragen der Bürgerrechte und digitalen Freiheiten in den Fokus:

- Wer besitzt die digitalen Identitäten der Nutzer?
- Welche Rechte haben Avatare als virtuelle Repräsentationen von Individuen?
- Wie wird der Schutz der Privatsphäre gewährleistet?

Solche und weitere Fragen werden besonders relevant, wenn Überwachungsmechanismen, Zensur oder algorithmische Diskriminierung im Metaversum die digitale Freiheit einschränken. Darüber hinaus wirft der Besitz virtueller Güter, insbesondere in Form von Non-Fungible Tokens (NFTs), neue Herausforderungen hinsichtlich des Eigentumsrechts und dessen Durchsetzbarkeit auf. Wie in der realen Welt könnten sich auch im Metaversum Bewegungen für digitale Rechte formieren, ähnlich wie historische Kämpfe für Menschenrechte zur Durchsetzung grundlegender Freiheiten in der Vergangenheit geführt haben [FLO20, FLO21].

Das Metaversum könnte zudem neue Formen der politischen Beteiligung und Demokratie ermöglichen. Virtuelle Wahlen, Abstimmungen oder digitale Parlamente könnten Plattformen bieten, in denen Bürger unabhängig von ihrem geografischen Standort an politischen Prozessen teilnehmen. Blockchain-Technologien könnten transparente und manipulationssichere Wahlmechanismen ermöglichen, während virtuelle Räume als Orte der direkten politischen Partizipation dienen könnten. Diese Entwicklungen könnten einerseits demokratische Prozesse stärken, andererseits aber auch neue Formen des digitalen Nationalismus oder ideologisch geprägter virtueller Gemeinschaften begünstigen. Die Frage, ob das Metaversum bestehende demokratische Systeme ergänzt oder herausfordert, bleibt eine der zentralen politischen Debatten in diesem Bereich [BRY14].

Ebenso unterliegen wirtschaftliche Machtverhältnisse im Metaversum politischen Dynamiken. Virtuelle Ökonomien entwickeln sich mit eigenen Währungen, Märkten und Geschäftsmodellen, in denen digitale Güter und Dienstleistungen gehandelt werden. Ähnlich wie in der realen Welt könnten sich im Metaversum soziale Ungleichheiten manifestieren, wenn der Zugang zu wirtschaftlichen Ressourcen ungleich verteilt bleibt. Fragen der Besteuerung, Regulierung und fairen Vermögensverteilung müssen daher auch im virtuellen Raum berücksichtigt werden. Dies könnte zur Entstehung neuer politischer Bewegungen führen, die sich für digitale Gerechtigkeit und eine gerechte Verteilung virtuellen Wohlstands einsetzen [LAN17].

Leider werden absehbar auch Konflikte und Machtkämpfe im Metaversum eine Rolle spielen. Cyberkriminalität, geopolitische Spannungen und digitale Protestbewegungen könnten virtuelle Räume als neue Schauplätze politischer Auseinandersetzungen etablieren. Während einerseits das Metaversum ein Ort für globalen Dialog und Zusammenarbeit sein kann, birgt es auch das Risiko der Verstärkung sozialer Spannungen, insbesondere wenn Nutzer in ideologisch isolierte digitale Gemeinschaften oder Echokammern gedrängt werden. Neue Formen des politischen Aktivismus, etwa virtuelle Demonstrationen oder Kampagnen gegen digitale Überwachung, könnten als Reaktion auf solche Entwicklungen entstehen [MOR11].

Von besonderer Bedeutung ist sicherlich auch die ethische Regulierung und die Notwendigkeit globaler Standards für das Metaversum. Die internationale Politik steht vor der Herausforderung, Datenschutz, Rechte und Sicherheit in virtuellen Räumen zu definieren. Ohne klare Regeln könnten Machtungleichgewichte zwischen Staaten und großen Technologieunternehmen entstehen, die das Gleichgewicht der digitalen Welt beeinflussen. Die Notwendigkeit globaler Abkommen zur Regulierung des Metaversums erinnert an frühere internationale Kooperationen, etwa die Vereinten Nationen oder die Pariser Klimaziele, die als Beispiele für multilaterale Ansätze zur Lösung globaler Probleme dienen [SCHwa17].

Bildung und politische Bildung könnten im Metaversum eine neue Dimension erhalten. Virtuelle Bildungsplattformen ermöglichen interaktive Lernerfahrungen, etwa durch Simulationen historischer Ereignisse oder virtuelle Parlamente, die politisches Wissen auf innovative Weise vermitteln. Durch diese neuen Lernmethoden könnten Bürger besser informiert werden und ein erweitertes Verständnis für politische Prozesse entwickeln. Bildung war historisch gesehen ein Schlüsselfaktor für die Demokratisierung von Gesellschaften, und im Metaversum könnte sie eine ähnliche Rolle spielen, um politische Teilhabe und kritisches Denken zu fördern [MAS22].

Schon heute lässt sich feststellen, dass das Metaversum nicht nur technologische, sondern auch tiefgreifende politische Implikationen hat. Governance-Strukturen, Bürgerrechte, wirtschaftliche Machtverhältnisse und neue Formen politischer Partizipation stehen im Zentrum dieser Entwicklung. Das Metaversum könnte historische Prozesse wie Demokratisierung, Bürgerrechte und soziale Gerechtigkeit beschleunigen oder transformieren, indem es neue Räume für politische Organisation und Entscheidungsfindung eröffnet. Die langfristige politische Gestaltung des Metaversums wird nicht nur die virtuelle, sondern auch die physische Welt beeinflussen und möglicherweise neue politische Modelle hervorbringen, die über nationale Grenzen hinausgehen.

4.6.18 The yet to be imagined

Die technisch-technologische Entwicklung nicht nur im Metaversum, aber gerade dort, ist vielfältig und zudem von hoher Geschwindigkeit. „The yet to be imagined" soll sich im Zusammenhang mit dem Metaversum daher sich auf zukünftige Erfahrungen und Technologien beziehen, die derzeit noch nicht vorstellbar oder gar möglich sind. Es bezieht sich auf die Idee, dass das Metaversum ein Raum sein kann und wird, in dem neue Arten von Erfahrungen möglich sind und entstehen werden, die momentan noch nicht wirklich vorstellbar sind. Dies klingt zwar einerseits wie Science Fiction, andererseits aber zeigt ein Blick in die Historie nahezu jeder Technologie, dass es immer auch Entwicklungen und Anwendungsideen gab, die zu Beginn gar nicht adressiert wurden und die eben nicht vorstellbar waren. Die menschliche Kreativität ist stets ein elementarer Treiber von Entwicklungen und der Entdeckung neuer Anwendungsgebiete.

Es ist absehbar, dass die Einbindung weiterer als der bisher standardmäßig angesprochenen menschlichen Sinnes- und Aktionsmodalitäten zur Interaktion des menschlichen Benutzers mit IT-Systemen und dem Internet, durch das Metaversum einen deutlichen Schub bekommen wird:

So könnten beispielsweise gustatorische Erfahrungen im Metaversum für virtuelle Restaurants oder Geschäfte entwickelt werden, sodass der Genuss und damit einhergehend der Verkauf von Speisen und Getränke auch in der Virtualität möglich wird. Dabei können die Gerüche und Geschmäcke virtuell reproduziert werden, um ein immersiveres Erlebnis zu bieten. Dies könnte sogar so weit gehen, dass mithilfe von 3D-Druckern Nahrungsmittel hergestellt werden, die direkt vor Ort im Metaversum gegessen werden können [BLU23, SNI23].

Auch olfaktorische Erfahrungen im Metaversum können simuliert werden. Zum Beispiel können Parfums und Düfte mithilfe von speziellen Geräten in der virtuellen Welt erzeugt werden. Diese Geräte können spezielle Duftmoleküle freisetzen, um einen bestimmten Geruch zu simulieren. In der realen Welt gibt es schon einzelne, allerdings selten anzutreffende, Geräte für diesen Zweck [SCH23a, LIU23].

Brain-Interfaces (BCI, Brain Computing Interface), an denen in zahlreichen Einrichtungen geforscht und gearbeitet wird, können ebenfalls zukünftig dazu beitragen, das Metaversum noch immersiver zu gestalten. Ein solches Brain-Interface ermöglicht es Benutzern, mit dem Metaversum zu interagieren, indem sie direkt und ohne andere Interaktionsgeräte wie Tastatur, Maus oder auch Spracheingaben ihre Gehirnwellen nutzen. Durch das Tragen eines speziellen Headsets kann das Gehirn des Benutzers aufgenommen und analysiert werden, um die Aktionen im Metaversum zu steuern. Diese Technologie könnte auch zur Schaffung von „neuen Sinnen" verwendet werden, die es dem Benutzer ermöglichen, zusätzliche Informationen zu sammeln und die Welt auf eine neue Art und Weise zu erleben [RAB15, BON21].

Nicht nur Sinneskanäle, sondern auch aktuatorische Modalitäten können in die Entwicklung des Metaversums einbezogen werden. Die Verwendung von Prothesen und Implantaten wird auch im Kontext des Metaversums diskutiert [BON22]. Menschen mit körperlichen Einschränkungen können mithilfe von Prothesen und Implantaten ihre Fähigkeiten im Metaversum erweitern und neue Erfahrungen machen. Zum Beispiel kann ein Mensch mit einer Armprothese mithilfe eines BCI-Systems Gegenstände greifen und bewegen.

Die genannten Beispiele lassen die Verschmelzung von technischen Geräten mit dem menschlichen Körper vor Augen entstehen. Das Metaversum und der Transhumanismus haben damit eine enge Verbindung, denn beide Konzepte beruhen auf dieser Verschmelzung von Mensch und Technologie. Der Transhumanismus ist in seinem Kern eine philosophische Bewegung, die den Einsatz von Technologie zur Verbesserung der menschlichen Fähigkeiten und Erfahrungen befürwortet [BOS14, HUB20]. Er bezieht sich also auf die Idee, dass der Mensch durch den Einsatz von Technologie und wissenschaftlicher Fortschritte in der Lage sein wird, seine physischen und kognitiven Fähigkeiten zu verbessern. Das Metaversum, andererseits bietet eine virtuelle Umgebung, in der Technologie und Realität verschmelzen können, um eine immersive Erfahrung zu schaffen, die es dem Benutzer ermöglicht, sich in einer anderen Realität zu bewegen. Das Metaversum kann daher durchaus als ein Teil dieser Bewegung angesehen werden, da es dem Benutzer ermöglicht, seine Erfahrungen zu erweitern und seine Identität neu zu definieren. In diesem Metaversum kann der Benutzer so dann beispielsweise seine kognitiven Fähigkeiten erweitern, indem er mit intelligenten virtuellen Assistenten interagiert oder indem er neue Fähigkeiten in der virtuellen Welt erlernt. Gleichzeitig kann der Benutzer auch seine physischen Fähigkeiten verbessern, indem er durch virtuelle Welten läuft oder durch die Verwendung von Robotern und künstlichen Gliedmaßen in und mit der virtuellen Welt interagiert. Dies alles sind Aspekte, die mit dem Transhumanismus verbunden sind, bei dem technologische Verbesserungen genutzt werden, um menschliche Fähigkeiten zu erweitern und zu verbessern.

Es existieren schon eine Reihe von Technologien, die sowohl mit dem Metaversum als auch mit dem Transhumanismus verbunden sind, wie die oben schon genannten Beispiele des Brain-Computer-Interfaces, von Prothesen und Implantate und auch neuer künstliche Sinne. Ein gutes Beispiel für diese Verbindung zwischen Metaversum und Transhumanismus ist Neil Harbisson, der in Abschn. 3.1 schon vorgestellt wurde. Er ist ein Künstler und Aktivist, der mit der seltenen Krankheit der Monochromatose geboren wurde, die eine Einschränkung des Farbsehens verursacht. Harbisson jedoch hat die Entwicklung eines Implantats namens „Eyeborg" angestoßen, das es ihm ermöglicht, Farben zu „hören" und damit ein erweitertes Farbspektrum wahrzunehmen [BAN12, THO13, DON17]. Er kann diese Fähigkeit auch im Metaversum nutzen, um die Welt auf eine neue Art und Weise zu erleben.

Harbisson hat sich deutlich für die Nutzung solcher Technologien im Kontext des Metaversums ausgesprochen. Er glaubt, dass das Metaversum eine Chance bietet, menschliche Identitäten und Erfahrungen neu zu definieren und zu erweitern. Indem er seine Erfahrungen und Technologien mit anderen teilt, hofft er, die Vorstellungskraft der Menschen zu erweitern und neue Möglichkeiten zu schaffen, um die menschliche Spezies weiterzuentwickeln [MAA22]. Wie aber aus Metaversum und Transhumanismus als Vision der Zukunft letztendlich dann tatsächlich aussehen werden, kann – und soll – an dieser Stelle nicht vorhergesagt werden.

4.7 Und wie soll das gehen?

Als ein anderer Strang der Weiterentwicklung des Internets wird das oben schon genannte Web3 angesehen. Im Gegensatz zum Web 2.0, bei dem zentralisierte Plattformen wie Google, Facebook oder Amazon den Großteil der Nutzeraktivitäten kontrollieren, ist das Web3 auf die Verwendung dezentraler Protokolle und Technologien ausgelegt. In diesem Web3 werden Daten, Anwendungen und Vermögenswerte nicht mehr auf zentralen Servern gespeichert, sondern auf verteilten Netzwerken von Rechnern, der sogenannten Distributed-Ledger-Technologie. Die Idee dieser Verteilung beruht weitestgehend auf der Technologie der Blockchain, aber auch auf weiteren Technologien und Protokollen wie unter anderem dem Inter-Planetary File System IPFS [SCH19a, IPFoJ, LUN16].

Im Gegensatz zum Web 2.0 ist das Web3 auf die Verwendung dezentraler Protokolle und Technologien ausgelegt. Daraus ergeben sich Unterschiede zwischen Web 2.0 und Web3 in verschiedenen Aspekten:

- *Kontrolle*: Web 2.0-Plattformen kontrollieren die Daten und die Aktivitäten der Nutzer auf ihren Plattformen. Da das Web3 hingegen dezentralisiert ausgelegt ist, sollen die Nutzer die Kontrolle über ihre Daten und ihre Interaktionen im Netz zu behalten.
- *Sicherheit*: Im Web 2.0 werden Daten und Anwendungen auf zentralisierten Servern gespeichert. Somit bieten sie eine große Angriffsfläche für Hackerangriffe und Datenverluste. Da das Web3 dezentral organisiert sein soll, werden andere Protokolle und Technologien wie z. B. die Blockchain genutzt, was Sicherheit und Integrität der Daten und Anwendungen erhöhen soll.
- *Transparenz*: Im Web 2.0 sind die Geschäftsmodelle der Plattformen oft undurchsichtig, was zulasten der Privatsphäre der Benutzer gehen kann. Im Web3 hingegen sollen die Geschäftsmodelle transparenter und nachverfolgbarer sein und es soll mehr Möglichkeiten für Nutzer bieten, ihre Privatsphäre zu schützen.
- *Innovation*: Ebenso werden im Web 2.0 Innovationen oft von den großen „GAFA"-Playern kontrolliert. Dies führt dazu, dass es wenig Raum für neue Ideen und Entwicklungen gibt. Im Web3 hingegen soll es mehr Freiheiten für Entwickler und Nutzer geben, was mehr Platz für Innovationen bieten soll.

Solche und weitere häufig genannte Unterschiede zeigen, dass die Idee des Web3 eine grundlegende Veränderung der Art und Weise darstellt, wie das Internet genutzt werden soll und kann. Insbesondere soll dazu die dezentralisierte und transparentere Infrastruktur beitragen, die den Nutzern die Kontrolle über ihre Daten und Interaktionen zurückgeben will. Die Verwendung von neuen dezentralen Technologien ermöglicht es dem Web3, viele der zentralisierten Kontrollmechanismen des Web 2.0 zu umgehen [NAB23]. Aus dieser Dezentralisierung sollen sich zukünftig eine Reihe von Vorteilen im Web3 ergeben:

- *Sicherheit*: Durch die Speicherung von Daten und Anwendungen auf vielen verschiedenen Rechnern im Netzwerk, ist es schwieriger, diese anzugreifen, zu hacken oder zu manipulieren. Durch die Verwendung kryptografischer Methoden und Algorithmen wird zudem die Integrität der Daten und Anwendungen gewähr-leistet.
- *Transparenz*: Zudem bietet der dezentrale Ansatz eine höhere Transparenz, da jeder Teilnehmer Zugang zu den gleichen Informationen hat. Dies bedeutet zugleich, dass es schwieriger ist, falsche oder irreführende Informationen zu verbreiten.
- *Unabhängigkeit*: Desweiteren wird es Nutzern und Entwicklern dadurch auch ermöglicht, unabhängig zu agieren und ohne von zentralisierten Plattformen abhängig zu sein. Dies eröffnet größere Freiheit und Flexibilität bei der Entwicklung und Nutzung von Anwendungen und Diensten im Web3.
- *Interoperabilität*: Durch die Verwendung offener Standards und Protokolle kann die dezentrale Infrastruktur des Web3 eine bessere Interoperabilität zwischen verschiedenen Anwendungen und Diensten ermöglichen. Dies wiederum kann dann zu einer verbesserten Nutzerfreundlichkeit und einem reibungslosen In-formationsaustausch führen.

Das ganz große Ziel des Web3 setzt auf die Hoffnung, ein wirklich offenes und demokratisches Internet aufzubauen, das von allen genutzt werden kann. Ein Ziel, das sowohl dem ursprünglichen Web als auch dem Web 2.0 zugedacht war, dass beide aber nie erreichten – oder erreichen konnten. Eigentlich ist es daher erstaunlich, dass trotz dieses hohen idealistischen Zieles zugleich viele wirtschaftliche und kommerzielle Aspekte im Kontext Web3 diskutiert werden. Dazu zählen auch die aktuell heiß diskutierten Non-Fungible Tokens, Smart Contract und natürlich Kryptowährungen.

Kryptowährungen sind digitale Währungen, die durch kryptografische Methoden gesichert und verwaltet werden. Im Metaversum können diese Währungen eine wichtige Rolle spielen, da sie eine sichere und transparente Möglichkeit bieten, finanzielle Werte innerhalb des virtuellen Ökosystems zu übertragen und zu speichern. Neben den auch außerhalb des Metaversums bekannten Kryptowährungen Bitcoin und ETHER bewirtschaften zahlreiche Plattformen auch ihre eigenen Währungen an. Ein Beispiel dafür ist ROBUX, die Währung innerhalb von Roblox. ROBUX wird, wie auch andere Währungen wie zum Beispiel SAND auf der Plattform Sandbox oder MANA im Decentraland verwendet, um digitale Güter und Dienstleistungen innerhalb des Spiels zu kaufen und zu verkaufen. Wie ihre „großen Brüder" Bitcoin und ETHER werden auch hier kryptografische Methoden angewandt, um die Sicherheit und Integrität der Währung zu gewährleisten. Die eigenen Währungen der Plattformen haben aber neben den kommerziellen und finanziellen Zielen sicherlich auch das Ziel, die Benutzer an die Plattform zu binden, da die virtuellen Vermögenswerten wie Grundstücke oder virtuelle Kunstwerke auf der jeweiligen Plattform verortet sind. Ein Wechsel zu einer anderen Plattform ist mit hohem Aufwand verbunden. Immerhin setzen zahlreiche Plattformen aber verstärkt auf die bekannten Bitcoin und mehr noch auf ETHER, was einen Wechsel von einer Plattform zu einer anderen zumindest vereinfachen könnte.

Eine weitere Möglichkeit der Nutzung von Kryptowährungen im Metaversum ist die Integration dezentraler Finanzdienstleistungen, sogenannter DeFi. Solche Anwendungen ermöglichen es Benutzern, auf eine Vielzahl von Finanzdienstleistungen zuzugreifen, wie z. B. das Ausleihen oder Verleihen von Geld, das Handeln von Vermögenswerten oder das Verdienen von Zinsen auf Einlagen. Durch die Verwendung von Kryptowährungen können diese Dienstleistungen auf eine dezentrale und transparente Weise angeboten werden, was mehr Freiheit und Autonomie für die Nutzer bedeutet. Es ist wohl zu erwarten, dass in Zukunft immer mehr virtuelle Währungen und Finanzdienstleistungen im Metaversum entstehen werden, die auf den Prinzipien der Kryptowährungen und der Dezentralisierung basieren [ZET20].

Von Dezentralisierung profitieren im Web3 und im Metaversum auch Marktplätze, indem sie als Peer-to-Peer-Plattformen die Möglichkeit eröffnen, das Benutzer direkt miteinander handeln können, ohne dass ein zentraler Vermittler als Infomediär erforderlich ist. Traditionelle Marktplätze wie eBay oder Amazon setzen auf zentrale Systeme, bei denen der Marktplatzbetreiber die Kontrolle über die Preisgestaltung, die Zahlungsabwicklung und den Schutz vor Betrug hat. Im Gegensatz dazu ermöglichen dezentrale Marktplätze den Benutzern, direkt miteinander zu handeln, indem sie Smart Contracts, NFTs und somit Blockchain-Technologie einsetzen, um den Handel zu erleichtern und zu sichern. Ein bekanntes Beispiel für einen solchen dezentralen Marktplatz ist OpenSea, der nach eigenen Angaben aktuell angeblich größte Marktplatz für NFTs [OPEoJ]. OpenSea ermöglicht es Benutzern, NFTs direkt untereinander zu handeln, ohne dass ein Vermittler wie ein Galerist oder eine Auktionsplattform beteiligt ist. Die Transaktionen werden durch Smart Contracts abgewickelt, die sicherstellen, dass der Verkäufer den NFT nach Erhalt der Zahlung überträgt und dass der Käufer den NFT tatsächlich erhält.

Durch solche dezentralen Marktplätzen im Metaversum werden Benutzer mehr Kontrolle über den Handel von virtuellen Gütern und Dienstleistungen, die sie im Sinne des oben postulierten Modusage modelliert haben und nun selbst bewirtschaften wollen, was zu einer erhöhten Transparenz und Effizienz der Handelstransaktionen führt. Aber auch Käufer profitieren von solchen Marktplätzen, da diese auch dazu bei-tragen können, die Käufer- und Verkäufergebühren zu senken, da es keinen zentralen Vermittler gibt.

Neben den kommerziellen Aspekten ist es aus Sicht der Benutzer auch wichtig, die Kontrolle nicht nur über die im Metaversum „modusierten" und erworbenen Artefakte zu besitzen, sondern vielmehr noch, sich seiner eigenen Identität sicher sein zu können. Damit ist nicht nur der Schutz vor einem „Abhandenkommen" seines eigenen Avatars gemeint, sondern auch die Verwaltung und Kontrolle der persönlichen Daten. Der Schutz der eigenen Privatsphäre und das Wissen, dass die persönlichen Daten sicher sind, sollen zu einem sichereren und vertrauenswürdigeren virtuelles Erlebnis des Metaversums beitragen. Dazu wird im Web3 wird das Identitätsmanagement als wichtiges Werkzeug an-

4.7 Und wie soll das gehen?

gesehen. Zwei dezentrale Lösungsansätze werden im Web3 und ein weiteres im Metaversum werden für das Ziel des Identitätsmanagements zumeist genannt [ALZ20, SED21]:

- *Decentralized Identifiers* (DIDs) sind ein Konzept, das es dem Benutzer ermöglicht, seine Identität über verschiedene Dienste und Plattformen hinweg zu verwalten. Eine DID besteht dazu aus einer eindeutigen Kennung, die auf einer Blockchain gespeichert ist und vom Benutzer kontrolliert wird. Dies ermöglicht es dem Benutzer, seine Identität zu verwalten, ohne dass er von einer zentralen Stelle, die die persönlichen Daten speichert und verwaltet, abhängig ist.
- *Verifiable Credentials* (VCs) sind digitale Zertifikate, die es dem Benutzer ermöglichen, seine Identität und die Richtigkeit seiner persönlichen Daten nachzuweisen. VCs können von verschiedenen Diensten und Plattformen ausgestellt werden und enthalten verschlüsselte Informationen, die vom Benutzer kontrolliert werden. Diese Zertifikate kann der Benutzern verwenden, um seine Identität zu verifizieren und/oder um Zugang zu bestimmten Diensten oder Plattformen zu erhalten.
- Daneben wird im Metaversum Identitätsmanagement auch durch die Verwendung von *Avataren* erreicht. Diese können mit verschiedenen Identitätslösungen verknüpft werden, um sicherzustellen, dass die Identität des Benutzers geschützt und verifiziert wird.

Diese Eigenschaften des Web3 sind auch für die Umsetzung des Metaversums von entscheidender Bedeutung. Das Metaversum erfordert eine dezentrale Infrastruktur, da es ein digitales Ökosystem ist, das aus zahlreichen unterschiedlichen Anwendungen und Inhalten, die von vielen Benutzern zugleich benutzt werden, besteht. Das Metaversum kann daher nicht von einer einzelnen zentralisierten Plattform kontrolliert werden, da dies zu Einschränkungen der Freiheit, Sicherheit und Innovation führen würde. Für die Realisierung der Idee des Metaversums ist das Web3 daher eine wichtige Grundlage, denn es bereitet die dezentrale Infrastruktur vor, die es ermöglicht, ein offenes und freies digitales Ökosystem aufzubauen. Durch die Verwendung dezentraler Technologien können Entwickler und Nutzer des Metaversums unabhängig agieren und gleichzeitig die Sicherheit und Integrität der Plattform gewährleisten.

Das Metaversum und seine Grundlagen stellt zusammen mit dem Web3 vielversprechende Technologien dar, die für die Nutzung bereit zu stehen scheinen. Die bis hierher genannten Bausteine und auch weitere haben ihre Funktionsfähigkeit auch durchaus schon beweisen können. Allerdings wurden diese Beweise zumeist einzeln und darüber hinaus auch meistens lediglich im kleinen Rahmen geliefert. Es gibt daher noch eine nicht eben kleine Zahl von Limitationen und Herausforderungen, die es zu bewältigen gilt, von denen die wichtigsten die folgenden sind:

- *Skalierbarkeit*: Das Metaversum erfordert eine enorme Menge an Rechenleistung und Speicherplatz, um die virtuelle Welt und die Interaktionen der Benutzer zu verarbeiten. Wie groß diese im Detail sein wird, ist nicht vorhersagbar. Aber allein die Vorstellung, dass in das Metaversum in Zukunft ebenso viele und mehr Benutzer eintauchen werden

als heute das Internet nutzen, sprengt die Vorstellung bezüglich der erforderlichen Rechenleistung und auch des Speicherbedarfs. Die aktuelle Infrastruktur des Web3 ist nicht ausreichend, um diese Anforderungen zu erfüllen. Einige Skalierungslösungen, die derzeit verfügbar sind, scheinen zwar vielversprechend, müssen aber noch weiter entwickelt werden, um die Anforderungen des Metaversums zu erfüllen.
- *Interoperabilität*: Die verschiedenen Plattformen und Dienste im Metaversum müssen miteinander kommunizieren können, um ein nahtloses und voll-ständiges Erlebnis für die Benutzer zu schaffen. Dies erfordert eine höhere Interoperabilität zwischen den verschiedenen Technologien und Plattformen im Web3.
- *Datenschutz und Sicherheit*: Da die Identität und persönlichen Daten der Benutzer im Metaversum eine wichtige Rolle spielen, müssen geeignete Daten-schutz- und Sicherheitsmaßnahmen implementiert werden, um sicherzustellen, dass diese Daten sicher und geschützt bleiben. Ob die dazu oben angesprochenen Ansätze ausreichend sind, muss noch im Detail untersucht werden.
- *Zugänglichkeit*: Um das volle Potenzial des Metaversums zu nutzen, müssen Benutzer Zugang zu geeigneter Hardware und Infrastruktur haben. Derzeit ist der Zugang zu dieser Technologie jedoch begrenzt und es ist unklar, wie schnell die Erschwinglichkeit und Verfügbarkeit von Hardware und Infrastruktur verbessert werden kann.

4.8 Eine Erfolgsgeschichte?

Gemäß vieler Prognosen wird das Metaversum in absehbarer Zeit eine höhere wirtschaftliche und gesellschaftliche Relevanz als alle bisherigen Technologien erreichen. Es wird erwartet, dass bis zum Jahr 2028 mit dem Metaversum eine Marktgröße von mehr als 800 Mrd. US-Dollar erreicht wird, während einige Analysten, wie Morgan Stanley, sogar von einem Marktvolumen von mehr als acht Billionen US-Dollar ausgehen [KAN21, CHI22]. Tim Sweeney, der Gründer des Videospielunternehmens Epic Games und Entwickler von Fortnite, bezeichnet das Metaversum als eine „multi-trillion-dollar opportunity". Bereits im Jahr 2016 sagte er [TAK16]:

> „This Metaverse is going to be far more pervasive and powerful than anything else. If one central company gains control of this, they will become more powerful than any government and be a god on Earth."

Allerdings gibt es auch die ein oder andere etwas vorsichtigere Stimme. So sagt Evelyn R. Miralles, die Chief Principal Engineer am Lyndon B. Johnson Space Center der NASA [BAL22]:

> „At the moment metaverse is in the path to the 'peak of inflated expectations' phase."

und verweist damit indirekt auf die jährlich von Gartner präsentierten Hype-Cycle, die darstellen, welche Technologien für die kurz- und langfristige Zukunft disruptiv sein könnten und mit welchen Technologien große Unternehmen arbeiten sollten, um sich neue Märkte und Chancen zu eröffnen. Der Hype-Cycle zeigt die typische Rezeption einer disruptiven Technologie in Form einer Kurve:

- Nachdem eine Technologie entdeckt wird (Innovation Trigger), steigt das Interesse und ...
- ... die Erwartungen werden überhöht (Peak of Inflated Expectations).
- Danach folgt eine Phase der Enttäuschung, da die Technologie die Erwartungen nicht erfüllen kann (Tal der Ernüchterung).
- Anschließend entwickelt sich die Technologie und findet ihre wahren Anwendungsfälle (Slope of Enlightenment), ...
- ... bis sie schließlich nützlich und weit verbreitet wird (Plateau der Produktivität).

Auch Gartner untersuchte den Kontext Metaversum und stellte 2022 einen entsprechenden Hype-Cycle vor. In diesem wurden einige der Technologien näher betrachtet, die für die immersiven Realitäten von Interesse sind. Dazu hat Gartner mehr als 2000 Technologien untersucht und 25 davon ausgewählt, die als „Must-Know-Innovationen zur Förderung von Wettbewerbsdifferenzierung und Effizienz" definiert sind. Diese 25 Technologien wurden in den Hype-Zyklus eingefügt. Zu diesen Technologien gehören unter anderem Web3, NFT und „digital humans". Diese Technologien sind nach Gartner für die nächsten 5 bis 10 Jahre von großem Interesse. Zudem identifiziert Gartner in dieser Studie drei sogenannte „Makrothemen":

- Die Erweiterung immersiver Erfahrungen,
- Die Beschleunigung der Automatisierung durch künstliche Intelligenz (KI) und
- Die Optimierung der Bereitstellung von Technologien für den Markt.

Einige der in diesem Hype-Cycle aufgeführten Technologien hatte Gartner seit mindestens 2017 bei den Analysen berücksichtigt und damit das technologische Potenzial, dass diese für die Zukunft wahrscheinlich aufweisen, anerkannt. Wie Abb. 4.13 zeigt [PER22].

Auch Tech-Konzerne, allen voran Facebook, sehen das Potenzial, das mutmaßlich im Metaversum steckt und sehen eine strategische Zukunft in dieser virtuellen Welt. Trotz der positiven Wahrnehmung durch Unternehmensberater und Analysten aber bleibt jedoch die andere Möglichkeit bestehen [MAT22]:

> „Der Hype um das Metaversum wird dazu führen, dass Milliarden Euro für Unsinn ausgegeben werden. Es wird viel dummes Geld in virtuelle Grundstücke und digitalen Nippes fließen."

Positiv könnte sich hingegen auswirken, dass nicht wenige Unternehmen auch heute schon an „seriösen" Anwendungen in und um das Metaversum herum arbeiten:

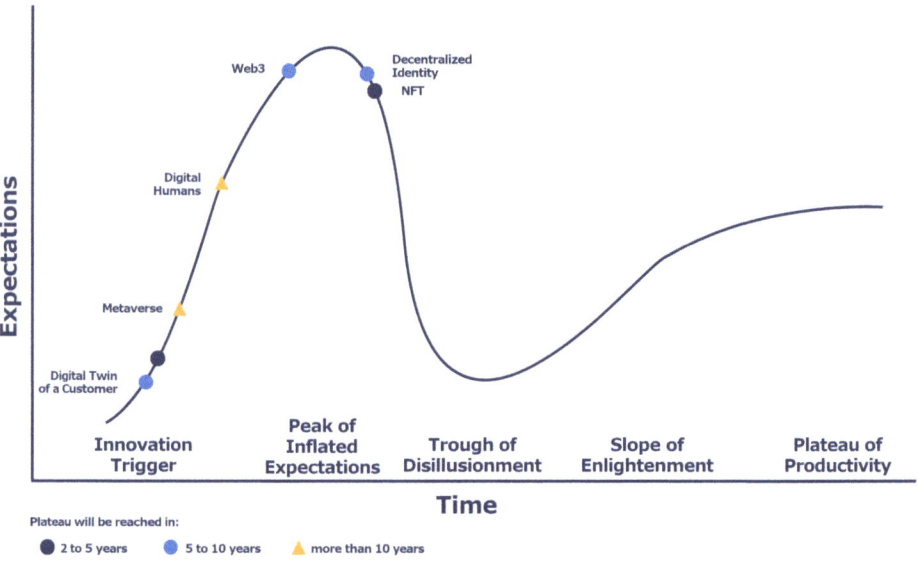

Abb. 4.13 Das Metaversum und dafür relevante Technologien. (In Anlehnung an den Gartner Hype Cycle [PER22])

- So werden digitale Zwillinge von Städten und Fabriken entwickelt, um diese aus der Ferne mit Hilfe VR-Technologien verwalten und warten zu können.
- Die digitalen Zwillinge von Menschen helfen Ärzte bei der Vorbereitung von OPs, indem der virtuellen Körper des Patienten vor einer Operationen gedreht und vergrößert werden kann, um genauer zu verstehen, wo später das Skalpell angesetzt werden muss.
- Ebenso können digitale Zwilling menschlicher Organe in der Pharmaindustrie helfen, bessere Medikamente herzustellen und diese auch intensiver im virtuellen Raum zu testen, als es in der Realität möglich wäre.

Dazu wird in leistungsfähige Infrastrukturen investiert, die in Zukunft dann auch anderen Anwendungsbereichen zugutekommen kann. Die Vielzahl der möglichen Anwendungszwecke zeigt aber auch, dass es unwahrscheinlich ist, dass eine einzige, vollständige und einheitliche virtuelle Welt namens „Metaversum" entstehen wird. Vielmehr werden voraussichtlich viele eigenständige kleine Plattformen entstehen, die im günstigsten Fall einen leichten Wechsel zwischen ihnen ermöglichen.

Nicht zuletzt durch die durchaus beeindruckende Geschwindigkeit der Entwicklung und Verbreitung von VR und AR in den letzten Jahren, rückte auch das Konzept des Metaversums immer mehr in den Fokus. Wie oben schon mehrfach erwähnt, geht dies soweit, dass das Metaversum als die nächste große Weiterentwicklungsstufe des Internets angesehen wird. Hier allerdings sollte ein Aspekt Berücksichtigung finden, der leicht übersehen wird.

In der Entwicklung des WWW hat sich eine besondere Mentalität der Benutzer entwickelt, die sich wohl nur langsam wandeln wird und somit einem (schnellen) Erfolg des Metaversums im Wege stehen könnte [BAL21]:

„Metaverse Users don't spend money."

Die meisten Internet-Benutzer erwarten, dass der Zugang zu Diensten und Informationen, die sie im Internet nutzen, kostenlos zur Verfügung steht. So sind tatsächlich viele Social Media-Plattformen, Suchmaschinen und andere Online-Dienste zunächst einmal kostenlos zugänglich. Ihre Finanzierung erfolgt indirekt auf dem Wege der Werbung.

Diese Erwartungshaltung kann aber ein Hindernis für den Erfolg des Metaversums darstellen. Der Betrieb des Metaversums erfordert eine große Menge an Ressourcen, einschließlich hoch entwickelter Technologie und auch menschlicher Arbeitskraft, um es am Laufen zu halten. Die Kosten für die Entwicklung und den Betrieb einer solchen Plattform sind immens und können nicht vollständig durch Werbung finanziert werden. Dies bedeutet im Umkehrschluss aber, dass andere Wege der Finanzierung gefunden werden müssen. Ein solcher Weg besteht darin, dass Nutzer für den Zugang zum Metaversum bezahlen müssen.

Allerdings bringen viele Nutzer, die an kostenlose Dienste gewöhnt sind, nicht das Verständnis oder die Bereitschaft auf, dies zu tun. Dies macht im heutigen WWW zum Beispiel hochqualitativen journalistischen Inhalten oder Medieninhalten wie Musik und Film das Leben ausgesprochen schwer. Dies könnte also dann dazu führen, dass auf und durch die Plattformen und Dienste im Metaversum nicht genügend Einnahmen generiert wird, um sich zu finanzieren und den Betrieb aufrecht zu erhalten.

Um dieses Problem zu lösen, müssen Nutzer ein neues Verständnis für den Wert des Metaversums und die Ressourcen, die für seine Entwicklung und den Betrieb benötigt werden, entwickeln. Es müssen Anreize für Nutzer geschaffen werden, die bereit sind, für den Zugang zum Metaversum und für virtuelle Gegenstände oder Erfahrungen zu bezahlen. Unternehmen sollten auch an kreativen Wegen arbeiten, um Einnahmen zu generieren, die eben nicht nur auf Werbung basieren.

4.9 (Nicht nur) Ökonomische Befürchtungen: Metaverse-Hopping!

Metaverse-Hopping bedeutet, dass Benutzer von einer Metaversum-Plattform zur anderen wechseln, um verschiedene virtuelle Welten zu erkunden und neue Erfahrungen zu sammeln. Aus technischer Sicht könnte dies bedeuten, dass Benutzer auf verschiedene Tools, Technologien und Programm- bzw. Programmierschnittstellen zugreifen müssen, die von den verschiedenen Plattformen jeweils bereitgestellt werden. Um einen solchen Wechsel zu erleichtern, müssten die Plattformen interoperabel sein, wie es auch Ball [BAL22] und Parisi [PAR21] als notwendig ansehen. Eine solche Interoperabilität bedeutet, dass die

Plattformen die Möglichkeit anbieten müssen, dass Daten und Anwendungen nahtlos miteinander ausgetauscht werden können. Dazu könnten neben etablierten Datenaustauschformaten wie XML, JSON oder IFC auch weitergehende Standards wie OpenXR und WebXR verwendet werden, die eine einheitliche Schnittstelle für die Entwicklung von XR-Anwendungen bereitzustellen versuchen [W3CoJc, BUIoJ, JSOoJ, KHR19, W3CoJd].

Darüber hinaus könnte eine entsprechende Plattform eine Integration von Anwendungen und Inhalten aus anderen Metaversum-Plattformen unterstützen, um eine tatsächlich nahtlose Erfahrung ohne etwas ähnliches wie einen Medienbruch für die Benutzer zu schaffen. Eine solche Integration würde jedoch absehbar eine Vielzahl technischer Herausforderungen mit sich bringen, wie beispielsweise die Handhabung unterschiedlichster Datenformaten für die unterschiedlichsten Anwendungsbereiche und die Gewährleistung der Sicherheit und Integrität von Daten, die zwischen den verschiedenen Plattformen und Anwendungen ausgetauscht werden.

Wie im vorigen Kap. 3 schon angerissen, ist derzeit noch nicht klar, wie das Metaversum letztendlich strukturell aufgebaut sein wird. Einerseits besteht die Möglichkeit eines einheitlichen Metaversums, bei dem es eine einzige zentrale Plattform gibt, die alle Benutzer nutzen und in der alle digitalen Welten integriert sind. Ein solches Metaversum hätte den Vorteil, dass jeder Nutzer nur eine einzige, einheitliche digitale Identität hätte, die er pflegen und um die er sich kümmern muss. Dies würde sicherlich auch dazu beitragen, dass die soziale Interaktion der Benutzer davon profitiert, denn „man kennt und erkennt sich", egal auf welcher Plattform sich die Benutzer treffen.

Auf der anderen Seite besteht aber eben auch die größere Wahrscheinlichkeit, dass das Metaversum aus vielen parallelen Plattformen bestehen wird, die sich in Aufbau, Funktionen und Anwendungsfokus unterscheiden. Jede Plattform könnte sich auf bestimmte Anwendungsgebiete oder Zielgruppen spezialisieren und somit eine größere Vielfalt an spezialisierten Nutzungsmöglichkeiten bieten. Darüber hinaus ist vorstellbar, dass der Wettbewerb zwischen verschiedenen Plattformen zu mehr Innovation und höherer Qualität der Angebote führen kann.

Welche dieser Möglichkeiten Realität wird, hängt von vielen Faktoren ab, wie einerseits zum Beispiel grundlegenden technologisch-technischen Entwicklungen und andererseits der Akzeptanz und Nutzung durch die Nutzerinnen und der Entscheidungen der Unternehmen, die in der Branche tätig sind. Es ist daher wahrscheinlich, dass es in der Zukunft eine Mischung aus verschiedenen Plattformen geben wird, die auf unterschiedliche Bedürfnisse und Interessen der Nutzerinnen zugeschnitten sind, von denen, ganz wie heute im WWW, einige Plattformen so groß sein werden, dass sie als De-Facto-Standard des Metaversums angesehen werden können.

Aktuell ist die Gefahr dieses „Metaverse-Hopping" wohl eher noch hypothetisch. Zwar können generell in den meisten Plattformen, die die Option zur Modellierung und Integration bieten, Objekte als Startpunkt für Hyperlinks, ganz wie im klassischen WWW, genutzt werden. Wird ein solches Objekt vom Benutzer oder seinem Avatar aktiviert, „teleportiert" die Plattform den Benutzer zum referenzierten Ziel des Hyperlinks. Was hier nun so einfach klingt, weist jedoch in der Realität einige technische Hürden auf. So gibt es kein standardmäßig definiertes Koordinatenmodell, das universell für alle Plattformen des Metaversum gilt. Zudem ist die Integration solcher Hyperlinks meist eine besondere Funktion, die nicht einfach abrufbar ist. Vielmehr verlangen die Entwicklungswerkzeuge, die die Plattformen den Benutzern zur Verfügung stellen, für solche Anwendungsfälle durchaus profunde Programmierkenntnisse ab.

4.9.1 Ein einheitliches Metaversum?

Ein einheitliches Metaversum bietet nicht nur Benutzern, sondern auch Unternehmen durchaus eine Reihe von Vorteilen, die sich zum Teil überschneiden, zum Teil aber auch unterscheiden. Als Vorteile für die Benutzer könnten vor allem folgende Aspekte genannt werden:

- *Interoperabilität*: Ein einheitliches Metaversum würde es Benutzern ermöglichen, zwischen verschiedenen virtuellen Welten zu navigieren, ohne ihre Identität oder ihre virtuellen Besitztümer verlieren zu müssen. Benutzer könnten also problemlos zwischen verschiedenen Metaversum-Plattformen wechseln und ihre virtuellen Güter und Identitäten mitnehmen.
- *Gemeinschaftliches Erlebnis*: Ein einheitliches Metaversum würde es den Benutzern ermöglichen, problemlos und ohne Aufwand mit Menschen aus der ganzen Welt in Kontakt zu treten und gemeinsam an verschiedenen Aktivitäten wie Spielen, Sport, Bildung oder Kultur teilzunehmen. Eine größere Anzahl an Benutzern würde auch eine breitere Vielfalt an Aktivitäten und Erfahrungen ermöglichen.
- *Effizienz*: Ein einheitliches Metaversum würde es den Benutzern ermöglichen, Dinge wie Einkäufe, Kommunikation und Bildung auf einer Plattform zu erledigen. Dies würde Zeit sparen und die Effizienz erhöhen.

Die hauptsächlichen Vorteile für Unternehmen hingegen sind:

- *Größere Zielgruppe*: Eine einzige Metaversum-Plattform würde es Unternehmen ermöglichen, ihre Produkte und Dienstleistungen ohne Portierungsaufwand einer größeren Zielgruppe zu präsentieren. Eine größere Anzahl an Benutzern würde auch eine größere Anzahl potenzieller Kunden bedeuten.
- *Effizienz*: Ein einheitliches Metaversum würde es Unternehmen ermöglichen, ihre Produkte und Dienstleistungen effizienter zu verwalten und anzubieten. Ein Unternehmen würde keine separate Metaversum-Plattform benötigen und somit Zeit und Geld sparen.
- *Zusammenarbeit*: Ein einheitliches Metaversum würde es Unternehmen ermöglichen, leichter zusammenzuarbeiten und ökonomische Partnerschaften zu bilden. Eine einzige Metaversum-Plattform würde es Unternehmen ermöglichen, ihre Produkte und Dienstleistungen zu integrieren und somit ein einheitlicheres Erlebnis für die Benutzer zu schaffen.

Obwohl die Zahl der Vorteile eines einheitlichen Metaversums nicht gering ist, gibt es auch eine Reihe von Nachteilen, die sowohl für Benutzer als auch für Unternehmen gelten und die im Einzelnen berücksichtigt werden müssten. Als Nachteile für die Benutzer könnten vor allem folgende Aspekte genannt werden:

- *Monopolstellung*: Eine weitgehend einheitliche Metaversum-Plattform würde möglicherweise eine monopolistische Position auf dem Markt einnehmen, was zu einem Mangel an Wettbewerb führen könnte. Dies wiederum könnte, wie in der realen Welt oder wie auch in einigen Bereichen des Internet bzw. insbesondere des WWW, dazu führen, dass Benutzer mit höheren Preisen und weniger Wahlmöglichkeiten konfrontiert werden.
- *Geringere Innovation*: Der fehlende Wettbewerb bei nur einer einzigen Metaversum-Plattform könnte möglicherweise dazu führen, dass weniger Innovationen und neue Ideen entwickelt werden oder, was noch fataler wäre, das Design- und Technologieentscheidungen getroffen werden, die in Zukunft in eine Sackgasse der Entwicklung führen.
- *Zentralisierte Kontrolle*: Ein einheitliches Metaversum könnte zudem eine einfache zentralisierte Möglichkeit der Kontrolle bedeuten, was Bedenken hinsichtlich der Datenschutz- und Überwachungspraktiken aufwerfen könnte.

	Vorteile	Nachteile
Benutzer	1. Einfache Navigation und Interoperabilität 2. Möglichkeit, verschiedene Metaversum-Erfahrungen zu kombinieren 3. Bessere Integration von Inhalten und Daten zwischen verschiedenen Diensten und Anwendungen 4. Einfacher Zugriff auf soziale Interaktionen und Communities	1. Einschränkung der Auswahl und der Erfahrungen auf eine Plattform 2. Möglicher Mangel an Wettbewerb und Innovationen 3. Potenziell höhere Preise und Gebühren 4. Potenziell höhere Abhängigkeit von einer einzigen Plattform
Unternehmen	1. Größere Nutzerbasis und Marktchancen 2. Bessere Integration von Diensten und Anwendungen 3. Möglichkeit, Markenidentität aufzubauen und zu fördern 4. Einfachere Entwicklung und Veröffentlichung von Inhalten	1. Mögliche Einschränkungen und Regulierungen durch eine einzige Plattform 2. Potenziell höhere Gebühren und höhere Abhängigkeit von einer einzigen Plattform 3. Möglicher Mangel an Wettbewerb und Innovationen 4. Potenziell höhere Risiken, falls die Plattform scheitert oder gehackt wird

Die hauptsächlichen Nachteile für Unternehmen hingegen sind:

- *Verlust von Autonomie*: Eine einzige einheitliche Metaversum-Plattform könnte dazu führen, dass Unternehmen ihre Autonomie und Kontrolle über ihre Produkte und Dienstleistungen verlieren sowie auch dazu, dass Unternehmen gezwungen sind, be-

stimmte Regeln und Vorschriften einzuhalten, die ihrer eigentlichen Unternehmens- bzw. Organisationskultur widersprechen.
- *Begrenzter Zugang zu Benutzerdaten*: Eine einzige Metaversum-Plattform könnte es für Unternehmen schwieriger machen, auf Benutzerdaten zuzugreifen, da alle Daten in einer zentralen Datenbank gespeichert werden.
- *Risiko von Marktstörungen*: Ein einheitliches Metaversum könnte möglicherweise zu Marktstörungen führen, da Änderungen an der Plattform oder unvorhergesehene Probleme einen größeren Einfluss auf die auf der Plattform tätigen Unternehmen und deren Geschäftsmodelle haben könnten.

4.9.2 Vielfältige Metaversen?

Diversität auch in der Vielzahl von Plattformen könnte sich also durchaus als vorteilhaft erweisen. Aus Sicht des Benutzers ergeben sich dabei andere Vorteile als für Unternehmen. Der Blick auf die potenziellen Vorteile für Benutzer zeigt:

- *Mehr Wahlmöglichkeiten*: Mit vielen parallelen Metaversum-Plattformen hätten Benutzer mehr Wahlmöglichkeiten und könnten die Plattform wählen, die am besten zu ihren Bedürfnissen und Präferenzen passt.
- *Wettbewerb fördert* **Innovation**: Die Existenz vieler paralleler Metaversen fördert den Wettbewerb zwischen den Plattformen, was zu mehr Innovation und zu neuen Ideen führen könnte. Dies würde zukünftig den Benutzern mehr Entscheidungsfreiheit und bessere Erfahrungen bieten.
- *Schutz der Privatsphäre*: Mehrere parallele Metaversen könnten dazu beitragen, die Privatsphäre der Benutzer besser zu schützen, da es weniger zentralisierte Kontrolle und weniger zentrale Datenbanken gibt.

Die hauptsächlichen Vorteile für Unternehmen hingegen sind:

- *Mehr Möglichkeiten für die Marktteilhabe*: Die Existenz vieler paralleler Plattformen bietet Unternehmen mehr Möglichkeiten, in den Markt einzutreten, und erhöht somit den Wettbewerb zwischen den Anbietern.
- *Bessere Kontrolle über Produkte und Dienstleistungen*: Unternehmen haben mehr Kontrolle über ihre Produkte und Dienstleistungen, wenn es mehrere parallele Plattformen gibt. Sie können gezielt die Plattform wählen, die am besten zu ihren Produkten und Dienstleistungen passt.
- *Bessere Analyse- und Marketingmöglichkeiten*: Unternehmen können auf mehr Benutzerdaten zugreifen, da sie sich auf mehreren parallelen Plattformen engagieren können. Dies bietet ihnen bessere Analyse- und Marketingmöglichkeiten, um ihre Produkte und Dienstleistungen zu verbessern.

Dem stehen für die Benutzer auch einige erkennbare Nachteile gegenüber:

- *Fragmentierung*: Viele parallele Plattformen könnten bedeuten, dass die Benutzerbasis auf verschiedene Plattformen aufgeteilt wird. Diese Fragmentierung der Benutzerbasis könnte weiterhin zu weniger Interaktionen und Experiences innerhalb der einzelnen Plattformen führen.
- *Kompatibilitätsprobleme*: Die Existenz vieler paralleler Plattformen kann zu Kompatibilitätsproblemen führen, da bestimmte Inhalte und Anwendungen möglicherweise nicht auf allen Plattformen verfügbar oder funktionsfähig sind.
- *Schwierigkeiten bei der Interoperabilität*: Die Benutzer könnten Schwierigkeiten haben, zwischen verschiedenen parallelen Metaversen zu wechseln und zu interagieren oder Inhalte aus einer Plattform in eine andere zu übertragen. Dies ergibt sich vor allem dann, wenn Entwicklungsstrategien wie zum Beispiel unterschiedliche Interaktionsparadigmen oder -formen konkurrieren.

Neben den Nachteilen für die Benutzer müssen auch Nachteile für Unternehmen Erwähnung finden:

- *Herausforderungen bei der Zielgruppenanalyse*: Bei der Existenz vieler paralleler Plattformen kann es für Unternehmen schwieriger werden, ihre Zielgruppenanalyse durchzuführen, was für Unternehmen mehr bedeutet, dass mehr Ressourcen für Marketing und Werbung aufgewendet werden müssen.
- *Schwierigkeiten bei der Entwicklung von Anwendungen*: Die Existenz von vielen parallelen Plattformen bedeutet für Unternehmen eine Herausforderung bei der Entwicklung von Anwendungen, da sie möglicherweise auf mehreren Plattformen entwickelt und gewartet werden müssen.
- *Höhere Kosten*: Unternehmen könnten höhere Kosten für die Entwicklung von Anwendungen und Inhalte auf vielen parallelen Plattformen haben, da sie mehr Ressourcen und Experten benötigen, um ihre Produkte auf mehreren Plattformen zu verwalten und zu pflegen.

Es ist schwer zu sagen, ob die Vorteile eines einzigen Metaversums die Vorteile vieler paralleler Metaversum-Plattformen letztlich überwiegen werden. Die Entwicklung wird davon abhängen, welche Faktoren in Zukunft ökonomisch wichtig sein werden und welche Art von Erfahrung Benutzer und Unternehmen suchen. Es erscheint nicht unwahrscheinlich, dass in Zukunft eine hybride Lösung entsteht, bei der verschiedene Metaversum-Plattformen miteinander interagieren können, aber auch weiterhin ihre individuellen Identitäten und Kontrollen behalten können.

4.9 (Nicht nur) Ökonomische Befürchtungen: Metaverse-Hopping!

	Vorteile	Nachteile
Benutzer	1. Mehr Auswahl an verschiedenen Metaversum-Erfahrungen 2. Konkurrenz kann zu besseren Preisen und Leistungen führen 3. Vermeidung von Monopolen und Datenschutzbedenken 4. Möglichkeit, in spezialisierten Metaversen tätig zu sein	1. Erschwerte Navigation und Interoperabilität zwischen den verschiedenen Plattformen 2. Verwaltung mehrerer Konten auf verschiedenen Plattformen kann schwierig sein 3. Mögliche Einschränkungen beim Austausch von Inhalten und Daten zwischen verschiedenen Plattformen 4. Möglicher Mangel an kritischer Masse in spezialisierten Metaversen
Unternehmen	1. Möglichkeit, in spezialisierten Metaversen tätig zu sein 2. Konkurrenz kann zu Innovationen und verbesserten Produkten führen 3. Mögliche Vermeidung von Monopolen und Datenschutzbedenken 4. Möglichkeit, in verschiedenen Metaversum-Ökosystemen tätig zu sein	1. Möglicher Mangel an kritischer Masse in spezialisierten Metaversen 2. Höhere Entwicklungskosten aufgrund der Notwendigkeit, auf verschiedenen Plattformen zu entwickeln 3. Mögliche Einschränkungen beim Austausch von Inhalten und Daten zwischen den Plattformen 4. Schwierigkeiten beim Aufbau einer Markenidentität, wenn sich Unternehmen auf mehreren Plattformen präsentieren müssen

Die Entwicklung eines einheitlichen Metaversums erscheint als technisch größere Herausforderung, die viele komplexe Fragen aufwirft, gegenüber der Entwicklung vieler Einzellösungen:

- *Skalierbarkeit*: Ein einheitliches Metaversum muss in der Lage sein, eine sehr große Anzahl von Benutzern und gleichzeitig eine sehr große Anzahl aktiver Anwendungen und dynamischer Inhalte zu verwalten. Dazu ist eine hohe Skalierbarkeit notwendig, um die Leistung und die Benutzererfahrung aufrechtzuerhalten.
- *Interoperabilität*: Ein einheitliches Metaversum muss zudem in der Lage sein, verschiedene Arten von Anwendungen und Inhalten von verschiedenen Anbietern zu integrieren und miteinander zu verbinden. Dazu müssen standardisierte Schnittstellen und Protokolle entwickelt werden, die von allen Entwicklern verwendet werden können.
- *Sicherheit*: Ein einheitliches Metaversum muss sicher sein, um die Privatsphäre und Sicherheit der Benutzer zu gewährleisten. Dies erfordert die Entwicklung von robusten Sicherheitsprotokollen und Schutzmechanismen, um den Zugriff auf sensible Daten und Anwendungen zu verhindern.
- *Skriptfähigkeit*: Ein einheitliches Metaversum muss auch in der Lage sein, eine Vielzahl von Skriptsprachen und -umgebungen zu unterstützen, um eine breite Palette von Anwendungen und Inhalten zu ermöglichen.
- *Infrastruktur*: Ein einheitliches Metaversum erfordert darüber hinaus eine solide Infrastruktur, um alle Anwendungen und Inhalte effizient zu verwalten und bereitzustellen.

Dies erfordert die Entwicklung von leistungsstarken Cloud-Computing-Systemen, Netzwerken und Speicherlösungen.
- *Virtuelle Ökonomie*: Ein einheitliches Metaversum muss in der Lage sein, eine virtuelle Ökonomie zu unterstützen, in der Benutzer Anwendungen, Dienstleistungen und digitale Währungen kaufen und verkaufen können. Dies erfordert die Entwicklung von sicheren Zahlungs- und Handelsmechanismen.
- *Immersive Technologie*: Letztlich muss ein einheitliches Metaversum auch in der Lage sein, immersive Technologien wie AR und VR zu unterstützen, um überhaupt eine hohe Benutzerakzeptanz zu erreichen.

Diesen Herausforderungen stehen bei der Entwicklung vieler paralleler Plattformen andere Herausforderungen gegenüber:

- *Interoperabilität*: Bei der Existenz vieler paralleler Plattformen wird es schwierig werden, Anwendungen und Inhalte zwischen ihnen auszutauschen. Entwickler müssen Schnittstellen und Protokolle entwickeln, die es ermöglichen, Anwendungen und Inhalte zwischen verschiedenen Plattformen zu integrieren und zu verbinden.
- *Skalierbarkeit*: Jede parallele Plattformen muss in der Lage sein, eine große Anzahl von Benutzern und Anwendungen zu verwalten, um gute Usability und User Experience zu gewährleisten. Die Skalierbarkeit ist daher eine, wenn nicht gar die wichtigste technische Herausforderung, wenn es viele parallele Plattformen gibt.
- *Standardisierung*: Die bei der Interoperabilität angerissene Standardisierung von Schnittstellen und Protokollen bedeutet ein hohes Maß an Abstimmung zwischen den Entwicklern und Betreibern der Plattformen.
- *Kompatibilität*: Jede parallele Plattform kann auf einer anderen Technologieplattform basieren, was die Kompatibilität weiter erschwert. Entwickler müssen daher sicherstellen, dass ihre Anwendungen und Inhalte auf möglichst allen Plattformen laufen und zwischen ihnen kompatibel sind. Dies ist ein Problem, dessen immenser Umfang sich schon bei einem Blick auf die wenigen Betriebssysteme für Mobile Computing bzw. Smartphones abzeichnet.
- *Sicherheit*: Jede parallele Plattformen muss so sicher sein, dass die Privatsphäre und Sicherheit der Benutzer gewährleistet ist. Dies erfordert die Entwicklung robuster Sicherheitsprotokolle und Schutzmechanismen, um den Zugriff auf sensible Daten und Anwendungen zu verhindern.
- *Wettbewerb*: Wenn es viele parallele Plattformen gibt, kann dies zu einem intensiven Wettbewerb zwischen ihnen führen. Entwickler müssten sicherstellen, dass ihre Metaversen für Benutzer und Unternehmen attraktiv sind, um gegen andere Metaversen erfolgreich bestehen zu können.

Interessant erscheint der Gedanke, dass die Entwicklung vieler paralleler Plattformen auch die Entstehung neuer Geschäftsmodelle fördern kann, die zum Beispiel auf der

Integration mehrerer Plattformen basieren, wie beispielsweise für die Migration von Inhalten und Anwendungen zwischen verschiedenen Plattformen.

4.10 Das erweiterte ökonomische Umfeld

Mit Computer Aided Manufacturing (CAM) hielten Software und Computersysteme Einzug in industrielle Fertigungsprozesse mit den Ziel, diese zu steuern, automatisieren und optimieren. Der Ursprung von CAM liegt in den 1940er- und 1950er-Jahren, als erste Versuche unternommen wurden, numerische Steuerungssysteme (NC) für Werkzeugmaschinen zu entwickeln. Die ersten kommerziell erfolgreichen NC-Systeme wurden in den 1960er-Jahren eingeführt. Die eigentliche Revolution in der computerunterstützten Fertigung begann jedoch in den 1970er-Jahren, als die ersten CAM-Systeme auf den Markt kamen. Diese Systeme nutzten die Fortschritte in der Computertechnologie, um Fertigungsprozesse zu automatisieren und zu optimieren. Seitdem haben sich CAM-Systeme ständig weiterentwickelt und sind zu einem integralen Bestandteil moderner Produktionsanlagen geworden. CAM-Systeme ermöglichen es Ingenieuren und Technikern, Design-Daten direkt von Computer Aided Design (CAD)-Software in Maschinensteuerungen und Produktionsanlagen zu übertragen. Dieser Prozess verbessert die Effizienz, Genauigkeit und Geschwindigkeit der Produktion. CAM-Systeme werden in einer Vielzahl von Branchen eingesetzt, einschließlich der Automobil-, Luft- und Raumfahrt-, Elektronik- und Medizinindustrie [SCH03, LAN94].

Die Entwicklung von Computer-Aided Manufacturing (CAM) hat in den letzten Jahren dazu beigetragen, Produktionsprozesse zu optimieren und deren Effizienz zu steigern. Durch die Verbindung von Industrie 4.0 und Cyber-Physical Systems wurde der Versuch unternommen, solche Prozesse weiter zu verbessern, indem sie vernetzt und noch weiter automatisiert wurden. Die Idee des Metaversum eröffnet nun die Möglichkeit zu einem nächsten, noch weitergehenden Schritt, nämlich der Schaffung virtuelle Welten, in denen die physische und digitale Welt miteinander verschmelzen. Diese Verbindung von CAM, Industrie 4.0 und dem Metaversum soll Produktionsprozesse dann noch weiter optimieren, Kosten weiter senken und zugleich auch neue Geschäftsfelder erschließen [GLU23, BMBoJ]:

- Die Integration von computergestützter Fertigung in Form von CAM und dem Metaversum ermöglicht die Entwicklung virtueller Produktionslinien, welche Unternehmen dabei unterstützen, ihre Produktionsprozesse zu optimieren und zu simulieren, bevor sie in der realen Welt umgesetzt werden. Mithilfe von AR oder VR können Mitarbeiter diese virtuellen Produktionslinien interaktiv untersuchen und die Prozesse optimieren.
- Durch die Verknüpfung von Industrie 4.0 und dem Metaversum können aus den genannten Simulationen digitale Zwillinge von Maschinen und Anlagen generiert werden. Dadurch wird es Unternehmen möglich sein, den Zustand der Anlagen im

laufenden Betrieb in Echtzeit zu überwachen, Wartungsarbeiten effizienter zu planen und frühzeitig potenzielle Störungen zu erkennen.
- Des Weiteren bietet die Kombination aus CAM und dem Metaversum interessante Möglichkeiten für Schulungen und Trainings, indem Mitarbeiter in virtuellen Umgebungen ausgebildet werden, um Abläufe und Prozesse besser zu verstehen und zu erlernen. Durch den Einsatz von AR oder VR können Mitarbeiter sogar in gefährlichen Situationen geschult werden, ohne tatsächlich einem Risiko ausgesetzt zu sein.
- Die Kombination von Cyber-Physical Systems und dem Metaversum erlaubt zudem die Ergänzung der Überwachung und Steuerung von Produktionsanlagen in der realen Welt durch Echtzeit-Visualisierungen in virtuellen Umgebungen.

Die Vorteile dieser Verbindung von CAM, Industrie 4.0 und dem Metaversum sind vielfältig:

- Unternehmen können ihre Produktionsprozesse durch den Einsatz von virtuellen Produktionslinien und digitalen Zwillingen optimieren und effizienter gestalten. Frühzeitiges Erkennen und Beheben von Störungen führt zu erhöhter Produktivität und geringeren Ausfallzeiten.
- Mitarbeiter profitieren von realistischen virtuellen Umgebungen für Schulungen und Trainings, die durch AR oder VR ermöglicht werden. Eine bessere Ausbildung erhöht die Qualifikation der Mitarbeiter und trägt in der Regel zur Verbesserung der Produktqualität bei.
- Durch die Verbindung von Cyber-Physical Systems und dem Metaversum können Unternehmen schneller auf Veränderungen reagieren und ihre Produktionsprozesse zügiger anpassen. Digitale Zwillinge von realen Produktionslinien lassen sich leichter verändern als physische Anlagen, wodurch es einfacher und kostengünstiger wird, die Auswirkungen von veränderten Produktionsprozessen zunächst in Simulationen zu testen und die reale Anlage erst bei erfolgreicher Simulation anzupassen.
- Die frühzeitige Erkennung von Störungen und die optimale Wartungsplanung ermöglichen Kosteneinsparungen bei der Instandhaltung. Dies trägt dazu bei, Produktionskosten insgesamt zu senken, potenzielle Anlagenschäden vorzubeugen und somit weniger Material und Energie zu verbrauchen sowie Ausschuss zu reduzieren.

Die Verbindung von CAM, Industrie 4.0 und dem Metaversum hat jedoch nicht nur Auswirkungen auf die Produktionsprozesse der Industrie, sondern auch auf die Arbeitswelt an sich. Mit fortschreitender Automatisierung und Digitalisierung verändern sich bestehende Berufe und es entstehen neue Berufsbilder. In diesem Zusammenhang müssen auch Veränderungen von existierenden und neuen Berufen betrachtet werden, die durch die Verbindung von klassischer, physischer Welt und dem Metaversum hervorgerufen werden. Dies wird zweifellos viele Veränderungen in der Arbeitswelt mit sich bringen. Einige der am meisten betroffenen Berufe sind diejenigen, die direkt mit Technologie und virtuellen Umgebungen zu tun haben. Aber auch Berufe, die bisher als fernab von Technologie betrachtet wurden, könnten von den Auswirkungen:

- *Designer* virtueller Umgebungen werden zukünftig sehr gefragt sein, da sie eine wichtige Rolle bei der Gestaltung von Benutzungsoberflächen, Modellen und Avataren spielen, die im Metaversum verwendet werden. Sie müssen ein tiefes Verständnis für die Möglichkeiten des Metaversums haben, um eine optimale Benutzungserfahrung zu gewährleisten.
- *Softwareentwickler* werden weiterhin eine wichtige Rolle im Metaversum spielen, da sie für die Erstellung der Programme und Anwendungen verantwortlich sind, die im Metaversum verwendet werden. Sie müssen in der Lage sein, robuste Anwendungen zu entwickeln, die schnell und zuverlässig sind und die Sicherheitsstandards erfüllen und dabei die Anforderungen aus der realen Welt und solche aus der virtuellen Welt berücksichtigen.
- Ebenso kann der Bereich der *Sozialarbeit* von der Idee und Umsetzung des Metaversums betroffen sein. Mehr und mehr Menschen werden sich zukünftig in virtuellen Umgebungen treffen und dort interagieren. Es erscheint nicht abwegig, dass daher auch Sozialarbeiter gebraucht werden, um mögliche psychologische Auswirkungen des Metaversums auf die Gesellschaft zu verstehen und um umfassende Unterstützung und Beratung für einzelne Benutzer oder auch für Benutzergruppen des Metaversums anzubieten.
- Wie oben schon mehrfach angesprochen, wird auch die *Geschäftswelt* nicht von den Auswirkungen des Metaversums verschont bleiben. Die Hoffnung ist groß, dass auch in den virtuellen Welten des Metaversums der Handel und die Bewirtschaftung von virtuellen Gütern wie Kleidung und Accessoires für Avatare, Gadgets für Spiele oder ganze Wohnungen und Wohnungseinrichtungen möglich sein wird. Verkauf und Marketing müssen lernen, wie sie effektiv in virtuellen, immersiven Welten werben können, um Kunden zu gewinnen und den Umsatz zu steigern.

Die hier vorgestellten Beispiele werden aller Wahrscheinlichkeit nach aber lediglich die Speerspitze von Berufen sein, die von den Veränderungen durch das Metaversums betroffen sein werden. Es ist noch nicht abzusehen, welche weiteren Berufe es geben wird, die vom Metaversum beeinflusst werden oder sich dadurch erst entwickeln. Die sich hier abzeichnende Dynamik wird sich noch verstärken durch den intensiven Einsatz von Services auf Basis künstlicher Intelligenz im Metaversum, der sich immer deutlicher abzeichnet. KI kann im Metaversum einerseits dabei helfen, virtuelle Umgebungen realistischer und interaktiver zu gestalten und andererseits neue Formen der Assistenz und Interaktion zu implementieren. Auch die gerade beispielhaft genannten Berufe könnten durch KI noch deutlich weitergehende Veränderungen erfahren:

- So können KI-gestützte Tools dazu eingesetzt werden, Designs automatisiert zu erstellen oder zu optimieren. Designer können diese Tools nutzen, um ihre Arbeit effizienter zu gestalten und möglicherweise auch dazu, ihre Kreativität zu verbessern.
- KI kann bei der Entwicklung von Software und von (Daten-)Modellen genutzt werden, um Entwicklungszeiten zu verkürzen und Fehler zu reduzieren. Dadurch können Entwickler sich auf komplexere Aufgaben konzentrieren und so auch eine höhere Produktivität erreichen.
- Die Aus- und Bewertung der psychologischen Auswirkungen des Metaversums auf die Gesellschaft und die Entwicklung von Interventionen und auch von Präventionssystemen kann die Sozialarbeit unterstützen. Sozialarbeiter müssen jedoch in der Lage sein, die Grenzen der Möglichkeiten der KI zu verstehen und zu berücksichtigen, dass menschliche Interaktionen in einigen Fällen unverzichtbar sind.
- Marketing-Tools auf KI-Basis können personalisierte Werbekampagnen erstellen und Kundenverhalten optimiert analysieren. In Verkauf und Marketing können diese Tools nützlich sein, um effektivere Werbekampagnen zu erstellen und so letztlich den Umsatz zu steigern.

Neben den schon genannten Beispielen für den Einfluss auf die Berufswelt können leicht auch zahlreiche weitere Beispiele gefunden werden, die spezielle Aufgaben in immersiven Umgebungen im Metaversum ansprechen und abdecken:

- Architekten, die virtuelle Gebäude und Räume in der virtuellen Welt entwerfen und „bauen".
- Event-Organisatoren, die virtuelle Veranstaltungen auf den Plattformen des Metaversums planen und organisieren.
- Virtuelle Personal Coaches, die Fitnesskurse und -training in den virtuellen Welten anbieten.
- Anwälte, die Rechtsberatung in Bezug auf virtuelle Angelegenheiten anbieten, wie zum Beispiel Streitigkeiten über geistiges Eigentum oder Datenschutz.
- Handelsvertreter, die virtuelle Produkte oder Dienstleistungen in der virtuellen Welt verkaufen und vermarkten.
- Immobilienmakler, die virtuelle Immobilien in der virtuellen Welt kaufen, verkaufen oder vermieten.
- Social Media-Manager, die gezielt die Social Media-Präsenz einer Person oder eines Unternehmens auf den Plattformen der virtuellen Welt verwalten.
- Psychologen oder Therapeuten, die psychologische Beratung oder Therapie in der virtuellen Welt unter den dortigen besonderen Rahmenbedingungen anbieten.
- Content-Ersteller und Modellierer, die digitale Inhalte wie Videos, Fotos oder Musik in der virtuellen Welt erstellen.
- Lehrer oder Tutoren, die Unterricht oder Nachhilfe in der virtuellen Welt anbieten.

Die Anforderungen und Fähigkeiten solcher Berufe mit dem speziellen Hintergrund „Metaversum" variieren natürlich stark. Einige wichtige Kompetenzen überschneiden sich dabei jedoch.

In der Betrachtung der Berufswelt im Metaversum ist festzustellen, dass ein Verständnis für die zugrunde liegenden Technologien in nahezu allen Berufen von entscheidender Bedeutung ist. Dies schließt Kenntnisse in den Bereichen 3D-Modellierung, Programmierung sowie ein grundlegendes Verständnis für das technische Wesen der virtuellen Realität ein. Darüber hinaus zeichnen sich viele Berufe im Metaversum durch die Notwendigkeit kreativen Denkens aus, wobei die Fähigkeit, originelle Ideen zu entwickeln und umzusetzen, möglicherweise stärker gefordert sein wird als in der physischen Welt. In diesem Kontext ist es wichtig zu betonen, dass Kommunikationskompetenz in einer virtuellen Welt, in der Interaktionen mit anderen Menschen nicht mehr vorrangig über Text oder Sprache stattfinden, sondern verstärkt auch über visuelle Kommunikation wie Form und Verhalten von Avataren, von entscheidender Bedeutung ist. Zudem erfordern viele Berufe im Metaversum ein hohes Maß an Kooperation mit anderen Menschen und in virtuellen Teams. Die dynamische Natur des Metaversums, das nicht nur aktuell, sondern auch zukünftig ständig im Wandel sein wird, getrieben vom raschen technologischen Fortschritt, erfordert von den Berufstätigen eine rasche Anpassungsfähigkeit an neue Technologien und Trends. In einigen Berufen, wie beispielsweise dem virtuellen Handelsvertreter oder Content-Ersteller, ist die Fähigkeit, Daten zu analysieren, um Trends zu erkennen und fundierte Entscheidungen zu treffen, von großer Bedeutung. Des Weiteren weisen einige Berufe, wie der virtuelle Personal Trainer oder der virtuelle Lehrer, eine ausgeprägte Kundenorientierung auf, die eine umfassende Fähigkeit erfordert, Kundenbedürfnisse zu verstehen und darauf einzugehen.

Die Veränderung von Berufsbildern und die Entwicklung gänzlich neuer Berufe hat unmittelbaren Einfluss auf die Arbeitswelt. Zum einen werden sich Auswirkungen auf das klassische Verhältnis zwischen Arbeitnehmer und Arbeitgeber ergeben, da nicht nur die Berufe an sich einer Veränderung unterliegen, sondern vielmehr auch die Arbeitsweisen in den Berufen andere sein werden als in den klassischen Berufsbildern mit dem Hintergrund der physischen Welt. Zudem ergeben sich aus diesen neuen Berufen auch neue Anforderungen an die berufliche Aus- und Weiterbildung, die ebenfalls an die neuen Umstände angepasst werden müssen.

Das Metaversum wird also zweifellos bedeutende Auswirkungen auf die Arbeitswelt mit sich bringen, die sowohl Arbeitnehmer als auch Arbeitgeber betreffen. Zu den Vorteilen für Arbeitnehmer zählt dabei die Möglichkeit, leicht auf Arbeitsplätze und -möglichkeiten aus der ganzen Welt zuzugreifen. Dies bietet ihnen eine größere Flexibilität und Freiheit bei der Auswahl ihres Arbeitsplatzes. Zudem wird das Metaversum die Schaffung neuer Berufe und Karrieremöglichkeiten fördern, insbesondere im Bereich der virtuellen Welt- und Spieleentwicklung. Da es sich um eine neue Technologie handelt, wird zudem eine erhöhte Nachfrage nach Schulung und Weiterbildung entstehen, wodurch Arbeitnehmer ihre Kompetenzen aufwerten können. Allerdings sind auch Herausforderungen für Arbeitnehmer zu erwarten. Sie müssen neue Kompetenzen erwerben und vor allem auch bereit sein, sie erwerben zu wollen, etwa Kenntnisse in der virtuellen Welt- und Spieleentwicklung, im Umgang mit virtuellen Tools und Plattformen sowie in der Interaktion mit virtuellen Kunden und Kollegen. Zudem könnten sich Arbeitnehmer, die hauptsächlich im Metaversum tätig sind, isoliert fühlen und Schwierigkeiten haben, Beziehungen und Kontakte aufzubauen. Da das Metaversum eine neue Technologie darstellt, fehlen bislang Regulierungen oder Gesetze, die Arbeitnehmer vor Missbrauch oder Verstößen gegen ihre Arbeitsrechte schützen.

Vorteile ergeben sich aber ebenfalls für Arbeitgeber, wie beispielsweise der Zugang zu einem größeren Pool an Arbeitskräften weltweit, wodurch die Chance erhöht wird, die besten Talente zu finden und für das Unternehmen zu gewinnen. Die Nutzung von virtuellen Tools und Plattformen kann zudem die Effizienz von Geschäftsprozessen steigern und damit die Produktivität erhöhen. Darüber hinaus können Arbeitgeber durch den Einsatz von virtuellen Arbeitsplätzen und Tools Kosten etwa für Büromiete und Reisekosten einsparen. Diesen Vorteilen stehen auch für Arbeitgeber Herausforderungen gegenüber. So müssen sie in die erforderliche Technologie und Infrastruktur investieren, um virtuelle Arbeitsplätze und -tools zu unterstützen. Zudem müssen sie auch in die Schulung und Weiterbildung ihrer Arbeitskräfte investieren, um sicherzustellen, dass diese über die notwendigen Fähigkeiten und Kompetenzen verfügen, um effektiv im Metaversum zu arbeiten. Schließlich müssen Arbeitgeber gewährleisten, dass die virtuellen Arbeitsplätze und -tools sicher sind und die Datenschutzbestimmungen einhalten, um die Sicherheit der Arbeitnehmer und des Unternehmens zu schützen.

Die Entstehung neuer Berufe und Aufgaben im Metaversum erfordert allerdings auch eine Anpassung der beruflichen Bildung und Ausbildung sowie des gesamten Bildungssystems. Um den spezifischen Anforderungen und Kompetenzen der Berufe im Metaversum gerecht zu werden, sind möglicherweise spezielle Ausbildungs- und Qualifikationsprogramme erforderlich. Dies kann implizieren, dass bestehende Ausbildungsprogramme oder Bildungssysteme modifiziert werden müssen, um die neuen Anforderungen abzudecken.

Ein Beispiel hierfür ist die Vermittlung technischer Fähigkeiten und Kenntnisse, die für viele Berufe im Metaversum essenziell sind. Bildungseinrichtungen wie Schulen, Universitäten und andere Institutionen könnten ihre Lehrpläne und Ausbildungsprogramme anpassen, um die Lernenden auf die Anforderungen dieser Berufe vorzubereiten. Zudem könnte die Schaffung neuer Berufe und Aufgaben zur Entwicklung neuer Ausbildungs- und Qualifikationsprogramme führen, die auf diese spezifischen Anforderungen abgestimmt sind. Hierzu ist möglicherweise eine Zusammenarbeit zwischen Bildungseinrichtungen und Unternehmen oder Organisationen erforderlich, um die Ausbildung an die Bedürfnisse der Branche anzupassen.

Insgesamt ist es wahrscheinlich, dass die Entstehung neuer Berufe im Metaversum auch Anpassungen im Bildungssystem an sich erfordert, um sicherzustellen, dass die Menschen auf die Anforderungen dieser Berufe vorbereitet sind. Um dies zu erreichen, müssen bestimmte Kompetenzen und Fähigkeiten gefördert werden. Einige der wichtigsten Kompetenzen, die im Metaversum von besonderer Bedeutung sein könnten, sind technische Kompetenz, Kreativität, Anpassungsfähigkeit und Kommunikationsfähigkeit. Darüber hinaus könnten jedoch auch andere Kompetenzen, die im Zusammenhang mit der virtuellen Umgebung des Metaversums stehen, an Bedeutung gewinnen, wie der Umgang mit digitalen Werkzeugen, virtuelle Kommunikation und Zusammenarbeit, Datenschutz und Sicherheit, Organisation und Zeitmanagement sowie interkulturelles Verständnis.

Schulen, Universitäten und andere Bildungseinrichtungen können diese Kompetenzen fördern, um die Menschen auf die Anforderungen der Berufe im Metaversum vorzubereiten. Ebenso können Unternehmen durch Schulungen und Fortbildungen dazu beitragen, dass ihre Mitarbeiter die erforderlichen Kompetenzen erwerben und weiterentwickeln.

Literatur

[ABU21] Abukhadra, Salwa (05.12.2021). Sephora Leading The Way With Augmented Reality. In: Medium, Marketing in the Age of Digital. Online: https://medium.com/marketing-in-the-age-of-digital/sephora-leading-the-way-with-augmented-reality-c117eed0faa0 (abgerufen am: 28.05.2023).

[ADI23] Adigozel, Ozgur; Mérey, Tibor; Mathews, Madeline (19.01.2023). The Health Care Metaverse Is More Than a Virtual Reality. In: Boston Consulting Group: Health Care Payers, Providers, Systems & Services/Article. Online: https://www.bcg.com/publications/2023/reaping-the-benefits-of-the-healthcare-metaverse (abgerufen am: 28.05.2023).

[ALZ20] Alzahrani, Bander (2020). An Information-Centric Networking Based Registry for Decentralized Identifiers and Verifiable Credentials. In: IEEE Access, vol. 8, pp. 137198–137208, 2020, https://doi.org/10.1109/ACCESS.2020.3011656.

[AMT19] Amtsblatt der Europäischen Union: RICHTLINIE (EU) 2019/882 DES EUROPÄISCHEN PARLAMENTS UND DES RATES vom 17. April 2019 über die Barrierefreiheitsanforderungen für Produkte und Dienstleistungen. Online: https://eur-lex.europa.eu/legal-content/DE/TXT/HTML/?uri=CELEX:32019L0882 (abgerufen: 17.05.2023).

[ARToJ] Artscloud (o.J.). Art Planet – Oasis of Inspiration. In: Artscloud. Online: https://artscloud.net/artplanet (abgerufen am: 28.05.2023).

[BAI08] Baichtal, John (20.11.2008). Thingiverse.com Launches A Library of Printable Objects. In: Wired. Online: https://www.wired.com/2008/11/thingiversecom/ (abgerufen am: 23.05.2023).

[BAI18] Jeremy Bailenson (2018). Experience on Demand: What Virtual Reality Is, How It Works, and What It Can Do. W. W. Norton & Company, New York. ISBN-13: 978-0393253696.

[BAL20] Ball, Matthew (13.01.2020). What It Is, Where to Find it, and Who Will Build It. Online: https://www.matthewball.vc/all/themetaverse (abgerufen am: 17.05.2023).

[BAL20c] Balcazar, Cristina (29.11.2020). How Augmented Reality lets Sephora "try on" something different. In: Medium, Marketing in the Age of Digital. Online: https://medium.com/marketing-in-the-age-of-digital/how-augmented-reality-lets-sephora-try-on-something-different-23b4446fd5c1 (abgerufen am: 28.05.2023).

[BAL21] Ball, Matthew (29.06.2021). Virtual Platforms and the Metaverse. In: matthewball.vc. Online: https://www.matthewball.vc/all/virtualplatformsmetaverse (abgerufen: 17.05.2023).

[BAL21b] Ball, Matthew (28.06.2021). Evolving User + Business Behaviors and the Metaverse. In: The Metaverse Primer. Online: https://www.matthewball.vc/all/userbehaviorsmetaverse (abgerufen am: 17.05.2023).

[BAL22] Ball, Matthew; Furness, Thomas; Inbar, Ori; Kalinowski, Caitlin; Lange, Danny; Lebaredian, Rev; Mann, Steve; Miralles, Evelyn; Rosedale, Philip; Trevett, Neil; Yuan, Yu (14.06.2022): Metaverse decoded by top experts. In: Versemaker: Metaverse Landscape & Outlook Series. Online: https://versemaker.org/download (abgerufen am: 10.05.2023).

[BAN12] Bannister, Matthew (23.01.2012). Outlook. In: bbc.co.uk. BBC World Service. p. 16m41s. (abgerufen: 17.05.2023).

[BAR23] Jan Barley (Last updated: May 23, 2023). Bit.Country Review: A Game-Changing, Groundbreaking Metaverse? coinbureau.com. Online: https://coinbureau.com/review/bit-country-review/. (Abgerufen: 14.02.2025).

[BAS22] BaselLive (16.05.2022) ARTour – Digitale Kunst in einer neuen Dimension. Online: https://basellive.ch/blog/artour-digitale-kunst-in-einer-neuen-dimension-entdecken/wf6w (abgerufen am: 10.05.2023).

[BAT23] Batchelor, James (10.05.2023). EA investing in building "games as a platform". In: Gamesindustry.biz. Online: https://www.gamesindustry.biz/ea-investing-in-building-games-as-a-platform (abgerufen am: 28.05.2023).

[BBC19] BBC (24.05.2019). Mona Lisa 'brought to life' with deepfake AI. In: BBC Tech. Online: https://www.bbc.com/news/technology-48395521 (abgerufen am: 10.05.2023).

[BED22] Bedingfield, Will (04.04.2022). Roblox's 'Layered Clothing' Is Here – but Don't Call It an NFT. In: Wired Culture. Online: https://www.wired.co.uk/article/roblox-layered-clothing (abgerufen am: 28.05.2023).

[BEL23a] Belocerkov, Andreas (10.02.2023). Blockchain-Gaming – Mehr als nur der Traum vom Spielen um Geld. In: Wirtschaftsinformatik & Management. https://doi.org/10.1365/s35764-023-00451-9.

[BER89] Berners-Lee, Tim (1989). Information Management: A Proposal. In: CERN, W2C. Online: https://www.w3.org/History/1989/proposal.html (abgerufen am: 23.05.2023).

[BEZ19] Bezmalinovic, Tomislav (29.09.2019). Virtual Reality und Kunst: Die besten Apps und Erfahrungen für Kunstliebhaber. In: Mixed VR und Kunst. Online: https://mixed.de/virtual-reality-und-kunst-die-zehn-besten-apps-und-erfahrungen-fuer-kunstliebhaber/ (abgerufen am: 28.05.2023).

[BID22] Business Insider Deutschland (03.01.2022). Ralph Lauren verkauft digitale Kleidung im Metaverse – Analysten glauben, es ist der Beginn eines Milliardengeschäfts. In: Business Insider Deutschland. Online: https://www.businessinsider.de/wirtschaft/ralph-lauren-verkauft-digitale-kleidung-im-metaverse/ (abgerufen am: 17.05.2023).

[BIT22] bitkom (2022). Wegweiser in das Metaversum – Technologische und rechtliche Grundlagen, geschäftliche Potenziale, gesellschaftliche Bedeutung. In: Bitkom e. V., AG Metaverse Forum, Projektleitung: Dr. Sebastian Klöß. Online: https://www.bitkom.org/Bitkom/Publikationen/Wegweiser-Metaverse (abgerufen am: 10.05.2023).

[BIT22] bitkom (2022). Wegweiser in das Metaversum – Technologische und rechtliche Grundlagen, geschäftliche Potenziale, gesellschaftliche Bedeutung. In: Bitkom e. V., AG Metaverse Forum, Projektleitung: Dr. Sebastian Klöß. Online: https://www.bitkom.org/Bitkom/Publikationen/Wegweiser-Metaverse (abgerufen am: 10.05.2023).

[BIT22b] Bitkom Presseinformation (05.06.2022). Ein Fünftel der Deutschen möchte im Metaverse Urlaub machen https://www.bitkom.org/Presse/Presseinformation/Digitaler-Tourismus-2022 (abgerufen am: 10.05.2023).

[BLI21] Blitzz (2025). Customer Support in the Metaverse? It's Closer than You Might Think. Blitzz Blog. Online: https://blitzz.co/blog/customer-support-in-the-metaverse. (Abgerufen: 14.02.2025).

[BLU23]	Blutinger, Jonathan; Cooper, Christen; Karthik, Shravan; Tsai, Alissa; Samarelli, Noa; Storvick, Erika; Seymour, Gabriel; Liu, Elise; Meijers, Yorán; Lipson, Hod. (2023). The future of software-controlled cooking. npj Science of Food. 7. https://doi.org/10.1038/s41538-023-00182-6.
[BMA21]	BMAS (22.07.2021): Barrierefreiheitsstärkungsgesetz. Gesetz zur Umsetzung der Richtlinie (EU) 2019/882 des Europäischen Parlaments und des Rates über die Barrierefreiheitsanforderungen für Produkte und Dienstleistungen (BFSG). https://www.bmas.de/DE/Service/Gesetze-und-Gesetzesvorhaben/barrierefreiheitsstaerkungsgesetz.html (abgerufen: 17.05.2023).
[BMBoJ]	BMBf (o.J.). Was ist Industrie 4.0? In: Bundesministerium für Bildung und Forschung. Online: https://www.plattform-i40.de/IP/Navigation/DE/Industrie40/WasIndustrie40/was-ist-industrie-40.html (abgerufen am: 22.5.2023).
[BON21]	Bonci, Andrea; Fiori, Simone; Higashi, Hiroshi; Tanaka, Toshihisa; Verdini, Federica (2021). An introductory tutorial on brain – computer interfaces and their applications. In: Electronics, 10(5), 560.
[BON22]	Bonifacic, Igor (23.05.2022). Meta's 'MyoSuite' AI platform could help doctors develop better prosthetics. In: engadget.com. https://www.engadget.com/meta-myosuite-annoucemed-183850677.html (abgerufen: 17.05.2023).
[BOR15]	Borrmann, André; König, Markus; Koch, Christian; Beet, Jakob (2015). Building Information Modeling. Technologische Grundlagen und industrielle Praxis. Springer Vieweg, Wiesbaden 2015, ISBN 978-3-658-05605-6.
[BOS14]	Bostrom, Nick (2014). Introduction – The Transhumanist FAQ: A General Introduction. In: Mercer, C., Maher, D.F. (eds) Transhumanism and the Body. In: Palgrave Studies in the Future of Humanity and Its Successors. Palgrave Macmillan, New York. https://doi.org/10.1057/9781137342768_1
[BRA21]	Braun, Jennifer (03.11.2021). Nike meldet Marken für virtuelle Nutzung an. Fashion Network. Online: https://de.fashionnetwork.com/news/Nike-meldet-marken-fur-virtuellenutzung-an,1349436.html (abgerufen am: 20.05.2025).
[BRU07]	Bruns, Axel (2007): Produsage: Towards a Broader Framework for User-Led Content Creation. In Proceedings Creativity & Cognition. Washington, DC. 6.
[BRY14]	Erik Brynjolfsson; Andrew McAfee (2014). The Second Machine Age: Work, Progress, and Prosperity in a Time of Brilliant Technologies. W. W. Norton & Company, New York. ISBN: 978-0-393-35064-7.
[BUIoJ]	Building Smart (o.J.). IFC Specifications Database. In: Building Smart International. Online: https://technical.buildingsmart.org/standards/ifc/ifc-schema-specifications/ (abgerufen am: 22.5.2023).
[BUS22a]	Business Insider Deutschland (22.02.2022)."Kauf Island" und „Phil Leita": Wie Kaufland mit einer eigenen Insel ins Metaverse startet. In: Business Insider. Online: https://www.businessinsider.de/wirtschaft/kauf-island-und-phil-leitawie-kaufland-mit-einer-eigenen-insel-ins-metaverse-startet-a/ (abgerufen am: 10.05.2023).
[BUS22b]	Business Punk Redaktion (21.01.2022). Kaufland eröffnet eigenen Store im Animal-Crossing-Universum. In: Business Punk. Online: https://www.business-punk.com/2022/01/kaufland-eroeffnet-eigenen-store-im-animal-crossing-universum/ (abgerufen am: 10.05.2023).
[BUS45]	Bush, Vannevar (1945). As We May Think. Atlantic Monthly 176 (July 1945) pp. 101–108.
[CAR23]	Carter, Rebekah (27.03.2023). Introducing Spatial AR Collaboration – Turn any room into an augmented workspace. In: UCToday Collaboration. Online: https://www.uctoday.com/collaboration/introducing-spatial-ar-collaboration/ (abgerufen am: 28.05.2023).

[CHA22]   Chang, Olivia (18.03.2022). Ein Stück Metaverse. In: Forbes. Online: https://www.forbes.at/artikel/ein-stueck-metaverse.html (abgerufen am: 17.05.2023).

[CHI22]   Chittum, Morgan (01.02.2022): Morgan Stanley Sees $8 Trillion Metaverse Market – In China Alone. In: Blockworks. Online: https://blockworks.co/news/morgan-stanley-sees-8-trillion-metaverse-market-eventually (abgerufen: 17.05.2023).

[CHO17]   Chohan, Usman. (2017). The Decentralized Autonomous Organization and Governance Issues. SSRN Electronic Journal. https://doi.org/10.2139/ssrn.3082055.

[COA21]   Coates, Charlotte (31.07.2021). Virtual Reality is a big trend in museums, but what are the best examples of museums using VR? In: MuseumNext. Online: https://www.museumnext.com/article/how-museums-are-using-virtual-reality/ (abgerufen am: 17.05.2023).

[CRE20]   Crets, Stephanie (22.10.2020). Augmented reality boosts conversion for Home Depot. In: Digital Commerce 360. Online: https://www.digitalcommerce360.com/2020/10/22/augmented-reality-boosts-conversion-for-home-depot/ (abgerufen am: 28.05.2023).

[CRO22]   Crowther, Samuel; Ford, Henry (1922). My Life and Work. Garden City, N.Y., Doubleday, Page & company, 1922.

[CRYoJ]   CryptoArt (o.J.). Online: https://cryptoart.io (abgerufen am: 17.05.2023).

[DAL15]   Dale, Brady (14.08.2015). 8Chan Kicked Out of Google Search Results. In: Observer Business. Online: https://observer.com/2015/08/google-blocks-8chan-from-search/ (abgerufen am: 20.05.2023).

[DAM20]   Damiani, Jesse (26.02.2020): The Museum Of Other Realities Officially Opens Its Virtual Doors To The Public. In: Forbes. Online: https://www.forbes.com/sites/jessedamiani/2020/02/26/the-museum-of-other-realities-officially-opens-its-virtual-doors-to-the-public/ (abgerufen am: 17.05.2023).

[DAV22]   Davis, Lakisha (11.01.2022). How the Metaverse Is Shaping the Future of Education. In: metapress. Online: https://metapress.com/how-the-metaverse-isshaping-the-future-of-education/ (abgerufen am: 23. 07. 2022).

[DEC20]   Decentraland (20.02.2020). The gates to Decentraland have opened!. In: Decentraland Blog. Online: https://decentraland.org/blog/announcements/decentraland-launch/ (abgerufen am: 17.05.2023).

[DEC23]   Decentraland (27.02.203). Tradition and Innovation Collide: Decentraland Metaverse Fashion Week 2023. In: Announcements. Online: https://decentraland.org/blog/announcements/tradition-and-innovation-collide-decentraland-metaverse-fashion-week-2023 (abgerufen am: 17.05.2023).

[DEMoJ]   Demokratie in Bewegung (o.J.). Demokratie in Bewegung. Online: https://dib.de/ (abgerufen: 17.05.2023).

[DEC23]   Decentraland (27.02.203). Tradition and Innovation Collide: Decentraland Metaverse Fashion Week 2023. In: Announcements. Online: https://decentraland.org/blog/announcements/tradition-and-innovation-collide-decentraland-metaverse-fashion-week-2023 (abgerufen am: 17.05.2023).

[DEF18]   Primavera De Filip; Aaron Wright (2018). Blockchain and the Law: The Rule of Code. Harvard University Press. ISBN-13: 978-0674976429.

[DEW22]   Dewerne, Yvonne (24.01.2022). Gucci, Louis Vuitton, Balenciaga: Diese Luxusunternehmen sind schon längst im Metaverse. In: Esquire. Online: https://www.esquire.de/style/smart-fashion/nft-metaverse-modebrands-louis-vuitton-gucci-nike-balenciaga (abgerufen: 17.05.2023).

[DME12]   Sidney D'Mello; Art Graesser (2012). Dynamics of affective states during complex learning. In: Learning and Instruction – LEARN INSTR. 22. https://doi.org/10.1016/j.learninstruc.2011.10.001.

[DON17]	Donahue, Michelle Z. (09.11.2017). Ein farbenblinder Künstler wurde zum ersten Cyborg der Welt. In: National Geographic. Online: https://www.nationalgeographic.de/wissenschaft/2017/04/ein-farbenblinder-kuenstler-wurde-zum-ersten-cyborg-der-welt (abgerufen am: 21.05.2023).
[DRA22]	Draht, Moritz (24.11.2022). „Danke für den guten Deal" Bored Ape für fast eine Million US-Dollar verkauft. In: BTC-Echo. Online: https://www.btc-echo.de/schlagzeilen/nft-dauerbrenner-bored-ape-fuer-fast-eine-million-dollar-verkauft-155084/ (abgerufen am: 17.05.2023).
[DUN19]	Duncan, James (12.05.2019). MolochDAO: a primitive solution. In: Medium, MetaCartel DAO. Online: https://medium.com/metacartel/molochdao-a-primitive-solution-d11cc522b18e (abgerufen am: 20.05.2023).
[EHL20]	Ehlert, Cindy; Rüdiger, Thomas-Gabriel (2020). Defensible Digital Space: Die Übertragbarkeit der Defensible Space Theory auf den digitalen Raum. In: Cyberkriminologie: Kriminologie für das digitale Zeitalter (2020): 151–171.
[END22]	Enderle, Rob (08.08.2022). The Metaverse Future: Are You Ready To Become a God? In: TechNewsWorld. Online: https://www.technewsworld.com/story/the-metaverse-future-are-you-ready-to-become-a-god-176974.html (abgerufen: 17.05.2023).
[FAD19]	Charles Fadel; Wayne Holmes; Maya Bialik (2019). Artificial Intelligence In Education: Promises and Implications for Teaching and Learning. Independently published. ISBN-13: 978-1794293700.
[FLO20]	Luciano Floridi (2020). The Ethics of Artificial Intelligence and Robotics: Principles, Challenges, and Opportunities. https://doi.org/10.1093/oso/9780198883098.001.0001.
[FLO21]	Luciano Floridi (2021). Ethics, Governance, and Policies in Artificial Intelligence (Philosophical Studies Series Book 144). Springer. ASIN: B09KWY93J2.
[FLO22]	Flohr, Nicholas (29.08.2022). Für „The Gray Man" kooperiert Netflix mit dem Metaverse Decentraland. In: Finanzen.net. Online: https://www.finanzen.net/nachricht/devisen/metaverse-erlebnis-fuer-34-the-gray-man-34-kooperiert-netflix-mit-dem-metaverse-decentraland-11655915 (abgerufen am: 28.05.2023).
[GEY23]	Geyer, Mike (21.03.2023). BMW Group Starts Global Rollout of NVIDIA Omniverse. In: Nvidia Blog. Online: https://blogs.nvidia.com/blog/2023/03/21/bmw-group-nvidia-omniverse/ (abgerufen am: 20.05.2023).
[GIToJ]	Github (o.J.). bit-country/Metaverse-Network. Online: https://github.com/bit-country/Metaverse-Network. (Abgerufen: 14.02.2025).
[GLU23]	Glushkova, Todorka (2023). Modeling in Cyber-Physical Systems. In: Povdiv University Press, ISBN 978-619-7663-49-5.
[GOL21]	Golden, Jessica (02.11.2021). Nike is quietly preparing for the meta-verse. In: CNBC. Online: https://www.cnbc.com/2021/11/02/nike-is-quietly-preparing-for-themetaverse-.html (abgerufen am: 17.05.2023).
[HAC23]	Cathy Hackl (2023). Into the Metaverse: The Essential Guide to the Business Opportunities of the Web3 Era. Bloomsbury Business, Dublin. ISBN-13: 978-1399401807
[HAM22]	Hammer, Peter (19.04.2022). Walmart: an der Schwelle des Metaversums. In: W&V. Online: https://www.wuv.de/Themen/Markenstrategie/Walmart-an-der-Schwelle-des-Metaversums (abgerufen am: 10.05.2023).
[HAN23]	Han, Jining; Geping Liu; Yuxin Gao (2023). Learners in the Metaverse: A Systematic Review on the Use of Roblox in Learning. In: Education Sciences 13, no. 3: 296. https://doi.org/10.3390/educsci13030296.
[HOS22]	HospitalityNet (2022). Millennium Hotels and Resorts Launches M Social Decentraland. hospitalitynet. Online: https://www.hospitalitynet.org/news/4110172.html. (Abgerufen: 14.02.2025).

[HOS24]	HospitalityNet (2024). M Social Phuket Launches „The Vacay Collection" In Decentraland. hospitalitynet. Online: https://www.hospitalitynet.org/news/4120222.html. (Abgerufen: 14.02.2025).
[HOW22]	Howell, Jame (10.02.2022). Metaverse For Education – How Will The Metaverse Change Education?. In: 101 Blockchain. Online: https://101blockchains.com/metaverse-for-education/ (abgerufen am: 23. 07. 2022).
[HRZoJ]	HRZ Justus Liebig Universität Giessen (o.J.). Historie. Online: https://www.uni-giessen.de/de/fbz/svc/hrz/org/mitarb/abt/3/zms/schulung/webtechniken/internet/historie (abgerufen am: 17.05.2023).
[HUB20]	Huberman, Jenny (2020). Introduction: Thinking through Transhumanism. In Transhumanism: From Ancestors to Avatars. In: New Departures in Anthropology, pp. 1–20. Cambridge: Cambridge University Press. https://doi.org/10.1017/9781108869577.001
[HUG23]	Hughes, Rebecca Ann (15.02.2023). Do You Have To Pay To Visit Venice? Here's What To Know About The Entry Fee. In: Forbes. Online: https://www.forbes.com/sites/rebeccahughes/2023/02/15/do-you-have-to-pay-to-visit-venice-heres-what-to-know-about-the-entry-fee/ (abgerufen am: 10.05.2023).
[HUS24]	Muhammad Hussain; Shahid Khalil; Raza Hasan; Muhammad Khuram Khalil (2024). The Metaverse Marketing Revolution: How Virtual Worlds Are Redefining Digital Advertising and Paving the Way for Corporate Success. In: AI-Driven Marketing Research and Data Analytics (pp. 360–377), IGI Global. https://doi.org/10.4018/979-8-3693-2165-2.ch020
[IPFoJ]	IPFS (o.J.). IPFS powers the Distributed Web. Online: https://ipfs.tech/ (abgerufen am: 28.05.2023).
[JAL22]	Jalalow, Damir (11.11.2022). Wie treibt Metaverse den Gaming-Sektor voran? In: Metaverse Post. Online: https://mpost.io/de/how-does-metaverse-drive-the-gaming-sector/ (abgerufen am: 17.05.2023).
[JAV21]	Javaid, Mohd; Haleem, Abid; Singh, Ravi Pratap; Suman, Rajiv (2021). Industrial perspectives of 3D scanning: Features, roles and it's analytical applications. In: Sensors International, Volume 2, 2021, 100114, ISSN 2666-3511, https://doi.org/10.1016/j.sintl.2021.100114.
[JSOoJ]	JSON Schema (o.J.). JSON Schema. In: JSON Schema. Online: https://json-schema.org/ (abgerufen am: 22.5.2023).
[KAL22]	Kalis, Brian; McHugh, Jenica; Safavi, Kaveh T.; Truscott, Andrew (05.09.2022). Accenture Digital Health Technology Vision 2022. In: Accenture: Digital Health. Online: https://www.accenture.com/de-de/insights/health/digital-health-technology-vision (abgerufen am: 28.05.2023).
[KAN21]	Kanterman, Matthew; Naidu, Nathan (01.12.2021). Metaverse may be $800 billion market, next tech platform. In: Bloomberg Intelligence. Online: https://www.bloomberg.com/professional/blog/metaverse-may-be-800-billion-market-next-tech-platform/ (abgerufen: 17.05.2023).
[KAP20]	Jean-Noël Kapferer; Vincent Bastien (2020). The Luxury Strategy: Break the Rules of Marketing to Build Luxury Brands. Kogan Page, London. ISBN-13: 978-0749464912.
[KAR23]	David Karp (2023). The role of legal and compliance in the metaverse. McKinsey. Online: https://www.mckinsey.com/featured-insights/in-the-balance/the-role-of-legal-and-compliance-in-the-metaverse. (Abgerufen: 14.02.2025).
[KAW22]	Kawarase, Mrudul A; Anjankar, Anish (08.11.2022). Dynamics of Metaverse and Medicine: A Review Article. In: Cureus 14(11): e31232. https://doi.org/10.7759/cureus.31232.
[KEL05]	Kelly, Kevin (01.08.2005). We Are the Web. In: Wired. Online: https://www.wired.com/2005/08/tech/ (abgerufen am: 17.05.2023).

[KER21]	Kerris, Richard (Juni 2021). The Metaverse Begins: NVIDIA Omniverse and a Future of Shared Worlds. Von: Nvidia. Online: https://www.nvidia.com/en-us/on-demand/session/computex2021-com2104/ (abgerufen am: 17.05.2023).
[KHR19]	Khronos (18.03.2019). Khronos Releases OpenXR 0.90 Provisional Specification for High-performance Access to AR and VR Platforms and Devices. In: Khronos Press Release. Online: https://www.khronos.org/news/press/khronos-releases-openxr-0.90-provisional-specification-for-high-performance-access-ar-vr-platforms-and-devices (abgerufen am: 22.5.2023).
[KIM23]	Kim, Se (2023). Virtual fashion experiences in virtual reality fashion show spaces. Frontiers in Psychology. 14. https://doi.org/10.3389/fpsyg.2023.1276856.
[KIN22]	Sonja Kind (2022). Non-fungible Tokens (NFTs). Themenkurzprofil Nr. 54, Büro für Technikfolgen-Abschätzung beim Deutschen Bundestag (TAB). Online: https://publikationen.bibliothek.kit.edu/1000143464. (Abgerufen: 14.02.2025).
[KIT16]	Kitatus (1507.2016). Games-As-A-Platform – The Future of Games or an Inconvenience?. In: Medium. Online: https://medium.com/@Kitatus/games-as-a-platform-the-future-of-games-or-an-inconvenience-505e719a2cdf (abgerufen am: 28.05.2023).
[LAN94]	Lange, Rüdiger und Günter Watzlawik (1994). Lexikon der CA-Anwendungen: CAD. CAM/CAE/CAI/CIM. In: VDE-Verlag, 1994. ISBN 10: 3800719207 ISBN 13: 9783800719204.
[LAN17]	Jaron Lanier (2017). Dawn of the New Everything: Encounters with Reality and Virtual Reality. Henry Holt and Company, New York. ISBN-13: 978-1627794091.
[LAY07]	Layton, Julia (26.01.2007): Can I make my living in Second Life? In: howstuffworks. https://computer.howstuffworks.com/internet/social-networking/networks/second-life.htm (abgerufen am: 10.05.2023).
[LE22]	Le, Trang (22.07.2022). Sexual assault in the metaverse is part of a bigger problem that technology alone won't solve. Von: (Monash University). Online: https://lens.monash.edu/@politics-society/2022/07/22/1384871/sexual-assault-in-the-metaverse-theres-nothing-virtual-about-it (abgerufen: 17.05.2023).
[LEWoJ]	Lewis, Irene (o.J.). Augmented Reality in the Furniture Industry: 5 Benefits of Using AR for Shopping Apps. In: CGIFURNITURE. Online: https://cgifurniture.com/augmented-reality-in-furniture-industry/ (abgerufen am: 10.05.2023).
[LIU22]	Liu, Lu; Zhou, Sicong; Huang, Huawei; Zheng, Zibin (2021). From Technology to Society: An Overview of Blockchain-Based DAO. In: IEEE Open Journal of the Computer Society, vol. 2, pp. 204–215, 2021, https://doi.org/10.1109/OJCS.2021.3072661.
[LIU23]	Liu, Yiming; Yiu, Chun, Zhao, Zhao; Park, Wooyoung; Shi, Rui; Huang, Xingcan; Zeng, Yuyang; Wang, Kuan; Wong, Tsz; Jia, Shengxin; Zhou, Jingkun; Gao, Zhan; Zhao, Ling; Yao, Kuanming; Li, Jian; Sha, Chuanlu; Gao, Yuyu; Zhao, Guangyao; Huang, Ya; Yu, Xinge (2023). Soft, miniaturized, wireless olfactory interface for virtual reality. Nature Communications. 14. https://doi.org/10.1038/s41467-023-37678-4.
[LU20]	Yuqian Lu; Chao Liu; Kevin Wang; Huiyue Huang; Xun Xu (2019). Digital Twin-driven smart manufacturing: Connotation, reference model, applications and research issues. In: Robotics and Computer-Integrated Manufacturing. 61. https://doi.org/10.1016/j.rcim.2019.101837.
[LUC22]	Luck-Hille, Esmay (02.11.2022). NFTs and CryptoArt: a revolution. In: University of Oxford: Oxford Talks. https://talks.ox.ac.uk/talks/id/d8dff615-efa4-4008-bd83-fadfe9d9fc8f/ (abgerufen am: 17.05.2023).
[LUN16]	Lundkvist, Christian; Lilic, John (17.02.2016). An Introduction to IPFS. In: Medium, ConsenSys. Online: https://medium.com/@ConsenSys/an-introduction-to-ipfs-9bba4860abd0 (abgerufen am: 28.05.2023).

[MAA22] Maas, Hartwin (2022). Der Cyborg in der Industrie 5.0. In: Wissensmanagement Wissenplus. Online: https://www.wissensmanagement.net/themen/artikel/artikel/der_cyborg_in_der_industrie_50.html?no_cache=1&cHash=ccceebb6c6361250801a6ea32472b88f (abgerufen: 17.05.2023).

[MAC09] Maciuszek, Dennis; Martens, Alke. (2009). Virtuelle Labore als Simulationsspiele. INFORMATIK 2009 – Im Focus das Leben, Beitrage der 39. Jahrestagung der Gesellschaft fur Informatik e.V. (GI). 1965–1979.

[MAL22] Mallis, Athina (14.09.2022). Meet the intraverse, the metaverse's office-based cousin. In: Digital Nation News Web3. Online: https://www.digitalnationaus.com.au/news/meet-the-intraverse-the-metaverses-office-based-cousin-585182 (abgerufen am: 28.05.2023).

[MAR14] Martikainen, Mikko (07.04.2014). Mikko Martikainen, CEO, Sayduck, Finland. In: The Sin Off Stories. Online: https://www.the-spin-off.com/news/stories/Mikko-Martikainen-CEO-Sayduck-Finland-8141 (abgerufen am: 28.05.2023).

[MAR22] Marr, Bernhard (23.02.2022). The Amazing Possibilities Of Healthcare In The Metaverse. In: Forbes. Online: https://www.forbes.com/sites/bernardmarr/2022/02/23/the-amazing-possibilities-of-healthcare-in-the-metaverse/?sh=59f2f2109e5c (abgerufen am: 23. 07. 2022).

[MAS22] Paul Mason (2022). How to Stop Fascism: History, Ideology, Resistance. Allen Lane. ISBN-13: 978-0141996394.

[MAT22] Matthes, Sebastian (14.02.2022). Der Hype um das Metaverse wird dazu führen, dass Milliarden Euro für Unsinn ausgegeben werden. In: Handelsblatt. Online: https://www.handelsblatt.com/meinung/editorial-der-hype-um-das-metaverse-wird-dazu-fuehren-dass-milliarden-euro-fuer-unsinn-ausgegeben-werden/28058770.html (abgerufen: 17.05.2023).

[MAT22b] Maja J. Matarić (2022). Socially Assistive Robotics: Methods and Implications for the Future of Work and Care. In: Robophilosophy (2022). Online: http://www.us-robotics.us/med-proposals/ccc-ws.pdf. (Abgerufen: 14.02.2025).

[MEDoJ] Medinstrukt (o.J.). Simulation in der Notfallmedizin. Online: https://www.medinstrukt.de/notfallschulungen/simulation-in-der-notfallmedizin/ (abgerufen am: 17.05.2023).

[METoJa] Metamandrill (o.J.). Metaverse Werbung; Arten von Metaverse Marketing & Beispiele. In: metamandrill metaverse information. Online: https://metamandrill.com/de/metaverse-werbung-2/ (abgerufen am: 17.05.2023).

[METoJb] Metamandrill (o.J.). AR-Marketing; Top-Beispiele für Augmented-Reality-Marketing. In: metamandrill information. Online: https://metamandrill.com/de/ar-marketing/#great-examples-of-ar-marketing (abgerufen am: 17.05.2023).

[MIL22] Millennium (27.04.2022): Millennium Hotels and Resorts Launches M Social Decentraland. In: jospitalitynet. https://www.hospitalitynet.org/news/4110172.html (abgerufen am: 10.05.2023).

[MIRoJ] Mirrorworld (o.J.). Try Before You Buy with AR. In: Mirrorworld. Online: https://www.mirrorworld.media/try-before-you-buy/ (abgerufen am: 28.05.2023).

[HAC21] Hackl, Cathy (29.01.2021). How Brands Can Thrive In The Direct To Avatar Economy. In: Forbes. Online: https://www.forbes.com/sites/cathyhackl/2021/01/29/how-brands-can-thrive-in-the-direct-to-avatar-economy/ (abgerufen am: 28.05.2023).

[MON22] Monsanto, Charlton; Embry, Alexandre; Shankavaram, Darshan; Smith-Bingham, Alex; Zhang, Jiani; Rolley, Carina; Huestegge, Nica; Denaro, Andrea; Buvat, Jerome (2022). Total Immersion: How Immersive Experiences And The Metaverse Benefit Customer Experience And Operations. In: Capgemini Insights. Online: https://www.capgemini.com/us-en/insights/research-library/total-immersion-how-immersive-experiences-and-the-metaverse-benefit-customer-experience-and-operations/ (abgerufen am: 28.05.2023).

[MOR11]	Evgeny Morozov (2011). The Net Delusion: The Dark Side of Internet Freedom. PublicAffairs, New York. ISBN-13: 978-1586488741.
[MOR20]	Morrison, Robbie; Mazey, Natasha C. H. L.; Wingreen, Stephen C. (27.05.2020). The DAO Controversy: The Case for a New Species of Corporate Governance? In: Frontiers in Blockchain, Vol. 3, 2020. https://doi.org/10.3389/fbloc.2020.00025 ISSN=2624-7852. Online: https://www.frontiersin.org/articles/10.3389/fbloc.2020.00025 (abgerufen am: 20.05.2023).
[MOR22]	Morrison, Ryan (24.02.2022). Metaverse users will be granted god-like powers to create their own virtual world just by speaking things into existence, Zuckerberg reveals. In: Dailymail.Com. Online: https://www.dailymail.co.uk/sciencetech/article-10547361/Metaverse-users-granted-god-like-powers-create-virtual-world.html (abgerufen: 17.05.2023).
[MOR23]	Alexis Morris, Jie Guan, Amna Azhar (01.06.2023). An XRI Mixed-Reality Internet-of-Things Architectural Framework Toward Immersive and Adaptive Smart Environments. In: IEEE International Symposium on Mixed and Augmented Reality Adjunct (ISMAR-Adjunct). https://doi.org/10.1109/ISMAR-Adjunct54149.2021.00024.
[MOZ23]	Mozumder, Md Ariful Islam; Armand, Tagne Poupi Theodore; Uddin, Shah Muhammad Imtiyaj; Athar, Ali; Sumon, Rashedul Islam; Hussain, Ali; Cheol Kim, Hee (2023). Metaverse for Digital Anti-Aging Healthcare: An Overview of Potential Use Cases Based on Artificial Intelligence, Blockchain, IoT Technologies, Its Challenges, and Future Directions. In: Applied Sciences 13, no. 8: 5127. https://doi.org/10.3390/app13085127.
[MUL23]	Mullenlowe Group (22.02.2023). Metaverse Builders. In: Web In Travel. Online: https://www.mullenlowegroup.com/news/metaverse-builders/ (abgerufen am: 10.05.2023).
[MUSoJ]	Museum of Other Realities (o.J.). https://www.museumor.com/ (abgerufen am: 17.05.2023).
[NAB23]	Nabben, Kelsia (2023). Web3 as 'self-infrastructuring': The challenge is how. In: Big Data & Society, 10(1). https://doi.org/10.1177/20539517231159002.
[NET18]	netzreich GmbH (16.04.2018): Augmented Bier - Die neue Version ist online. Online: https://www.youtube.com/watch?v=EpPaQ9Qfci4. (abgerufen am: 10.05.2023).
[NIFoJ]	Nifty (o.J.). Nifty Gateway. In: Nifty. Online: https://niftygateway.com (abgerufen am: 28.05.2023).
[MAR20]	Martens, Todd (13.05.2020). Epic's Tim Sweeney reveals a more connected, 'Fortnite'-driven, game-unified world. In: Los Angeles Times, Entertainment & Arts. Online: https://www.latimes.com/entertainment-arts/story/2020-05-13/epic-games-outlines-a-fortnite-driven-more-connected-future (abgerufen am: 10.05.2023).
[OHL19]	Ohlheiser, Abby (05.08.2019). Will taking down 8chan stop the worst people on the Internet? In: The Washington Post, Technology, Internet Culture. Online: https://www.washingtonpost.com/technology/2019/08/05/will-taking-down-chan-stop-worst-people-internet/ (abgerufen am: 20.05.2023).
[OPEoJ]	OpenSea (o.J.). OpenSea. Online: https://opensea.io/about (abgerufen am: 28.05.2023)
[ORT22]	Ortiz, Laura (2022). Risks of the Metaverse: A VRChat Study Case. In: The Journal of Intelligence, Conflict, and Warfare. 5. 53–128. https://doi.org/10.21810/jicw.v5i2.5041.
[ORT24]	Íñigo Morete Ortiz (2024). How can the Metaverse help to bridge the digital divide? Telefonica Blog. Online: https://www.telefonica.com/en/communication-room/blog/metaverse-bridge-digital-divide/. (Abgerufen: 14.02.2025).
[OWO21]	Mieczyslaw Owoc; Agnieszka Sawicka; Paweł Weichbroth (2021). Artificial Intelligence Technologies in Education: Benefits, Challenges and Strategies of Implementation. In: Artificial Intelligence for Knowledge Management (pp. 37–58). https://doi.org/10.1007/978-3-030-85001-2_4.

[PAR21]	Parisi, Tony (22.10.2021). The Seven Rules oft he Metaverse – A framework for the coming immersive reality. In: Medium. Online: https://medium.com/meta-verses/the-seven-rules-of-the-metaverse-7d4e06fa864c (abgerufen am: 22.5.2023).
[PAR23]	Parashar, Radhika (13.04.2023). Adidas Expands 'Into The Metaverse' Web3 Initiative with Chapter 1 of ALTS Dynamic NFTs. In: Gadgets360. Online: https://www.gadgets360.com/cryptocurrency/news/adidas-metaverse-web3-initiative-chapter-1-alts-dynamic-nft-series-3945006 (abgerufen am: 28.05.2023).
[PAV23]	Pavlakoudis, Rosalia (31.01.2023). Wird das Metaverse Shopping grundlegend verändern? Verbrauchermeinungen sind gemischt. In: GetApp. Online: https://www.getapp.de/blog/3415/wird-das-metaverse-shopping-entscheidend-veraendern#Jeder-Zweite-ist-am-Metaverse-Shopping-interessiert (abgerufen am: 17.05.2023).
[PER22]	Perri, Lori (10.08.2022). What's New in the 2022 Gartner Hype Cycle for Emerging Technologies. In: Gartner Insights. https://www.gartner.com/en/articles/what-s-new-in-the-2022-gartner-hype-cycle-for-emerging-technologies (abgerufen: 17.05.2023).
[PLAoJ]	Plattform Industrie 4.0 (o.J.). Was ist Industrie 4.0? Von: BMBF, BMWK. Online: https://www.plattform-i40.de/IP/Navigation/DE/Industrie40/WasIndustrie40/was-ist-industrie-40.html (abgerufen am: 17.05.2023).
[RAB15]	Rabie,Ramadan; Samah, Refat; Marwa, Elshahed; Rasha, Ali (2015). Basics of Brain Computer Interface. In: Intelligent Systems Reference Library. 74. 31–50. https://doi.org/10.1007/978-3-319-10978-7_2.
[REDoJ]	Redaktion ComputerWeekly.de, TechTarget (2015). Definition ARPANET/DARPANET. Online: https://www.computerweekly.com/de/definition/ARPANET-DARPANET (abgerufen am: 17.05.2023).
[RIX22]	Rixecker, Kim (23.02.2022): Metaverse-Selbstversuch: Wir waren da – und schwer gelangweilt. In: t3n. Online: https://t3n.de/news/metaverse-selbstversuch-decentraland-1451407/ (abgerufen: 17.05.2023).
[ROE22]	Roe, David (20.01.2022). Where the Metaverse and Digital Workplace Meet. In: Reworked. Online: https://www.reworked.co/digital-workplace/where-the-metaverse-and-digital-workplace-meet/ (abgerufen am: 28.05.2023).
[RTF25]	RTFKT (2025). Brand. Online: https://rtfkt.com/. (Abgerufen: 14.02.2025).
[RZE20]	Rzeszewski, Michał; Evans, Leighton (2020). Virtual Place During Quarantine – a Curious Case of VRChat. In: Rozwój Regionalny I Polityka Regio-nalna, no. 51 (November), 57–75
[SA23]	Sá Maria José; Serpa Sandro (2023). Metaverse as a Learning Environment: Some Considerations. In: Sustainability. 2023; 15(3):2186. https://doi.org/10.3390/su15032186.
[SAAoJ]	SaaSHub (o.J.). Moodle VS Metaverse – Compare Moodle VS Metaverse and see what are their differences. In: SaaSHub. Online. https://www.saashub.com/compare-moodle-vs-metaverse (abgerufen am: 28.05.2023).
[SCH03]	Schoonmaker, Stephen J. (2003). The CAD guidebook: a basic manual for understanding and improving computer-aided design. In: Marcel Dekker, New York. ISBN 0-8247-0871-7. OCLC 50868192
[SCH19a]	Schüffel, Patrick; Groeneweg, Nikolaj; Baldegger, Rico (2019). The Crypto Encyclopedia: Coins, Tokens and Digital Assets from A to Z. In: Hochschule für Wirtschaft Fribourg/Growth Publisher, Bern. Bern/Fribourg August 2019.
[SCH22]	Schulz, Madelein (27.10.2022). Gucci Vault opens metaverse world in The Sandbox with games and vintage fashion. In: Vogue Business. Online: https://www.voguebusiness.com/technology/gucci-vault-opens-metaverse-world-in-the-sandbox-with-games-and-vintage-fashion (abgerufen am: 28.05.2023).
[SCH23a].	Schlott, Karin (10.05.2023). Wenn die Computerblume duftet. In: Spektrum.de. Online: https://www.spektrum.de/news/virtuelle-realitaet-wenn-die-computerblume-duftet/2137641 (abgerufen: 17.05.2023).

[SCHm21a]	Schmidt, Cord (2021): Wie das Internet zum Metaverse wird. In: hy – the Axel Springer Consulting Group. Online: https://hy.co/2021/12/01/into-the-metaverse-oder-die-naechste-aera-des-internets/#1 (abgerufen am: 10.05.2023).
[SCHwa17]	Klaus Schwab, (2017). The Fourth Industrial Revolution. Crown Business. ISBN-13: 978-1524758868.
[SCHwir24]	Martin Schwirn (2024). The future of collaboration in virtuality. In: Computer Weekly. Online: https://www.computerweekly.com/feature/The-future-of-collaboration-in-virtuality. (Abgerufen: 14.02.2025).
[SEC19]	Second Life (2019). Guide to Jobs in Second Life (Version 27.07.2019). In: Second Life Wiki. Online: https://wiki.secondlife.com/wiki/Guide_to_Jobs_in_Second_Life (abgerufen am: 10.05.2023).
[SED21]	Sedlmeir, Johannes; Smethurst, Reilly; Rieger, Alexander; Fridgen, Gilbert (2021). Digital Identities and Verifiable Credentials. In: Business & Information Systems Engineering 63, 603–613 (2021). https://doi.org/10.1007/s12599-021-00722-y.
[SEN22]	Sensorium (16.11.2022). Esports And The Metaverse. In: Sensorium Blog Gaming. Online: https://sensoriumxr.com/articles/esports-and-the-metaverse (abgerufen am: 28.05.2023).
[SER18]	Seraphin, Hugues; Sheeran, Paul; Pilato, Manuela. (2018). Over-tourism and the fall of Venice as a destination. Journal of Destination Marketing & Management. 9. https://doi.org/10.1016/j.jdmm.2018.01.011 (abgerufen am: 10.05.2023).
[SINoJ]	Sine Wave Entertainment (o.J.): https://sinewaveentertainment.com (abgerufen am: 17.05.2023).
[SIR22]	Sirisha (29.07.2022). You Can Be Monalisa in Seconds, Thanks to this Deepfake Tech. In: Analytics Insight. Online: https://www.analyticsinsight.net/you-can-be-monalisa-in-seconds-thanks-to-this-deepfake-tech/ (abgerufen am: 10.05.2023).
[SMAoJ]	Smart Valor (o.J.). Maker (MKR). In: Smart Valor Digitale Asset Börse. Online: https://smartvalor.com/de/maker (abgerufen am: 20.05.2023).
[SNI23]	Snider, Mike (21.03.2023). Is 3D printing the future of food? Well, if you like cheesecake things are already cooking. In: USA Today. Online: https://eu.usatoday.com/story/news/nation/2023/03/21/food-future-3-d-printed-cheesecake-dessert/11514028002/ (abgerufen: 17.05.2023).
[SOM22]	Somnium Space (on Medium.com) (Sep 12, 2022): Somnium Space partners with Prusa Research and Vrgineers to further develop its open source "Somnium VR ONE" headset. Online: https://somniumspace.medium.com/somnium-space-partners-with-prusa-research-and-vrgineers-to-further-develop-its-open-source-8d1dca74dae2 (abgerufen am: 17.05.2023).
[SOMoJ]	Somnium Space (o.J.). Somnium Space. Online: https://somniumspace.com (abgerufen am: 17.05.2023).
[SOS22]	Sosa [2022]. Metaverse, insurance, and mental health. The new new thing. In: SOSY Blog. Online: https://www.sosa.co/blog/metaverse-insurance-mental-health (abgerufen am: 28.05.2023).
[SOU24]	Phonesouda Souphamith; Phouthone, Vongpasith; Khamkone Sengaphay; Ngaviseth Phomvongsa; Tiengthong Phengphachanh (2024). Integration of Virtual Reality and Smart Home System: Current Trends, Challenges, and Innovations. In: IJSDR – International Journal of Scientific Development and Research (www.IJSDR.org), ISSN:2455-2631, Vol.9, Issue 9, page no.65–72. Online: https://ijsdr.org/papers/IJSDR2409009.pdf. (Abgerufen: 14.02.2025).
[SPE21]	Speakman, Jay (22.11.2021). Was ist The Sandbox? – Das Metaversum. In: Blockzeit.com. Online: https://blockzeit.com/de/was-ist-sandbox-das-metaversum/ (abgerufen: 17.05.2023).

[STO22]   Stoyanov, Nadine; Moser, Christian; Kwiatkowski, Marta (2022). Extended Retail – Die Zukunft des Handels ist grenzenlos. Zühlke und GDI/Studie zu „Extended Retail". Von: – Zühlke Engineering AG. Online: https://www.zuehlke.com/de/extended-retail-die-zukunft-des-handels-ist-grenzenlos (abgerufen am: 17.05.2023).

[STU19]   Stuttgarter Nachrichten (28.11.2019). Europa-Park Rust: Rulantica jetzt für alle offen. In: stuttgarter-nachrichten.de. In: Stuttgarter Nachrichten. Online: https://www.stuttgarter-nachrichten.de/inhalt.europa-park-rust-es-ist-angebadet.9b719233-02e7-4628-bee7-32e18fa91acd.html (abgerufen am: 28.05.2023).

[SUPoJ]   SuperRare (o.J.). SuperRare. In: SuperRare. Online: https://niftygateway.com (abgerufen am: 28.05.2023).

[TAIoJ]   Taipei City Government (o.J.). Taipei City Government. Online: https://www.gov.taipei/ (abgerufen: 17.05.2023).

[TAK16]   Takahashi, Dean (09.12.2016). The DeanBeat: Epic graphics guru Tim Sweeney foretells how we can create the open Metaverse. In: Venture Beat. Online: https://venturebeat.com/games/the-deanbeat-epic-boss-tim-sweeney-makes-the-case-for-the-open-metaverse/ (abgerufen: 17.05.2023).

[TEO22]   Teo, Cheryl (09.05.2022). M Social stamps its 'M' in the metaverse. In: Travel Weekly Asia. Online: https://www.travelweekly-asia.com/Travel-News/Travel-Technology/Millennium-Hotels-and-Resorts-launches-world-s-first-hotel-in-the-metaverse (abgerufen am: 10.05.2023).

[THE20]   The Sandbox (30.06.2020): What Is The Sandbox? In: Medium.com. Online: https://medium.com/sandbox-game/what-is-the-sandbox-850de68d893e (abgerufen am: 17.05.2023).

[THEoJ]   The Sandbox (o.J.). The Sandbox. Online: https://www.sandbox.game (abgerufen am: 17.05.2023).

[THIoJ]   Thingiverse (o.J.). About. In: Thingiverse. Online: https://www.thingiverse.com/about (abgerufen am: 23.05.2023).

[THO13]   Thoma, Jörg (08.05.2013). Wie klingt ein Sonnenuntergang? In: golem.de. Online: https://www.golem.de/news/eyeborg-wie-klingt-ein-sonnenuntergang-1305-99161.html (abgerufen am: 17.05.2023).

[TIP20]   Tip (24.04.2020). Rapper Travis Scott sorgt für „Fortnite"-Rekord. In: Soiegel.de Netzwelt. Online: https://www.spiegel.de/netzwelt/web/fortnite-konzert-von-rapper-travis-scott-sorgt-fuer-nutzerrekord-a-b377df69-74d2-4103-bbaa-98b40392afaf (abgerufen am: 28.05.2023).

[TOF80]   Toffler, Alvin (1980). The Third Wave. Bantam Books, London.

[TOF90]   Toffler, Alvin (1990). Powershift: Knowledge, Wealth and Violence at the Edge of the 21st Century (1990) Bantam Books, London.

[TOV20]   Dina Fajardo Tovar; Vincent Jonker; Wolfgang Hürst (2020). Virtual Reality and Augmented Reality in Education: A review. Universiteit Utrecht. Online: https://www.uu.nl/sites/default/files/20200204_rapportage-literatuurstudie-AR-VR.pdf. (Abgerufen: 14.02.2025).

[TUR12]   Sherry Turkle (2012). Alone Together: Why We Expect More from Technology and Less from Each Other. Basic Books, New York. ISBN-13: 978–0465031467.

[VET15]   Vetter, Philipp (18.08.2015). Das Adidas-Experiment mit dem personalisierten Schuh. In: Welt. Online: https://www.welt.de/wirtschaft/article145329973/Das-Adidas-Experiment-mit-dem-personalisierten-Schuh.html (abgerufen am: 17.05.2023).

[VIN15]	Vincent, M. A.; Sheriff, S.; Mellott, S. (2015). The efficacy of high-fidelity simulation on psychomotor clinical performance improvement of undergraduate nursing students. In: Computers, Informatics, Nursing: CIN. 2015 Feb;33(2):78–84. https://doi.org/10.1097/cin.0000000000000136. PMID: 25636043.
[VIRoJ]	Virbela (o.J.). Virbela: A Virtual World for Work, Education & Events. In: Virbela. Online: https://www.google.com/url?sa=t&rct=j&q=&esrc=s&source=web&cd=&ved=2ahUKEwjW2dfogYz_AhUJh_0HHYAZBEUQFnoECAwQAQ&url=https%3A%2F%2Fwww.virbela.com%2F&usg=AOvVaw0hgmxWhCRbGh99HKe6cJzG (abgerufen am: 28.05.2023).
[VRJoJ]	VRJAM The Multiverse Plattform (o.J.). Revolutionising Live Events fort he WEB3 World. Online. https://vrjam.com/ (abgerufen am: 17.05.2023).
[UPLoJ]	Upland (o.J.). Upland. Online: https://www.upland.me/ (abgerufen am: 17.05.2023).
[WAN22]	Wang, Ge; Badal, Andreu; Jia, Xun; Maltz, Jonathan; Mueller, Klaus; Myers, Kyle; Niu, Chuang; Vannier. Michael; Yan, Pingkun; Yu, Zhou; Zeng, Rongping (2022). Development of metaverse for intelligent healthcare. In: Nature Machine Intelligence. 4. 1–8. https://doi.org/10.1038/s42256-022-00549-6.
[WAVoJ]	Wave (o.J.). The Show Must Go Beyond. In: Wave XR. Online: https://wavexr.com/about/ (abgerufen am: 28.05.2023).
[WEB22]	Weber, Urs (11.10.2022). ARTour – Kunstspaziergang durch Basel mit Augmented Reality. In: Tourismuspresse, Schweiz Tourismus. https://www.tourismuspresse.at/presseaussendung/TPT_20221011_TPT0004/artour-kunstspaziergang-durch-basel-mit-augmented-reality-bild (abgerufen am: 10.05.2023).
[WEFoJa]	World Economic Forum (o.J.). Defining and Building the Metaverse. In: World Economic Forum. https://initiatives.weforum.org/defining-and-building-the-metaverse/home (abgerufen am: 21.05.2023).
[WEI20]	Weiss, Christoph (22.05.2020). Kreatives Chaos in VRChat. In: ORF Radio FM4. Online: https://fm4.orf.at/stories/3002767/ (abgerufen am: 10.05.2023).
[WEI22]	Wei, Hongtao; Tang, Lei; Wang, Wenshuo; Zhang, Jiaming (26.05.2022). Home Environment Augmented Reality System Based on 3D Reconstruction of a Single Furniture Picture. In: Sensors 2022, 22(11), 4020; https://doi.org/10.3390/s22114020.
[WIE23]	Brenda, Wiederhold, Brenda (2023). (Mental) Healthcare Consumerism in the Metaverse: Is There a Benefit? In: Cyberpsychology, behavior and social networking. 26. 145–146. https://doi.org/10.1089/cyber.2023.29269.editorial.
[WU23]	Wu, Tzu-Chi; Ta, Chien; Ho, Bruce (2023). A scoping review of metaverse in emergency medicine. In: Australasian Emergency Care, Volume 26, Issue 1, 2023, Pages 75–83, ISSN 2588-994X, https://doi.org/10.1016/j.auec.2022.08.002. Online: https://www.sciencedirect.com/science/article/pii/S2588994X22000525 (abgerufen am: 28.05.2023).
[W3CoJc]	W3C (o.J.). Extensible Markup Language (XML). In: W3C. Online: https://www.w3.org/XML/ (abgerufen am: 22.5.2023).
[W3CoJd]	W3C (o.J.). WebXR Device API. In: W3C. Online: https://www.w3.org/TR/webxr/ (abgerufen am: 22.5.2023).
[ZAV21]	Zavian, Ellen M. (07.12.2021). Esports And The Metaverse – Predictions For 2022. In: Forbes Business, Sports Money. Online: https://www.forbes.com/sites/ellenzavian/2021/12/07/esports-and-the-metaversepredictions-for-2022/ (abgerufen am: 28.05.2023).

[ZET20] Zetzsche, Dirk Andreas; Arner, Douglas W.; Buckley, Ross P. (30.09.2020). Decentralized Finance (DeFi). In: Journal of Financial Regulation, 2020, 6, 172–203. https://doi.org/10.2139/ssrn.3539194. Online: https://ssrn.com/abstract=3539194 (abgerufen am: 28.05.2023).

[ZIV03] Ziv, Amitai; Wolpe, Paul; Small, Stephen; Glick, Shimon (2003). Simulation-Based Medical Education: An Ethical Imperative. Academic medicine: journal of the Association of American Medical Colleges. 78. 783–8. https://doi.org/10.1097/01.SIH.0000242724.08501.63.

[ZUB19] Shoshana Zuboff (2019). The Age of Surveillance Capitalism: The Fight for a Human Future at the New Frontier of Power. PublicAffairs, New York. ISBN-13: 978-1610395694.

Das Metaversum vs. die aktuellen Trends 5

Das Konzept des Metaversums hat sich in den letzten Jahren rasant weiterentwickelt und kann mittlerweile als etabliert bezeichnet werden, auch wenn der Begriff „Metaversum" überstrapaziert ist (siehe dazu auch immer noch Kap. 10 – Der aktuelle Nachtrag 1 – Immer noch aktuell: Ist der Hype etwa schon vorbei?). Diese Etablierung umfasst sowohl die Akzeptant als technologisches Forschungs- und Entwicklungsfeld, als auch die Akzeptanz in Wirtschaft und Gesellschaft. Beides, technologische Fortschritte und wirtschaftliche Investitionen, haben das Konzept inzwischen in eine neue Phase der Relevanz überführt.

Im Jahr 2025 sind verschiedene Entwicklungstendenzen präsent, die unterschiedliche Schwerpunkte anstreben: von sozialen Interaktionsräumen über digitale Wirtschaftsräume bis hin zu Bildungs- und Arbeitsumgebungen. Unternehmen wie Meta, Microsoft und Apple investieren massiv in die Entwicklung immersiver Technologien, während Blockchain-Technologien und NFTs zur Monetarisierung digitaler Güter beitragen. Gleichzeitig stehen Fragen der Regulierung, Datensicherheit und ethischen Nutzung im Mittelpunkt der Debatte um das Metaversum [DWI22, FLO20, FLO21].

Die Idee des Metaversum steht dabei in engem Zusammenhang mit anderen technologischen Trends wie dem Internet der Dinge (IoT), das ebenfalls physische und digitale Welten zunehmend miteinander verknüpft, sowie der fortschreitenden Entwicklung vom Web3 als dezentrale, nutzerzentrierte Internetstruktur. Darüber hinaus treiben insbesondere Fortschritte in der künstlichen Intelligenz und hier allen voran im Bereich der generativen KI, die Interaktivität und Anpassungsfähigkeit virtueller Welten voran. Langfristig könnte auch Quantencomputing eine Rolle spielen, indem es die Verarbeitung großer Datenmengen revolutioniert und komplexe Simulationen ermöglicht, obwohl dies derzeit noch sehr spekulativ ist.

Um die unübersichtliche Begriffswelt zu vereinfachen soll „das Metaversum" im folgenden in Zusammenhang gebracht werden mit anderen aktuellen Trends und auch von diesen abgegrenzt werden, wenn es notwendig erscheint.

5.1 Das Metaversum – ein (weiterer) Definitionsversuch

Aus den bisherigen, oben dargestellten Gedanken, kann das Metaversum ein virtueller, immersiver Raum verstanden werden, in dem physische und digitale Welten miteinander verschmelzen und Menschen unter anderem über Avatare in sozialen, wirtschaftlichen und kulturellen Aktivitäten interagieren können. Es wird oft als die nächste Iteration des Internets beschrieben und basiert auf Technologien wie Virtual Reality und Augmented Reality, weswegen es von „innovativen" Marketingstrategen auch als „Web 3D" bezeichnet wird. In die Sammlung relevante Technologien gehören zudem Blockchain, Internet of Things und Künstliche Intelligenz. Damit wird eine nahtlose Verbindung zwischen der physischen und digitalen Realität erschaffen und immersive Erlebnisse ermöglicht, bei denen Interaktivität und Individualisierung im Vordergrund stehen. Nutzer können sich frei in virtuellen Umgebungen bewegen, digitale Identitäten erstellen und virtuelle Güter wie NFTs oder Immobilien besitzen. Das Metaversum stellt also einen Raum für vielfältige Anwendungen dar, darunter auch für virtuelle Meetings, für Spiele, Bildung und Handel. Es verbindet soziale Interaktion, wirtschaftliche Aktivitäten und kreative Freiheiten in einer neuen digitalen Dimension. Visionäre wie Matthew Ball, Tony Parisi und Cathy Hackl definieren das Metaversum als eine interoperable, persistente Plattform, die Offenheit, dezentrale Kontrolle und die Verschmelzung von 2D- und 3D-Welten priorisiert [BAL22, HAC21, PAR21]. Dabei steht es für eine transformative Veränderung, die unsere Kommunikation, Arbeit, Freizeit und Bildung nachhaltig prägen wird (Abb. 5.1).

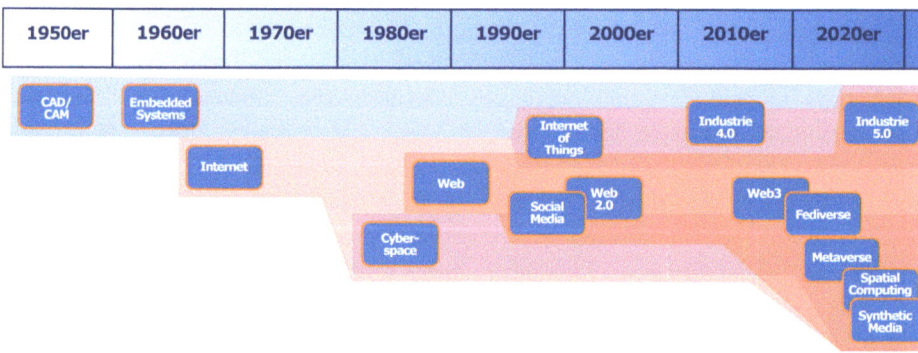

Abb. 5.1 Chronologie angrenzender Begrifflichkeiten. (Eigene Darstellung: Peter Hoffmann, Invisible Cow)

5.2 Das Metaversum vs. Web3

Als „Web3" wird häufig die nächste Entwicklungsstufe des Internets bezeichnet, die sich durch Dezentralisierung, Blockchain-Technologie und eine stärkere Souveränität der Nutzer auszeichnet. Im Gegensatz zu früheren Internetgenerationen, die auf zentralisierten Plattformen und intermediären Akteuren basierten, verfolgt Web3 einen Ansatz, bei dem Daten und Anwendungen nicht mehr ausschließlich von großen Technologieunternehmen kontrolliert werden, sondern über ein Netzwerk verteilter Computer organisiert sind. Diese Struktur wird insbesondere durch Blockchain-Technologie ermöglicht, die eine transparente, sichere und unveränderliche Speicherung von Daten gewährleistet [BUT21]. In Kap. 4 – Eine andere Dimension: Ökonomisches Verschmelzen wurde diese Entwicklung schon kurz beschrieben (siehe auch Abb. 4.1 Web 1–2–3).

Ein wesentliches Merkmal von Web3 ist die Dezentralisierung, die verhindert, dass einzelne Institutionen oder Unternehmen übermäßige Kontrolle über Online-Infrastrukturen ausüben. Während das heutige Web 2.0 stark von zentralisierten Servern dominiert wird, nutzen Web3-Anwendungen dezentrale Netzwerke, die durch Smart Contracts automatisiert werden. Dadurch entsteht ein System, in dem die Nutzer nicht nur Konsumenten, sondern auch aktive Teilnehmer an der digitalen Infrastruktur sind. Diese Dezentralisierung reduziert die Abhängigkeit von Plattformen wie Google, Facebook oder Amazon und ermöglicht eine größere Transparenz und Resilienz gegenüber Zensur und Datenmonopolen [WOO14].

Zudem ist die treibende Idee hinter Web3 das Konzept des digitalen Eigentums. Nutzer besitzen ihre Daten und digitalen Vermögenswerte, was durch Technologien wie Non-Fungible Tokens (NFTs) und Krypto-Wallets gesichert wird. Während in Web 2.0 persönliche Daten häufig von Unternehmen monetarisiert werden, haben Nutzer in Web3 die Möglichkeit, ihre digitalen Identitäten und Inhalte direkt zu kontrollieren. Dies fördert neue wirtschaftliche Modelle, etwa durch Play-to-Earn-Spiele oder Creator-Economies, in denen Künstler, Entwickler und Content-Produzenten ihre Werke ohne Zwischenhändler monetarisieren können [ABD24].

Wichtig für die Entwicklung des Web3 ist die Interoperabilität. Im Gegensatz zu den abgeschotteten Ökosystemen zentralisierter Plattformen ermöglicht Web3 die nahtlose Kommunikation und den Austausch von Daten und digitalen Vermögenswerten zwischen verschiedenen Anwendungen und Netzwerken. Offene Protokolle und Smart Contracts erlauben es, dass verschiedene Blockchain-Systeme miteinander interagieren, wodurch ein offenes und vernetztes digitales Ökosystem entsteht. Diese Interoperabilität fördert Innovationen und ermöglicht Nutzern eine größere Freiheit bei der Wahl von Plattformen und Diensten, ohne an bestimmte Anbieter gebunden zu sein [BEL20].

In der endgültigen Umsetzung stellt Web3 so eine fundamentale Veränderung der Internetarchitektur dar, indem es Dezentralisierung, Nutzersouveränität und Interoperabilität in den Mittelpunkt stellt.

Web3 und das Metaversum sind zwei Konzepte, die voraussichtlich gemeinsam die zukünftige Entwicklung des Internets prägen werden, dabei aber unterschiedliche Schwerpunkte setzen. Web3 bezeichnet eine dezentrale Version des World Wide Web während im Gegensatz dazu das Metaversum virtuelle Welten beschreibt, die immersive Online-Interaktionen ermöglichen. Beide Entwicklungen sind zwar miteinander verknüpft, setzen jedoch ihre Schwerpunkte unterschiedlich. Web3 zielt darauf ab, die Infrastruktur des Internets durch Dezentralisierung und erhöhte Nutzerkontrolle zu transformieren. Es basiert auf Blockchain-Technologie und fördert Peer-to-Peer-Interaktionen ohne die Notwendigkeit zentraler Autoritäten. Im Gegensatz dazu konzentriert sich das Metaversum auf die Schaffung immersiver digitaler Erlebnisse, in denen Nutzer in Echtzeit interagieren, arbeiten, spielen und soziale Kontakte pflegen können.

Die Integration dezentraler und Peer-to-Peer (P2P)-Technologien in immersive virtuelle Welten bietet einerseits zwar vielversprechende neue Möglichkeiten, birgt jedoch auch spezifische Herausforderungen. Traditionell basieren viele virtuelle Umgebungen auf zentralisierten Architekturen, bei denen ein Hauptserver die Verwaltung von Daten, Interaktionen und Ressourcen übernimmt. Dieser Ansatz kann jedoch zu Skalierungsproblemen, Single Points of Failure und potenziellen Datenschutzbedenken führen. Dezentrale und P2P-Ansätze zielen darauf ab, diese Einschränkungen zu überwinden, indem sie die Kontrolle und den Datenaustausch auf die Teilnehmer des Netzwerks verteilen.

- Ein Beispiel für die Anwendung dezentraler Techniken in virtuellen Welten ist das Konzept des „Virtual Net", einer dezentralen Architektur für mobile virtuelle Welten. Diese Architektur adressiert die Herausforderungen der Zustandsaktualisierung von Objekten und der Konsistenz in mobilen Umgebungen, indem sie eine fehlertolerante Verwaltung von Benutzerinhalten und Objektzuständen implementiert. Durch die Verteilung der Verantwortlichkeiten auf die Teilnehmer des Netzwerks wird eine höhere Skalierbarkeit und Robustheit erreicht [SHE18].
- Ein weiteres Beispiel ist die Implementierung von dezentraler virtueller Zeit in P2P-Kollaborationsumgebungen. Durch die Einführung einer gemeinsamen Zeitbasis können Teilnehmer in verteilten virtuellen Umgebungen synchron agieren, ohne auf einen zentralen Zeitgeber angewiesen zu sein. Dies fördert die Kohärenz und Konsistenz von Interaktionen in einer dezentralen Umgebung [IEE21].

Die Anwendung von P2P-Techniken in immersiven Umgebungen ermöglicht es, direkte Verbindungen zwischen Nutzern herzustellen, wodurch Latenzzeiten reduziert und die Abhängigkeit von zentralen Servern minimiert werden können. Ein praktisches Beispiel hierfür ist die Entwicklung von P2P-Videoanrufen in Virtual-Reality-Umgebungen, bei denen Technologien wie BabylonJS genutzt werden, um detaillierte und interaktive 3D-Umgebungen zu schaffen. Obwohl sich diese Implementierungen noch in der Entwicklungsphase befinden, zeigen sie das Potenzial für dezentrale Kommunikation in immersiven Kontexten [POS24].

Trotz der genannten Vorteile sind dezentrale und P2P-Ansätze herausfordernd für die Implementierung immersiver Welten. Die Gewährleistung der Konsistenz von Daten und Zuständen, die Verwaltung von Netzwerkstabilität und -zuverlässigkeit sowie Sicherheitsaspekte sind komplexe Aufgaben, die sorgfältige Planung und Implementierung erfordern. Zudem können die Ressourcenbeschränkungen mobiler Geräte und die Variabilität der Netzwerkbedingungen die Leistung und Benutzererfahrung beeinflussen.

Ein weiterer Unterschied zwischen beiden Konzepten liegt in ihrem jeweiligen Fokus. Web3 strebt, wie gerade dargestellt, an, das Internet durch die Einführung dezentraler Protokolle und Blockchain-Technologie zu demokratisieren, wodurch die Kontrolle über Daten und Inhalte von zentralisierten Plattformen zurück zu den Nutzern verlagert wird. Dies ermöglicht es den Nutzern, ihre digitalen Identitäten und Vermögenswerte eigenständig zu verwalten, oft unter Verwendung von Kryptowährungen und Non-Fungible Tokens. Das Metaversum hingegen zielt darauf ab, virtuelle Umgebungen zu schaffen, die immersive und interaktive Erlebnisse bieten. In diesen digitalen Welten können Nutzer durch Avatare miteinander interagieren, an Veranstaltungen teilnehmen oder virtuelle Güter erwerben [PAT24].

Trotz dieser unterschiedlichen Schwerpunkte gibt es Überschneidungen zwischen Web3 und dem Metaversum. Beide Konzepte streben danach, die Art und Weise, wie Menschen digital interagieren, zu verändern. So werden die dem Web3 zugeschriebenen Technologien wie Blockchain und NFTs im Metaversum eingesetzt werden, um den Besitz digitaler Güter zu sichern und dezentrale Wirtschaftssysteme innerhalb virtueller Welten zu ermöglichen. Diese Integration könnte zu einer neuen Ära des Internets führen, in der Nutzer sowohl die Kontrolle über ihre Daten und digitalen Identitäten haben als auch in virtuellen Welten nahtlos interagieren können.

Eine Hoffnung bei der Integration von Web3 in das Metaversum besteht darin, dass dies zu einer Demokratisierung virtueller Welten führt, da sie den Nutzern die Kontrolle über ihre Daten und digitalen Güter ermöglicht. Durch den Einsatz von Blockchain-Technologie und dezentralen Netzwerken können Nutzer ihre digitalen Identitäten und Vermögenswerte selbst verwalten, ohne auf zentrale Autoritäten angewiesen zu sein. Dies fördert nicht nur die Autonomie der Nutzer, sondern schafft auch Vertrauen in die digitalen Interaktionen. Zugleich eröffnen sich durch die Anwendung von NFTs, die Entwicklung eigener Kryptowährungen und virtueller Güter neue Geschäftsmodelle für Unternehmen. Die Unternehmen können digitale Produkte und Dienstleistungen, beispielsweise virtuelle Immobilien, digitale Kunstwerke oder exklusive virtuelle Erlebnisse, direkt an Nutzer verkaufen und monetarisieren.

Ein technischer Vorteil durch diese Integration ist die Möglichkeit der „grenzenlosen" Interoperabilität. Durch standardisierte Protokolle und dezentrale Netzwerke können verschiedene Plattformen des Metaversums miteinander leichter verbunden werden, was die Schaffung eines einheitlichen digitalen Raums ermöglicht. Dies würde es Nutzern erlauben, nahtlos zwischen verschiedenen virtuellen Welten zu wechseln und ihre digitalen Güter plattformübergreifend zu nutzen.

Wie immer, so stehen diesen potenziellen Vorteilen auch wesentliche Herausforderungen entgegen. Hier sind es vor allem die folgenden drei: [ARB22, GUR22, RUT22]

- Die Integration beider Technologien erfordert erhebliche Innovationen, insbesondere in Bezug auf Skalierbarkeit, Sicherheit und Benutzerfreundlichkeit. Die derzeitigen technischen Infrastrukturen müssen weiterentwickelt werden, um den Anforderungen einer globalen Nutzerbasis gerecht zu werden.
- Regulatorische Fragen stellen eine weitere Herausforderung dar. Themen wie Datenschutz, Urheberrechte und die Besteuerung digitaler Assets sind bislang nicht vollständig geklärt. Es bedarf klarer gesetzlicher Rahmenbedingungen, um sowohl die Rechte der Nutzer als auch die der Unternehmen zu schützen und gleichzeitig Innovationen nicht zu behindern.
- Zudem besteht die Gefahr, dass ohne geeignete Infrastruktur und Maßnahmen zur Förderung der digitalen Inklusion diese Technologien exklusiv bleiben und somit die digitale Ungleichheit verstärken. Es ist entscheidend, den Zugang zu den erforderlichen Technologien und Bildungsressourcen für alle Gesellschaftsschichten sicherzustellen, um eine breite Partizipation zu ermöglichen.

5.3   Das Metaversum vs. Fediverse

Als das Fediverse wird der Zusammenschluss verschiedener dezentralisierter, interoperabler Plattformen für soziale Medien, Blogging, Video-Sharing und weitere Online-Dienste bezeichnet. Der Begriff setzt sich aus „Federation" und „Universe" zusammen und beschreibt ein Netzwerk unabhängiger Server, die über gemeinsame Protokolle miteinander kommunizieren können. Ein zentrales Merkmal des Fediverse ist die Dezentralisierung: Es existiert keine zentrale Instanz, die das gesamte Netzwerk kontrolliert. Stattdessen betreibt jeder Server, oft als „Instanz" bezeichnet, seine eigene Community mit individuellen Regeln und Moderationsrichtlinien. Diese Struktur ermöglicht es den Nutzern, die Kontrolle über ihre Daten und Inhalte zu behalten und fördert die Schaffung benutzerzentrierter digitaler Räume.

Die Kommunikation zwischen den verschiedenen Plattformen im Fediverse basiert auf offenen Standards wie ActivityPub, einem Protokoll, das den Austausch von Nachrichten und Inhalten zwischen unterschiedlichen Diensten ermöglicht. Dadurch können Nutzer verschiedener Plattformen miteinander interagieren, ähnlich wie bei der E-Mail-Kommunikation zwischen unterschiedlichen Anbietern. Beispiele für Plattformen im Fediverse sind Mastodon (eine dezentrale Alternative zu Twitter), Pixelfed (eine Alternative zu Instagram) und PeerTube (eine dezentrale Videoplattform ähnlich YouTube) [LUT23]. Das Fediverse biet so einen alternativen Ansatz zur (Weiter-)Entwicklung des Internets, der, ähnlich wie Web3, auf Dezentralisierung und Interoperabilität setzt. Es ermöglicht die Schaffung von digitalen Räumen, die von den Nutzern kontrolliert werden, und stellt somit eine Alternative zu zentralisierten Plattformen dar.

Sowohl das Fediverse als auch das Metaversum können als alternative Ansätze zur Entwicklung des Internets betrachtet werden, die auf Dezentralisierung und die Schaffung benutzerzentrierter digitaler Räume abzielen, jedoch mit unterschiedlichen Schwerpunkten und Technologien. Das Fediverse setzt sich aus dezentralisierten, interoperablen Plattformen für soziale Medien, Blogging, Video-Sharing und mehr zusammen und basiert auf offenen Standards wie ActivityPub, die eine Kommunikation zwischen verschiedenen Plattformen ermöglichen. Hauptmerkmal des Fediverse ist die Dezentralisierung. Es gibt keinen zentralen Betreiber, der die Plattformen kontrolliert, und die Nutzer behalten die Kontrolle über ihre Daten und Inhalte. Während das Fediverse seinen Fokus also auf die Dezentralisierung sozialer Netzwerke legt, zielt das Metaversum darauf ab, umfassende virtuelle Welten zu schaffen, in denen physische und digitale Realitäten verschmelzen.

Die Integration des Fediverse in immersive Welten wie dem Metaversum bietet mehrere potenzielle Vorteile. Durch die Dezentralisierung des Fediverse könnten Nutzer in virtuellen Umgebungen mehr Kontrolle über ihre Daten und Inhalte behalten, was zu einer erhöhten Datensouveränität führt. Zudem ermöglicht die Interoperabilität des Fediverse die nahtlose Kommunikation zwischen verschiedenen Plattformen, was die soziale Interaktion in immersiven Welten bereichern könnte. Beispielsweise könnten Nutzer von verschiedenen Fediverse-Plattformen in einer gemeinsamen virtuellen Umgebung interagieren, ohne an eine zentrale Plattform gebunden zu sein.

Allerdings ergibt sich aus der Verbindung verschiedener dezentraler Plattformen mit den verschiedenen immersiven Plattformen eine absehbar hohe technischen Komplexität. Nicht nur müssen direkte Techniken und Schnittstellen entwickelt werden, vielmehr muss auch die Kommunikation der technischen Module durch standardisierte Protokolle gewährleistet sein.

5.4 Das Metaversum vs. IoT & Embedded Systems

Embedded Systems (zu deutsch: Eingebettete Systeme) und das Internet der Dinge (Internet of Things, IoT) sind eng miteinander verknüpfte Konzepte, die die moderne technologische Landschaft prägen. Ein Embedded System ist ein spezialisiertes Computersystem, das als integraler Bestandteil in ein größeres mechanisches oder elektronisches System eingebettet ist und spezifische Funktionen innerhalb dieses Systems ausführt. Typischerweise bestehen solche Systeme aus einem Mikrocontroller oder Mikroprozessor, Speicher und Peripheriegeräten und sind darauf ausgelegt, bestimmte Aufgaben effizient und oft in Echtzeit zu erfüllen. Anwendungen finden sich in einer Vielzahl von Bereichen, darunter Konsumelektronik, Automobilindustrie, Medizintechnik und Telekommunikation [GIL23].

Das Internet der Dinge hingegen beschreibt ein Netzwerk physischer Geräte, die mit Sensoren, Software und anderen Technologien ausgestattet sind, um Daten zu sammeln, auszutauschen und zu analysieren. Diese Geräte sind über das Internet oder andere Kommunikationsnetzwerke miteinander verbunden und können automatisiert auf Umgebungsbedingungen reagieren sowie Echtzeitinformationen bereitstellen, um Entscheidungsprozesse zu unterstützen. Beispiele hierfür sind intelligente Haushaltsgeräte wie smarte Thermostate und Beleuchtungssysteme, tragbare Geräte wie Fitness-Tracker sowie industrielle IoT-Systeme in der Produktion.

Die Verbindung zwischen Embedded Systems und dem IoT ist fundamental: Eingebettete Systeme bilden die Grundlage für IoT-Geräte, indem sie die notwendige Hardware und Software bereitstellen, die es diesen ermöglicht, ihre spezifischen Funktionen auszuführen und mit anderen Geräten zu kommunizieren. Während ein Embedded System traditionell als eigenständige Einheit operiert, erweitert die Integration in das IoT seine Fähigkeiten durch Konnektivität und Interoperabilität. Diese Symbiose ermöglicht es, umfangreiche Daten zu sammeln und zu analysieren, was zu intelligenteren und anpassungsfähigeren Systemen führt, die in der Lage sind, effizient auf dynamische Umgebungen zu reagieren.

Für das Metaversum sind beide Konzepte interessant, da es sich hier um mittlerweile etablierte und funktionierende Herangehensweisen an die Verschmelzung digitaler und physischer Gerate handelt.

IoT, Embedded Systems und das Metaversum sind drei miteinander verbundene Konzepte, die jeweils spezifische Rollen in der modernen Technologie spielen. Embedded Systems sind spezialisierte Computersysteme, die in größere Geräte oder Maschinen integriert sind, um spezifische Aufgaben zu erfüllen. Sie bestehen aus Hardware und Software, die für bestimmte Funktionen optimiert sind und oft in Echtzeit arbeiten. Solche Systeme finden sich in einer Vielzahl von Anwendungen, von Haushaltsgeräten über medizinische Geräte bis hin zu Automobilsteuerungen [ASI23].

Das Internet der Dinge beschreibt ein Netzwerk physischer Geräte, die mit Sensoren, Software und anderen Technologien ausgestattet sind, um Daten zu sammeln und auszutauschen. Diese Geräte sind über das Internet verbunden und ermöglichen eine Fernüberwachung, -steuerung und -automatisierung. Beispiele hierfür sind intelligente Thermostate, vernetzte Beleuchtungssysteme und tragbare Fitness-Tracker.

Das Metaversum hingegen stellt eine immersive virtuelle Umgebung dar, in der Nutzer durch digitale Avatare interagieren können. Es kombiniert die verschiedenen Realitäten mit anderen digitalen Technologien, um eine nahtlose Verschmelzung der physischen und digitalen Welt zu schaffen.

Sowohl IoT als auch das Metaversum basieren auf der Integration von Hardware und Software, um interaktive und vernetzte Erfahrungen zu ermöglichen. Eingebettete Systeme bilden oft die Grundlage für IoT-Geräte, indem sie die notwendige Hardware und Firmware bereitstellen, die es diesen Geräten ermöglicht, ihre spezifischen Funktionen auszuführen und mit anderen Systemen zu kommunizieren. Im Kontext des Metaversums können IoT-Geräte und eingebettete Systeme dazu beitragen, physische Umgebungen mit virtuellen Welten zu verbinden, beispielsweise durch Sensoren, die Echtzeitdaten liefern, um virtuelle Simulationen zu steuern.

Der Hauptunterschied zwischen eingebetteten Systemen und IoT liegt in der Konnektivität. Während eingebettete Systeme für spezifische Aufgaben innerhalb eines Geräts oder einer Maschine entwickelt wurden und oft isoliert arbeiten, sind IoT-Geräte darauf ausgelegt, mit anderen Geräten und Systemen über Netzwerke zu kommunizieren. Das

5.4 Das Metaversum vs. IoT & Embedded Systems

Metaversum unterscheidet sich von beiden, da es eine virtuelle Umgebung darstellt, die darauf abzielt, immersive Erfahrungen zu schaffen, und dabei sowohl auf IoT-Technologien als auch auf eingebettete Systeme zurückgreifen kann, um eine nahtlose Integration von physischen und digitalen Welten zu erreichen.

Echtzeit-Interaktion ist ein zentrales Merkmal sowohl des IoT als auch des Metaversums. Im IoT ermöglichen eingebettete Systeme die sofortige Erfassung und Verarbeitung von Daten, was eine zeitnahe Reaktion auf Umweltveränderungen oder Benutzerbefehle ermöglicht. Im Metaversum ist die Echtzeit-Interaktion entscheidend für ein immersives Erlebnis, da Nutzer durch ihre Avatare in virtuellen Räumen agieren und mit anderen Nutzern oder digitalen Objekten interagieren. Die Steuerung von Avataren im Metaversum erfordert eine präzise und latenzarme Datenübertragung, um natürliche und reaktionsschnelle Bewegungen zu gewährleisten. Ähnlich verhält es sich bei der Steuerung von Robotern im IoT-Kontext, wo eingebettete Systeme für die Echtzeit-Verarbeitung von Sensordaten und die Ausführung von Steuerbefehlen verantwortlich sind. Die Integration von IoT und Metaversum kann zu innovativen Anwendungen führen, bei denen physische Roboter in Echtzeit von virtuellen Avataren gesteuert werden oder virtuelle Simulationen auf realen Sensordaten basieren (Abb. 5.2).

IoT und Embedded Systems können eine entscheidende Rolle bei der Gestaltung immersiver Welten spielen, indem sie die physische und die digitale Sphäre nahtlos miteinander verbinden. Embedded Systems als spezialisierte Computersysteme, die in Geräte integriert sind, um spezifische Aufgaben zu erfüllen, ermöglichen im Kontext des IoT, Daten aus der physischen Welt zu erfassen, zu verarbeiten und zu übertragen, wodurch eine Grundlage für immersive Anwendungen geschaffen wird.

Durch die Integration von IoT und Embedded Systemen in immersive Umgebungen können Echtzeitdaten von Sensoren genutzt werden, um virtuelle Welten dynamisch und interaktiv zu gestalten. Beispielsweise können Temperatur-, Licht- oder Bewegungsdaten aus der realen Welt in virtuelle Simulationen einfließen, um ein authentischeres Erlebnis zu schaffen. Diese Verschmelzung von physischen und digitalen Informationen ermöglicht es Nutzern, tief in virtuelle Szenarien einzutauchen, die auf realen Daten basieren [MICoJ].

Abb. 5.2 Embedded Systems-IoT – Metaversum

Ein weiteres Beispiel für die sinnvolle Anwendung von IoT und eingebetteten Systemen in immersiven Welten ist die Entwicklung von Mixed-Reality-Architekturen, die adaptive und intelligente Umgebungen schaffen. Solche Architekturen nutzen IoT-Geräte und eingebettete Systeme, um kontextbezogene Daten zu sammeln und darauf basierend die virtuelle Umgebung in Echtzeit anzupassen. Dies führt zu einer verbesserten Benutzererfahrung und eröffnet neue Möglichkeiten in Bereichen wie Bildung, Unterhaltung und industrieller Simulation [MOR23].

5.5 Das Metaversum vs. Spatial Computing

Spatial Computing bezeichnet einen technologischen Ansatz, bei dem digitale Informationen und Inhalte nahtlos in den physischen Raum integriert werden, um immersive und interaktive Umgebungen zu schaffen. Dieses Konzept verbindet die physische und digitale Welt und ermöglicht es, dass die Grenzen zwischen beiden zunehmend verschwimmen [GIL24].

Zu den oft genannten Schlüsseltechnologien des Spatial Computing gehören:

- **Augmented Reality**: Die Projektion digitaler Objekte in die physische Welt, wodurch Nutzer erweiterte Informationen in ihrer realen Umgebung wahrnehmen können.
- **Virtual Reality**: Das vollständige Eintauchen der Nutzer in eine digitale Umgebung, die von der physischen Welt isoliert ist.
- **Mixed Reality**: Eine Kombination aus AR und VR, bei der physische und digitale Objekte in Echtzeit interagieren und miteinander verschmelzen.
- **Sensorik und Tracking**: Der Einsatz von Geräten zur Erfassung von Position, Bewegung und Umgebung des Nutzers, um eine präzise Interaktion mit digitalen Inhalten zu ermöglichen.
- **3D-Mapping**: Die digitale Modellierung der physischen Welt, um Interaktionen zwischen Nutzern und ihrer Umgebung zu erleichtern.

Das Ziel von Spatial Computing besteht darin, die physische Welt mit digitalen Elementen so zu verschmelzen, dass eine nahtlose und intuitive Benutzererfahrung entsteht. Durch die Integration dieser Technologien können Anwendungen entwickelt werden, die sowohl in der realen als auch in der virtuellen Welt operieren und dabei neue Formen der Interaktion und des Erlebens ermöglichen.

Die enge Verbindung zwischen Spatial Computing und dem Metaversum ist offensichtlich, da beide Konzepte darauf abzielen, immersive und interaktive Umgebungen zu schaffen, die die physische und digitale Welt miteinander verbinden. Spatial Computing dient dabei als eine der Schlüsseltechnologien, die die Realisierung des Metaversums ermöglichen, indem es die Integration und Interaktion von physischen und digitalen Elementen in Echtzeit unterstützt.

Spatial Computing und das Metaversum sind eng miteinander verknüpfte Konzepte, die beide darauf abzielen, die physische und digitale Welt zu verschmelzen und immersive, interaktive Umgebungen zu schaffen. Spatial Computing bezeichnet dabei die technologischen Ansätze und Schnittstellen, die es ermöglichen, digitale Informationen und Inhalte nahtlos in den physischen Raum zu integrieren. Das Metaversum hingegen wird als ein kollektiver virtueller Raum verstanden, der durch die Konvergenz von physisch persistenter virtueller Realität und digital erweiterten physischen Räumen entsteht. Es stellt eine umfassende digitale Umgebung dar, in der Nutzer durch Avatare interagieren, wirtschaftliche Systeme existieren und digitale Ökosysteme entwickelt werden. Während Spatial Computing also die technologischen Grundlagen und Schnittstellen bereitstellt, bildet das Metaversum die daraus resultierende virtuelle Welt, in der diese Technologien angewendet werden [WOL24].

Ein wesentlicher Unterschied zwischen beiden Konzepten liegt in ihrem Fokus. Spatial Computing konzentriert sich auf die Integration und Interaktion digitaler Inhalte im physischen Raum durch technologische Mittel. Es stellt die Werkzeuge und Methoden bereit, um digitale und physische Welten zu verbinden. Das Metaversum hingegen fokussiert sich auf die Schaffung und das Erleben von umfassenden virtuellen Welten, in denen Nutzer miteinander interagieren und vielfältige Aktivitäten durchführen können. Es ist das Ergebnis der Anwendung von Spatial Computing-Technologien in großem Maßstab [SCHmi23b].

In immersiven Welten spielt Spatial Computing eine entscheidende Rolle, da es die Verschmelzung von physischer und digitaler Realität ermöglicht. Durch die Integration von AR und VR können Nutzer in virtuelle Umgebungen eintauchen, die mit der realen Welt interagieren. Beispielsweise können in der Ausbildung oder Produktion virtuelle Trainingsumgebungen geschaffen werden, in denen Mitarbeiter realistische Szenarien durchlaufen, ohne physischen Gefahren ausgesetzt zu sein. Dies fördert nicht nur das Lernen, sondern erhöht auch die Effizienz und Sicherheit [MHP24].

Zudem ermöglicht Spatial Computing ortsunabhängige Zusammenarbeit, damit Teams in gemeinsamen digitalen Räumen interagieren können. Dies steigert die Effizienz und Produktivität, da Mitarbeiter unabhängig von ihrem physischen Standort zusammenarbeiten können. Die Immersion und Interaktivität, die durch Spatial Computing ermöglicht wird, erhöht das Engagement und die Motivation der Mitarbeiter, was ebenfalls zur Produktivitätssteigerung beiträgt [FEL23].

Ein weiteres Anwendungsbeispiel ist die Verschmelzung digitaler und realer Welten in industriellen Anwendungen. Spatial Computing optimiert Arbeitsabläufe in verschiedenen Sektoren wie Design, Industrie und Medizin, indem es die Zusammenarbeit und Kommunikation unabhängig vom physischen Standort ermöglicht. Zudem eröffnet es auch das Potenzial, produktive Arbeitsumgebungen in Smart Offices und komfortable Wohnräume in Smart Homes zu schaffen, indem Kontextdaten für automatische Anpassungen genutzt werden.

5.6 Das Metaversum vs. Synthetic Media & Social Media

Zwei zunächst unabhängige Konzepte, die zunächst auch nichts mit dem Kontext Metaversum gemein zu haben scheinen, sind Synthetic Media und Social Media. Sie beeinflussen die Art und Weise, wie Inhalte erstellt, geteilt und konsumiert werden, maßgeblich.

Synthetic Media bezieht sich auf die künstliche Produktion, Manipulation und Modifikation von Daten und Medien durch automatisierte Mittel, insbesondere unter Einsatz von künstlicher Intelligenz und maschinellem Lernen. Dies umfasst die Generierung von Videos, Bildern, Texten und Audiodateien, die vollständig oder teilweise durch KI erstellt wurden. Beispiele hierfür sind Deepfakes, bei denen KI-generierte Videos Personen realistisch darstellen, Text-zu-Bild-Generatoren wie DALL·E, die auf Texteingaben basierende Bilder erzeugen, sowie KI-generierte Avatare und Sprachsynthese-Systeme.

Social Media hingegen bezeichnet internetbasierte Plattformen und Anwendungen, die es Nutzern ermöglichen, Informationen, Ideen, persönliche Nachrichten und andere Inhalte wie Videos zu erstellen, zu teilen und in virtuellen Gemeinschaften und Netzwerken zu interagieren. Typische Merkmale von Social Media sind die Möglichkeit zur Vernetzung, zum Austausch von nutzergenerierten Inhalten und zur Teilnahme an Online-Communities. Plattformen wie Facebook, Instagram, Twitter und TikTok sind prominente Beispiele für Social Media.

Die Verbindung zwischen Synthetic Media und Social Media wird besonders im Kontext des Metaversums deutlich, wo eine immersive, virtuelle Umgebung soziale, wirtschaftliche und kulturelle Interaktionen ermöglicht. Synthetic Media bietet neue Werkzeuge zur Generierung und Personalisierung von Inhalten, die für immersive und interaktive Erlebnisse im Metaversum entscheidend sind. Durch den Einsatz von KI können beispielsweise realistische Avatare oder virtuelle Welten geschaffen werden, die die Nutzererfahrung im Metaversum bereichern.

Während Social Media als Ziel hat, den Austausch und die Vernetzung von Inhalten insbesondere in zweidimensionalen digitalen Räumen zu fördern, ermöglicht Synthetic Media die automatisierte Erstellung und Anpassung von Inhalten unabhängig von den Dimensionalitäten. Das Metaversum wiederum bietet vor allem dreidimensionale, immersive Räume, in denen Nutzer interagieren und vielfältige Erfahrungen sammeln können. Die Integration von Synthetic Media in das Metaversum kann zu noch realistischeren und personalisierten virtuellen Erlebnissen führen, während Social Media als Plattform für die Verbreitung und Diskussion dieser Inhalte dient.

Synthetic Media und Social Media können sowohl bei der Erstellung, als aber insbesondere bei der (Weiter-)Entwicklung immersiver Welten beitragen, indem sie die Erstellung, Verbreitung von Inhalten und auch die Interaktion mit Ihnen.

Das durch künstliche Intelligenz und maschinelles Lernen generierte oder modifizierte Synthetic Media in Form von Medieninhalten wie Videos, Bildern, Texten und Audiodateien ermöglicht die Schaffung realistischer Simulationen und virtueller Charaktere, die in immersiven Umgebungen eingesetzt werden können. Beispielsweise können KI-generierte Avatare in virtuellen Trainingsumgebungen eingesetzt werden, um realistische Interaktionen zu simulieren, was insbesondere im Bildungs- und Unternehmenssektor von Vorteil ist. So können medizinische Studierende mit synthetischen Patienten üben oder Fachkräfte in risikofreien, simulierten Szenarien geschult werden [PAT23].

Social Media hingegen umfasst internetbasierte Plattformen und Anwendungen, die es Nutzern ermöglichen, Inhalte zu erstellen, zu teilen und in virtuellen Gemeinschaften zu interagieren. In immersiven Welten können Social-Media-Plattformen als Schnittstellen dienen, über die Nutzer ihre Erfahrungen teilen, gemeinsam Inhalte erstellen und soziale Interaktionen in virtuellen Räumen pflegen. Die Integration von Social Media in immersive Umgebungen fördert die Bildung von Gemeinschaften und den Austausch von Nutzergenerierten Inhalten, was die Immersion und das Engagement der Nutzer erhöht.

Die Kombination von Synthetic Media und Social Media in immersiven Welten bietet somit erhebliches Potenzial, denn durch die Nutzung von KI-generierten Inhalten können personalisiertere und realistischere Erfahrungen geschaffen werden, während Social-Media-Plattformen die Verbreitung und den Austausch dieser Erfahrungen unterstützen. Dies führt zu einer tieferen Immersion und einem gesteigerten Engagement der Nutzer in virtuellen Umgebungen.

Unbeachtet sollen hier der ethische Hintergrund sowie auch die Fragen nach Akzeptanz solcher automatisiert generierter Inhalte bleiben.

5.7 Unterschiede und Gemeinsamkeiten im Überblick

5.7.1 Metaversum, Web3, Fediverse

Charakterisierung			
Merkmal	Metaversum	Web3	Fediverse
Definition	Virtuelle, immersive 3D-Welten, in denen Nutzer mittels Avataren interagieren.	Dezentrales Internet, das auf Blockchain-Technologie basiert.	Netzwerk aus föderierten, dezentralen Plattformen für soziale Netzwerke und Kommunikation.
Technologischer Fokus	VR, AR, 3D-Rendering, KI, IoT	Blockchain, Kryptowährungen, NFTs, Smart Contracts	Föderierte Server, offene Protokolle (z. B. ActivityPub)
Dezentralisierung	Kann zentralisiert (Meta, Microsoft) oder dezentralisiert (Decentraland) sein.	Dezentral durch Blockchain-Protokolle und Peer-to-Peer-Netzwerke.	Dezentral durch verteilte Server und Community-getriebene Plattformen.
Interaktion	Echtzeit-Interaktion in 3D-Räumen durch Avatare, Sprache, Gesten.	Transaktionen, Besitz von digitalen Gütern, Governance durch DAOs.	Text-, Bild- und Video-Sharing, soziale Interaktionen über Posts und Kommentare.
Immersion	Hoch immersiv durch VR/AR und multisensorische Erlebnisse.	Weniger immersiv, stärker auf Infrastruktur und digitale Eigentumsrechte fokussiert.	Nicht immersiv, basiert auf klassischen sozialen Interaktionsformaten.
Benutzerkontrolle	Variiert je nach Plattform: zentral oder dezentral mit Besitz von Assets.	Starke Kontrolle durch Nutzer über digitale Identitäten, Daten und Assets.	Hohe Kontrolle durch die Wahl des Servers und Eigenverwaltung der Inhalte.

(Fortsetzung)

Charakterisierung Merkmal	Metaversum	Web3	Fediverse
Wirtschaftliche Modelle	Handel mit virtuellen Gütern, NFTs, Tickets für Events, Werbung.	Kryptowährungen, Token-basierte Wirtschaft, DAOs zur Organisation.	Weniger wirtschaftlich orientiert, häufig spendenbasiert oder werbefrei.
Offene Standards	Teilweise geschlossen (zentralisierte Anbieter), teils offen (dezentral).	Offene Blockchain-Protokolle ermöglichen Interoperabilität.	Offene Protokolle wie ActivityPub fördern Interoperabilität zwischen Plattformen.
Anwendungsbereiche	Soziale Interaktion, virtuelle Events, Bildung, Gaming, virtuelle Wirtschaft.	Dezentrale Finanzen (DeFi), digitale Eigentumsrechte, NFTs, DAOs, Tokenisierung.	Soziale Netzwerke, Kommunikation, Medien-Sharing, Community-Management.
Beispiele	Decentraland, The Sandbox, Meta Horizon	Ethereum, Solana, Polkadot, OpenSea	Mastodon, PeerTube, Pixelfed, Friendica
Ethische Herausforderungen	Datenschutz, Machtkonzentration durch zentrale Anbieter.	Energieverbrauch (Proof-of-Work-Systeme), Spekulation, Unsicherheit über Regulierung.	Moderation, Verantwortung der Server-Administratoren, Fragmentierung der Communitys.
Zielgruppe	Nutzer, die immersive soziale und wirtschaftliche Erlebnisse suchen.	Technologisch affine Nutzer und Entwickler, die Dezentralisierung und Besitz fördern.	Nutzer, die Datenschutz, Unabhängigkeit und soziale Vernetzung priorisieren.
Hauptnutzer	Endverbraucher, Entwickler, Unternehmen.	Verbraucher, Industrie, öffentliche Infrastruktur	Hersteller und Betreiber von Geräten, Maschinen und Systemen.
Anwendungsbereiche	Soziale Interaktion, Bildung, Gaming, virtuelle Wirtschaft.	Smart Homes, industrielle Automatisierung, intelligente Städte.	Steuerung und Überwachung in Maschinen, Medizintechnik, Unterhaltungselektronik.
Zusammenarbeit	Nutzer interagieren direkt mit der virtuellen Umgebung.	Geräte interagieren miteinander autonom oder halbautonom.	Eingebettete Systeme unterstützen IoT-Geräte durch Datenverarbeitung und Steuerung.
Wirtschaftliche Modelle	Handel mit virtuellen Gütern, NFTs, Werbung.	Verkauf von vernetzten Geräten, Datenservices und Wartung.	Verkauf von Geräten und Systemen, Lizenzierung von Embedded-Technologien.
Herausforderungen	Datenschutz, Energieverbrauch, zentrale Machtkonzentration.	Sicherheit, Datenschutz, Interoperabilität.	Begrenzte Rechenleistung, Sicherheit, Kostenoptimierung.

5.7 Unterschiede und Gemeinsamkeiten im Überblick

Unterschiede

Merkmal	Metaversum	IoT	Embedded Systems
Primärer Fokus	Virtuelle Erfahrungen und soziale Interaktion.	Automatisierung und Konnektivität.	Steuerung und Funktion einzelner Geräte.
Ebenen der Interaktion	Direkt zwischen Nutzer und virtueller Welt.	Zwischen Geräten oder Geräten und Cloud.	Innerhalb eines Geräts oder Systems.
Technologisches Ziel	Immersion und Interaktivität.	Effizienz und Automatisierung.	Zuverlässigkeit und Genauigkeit.

5.7.2 Metaversum, IoT, Embedded Systems

Charakterisierung

Merkmal	Metaversum	IoT	Embedded Systems
Definition	Virtuelle, immersive 3D-Welten, in denen Nutzer als Avatare interagieren und Inhalte erleben.	Netzwerk physischer Geräte, die über das Internet verbunden sind, um Daten zu sammeln und zu kommunizieren.	Spezialisierte Computersysteme, die in physische Geräte integriert sind und spezifische Funktionen steuern.
Technologischer Fokus	VR, AR, 3D-Rendering, Blockchain, KI	Sensoren, Aktoren, Netzwerke, Cloud-Dienste	Mikrocontroller, Prozessoren, Firmware
Dezentralisierung	Kann zentralisiert (z. B. Meta) oder dezentralisiert (z. B. Decentraland) sein.	Oft zentralisiert, zunehmend auch dezentralisiert (Edge Computing, lokale Netzwerke).	Lokalisiert, aber häufig Teil eines Netzwerks oder eines größeren Systems.
Interaktion	Echtzeit-Interaktion durch Avatare, Sprache und Gesten in virtuellen Welten.	Automatische Datenerfassung und Steuerung von Geräten oder Prozessen.	Direkte Steuerung und Optimierung spezifischer Funktionen in Geräten.
Immersion	Hoch immersiv durch VR/AR und multisensorische Erlebnisse.	Nicht immersiv, Fokus auf Automatisierung und Konnektivität.	Keine Immersion, rein funktionale Umsetzung.
Verbindung zur Realität	Simuliert reale oder fiktive Umgebungen.	Verbindet reale Geräte und Systeme mit digitalen Netzwerken.	Eingebettet in physische Geräte, ohne direkte Verbindung zur virtuellen Welt.
Beispiele	Decentraland, The Sandbox, Meta Horizon Worlds	Smart Homes, vernetzte Fahrzeuge, Wearables	Steuerungen in Haushaltsgeräten, Medizintechnik, Industrieanlagen

(Fortsetzung)

Charakterisierung			
Merkmal	Metaversum	IoT	Embedded Systems
Datenverarbeitung	Große Datenmengen in Echtzeit, oft auf zentralen oder dezentralen Servern.	Daten werden lokal gesammelt und zentral oder dezentral verarbeitet.	Verarbeitung ist lokal, oft mit geringer Rechenleistung.
Energieverbrauch	Hoher Energiebedarf für VR, Server und Grafik.	Variiert stark, von batteriebetriebenen Sensoren bis zu energieintensiven Geräten.	Meist energieeffizient, optimiert für spezifische Aufgaben.
Benutzerfokus	Endverbraucher, Unternehmen, Entwickler	Verbraucher, Industrie, Infrastruktur	Geräte- und Systementwickler, Hersteller
Hauptnutzergruppen	Menschen, die immersive soziale oder geschäftliche Erlebnisse suchen.	Nutzer und Unternehmen, die Automatisierung und Effizienzsteigerung anstreben.	Hersteller und Betreiber spezifischer Geräte und Systeme.
Anwendungsbereiche	Soziale Interaktion, Bildung, Gaming, virtuelle Wirtschaft.	Smart Homes, industrielle Automatisierung, Smart Cities.	Steuerung und Überwachung in Maschinen, Autos, Medizintechnik.
Zusammenarbeit	Nutzer interagieren direkt mit der virtuellen Umgebung.	Geräte kommunizieren autonom oder halbautonom miteinander.	Eingebettete Systeme unterstützen IoT-Geräte durch Datenverarbeitung und Steuerung.
Wirtschaftliche Modelle	Handel mit virtuellen Gütern, NFTs, Werbung.	Verkauf von vernetzten Geräten, Cloud-Services, Datenanalyse.	Verkauf von Hardware und Software-Lizenzen.
Herausforderungen	Datenschutz, Energieverbrauch, zentrale Machtkonzentration.	Sicherheit, Datenschutz, Interoperabilität.	Begrenzte Rechenleistung, Sicherheit, Kostenoptimierung.

Unterschiede			
Merkmal	Metaversum	IoT	Embedded Systems
Primärer Fokus	Virtuelle Erlebnisse und soziale Interaktion.	Vernetzung und Automatisierung.	Steuerung spezifischer Funktionen in Geräten.
Immersivität	Hoch immersiv, multisensorisch.	Funktional und utilitaristisch.	Rein funktional, keine Immersion.
Abstraktionsebene	Nutzerzentrierte virtuelle Welten.	Geräte- und netzwerkzentrierte Systeme.	Gerätezentrierte Prozesse und Aufgaben.

5.7.3 Metaversum, Spatial Computing

Charakterisierung

Merkmal	Metaversum	Spatial Computing
Definition	Virtuelle, immersive 3D-Welten, in denen Nutzer als Avatare interagieren und Inhalte erleben.	Technologie, die die physische und digitale Welt durch 3D-Daten und Sensorik verbindet, um physische Räume interaktiv zu machen.
Fokus	Soziale Interaktion, virtuelle Umgebungen und immersive Erlebnisse.	Verknüpfung von physischem Raum und digitalen Informationen für funktionale Anwendungen.
Technologie	VR, AR, 3D-Rendering, Blockchain, KI	AR, VR, KI, Sensoren, IoT, Edge Computing, Spatial Mapping
Interaktion	Nutzer interagieren mit virtuellen Welten und Avataren.	Nutzer interagieren mit digitalen Informationen, die auf physische Räume projiziert werden.
Immersion	Hoch immersiv, oft in vollständig virtuellen Umgebungen.	Funktional immersiv, durch die Überlagerung digitaler Inhalte auf reale Räume.
Bezug zur Realität	Kann völlig unabhängig von der physischen Welt sein.	Direkte Verbindung zur physischen Welt durch die Überlagerung von Daten.
Anwendungsbereiche	Virtuelle Events, soziale Interaktion, Gaming, Bildung, Handel.	Navigation, Architektur, Wartung, Gesundheitswesen, Smart Cities.
Technologische Basis	Primär auf Software und 3D-Rendering ausgerichtet, optional mit Hardware (VR/AR).	Hardware wie Kameras, Sensoren und AR-Brillen ergänzt durch Software für Spatial Mapping.
Benutzerzentrierung	Konzentriert sich auf virtuelle Erlebnisse für soziale und wirtschaftliche Interaktion.	Konzentriert sich auf die Integration digitaler Informationen in physische Räume.
Beispiele	Decentraland, The Sandbox, Meta Horizon Worlds	Microsoft HoloLens, Magic Leap, Google Maps AR
Datenverarbeitung	Verarbeitung großer Datenmengen für 3D-Modelle und Interaktionen.	Echtzeit-Datenverarbeitung für räumliche Erkennung und Informationsprojektion.
Wirtschaftliche Modelle	Handel mit virtuellen Gütern, NFTs, Werbung.	Lizensierung von Software und Hardware, Optimierung von Prozessen in der physischen Welt.
Herausforderungen	Datenschutz, hohe Energieanforderungen, Zugänglichkeit.	Hohe technische Anforderungen (Hardware und Sensoren), Datenschutz, Interoperabilität.

Unterschiede		
Merkmal	Metaversum	Spatial Computing
Raumbezug	Kann unabhängig von der realen Welt existieren.	Ist immer mit der physischen Welt verknüpft.
Primärer Fokus	Virtuelle Erlebnisse und soziale Interaktion.	Funktionale Integration digitaler Inhalte in physische Räume.
Immersivität	Hohe Immersion in virtuellen Räumen.	Immersion ist zweckorientiert und kontextuell.
Hardware-Abhängigkeit	Kann oft rein softwarebasiert sein (z. B. Desktop).	Benötigt meist spezialisierte Hardware wie AR-Brillen oder Sensoren.

5.7.4 Metaversum Synthetic Media, Social Media

Charakterisierung			
Merkmal	Metaversum	Synthetic Media	Social Media
Definition	Virtuelle, immersive 3D-Welten, in denen Nutzer als Avatare interagieren.	KI-generierte Inhalte wie Videos, Bilder, Texte oder Sprache.	Plattformen, die soziale Interaktion und Content-Sharing ermöglichen.
Technologischer Fokus	VR, AR, Blockchain, 3D-Rendering, KI	KI, Deep Learning, Text-to-Image/-Video, Sprachsynthese	Algorithmen für Feed-Kuration, Livestreaming, Bild-/Video-Uploads
Immersion	Hoch immersiv durch VR/AR und multisensorische Erlebnisse.	Kann immersive Inhalte für VR/AR und andere Formate generieren.	Geringe Immersion, Fokus auf konsumierbare Inhalte (Text, Bilder, Videos).
Interaktion	Echtzeit-Interaktion in 3D-Umgebungen.	Inhalte reagieren durch KI personalisiert auf Nutzeranforderungen.	Asynchrone oder synchrone Kommunikation, z. B. Kommentare, Likes, Livestreams.
Benutzerkontrolle	Kontrolle über Avatare, virtuelle Assets und Interaktionen.	Personalisierte Inhalte können erstellt oder angepasst werden.	Eingeschränkte Kontrolle durch Algorithmus-gesteuerte Feeds.
Content-Erstellung	Nutzer erstellen virtuelle Welten, Avatare und Inhalte.	KI generiert Inhalte automatisch auf Grundlage von Nutzereingaben.	Nutzer erstellen und teilen Inhalte wie Texte, Bilder, Videos.
Anwendungsbereiche	Virtuelle Events, Bildung, Gaming, soziale Interaktion, Handel.	Personalisierte Werbung, Medienproduktion, Avatare, automatisierte Inhalte.	Kommunikation, Markenwerbung, News-Sharing, Gemeinschaftsbildung.

(Fortsetzung)

5.7 Unterschiede und Gemeinsamkeiten im Überblick

Charakterisierung

Merkmal	Metaversum	Synthetic Media	Social Media
Wirtschaftliche Modelle	Handel mit NFTs, virtuellen Gütern, Events.	Verkauf von KI-generierten Inhalten, Lizenzierung von Tools.	Werbebasiert, Influencer-Marketing, Content-Monetarisierung.
Interaktivität	Hohe Interaktivität durch Avatare, Gesten, Sprache und soziale Räume.	Nutzer interagieren durch Eingaben, um personalisierte Inhalte zu erhalten.	Moderat, z. B. durch Kommentare, Likes, Teilen oder Messaging.
Datenverarbeitung	Große Datenmengen für 3D-Rendering und soziale Interaktion in Echtzeit.	KI verarbeitet große Datenmengen zur Content-Erstellung.	Datenanalyse für personalisierte Feeds und Anzeigenplatzierung.
Ethische Herausforderungen	Datenschutz, Identitätsdiebstahl, Zentralisierung.	Deepfakes, Missbrauch von KI-generierten Inhalten, Urheberrechte.	Datenmissbrauch, Manipulation durch Algorithmen, Fake News.
Beispiele	Decentraland, The Sandbox, Meta Horizon Worlds	DALL·E, Deepfake-Tools, ChatGPT, Synthesia	Instagram, TikTok, Twitter, Facebook
Zielgruppe	Nutzer, die immersive soziale und wirtschaftliche Erlebnisse suchen.	Kreative, Unternehmen, Marketing-Experten, Content-Produzenten.	Nutzer, die soziale Netzwerke und Content-Sharing für Kommunikation und Unterhaltung nutzen.

Unterschiede

Merkmal	Metaversum	Synthetic Media	Social Media
Immersivität	Hoch immersiv, multisensorisch.	Kann immersive Inhalte erzeugen, ist selbst nicht immersiv.	Wenig immersive 2D-Erfahrung.
Content-Erstellung	Nutzererstellte 3D-Inhalte in Echtzeit.	KI erstellt Inhalte basierend auf Eingaben.	Nutzer erstellen und teilen Inhalte manuell.
Primärer Fokus	Virtuelle Welten und soziale Interaktion.	Automatisierte und personalisierte Medienproduktion.	Kommunikation und Content-Sharing.
Technologiebedarf	VR/AR-Hardware, Blockchain für dezentralisierte Plattformen.	KI-Modelle, Rechenkapazität, Trainingsdaten.	Algorithmen und Plattformintegration.

Literatur

[ABD24] Zain Ul Abdeen (2024). A Beginner's Guide to NFTs: The Future of Digital Ownership. Medium. Online:https://medium.com/@zain_ul_abdeen/a-beginners-guide-to-nfts-the-future-of-digital-ownership-bf2ece282f3e. (Abgerufen: 14.02.2025).

[ARB22] Jana Arbanas; Allan V. Cook; Chris Arkenberg (2022). The metaverse and Web3: The next internet platform. Deloitte Insights. Online: https://www2.deloitte.com/us/en/insights/industry/technology/web3-and-metaverse-the-future-of-the-internet.html. (Abgerufen: 14.02.2025).

[ASI23] Rameez Asif; Syed Raheel Hassan (2023). Exploring the Confluence of IoT and Metaverse: Future Opportunities and Challenges. IoT, 4(3), 412–429. https://doi.org/10.3390/iot4030018.

[BAL22] Ball, Matthew; Furness, Thomas; Inbar, Ori; Kalinowski, Caitlin; Lange, Dan-ny; Lebaredian, Rev; Mann, Steve; Miralles, Evelyn; Rosedale, Philip; Trevett, Neil; Yuan, Yu (14.06.2022): Metaverse decoded by top experts. In: Verse-maker: Metaverse Lands-cape & Outlook Series. Online: https://versemaker.org/download (abgerufen am: 10.05.2023).

[BEL20] Rafael Belchior; André Vasconcelos; Sérgio Guerreiro; Miguel Correia (2020). A Survey on Blockchain Interoperability: Past, Present, and Future Trends. https://doi.org/10.48550/arXiv.2005.14282.

[BUT21] Vitalik Buterin (2021). The Meaning of Decentralization. Medium. Online: https://medium.com/@VitalikButerin/the-meaning-of-decentralization-a0c92b76a274. (Abgerufen: 14.02.2025).

[DWI22] Yogesh K. Dwivedi; Laurie Hughes; Abdullah M. Baabdullah; et.al. (2022). Metaverse beyond the hype: Multidisciplinary perspectives on emerging challenges, opportunities, and agenda for research, practice and policy. In: International Journal of Information Management, Volume 66, 2022, 102542, ISSN 0268-4012. https://doi.org/10.1016/j.ijinfomgt.2022.102542.

[FEL23] Torsten Fell. Intuitive Interaktion, gemeinsames Arbeiten und Lernen in einer hypriden Realität. Institute for Immersive Learning. Online: https://www.immersivelearning.institute/spatial-computing-raeumlicher-computer-consulting. (Abgerufen: 14.02.2025).

[FLO20] Luciano Floridi (2020). The Ethics of Artificial Intelligence and Robotics: Principles, Challenges, and Opportunities. https://doi.org/10.1093/oso/9780198883098.001.0001.

[FLO21] Luciano Floridi (2021). Ethics, Governance, and Policies in Artificial Intelligence (Philosophical Studies Series Book 144). Springer. ASIN: B09KWY93J2.

[GIL23] Alexander S. Gillis; Ben Lutkevich (2023). What is an embedded system? TechTarget. Online: https://www.techtarget.com/iotagenda/definition/embedded-system. (Abgerufen: 14.02.2025).

[GIL24] Alexander S. Gillis; George Lawton (12.02.2024). Spatial computing. TechtTarget. Online: https://www.techtarget.com/searchcio/definition/spatial-computing. (Abgerufen: 14.02.2025).

[GUR22] Michael Gurock; Larissa de Lima; Jason Ekberg (2022). The Economic Potential of Web3 Metaverses. Oliver Wyman Forum. Online: https://www.oliverwymanforum.com/future-of-money/2022/july/the-economic-potential-of-web3-metaverses.html. (Abgerufen: 14.02.2025).

[HAC21] Hackl, Cathy (27.10.2021). The metaverse is coming. Cathy Hackl explains why we should care. In: Freethink. Online: https://www.freethink.com/hard-tech/building-the-metaverse-cathy-hackl-gives-us-a-glimpse-of-the-future (ab-gerufen am: 21.05.2023).

[IEE21]	IEEE Xplore. (2021). Implementing Decentralized Virtual Time in P2P Collaborative Environments. Abgerufen von https://ieeexplore.ieee.org/document/9459326/. (Abgerufen: 14.02.2025).
[LUT23]	Ben Lutkevich (25.07.2023). Fediverse. TechTarget. Online: https://www.techtarget.com/whatis/definition/fediverse (Abgerufen: 14.02.2025).
[MHP24]	MHP (11.07.2024). Spatial Computing: Die Revolution für Produktion und Schulung. MHP Blog. Online: https://www.mhp.com/de/insights/blog/post/spatial-computing. (Abgerufen: 14.02.2025).
[MICoJ]	MICL (oJ9. Embedded Systems and the Internet-of-Things. Michigan Integrated Circuits Laboratory. Online: https://micl.engin.umich.edu/sensing-systems. (Abgerufen: 14.02.2025).
[MOR23]	Alexis Morris, Jie Guan, Amna Azhar (01.06.2023). An XRI Mixed-Reality Internet-of-Things Architectural Framework Toward Immersive and Adaptive Smart Environments. In: IEEE International Symposium on Mixed and Augmented Reality Adjunct (ISMAR-Adjunct). https://doi.org/10.1109/ISMAR-Adjunct54149.2021.00024.
[PAR21]	Parisi, Tony (22.10.2021). The Seven Rules oft he Metaverse – A framework for the coming immersive reality. In: Medium. Online: https://medium.com/meta-verses/the-seven-rules-of-the-metaverse-7d4e06fa864c (abgerufen am: 22.5.2023).
[PAT23]	Dan Patterson (2023). Deepfakes for good? How synthetic media is transforming business. TechInformed. Online: https://techinformed.com/deepfakes-for-good-how-synthetic-media-is-transforming-business. (Abgerufen: 14.02.2025).
[PAT24]	Andy Patrizio (2024). Web3 vs. metaverse: What's the difference? TechTarget. Online: https://www.techtarget.com/whatis/feature/Web3-vs-metaverse-Whats-the-difference. (Abgerufen: 14.02.2025).
[POS24]	Positive Intentions. (2024). P2P Video Calls in Virtual Reality: A New Frontier for Decentralized Communication. Online: https://positive-intentions.com/blog/p2p-video-calls-in-virtual-reality/. (Abgerufen: 14.02.2025).
[RUT22]	Rutgers Business Insights. (2022). Challenges facing the adoption of Web3 and the metaverse. O https://www.business.rutgers.edu/business-insights/challenges-facing-adoption-web3-and-metaverse. (Abgerufen: 14.02.2025).
[SCHmi23b]	Dirk Schmidt (17.08.2023). The Metaverse vs. Spatial Computing. bizztech.io. Online: https://bizztech.io/metaverse-versus-spatial-computing. (Abgerufen: 14.02.2025).
[SHE18]	Shen, B., & Guo, J. (2018). Virtual Net: a Decentralized Architecture for Interaction in Mobile Virtual Worlds. Abgerufen von https://arxiv.org/abs/1811.05941. (Abgerufen: 14.02.2025).
[WOL24]	Konrad Wolfenstein (24. April 2024). Spatial Computing im Industrial Metaverse – Die Extended Reality im industriellen Sektor, Fertigungsindustrie, Logistik und Supply Chain. Online: https://xpert.digital/spatial-computing. (Abgerufen: 14.02.2025).
[WOO14]	Gavin Wood (2014). Ethereum: A Secure Decentralised Generalised Transaction Ledger. Ethereum Whitepaper/Final Draft. Etherplan. Online: https://etherplan.com/ethereum-yellow-paper.pdf. (Abgerufen: 14.02.2025).

6 Aktueller denn je: Künstliche Intelligenz im Metaversum?

Bei diesem Kapitel handelt es sich um den Nachtrag 1 in der ersten Auflage dieses Werks. Um die Rasanz der Entwicklung zu verdeutlichen, soll dieser zunächst unverändert stehen bleiben, um dann zum Schluss mit den aktuellen Entwicklungen abgeglichen zu werden.

Die Vorbereitungen und grundlegenden Recherchearbeiten für dieses Buch reichen bis in das Frühjahr 2022 zurück. Zu diesem Zeitpunkt existierten drei Technologiebereiche, deren Entwicklung weitgehend unabhängig voneinander vorangetrieben wurden. Der erste war der Bereich Web3, in welchem die Blockchain-Technologie, Kryptowährungen und Non-Fungible Tokens eine zentrale Rolle für die Implementierung neuer Dienste spielten. Zweitens handelte es sich um das Metaversum, das teilweise ebenfalls auf Blockchain und NFTs aufbaute und dadurch eine gewisse Schnittmenge mit dem Web3 aufwies. Schließlich gab es den Bereich Künstliche Intelligenz, dessen Entwicklung vornehmlich von Marketingfaktoren getrieben zu sein schien. Während diese Bereiche in friedlicher Koexistenz mit mal größerer, mal kleinere Schnittmenge in gleichmäßig anmutenden Geschwindigkeiten vorangetrieben wurden, änderte sich dies schlagartig im Oktober/November 2022. Auslöser war die Veröffentlichung des KI-gestützten Dienstes ChatGPT von OpenAI, der eindrucksvoll demonstrierte, welche Möglichkeiten und Leistungsfähigkeit KI-basierte Anwendungen bereits besitzen [DOU23]. Infolgedessen wurden nahezu täglich neue Anwendungsfälle vorgestellt und diskutiert, wobei schnell auch Anwendungen für andere Medienformen wie Bild und Video präsentiert wurden. Als Folge entstand die Diskussion über die Entwicklung autonomer Chatbots auf Basis solcher Services, was dann zum nächsten logischen Diskussionspunkt mit der Frage führte, inwieweit autonome Chatbots mit digitalen Zwillingen, also Avataren im Metaversum, gekoppelt werden können [ISL23]. Somit entstand die Verbindung zwischen KI und dem Metaversum-Komplex. Da diese Verbindung das Potenzial hat, die zukünftige Entwicklung des Metaversums maßgeblich zu beeinflussen, soll diese Thematik im Rahmen dieses Werkes zumindest kurz erörtert werden.

Zunächst wird ein allgemeiner Überblick über die Schnittmenge von KI und Metaversum gegeben, um anschließend den aktuellen Entwicklungsstand im Mai 2023 zu analysieren und darzustellen.

Virtuelle Assistenten und Chatbots sind zwei häufig eingesetzte KI-Technologien im Metaversum [AHU23, THA23, ZHO23]. Gemeint sind damit „intelligente" Programme, die den Benutzern dabei helfen, Informationen abzurufen, Aufgaben zu erledigen und ihre Interaktionen im Metaversum zu steuern [PER22]. Sie verfügen in der Regel über natürliche Sprachverarbeitungsfähigkeiten, maschinelles Lernen und Verbindungen zu Wissensdatenbanken, um Benutzeranfragen effizient und präzise zu beantworten [CHE17]. Chatbots, im Gegensatz dazu, sind KI-gesteuerte Text- oder Sprachdialogsysteme, die in der Lage sind, mit Benutzern im Metaversum in natürlicher Sprache zu kommunizieren und sozial zu interagieren [JAI18]. Sie werden häufig in virtuellen Umgebungen eingesetzt, um Kundenservice, technischen Support oder Unterhaltung zu bieten [LUG16]. Durch den Einsatz von Techniken wie Deep Learning und Neuronalen Netzwerken können Chatbots immer komplexere und menschenähnliche Gespräche führen [VIN15].

Auch wenn die Idee des Metaversums noch recht jung ist, so wurden in den letzten Jahren doch bedeutende Fortschritte bei der Integration virtueller Assistenten und Chatbots in das Metaversum erzielt. Beispiele hierfür sind die Integration von Apples Siri und Amazons Alexa in Virtual-Reality-Plattformen oder die Entwicklung KI-gestützter Chatbots für virtuelle Spiele und soziale Plattformen wie Fortnite und VRChat [MAL23].

Die Integration von KI in virtuellen Welten und Spielen spielt eine bedeutende Rolle bei der Entwicklung von Avataren und Nicht-Spieler-Charakteren (NPCs) [YAN18]. Die Anwendung von KI-Technologien wie maschinellem Lernen und Natural Language Processing (NLP) hat es ermöglicht, KI-gesteuerte Avatare und NPCs zu schaffen, die menschenähnliche Verhaltensweisen und Interaktionen in Echtzeit simulieren können [RIE14].

- Ein Beispiel dafür ist die Verwendung von Deep Learning-Techniken, um die Mimik und Gestik von Benutzern in Echtzeit auf ihre Avatare zu übertragen, wodurch auch die nonverbale Kommunikation in virtuellen Umgebungen verbessert wird [THI16]. In ähnlicher Weise ermöglichen KI-Algorithmen, die auf Verstärkungslernen basieren, NPCs eigenständig zu lernen und sich an die Handlungen und Entscheidungen der Benutzer anzupassen, um ein realistischeres und immersiveres Spielerlebnis zu bieten [VIN19].
- Ein anderes Beispiel für die Anwendung von KI in diesem Bereich ist die Generierung von prozeduralen Inhalten, bei der KI-Algorithmen verwendet werden, um automatisch nicht nur neue Umgebungen oder Objekte, sondern vielmehr auch automatisiert neue Charaktere im Metaversum zu erstellen [SHA16]. Diese Technik kann dazu beitragen, die Entwicklungszeit und -kosten zu reduzieren und gleichzeitig eine größere Vielfalt und Dynamik in virtuellen Welten zu fördern [HEN13].

Die wachsende Verbreitung von KI-gesteuerten Avataren und NPCs im Metaversum wirft jedoch auch ethische Fragen auf, insbesondere im Hinblick auf die Grenzen zwischen realen und künstlichen Identitäten, die mögliche Entmenschlichung von sozialer Interaktion und die Verantwortung der Entwickler für die Handlungen ihrer KI-gesteuerten Charaktere [MOU15].

Sicherlich haben auch die Fortschritte in der Computergrafik und Simulation in den letzten Jahren erheblich zur Entwicklung und Verbesserung des Metaversums beigetragen [THA21]. Insbesondere hat die Integration von KI in diese Bereiche dazu geführt, dass Benutzer zunehmend realistische und immersivere Erfahrungen in virtuellen Umgebungen erleben können. Ein solches Beispiel für den Einsatz von KI in der Computergrafik ist die Verwendung von Generative Adversarial Networks (GANs) zur Erstellung realistischer und hochauflösender Texturen und 3D-Modelle [KAR17]. Diese Technik ermöglicht es, detailreiche und vielfältige Objekte und Umgebungen im Metaversum zu generieren, die das Eintauchen der Benutzer in die virtuelle Welt erhöhen [GOO14].

In Bezug auf die Simulation hat die Anwendung von KI-Technologien wie maschinellem Lernen und Deep Learning die Entwicklung fortschrittlicher Physik-, Partikel- und Fluidsimulationen ermöglicht, die in Echtzeit ablaufen. Diese Verbesserungen tragen dazu bei, dass Benutzer in virtuellen Welten realistischere Interaktionen mit Objekten und Umgebungen erleben können [KAJ86].

Darüber hinaus haben KI-basierte Techniken auch die Verbesserung von Echtzeit-Rendering und der optimierten Berechnung von Beleuchtungssituationen ermöglicht, was zu realistischeren Licht- und Schatteneffekten in virtuellen Umgebungen führt [RIT12]. Diese Entwicklungen sind entscheidend für das Erreichen einer höheren visuellen Qualität und Ästhetik im Metaversum.

Die raschen Fortschritte in Computergrafik und Simulation, die durch den Einsatz von KI ermöglicht wurden, weisen auf das enorme Potenzial dieser Technologien hin, auch das Metaversum weiter zu verändern und zu verbessern. Zukünftige Entwicklungen werden voraussichtlich die Grenzen zwischen der realen und der virtuellen Welt weiter verwischen und das Eintauchen der Benutzer in das Metaversum intensivieren [ISO17].

Die Integration von KI in das Metaversum hat das Potenzial, die Benutzererfahrung signifikant zu verbessern, indem sie realistischere, personalisierte und damit immersivere Erfahrungen ermöglicht [MIK11]. Fortschritte in KI-Technologien wie Machine Learning (ML), Natural Language Processing und Computer Vision tragen dazu bei, die Interaktionen der Benutzer in virtuellen Umgebungen menschenähnlicher und nahtloser zu gestalten. Ein Aspekt, in dem KI die Benutzererfahrung im Metaversum verbessert, ist dabei die Anpassungsfähigkeit der Umgebung, der darin enthaltenen Objekte sowie auch autonomer oder von außen gesteuerter Avatare. Durch den Einsatz von ML können virtuelle Welten und Systeme die Präferenzen und Verhaltensmuster der Benutzer erkennen und analysieren, um individuell zugeschnittene Inhalte und Empfehlungen bereitzustellen [FOR17]. Diese personalisierten Erfahrungen fördern eine stärkere Bindung der Benutzer an das Metaversum und erhöhen die Benutzerzufriedenheit [OST01].

Ein weiterer wichtiger Faktor, der zur Verbesserung der Benutzererfahrung beiträgt, ist die Fähigkeit von KI-Systemen, natürlichsprachliche und multimodale Kommunikation zu unterstützen [CAS00]. Durch den Einsatz von NLP und Deep Learning können KI-gesteuerte Avatare und NPCs flüssige und menschenähnliche Gespräche in Echtzeit führen, wodurch die soziale Interaktion und Zusammenarbeit im Metaversum verbessert werden. Darüber hinaus ermöglichen Fortschritte in der KI-basierten Computergrafik und Simulation, dass Benutzer realistischere und visuell ansprechende Umgebungen und Objekte im Metaversum erleben können [THA21]. Diese Verbesserungen tragen dazu bei, die Immersion der Benutzer in die virtuelle Welt zu erhöhen und ein stärkeres Gefühl von Präsenz zu erzeugen.

Die Weiterentwicklung der KI ermöglicht es, dynamische und adaptive Inhalte im Metaversum zu schaffen, die auf die individuellen Bedürfnisse, Vorlieben und Interaktionen der Benutzer zugeschnitten sind [YAN18]. Dies führt dann zu einer erhöhten Immersion und Benutzerbindung, da die virtuellen Welten deutlich flexibler als derzeit noch auf die Handlungen und Entscheidungen der Benutzer reagieren können [DOR10]. Ein Ansatz zur Schaffung dynamischer Inhalte ist dabei die prozedurale Generierung, bei der KI-Algorithmen eingesetzt werden, um automatisch neue Spiel- und Umgebungselemente zu erstellen [SHA16]. Diese Methode erlaubt eine nahezu unbegrenzte Vielfalt an Inhalten und ermöglicht es, virtuelle Welten in Echtzeit auf der Grundlage der Interaktionen der Benutzer zu verändern und anzupassen.

Ein weiterer Aspekt der KI-gestützten Anpassungsfähigkeit besteht in der Verwendung maschinellen Lernens und des Verstärkungslernens, um das Verhalten von Avataren und NPCs zu optimieren [VIN19]. Durch das Erlernen und Anpassen an die Handlungen der Benutzer können KI-gesteuerte Charaktere realistischere und menschenähnliche Interaktionen bieten, die auf die individuellen Bedürfnisse der Benutzer zugeschnitten sind [RIE14]. Darüber hinaus ermöglicht die Anwendung von Technologien wie NLP und Sentiment-Analyse die Erkennung und Interpretation von Benutzeremotionen und -stimmungen in Echtzeit [CAM13]. Dadurch können virtuelle Umgebungen und Charaktere auf die emotionalen Zustände der Benutzer reagieren und entsprechend angepasste Interaktionen und Erlebnisse bieten.

Die Schaffung von dynamischer und adaptiver Inhalte und Interaktionen durch den Einsatz von KI-Technologien hat das Potenzial, das Verständnis dessen, was das Metaversum ist oder sein soll, grundlegend zu verändern, indem es individuell zugeschnittene Erfahrungen bietet, die die Benutzerbindung und -zufriedenheit erhöhen. Die weitere Erforschung und Integration von KI in das Metaversum wird voraussichtlich zu innovativeren und stärker personalisierten virtuellen Umgebungen und Erlebnissen führen [BAI07].

Die Integration von Generative Pre-trained Transformer (GPT) in das Metaversum stellt eine neuartige Möglichkeit zur Entwicklung von Schnittstellen zwischen künstlicher Intelligenz und virtuellen Welten dar. In Anbetracht der rasanten technologischen Fortschritte zeigt sich zunehmend, dass das Metaversum nicht nur ein abstraktes Konzept bleibt, sondern vielmehr eine reale Manifestation in der physischen Welt darstellt. Mit dem Aufkommen komplexerer Strukturen innerhalb des Metaversums stellt sich nun die

Frage, wie andere neuartige Technologien, wie beispielsweise GPT, genutzt werden können, um die Entstehung und Gestaltung dieser virtuellen Umgebung zu beschleunigen und zu optimieren. GPT verfügt über die Fähigkeit, natürlich klingenden Text zu erzeugen und kann für zahlreiche Anwendungsbereiche eingesetzt werden.

Im Kontext des Metaversums bietet GPT eine Vielzahl potenzieller Vorteile und Einsatzmöglichkeiten. Eine solche Anwendung ist die Schaffung virtueller Assistenten und Chatbots, die Benutzer bei der Navigation innerhalb des Metaversums und bei der Erfüllung verschiedener Aufgaben unterstützen können. Dies kann beispielsweise das Auffinden spezifischer Orte oder die Vernetzung mit anderen Teilnehmern einschließen. Darüber hinaus kann GPT zur Erstellung von Inhalten für das Metaversum verwendet werden, wie beispielsweise Anleitungen, Beschreibungen virtueller Orte oder sogar Dialoge zwischen verschiedenen Charakteren oder Avataren.

Eine zusätzliche Anwendung von GPT im Metaversum besteht darin, interaktive Erfahrungen in der virtuellen Realität zu ermöglichen. GPT kann in diesem Kontext eingesetzt werden, um auf Benutzereingaben basierende Antworten zu erfassen und zu generieren. Dies erlaubt die Entwicklung von virtuellen Spielen, Events oder Filmen, bei denen GPT Antworten und Handlungsverläufe individuell für jeden Teilnehmer generieren kann.

Neben den direkten Anwendungsmöglichkeiten der GPT-Technologie im virtuellen Kontext des Metaversums ergeben sich mehrere Vorteile, die zur Förderung der Idee des Metaversums beitragen könnten. Einer der zentralen Vorteile besteht darin, dass GPT dazu beitragen kann, diese virtuelle Umgebung für ein globales Publikum zugänglicher und benutzerfreundlicher zu gestalten.

Durch die Nutzung von GPT zur Generierung von Text und Inhalten in einer Vielzahl von Sprachen können Benutzer unterschiedlicher sprachlicher Herkunft einen leichteren Zugang zum Metaversum erhalten und dieses umfassender genießen. So könnte die Kommunikation zwischen Benutzern aus unterschiedlichen Kultur- und Sprachkreisen durch KI-gestützte Tools durch automatisierte Echtzeit-Übersetzung erleichtert werden [MET22]. Des Weiteren ermöglicht die Verwendung von GPT-Funktionen die Schaffung realistischer, glaubwürdiger virtueller Charaktere oder Avatare und immersiver Erfahrungen, wodurch die Entwicklung einer lebensnahen und fortschrittlichen Darstellung des Metaversums möglich wird. GPT ist zudem in der Lage, Inhalte zu erstellen, die auf die individuellen Interessen und Prioritäten der Benutzer abgestimmt sind. Dies kann für personalisierte Metaversum-Erlebnisse genutzt werden, was insbesondere für Verbraucher attraktiv sein könnte, die ein optimales Erlebnis anstreben. Die Verwendung von GPT führt darüber hinaus zu einer verbesserten Zugänglichkeit, die es Benutzern ermöglicht, Aufgaben effektiver zu bewältigen. Schließlich ermöglicht GPT die Erstellung von virtuellen Assistenten und anderen interaktiven Charakteren, die das Metaversum für Benutzer zugänglicher und verständlicher machen, die möglicherweise nicht über das erforderliche Vorwissen oder die entsprechenden Kompetenzen verfügen, wie beispielsweise unerfahrene Verbraucher.

KI, vor allem getrieben durch die rasante Entwicklung der verschiedenen GPT-Ansätze und -Modelle, wird absehbar einen großen Anteil daran haben, wie und wohin sich die

Idee des Metaversums in Zukunft entwickeln wird. Auch hier scheint der Satz zu gelten, dass lediglich die Kreativität der Entwickler die Grenzen des Möglichen definieren wird.

Soweit der Stand der Betrachtung des Zusammenspiels von KI und Metaversum von vor etwa zwei Jahren. Auch wenn dies allgemein nicht nach einer langen Zeitspanne klingt, so kann innerhalb von zwei Jahren in der Technik allgemein viel Neuerung stattfinden. Dies gilt noch deutlich stärker im Bereich der Informatik und IT. Hat die Ankündigung der Ausrichtung auf das Metaversum durch Mark Zuckerberg 2021 ein Beben vor allem in der Tech-Branche ausgelöst, so muss das der Launch von ChatGPT am 30. November 2022 als Startpunkt eines Tsunamis bezeichnet werden. Selten vorher hat wohl eine Technologie mit solcher Vehemenz sowohl technisch/technologische Forschungs- und Entwicklungsbereiche verändert (und angetrieben) als auch Eingang sowohl in private, aber auch in betriebliche, professionelle Anwendungsbereiche gefunden.

Dies gilt ebenso für die Integration von Künstlicher Intelligenz in das Metaversum, wie es in verschiedenen Stellen hier schon anklang (z. B. in den Abschn. 2.7 – Das Metaversum als informationszentriertes Web, 3.6.2 – Das körperliche Verschmelzen, 4.5 – Eine heutige Form des Modusage: D2A-Commerce und 5.6 – Das Metaversum vs. Synthetic Media & Social Media). KI-Technologien ermöglichen es, virtuelle Umgebungen dynamischer und realistischer zu gestalten, indem sie beispielsweise die oben schon besprochenen intelligenten Avatare schaffen, die auf menschliche Interaktionen reagieren können. Sowohl als NPCs als in Zukunft auch als selbstständige Repräsentanten von Benutzern bauen auf KI-Modellen auf, um natürliche Sprache zu verstehen und in Echtzeit zu generieren, was zu authentischeren und personalisierten Nutzererlebnissen führt.

Ein weiterer Einflussbereich von KI im Metaversum liegt in der automatisierten Generierung von Inhalten. Mittlerweile hat sich dafür der Begriff „Synthetic Media" eingebürgert. (siehe dazu Abschn. 5.6 – Das Metaversum vs. Synthetic Media & Social Media) Durch den Einsatz generativer KI-Modelle können so sowohl Objekte und Szenarien, aber auch ganze virtuelle Welten, effizient erstellt und angepasst werden. Dies reduziert die Entwicklungskosten enorm und fördert darüberhinaus die Kreativität der Benutzer. Beispielsweise können KI-Systeme basierend auf Nutzereingaben individuelle 3D-Modelle oder ganze Landschaften generieren, die den individuellen Präferenzen der Nutzer entsprechen [CHA23].

Zudem trägt KI zur Personalisierung des Metaversums bei, indem sie dabei hilft, das Verhalten und die Vorlieben der Nutzer zu analysieren und darauf basierend maßgeschneiderte Inhalte und Empfehlungen bereitzustellen. Dies ermöglicht es, das Nutzererlebnis zu optimieren und die Bindung der Nutzer an die virtuelle Umgebung zu stärken. Im E-Commerce-Sektor des Metaversums kann KI beispielsweise personalisierte Produktempfehlungen aussprechen und virtuelle Einkaufsassistenten bereitstellen, die auf die individuellen Bedürfnisse der Kunden eingehen. Dies hat jetzt schon Einfluss auf die Entwicklung neuer Formen von Geschäftsmodellen, wie das oben schon beschriebene D2A. (siehe dazu Abschn. 4.5 – Eine heutige Form des Modusage: D2A-Commerce) [ROO23].

Neben Auswirkungen auf die Möglichkeiten für die Benutzer darf allerdings nicht aus den Augen gelassen werden, dass die Implementierung solcher KI-gestützter Anwendungen, wie eben zum Beispiel das automatisierte Generieren ganzer immersiver virtueller Umgebungen und wahrscheinlich sogar mehr noch die Echtzeit-Interaktion mit intelligenten Avataren, eine immense Rechenleistung erfordern. Um diesen Anforderungen gerecht zu werden, müssen Plattformbetreiber in leistungsfähig(st)e Hardwarelösungen investieren. Dies schließt die viel diskutierten spezialisierten Prozessoren und Speichertechnologien ein, die speziell für KI-Workloads optimiert sind. Beispielsweise werden fortschrittliche Grafikprozessoren (GPUs) und Tensor Processing Units (TPUs) eingesetzt, um die parallele Verarbeitung großer Datenmengen zu ermöglichen und so die Performance von KI-Modellen zu steigern [RUT24].

Da KI-Anwendungen (nicht nur) im Metaversum kontinuierlich ausgesprochen große Mengen von Daten verarbeiten, ist der Energieverbrauch ein kritischer Faktor. Forschungen konzentrieren sich daher auf die Integration von nichtflüchtigen Speichertechnologien, wie Magnetoresistive Random Access Memory (MRAM), die sowohl den Energiebedarf reduzieren als auch die Geschwindigkeit der Datenverarbeitung erhöhen können. Solche Speicherlösungen ermöglichen es, die Latenzzeiten zu minimieren und gleichzeitig die Effizienz der KI-Operationen zu maximieren [PAR22].

Letztlich erfordert auch die nahtlose Integration von KI in Metaversum-Plattformen eine enge Abstimmung zwischen Hardware und Software. Dies beinhaltet die Entwicklung spezialisierter Hardwarebeschleuniger, die für spezifische KI-Algorithmen optimiert sind, sowie die Anpassung der Softwarearchitektur, um die Hardware-Ressourcen optimal auszunutzen. Durch diese kooperative Entwicklung können Plattformbetreiber sicherstellen, dass ihre Systeme den hohen Anforderungen an Leistung und Skalierbarkeit gerecht werden, die für immersive KI-Erlebnisse im Metaversum erforderlich sind.

Es kann sicherlich ohne Übertreibung gesagt werden, dass KI und das Metaversum in einer symbiotischen Beziehung stehen:

- KI treibt die Entwicklung des Metaversums voran, indem sie Skalierbarkeit, Personalisierung und Interaktivität ermöglicht.
- Zugleich bietet das Metaversum einen Raum, in dem KI-Systeme neue Anwendungsmöglichkeiten finden.

Dieses Zusammenspiel wird eine Schlüsselrolle in der Weiterentwicklung der digitalen Gesellschaft spielen, birgt jedoch, wie letztlich allerdings jede (neue) Technologie, auch Herausforderungen, die sorgfältig angegangen werden müssen. Diese sowohl ethisch-gesellschaftlichen, aber auch technisch-technologischen Fragen sollen hier jedoch bewusst nicht weiter verfolgt werden, da es hierzu keine einfachen, kurzfristigen Antworten geben kann. Letztlich bleibt nur die Hoffnung das sichergestellt wird, dass die Technologie zum Wohle der Nutzer eingesetzt wird.

Literatur

[AHU23] Ahuja, Abhimanyu S.; Polascik, Bryce W.; Doddapaneni, Divyesh; Byrnes, Eamonn S.; Sridhar, Jayanth (2023). The digital metaverse: Applications in artificial intelligence, medical education, and integrative health. In: Integrative Medicine Research, Volume 12, Issue 1, 2023, 100917, ISSN 2213-4220, https://doi.org/10.1016/j.imr.2022.100917.

[BAI07] Bainbridge, William. (2007). The Scientific Research Potential of Virtual Worlds. Science (New York, N.Y.). 317. 472–6. https://doi.org/10.1126/science.1146930.

[CAM13] Cambria, Erik; Schuller, Björn; Xia, Yunqing; Havasi, Catherine (2013). New Avenues in Opinion Mining and Sentiment Analysis. Intelligent Systems, IEEE. 28. 15–21. https://doi.org/10.1109/MIS.2013.30.

[CAS00] Cassell, Justina; Sullivan, Joseph; Prevost, Scott; Churchill, Elizabeth F. (Eds.). (2000). Embodied conversational agents. In: MIT press.

[CHA23] Vinay Chamola; Gaurang Bansal; Tridib Kumar Das; Vikas Hassija; Naga Siva Sai Reddy; Jiacheng Wang; Sherali Zeadally; Amir Hussain; F. Richard Yu; Mohsen Guizani; Dusit Niyato (28 Jul 2023). Beyond Reality: The Pivotal Role of Generative AI in the Metaverse. https://doi.org/10.48550/arXiv.2308.06272.

[CHE17] Chen, Hongshen; Liu, Xiaorui; Yin, Dawei; Tang, Jiliang (21.11.2017). A Survey on Dialogue Systems: Recent Advances and New Frontiers. In: ACM SIGKDD Explorations Newsletter, Volume 19, Issue 221, November 2017, pp 25–35. https://doi.org/10.1145/3166054.3166058.

[DOR10] Dormans, Joris. (2010). Adventures in level design: Generating missions and spaces for action adventure games. https://doi.org/10.1145/1814256.1814257.

[DOU23] Douglas, Will (03.03.2023). The inside story of how ChatGPT was built from the people who made it. In: MIT Technology Review Artificial intelligence. Online: https://www.technologyreview.com/2023/03/03/1069311/inside-story-oral-history-how-chatgpt-built-openai/ (abgerufen am: 29.05.2023).

[FOR17] Forsyth, Carol; Graesser, Arthur; Foltz, Peter (2017). Assessing conversation quality, reasoning, and problem solving with computer agents. https://doi.org/10.1787/9789264273955-17-en.

[GOO14] Goodfellow, Ian; Pouget-Abadie, Jean; Mirza, Mehdi; Xu, Bing; Warde-Farley, David; Ozair, Sherjil; Courville, Aaron; Bengio, Y. (2014). Generative Adversarial Networks. Advances in Neural Information Processing Systems. 3. https://doi.org/10.1145/3422622.

[HEN13] Hendrikx, Mark; Meijer, Sebastiaan; Velden, Joeri; Iosup, Alexandru. (2013). Procedural Content Generation for Games: A Survey. ACM Transactions on Multimedia Computing, Communications, and Applications (TOMCCAP). 9. https://doi.org/10.1145/2422956.2422957.

[ISL23] Islam, Arham (21.03.2023). A History of Generative AI: From GAN to GPT-4. In: Marktechpost. Online: https://www.marktechpost.com/2023/03/21/a-history-of-generative-ai-from-gan-to-gpt-4/ (abgerufen am: 29.05.2023).

[ISO17] Isola, Phillip; Zhu, Jun-Yan; Zhou, Tinghui; Efros, Alexei (2017). Image-to-Image Translation with Conditional Adversarial Networks. 5967–5976. https://doi.org/10.1109/CVPR.2017.632.

[JAI18] Jain, Mohit; Kumar, Pratyush; Kota, Ramachandra; Patel, Shwetak (2018). Evaluating and Informing the Design of Chatbots. 895–906. https://doi.org/10.1145/3196709.3196735.

[KAR17] Karras, Tero; Aila, Timo; Laine, Samuli; Lehtinen, Jaakko (2017). Progressive Growing of GANs for Improved Quality, Stability, and Variation.

[KAJ86] Kajiya, J. T. (1986). The rendering equation. In: ACM SIGGRAPH Computer Graphics, 20(4), 143–150.

[LUG16] Luger, Ewa; Sellen, Abigail (2016). "Like having a really bad PA": The Gulf between User Expectation and Experience of Conversational Agents. In Procee-dings of the 2016 CHI Conference on Human Factors in Computing Systems (pp. 5286–5297). ACM.

[MAL23] Malik, Aisha (27.02.2023). Snapchat launches an AI chatbot powered by OpenAI's GPT technology. In: TechCrunch. Online: https://techcrunch.com/2023/02/27/snapchat-launches-an-ai-chatbot-powered-by-openais-gpt-technology/ (abgerufen am: 21.05.2023).

[MET22] Meta (19.10.2022). Using AI to Translate Speech For a Primarily Oral Language. In: Meta Newsroom. Online: https://about.fb.com/news/2022/10/hokkien-ai-speech-translation/ (abgerufen am: 29.05.2023).

[MIK11] Mikropoulos, Tassos; Natsis, Antonis (2011). Educational virtual en-vironments: A ten-year review of empirical research (1999–2009). In: Computers & Education. 56. 769–780. https://doi.org/10.1016/j.compedu.2010.10.020.

[MOU15] Mouton, Francois; Malan, Mercia M.; Kimppa, Kai K.; Venter, H.s. (2015): Necessity for ethics in social engineering research. https://doi.org/10.1016/j.cose.2015.09.001.

[OST01] Osterloh, Margit; Frey, Bruno; Frost, Jetta (2001). Managing Motivation, Organization and Governance. In: Journal of Management and Governance. 5. 231–239. https://doi.org/10.1023/A:1014084019816.

[PAR22] Vivek Parmar, Syed Shakib Sarwar, Ziyun Li, Hsien-Hsin S. Lee, Barbara De Salvo, Manan Suri (2022). Memory-Oriented Design-Space Exploration of Edge-AI Hardware for XR Applications. In: TinyML Research Symposium 2023. https://doi.org/10.48550/arXiv.2206.06780.

[PER22] Perri, Lori (10.08.2022). What's New in the 2022 Gartner Hype Cycle for Emerging Technologies. In: Gartner Insights. https://www.gartner.com/en/articles/what-s-new-in-the-2022-gartner-hype-cycle-for-emerging-technologies (abgerufen: 17.05.2023).

[RIE14] Riedl, Mark; Young, Robert (2014). Narrative Planning: Balancing Plot and Character. J. Artif. Intell. Res. (JAIR). 39. https://doi.org/10.1613/jair.2989.

[RIT12] Ritschel, Tobias; Dachsbacher, Carsten; Grosch, Thorsten; Kautz, Jan (2012). The State of the Art in Interactive Global Illumination. In: Computer Graphics Forum. 31. 160–188. https://doi.org/10.1111/j.1467-8659.2012.02093.x.

[ROO23] Room (03.03.2023). Wie KI das Metaverse beleben wird. Rooom Blog. Online: https://www.rooom.com/de/blog/wie-ki-das-metaverse-beleben-wird. (Abgerufen: 14.02.2025).

[RUT24] Rutronik (24.04.2024). Metaverse – Hardware für eine Welt aus Daten. Rutronik Blog. Online: https://www.rutronik.com/de/article/metaverse-hardware-fuer-eine-welt-aus-daten. (Abgerufen: 14.02.2025).

[SHA16] Shaker, Noor; Togelius, Julian; Nelson, Mark J. (2016). Procedural content generation in games (Computational Synthesis and Creative Systems). In: Computational Synthesis and Creative Systems, Springer International.

[THA21] Thalmann, Nadia; Interrante, Victoria; Thalmann, Daniel; Papagiannakis, George; Sheng, Bin; Kim, Jinman; Gavrilova, Marina (2021). Advances in Computer Graphics 38th Computer Graphics International Conference, CGI 2021, Virtual Event, September 6–10, 2021, Proceedings: 38th Computer Graphics International Conference, CGI 2021, Virtual Event, September 6–10, 2021, Proceedings. https://doi.org/10.1007/978-3-030-89029-2.

[THA23] Thakur, S.S., Bandyopadhyay, S., Datta, D. (2023). Artificial Intelligence and the Metaverse: Present and Future Aspects. In: Hassanien, A.E., Darwish, A., Torky, M. (eds) The Future of Metaverse in the Virtual Era and Physical World. Studies in Big Data, vol 123. Springer, Cham. https://doi.org/10.1007/978-3-031-29132-6_10.

[THI16] Thies, Justus; Zollhöfer, Michael; Stamminger, Marc; Theobalt, Christian; Nießner, Matthias (2016). Face2face: Real-time Face Capture and Reenactment of RGB Videos. In: Proc. Computer Vision and Pattern Recognition (CVPR), 2016, IEEE.

[VIN15] Vinyals, Oriol; Le, Quoc (2015). A Neural Conversational Model. ICML Deep Learning Workshop, 2015.

[VIN19] Vinyals, Oriol; Babuschkin, Igor; Czarnecki, Wojciech; Mathieu, Michaël; Dudzik, Andrew; Chung, Junyoung; Choi, David; Powell, Richard; Ewalds, Timo; Georgiev, Petko; Oh, Junhyuk; Horgan, Dan; Kroiss, Manuel; Danihelka, Ivo; Huang, Aja; Sifre, Laurent; Cai, Trevor; Agapiou, John; Jaderberg, Max; Silver, David (2019). Grandmaster level in StarCraft II using multi-agent reinforcement learning. Nature. 575. https://doi.org/10.1038/s41586-019-1724-z.

[YAN18] Yannakakis, Georgios N.; Togelius, Julian (2018): Artificial Intelligence and Games. In: Springer Link. Online: https://link.springer.com/book/10.1007/978-3-319-63519-4 (abgerufen am: 21.05.2023).

[ZHO23] Zhou, Pengyuan (12.04.2023). Unleashing ChatGPT on the Metaverse: Savior or Destroyer? In: University of Science and Technology of China. Online: https://www.researchgate.net/publication/369387206_Unleashing_ChatGPT_on_the_Metaverse_Savior_or_Destroyer (abgerufen am: 21.05.2023).

Was nicht fehlen darf: Kritik 7

Das Metaversum birgt als virtuelle Welt, die primär auf den Fortschritten der VR- und AR- sowie der Blockchain-Technologien basiert, sowohl Chancen als auch Risiken in Bezug auf die physische Welt. Eine mögliche Konsequenz der zunehmenden Verbreitung des Metaversums ist die Abnahme realer sozialer Interaktionen, da die Menschen einen beträchtlichen Teil ihrer Zeit in dieser virtuellen Umgebung verbringen könnten. Dies könnte negative Auswirkungen auf soziale Beziehungen und psychische Gesundheit nach sich ziehen, einschließlich der Vernachlässigung körperlicher Gesundheit durch mangelnde Bewegung [ZUC13].

Des Weiteren ermöglicht das Metaversum die Erschaffung einer Parallelwelt, die sich durch andere Normen und Werte auszeichnet als die physische Realität. Dies birgt die Gefahr, dass kulturelle Identitäten und Wertvorstellungen transformiert werden und folglich die reale Welt beeinflussen. Eine erhöhte Abhängigkeit von Technologie könnte zudem dazu führen, dass Menschen Schwierigkeiten haben, eigenständige Entscheidungen zu treffen und Probleme zu lösen. Dies könnte insbesondere dann der Fall sein, wenn das Metaversum zum Hauptmedium für Kommunikation und Interaktion avanciert, was die Fähigkeit, effektiv in der physischen Welt zu interagieren, einschränken könnte [LES06].

Zusätzlich sind Datenschutzbedenken im Zusammenhang mit dem Metaversum zu berücksichtigen, da eine umfassende Überwachung der virtuellen Welt die Privatsphäre der Nutzer beeinträchtigen könnte. Weiterhin könnten Cybermobbing und Cyberkriminalität vermehrt auftreten, mit potenziellen Auswirkungen auf die physische Welt.

Die zukünftige Herausforderung liegt daher darin, das Metaversum als potenzielle Parallelwelt zu verstehen, welche die physische Realität beeinflussen kann. Es erscheint also essenziell, dass die Entwicklung des Metaversums in Übereinstimmung mit der physischen Welt erfolgt und mögliche gegenseitige Auswirkungen werden. Unter anderem sollten auch Regulierungsbehörden sicherstellen, dass die Entwicklung des Metaversums verantwortungsbewusst stattfindet und Datenschutz- sowie Sicherheitsbedenken angemessen berücksichtigt werden, um die positiven Aspekte des Metaversums ohne negative Konsequenzen zu fördern.

Die zukünftige Entwicklung des Metaversums und dessen Auswirkungen auf die reale Welt sind gegenwärtig ungewiss. Einerseits besteht die Möglichkeit, dass soziale Parallelgesellschaften entstehen, wenn bestimmte Gruppen von Menschen sich von der realen Welt abkapseln und vorzugsweise in der virtuellen Welt leben. Dies könnte zu einer weiteren Fragmentierung der Gesellschaft insgesamt führen, wobei unterschiedliche Identitäten und Gemeinschaften in der virtuellen und realen Welt entstehen. Andererseits kann das Metaversum auch eine positive Rolle bei der Förderung globaler Zusammenarbeit und Zusammengehörigkeit spielen, je nachdem, wie es entwickelt und genutzt wird [RHE00].

Es gibt verschiedene Risiken, die in der Diskussion um das Metaversum berücksichtigt werden müssen. Ein zentrales Anliegen ist die Gefahr von Suchtverhalten, die zur Vernachlässigung realer Verantwortlichkeiten und negativen Auswirkungen auf die psychische Gesundheit führen kann. Solche Verhaltensweisen und das daraus resultierende Suchtpotenzial ist schon aus MMORPGs bekannt und wird in den noch immersiveren Welten des Metaversums noch einmal deutlich stärker hervortreten. Zudem könnte das Metaversum gesellschaftliche Spaltungen vertiefen, indem es privilegierten Gruppen Zugang zur Technologie verschafft, während andere ausgeschlossen bleiben.

Die Interaktion von Benutzern innerhalb einer virtuellen Welt birgt zudem erhebliche Sicherheits- und Datenschutzrisiken, wie Hackerangriffe, Datenlecks, Betrug, Identitätsdiebstahl und Cybermobbing. Darüber hinaus besteht die Befürchtung, dass die Abhängigkeit von Technologie durch das Metaversum zunehmen könnte, was zu einem Verlust an Autonomie, Unabhängigkeit und sozialen Kompetenzen führt. Schließlich besteht das Risiko, dass Regierungen und Unternehmen das Metaversum zur Manipulation von Meinungen und Handlungen nutzen könnten, indem sie gezielte Botschaften an bestimmte Benutzergruppen senden [LAN14, MAY11, NIS09].

7.1 Die allgemeinen Themen der Kritik

Das Metaversum ist eine virtuelle Welt, die in höchstem Maße von Technologie abhängt. Mit dieser Abhängigkeit von Technologie entstehen aber umso mehr auch Datenschutzbedenken, die sich auf die Nutzer des Metaversums auswirken können.

Zunächst einmal kann das Metaversum beziehungsweise die Anwendungen auf den Plattformen des Metaversums eine enorme Menge an Daten über seine Nutzer sammeln. Jede Aktion, die ein Nutzer innerhalb der virtuellen Welt ausführt, kann aufgezeichnet und gespeichert werden. Diese Daten können verwendet werden, um das Verhalten der Nutzer innerhalb der virtuellen Welt zu analysieren und zu monetarisieren. Es besteht auch die Möglichkeit, dass diese Daten von Dritten wie Werbetreibenden oder Regierungen genutzt werden könnten [LANoJ, LAN14, ZUB19].

Ein weiteres Problem ist die potenzielle Gefahr von Identitätsdiebstählen. Da das Metaversum virtuelle Identitäten zulässt, kann es schwierig sein, sicherzustellen, dass die

Nutzer tatsächlich diejenigen sind, für die sie sich ausgeben. Ansatzweise zeigt sich dies schon im aktuellen Internet bzw. WWW. Diese Gefahr kann zu Betrug und anderen illegalen Aktivitäten führen. Darüber hinaus kann das Metaversum ein perfektes Ziel für Hacker und Cyberkriminelle darstellen. Da das Metaversum eine erhebliche Menge an Finanztransaktionen und an sensiblen Informationen verwaltet, kann ein Sicherheitsverstoß erhebliche Auswirkungen haben [GIE23].

Wie schon im aktuellen Internet beziehungsweise im WWW, ist es auch in der technologisch deutlich komplexeren Umgebung noch wichtiger zu berücksichtigen, dass die Nutzer möglicherweise nicht vollständig verstehen, welche Daten über sie gesammelt werden und wie diese Daten verwendet werden. Dies kann zu einem Mangel an Transparenz führen und dazu führen, dass Nutzer nicht in der Lage sind, informierte Entscheidungen darüber zu treffen, welche Daten sie preisgeben möchten und welche nicht [LAN14, SAL23].

Um diese Datenschutzbedenken zu lösen, müssen Regulierungsbehörden sicherstellen, dass das Metaversum strengen Datenschutzrichtlinien unterliegt. Die Entwickler der einzelnen Plattformen im Metaversum sollten auch Transparenz gewährleisten, wenn es um die Daten geht, die sie sammeln und wie sie verwendet werden. Nutzer müssen in der Lage sein, ihre Daten zu jeder Zeit kontrollieren zu können und zu entscheiden, welche Daten sie preisgeben möchten und welche nicht. Es ist auch wichtig, dass Sicherheitsmaßnahmen implementiert werden, um die Nutzerdaten vor potenziellen Sicherheitsverstößen zu schützen.

Ein zentraler Teil der Idee des Metaversum ist die Möglichkeit der Vernetzung von Menschen aus verschiedenen Teilen der Welt. Da die virtuelle Welt des Metaversums aber keine geografischen Grenzen hat, kann es schwierig sein, festzustellen, welches Recht in dieser virtuellen Welt oder in Teilen davon gilt. Grundsätzlich ist das anwendbare Recht zunächst einmal davon abhängig, wo sich der Betreiber der jeweiligen Plattform, auf der sich die Benutzer bewegen, befindet und welche Gesetze in diesem Land gelten. Wenn der Betreiber des Metaversums beispielsweise in den USA ansässig ist, unterliegt er zunächst einmal den Gesetzen der USA und den jeweiligen Bundesstaaten. Die Nutzer des Metaversums können jedoch aus verschiedenen Teilen der Welt stammen und unterschiedliche Gesetze und Rechtsordnungen haben. Es ist möglich, dass das Metaversum in einem Land betrieben wird, dessen Gesetze konträr zu den Gesetzen eines anderen Landes stehen. In diesem Fall können die Nutzer, je nach ihrer Staatsangehörigkeit und ihrem Wohnsitz, unterschiedliche rechtliche Ansprüche geltend machen.

Allerdings könnte der Fall eintreten, dass einige Aspekte des Metaversums möglicherweise nicht durch bestehende Gesetze und Vorschriften abgedeckt sind. Da das Metaversum eine relativ neue Technologie ist, gibt es für viele Situationen noch keine spezifischen Gesetze oder Vorschriften, die sich konkret auf die Besonderheiten virtueller Welten beziehen. Für diesen Fall scheint es von hoher Relevanz, dass Regierungen und internationale Organisationen zusammenarbeiten, um geeignete rechtliche Rahmenbedingungen für das Metaversum zu schaffen [DEA21, DEF18, DEF19].

Als Vision wäre es auch vorstellbar, dass das Metaversum in Zukunft eine eigene Rechtsordnung entwickelt. Die Nutzer des Metaversums könnten sich, bei entsprechender Transparenz und Übereinstimmung, auf einen gemeinsamen Verhaltenskodex einigen, der bestimmte Verhaltensweisen innerhalb der virtuellen Welt regelt. Eine solche Selbstregulierung könnte dazu beitragen, Konflikte zu lösen und die Nutzer des Metaversums zu schützen. Wie auch immer wird es aber eine große juristische Herausforderung werden, festzulegen, welches Recht in einer international vernetzten, virtuellen Welt wie dem Metaversum greift. Möglicherweise könnte eine Kombination aus nationalen und internationalen Gesetzen, Vorschriften und Selbstregulierungsmaßnahmen der sinnvollste Weg sein, um das Metaversum zu regeln.

In einer solchen international vernetzten, virtuellen Welt wie dem Metaversum gibt es eine Vielzahl von Datenschutzbedenken. Nutzer hinterlassen ständig digitale Spuren, während sie im Metaversum interagieren, wodurch ihre personenbezogenen Daten möglicherweise an Betreiber, Entwickler oder andere Nutzer weitergegeben werden. Es ist daher wichtig, dass das Datenschutzrecht im Metaversum umfassend und angemessen ist, um die Privatsphäre und die Rechte der Nutzer zu schützen. Das Datenschutzrecht kann in verschiedenen Ländern jedoch unterschiedlich sein, und es kann daher schwierig werden, ein einheitliches Datenschutzrecht für das Metaversum zu schaffen. Die EU-Datenschutz-Grundverordnung (DSGVO) beispielsweise gilt für alle Unternehmen, die personenbezogene Daten von EU-Bürgern verarbeiten, unabhängig davon, wo sich das Unternehmen befindet. Das bedeutet, dass Betreiber des Metaversums, die Daten von EU-Bürgern verarbeiten, die DSGVO einhalten müssen.

Ein weiteres Problem im Metaversum ist, dass es ebenso schwierig sein kann, die Zuständigkeit für Datenschutzverletzungen zu bestimmen. Wenn ein Unternehmen beispielsweise in den USA ansässig ist und personenbezogene Daten von Nutzern aus Europa verarbeitet, ist zunächst einmal zu klären, welche Datenschutzbehörde für die Überwachung und Durchsetzung der Datenschutzgesetze zuständig ist [EURoJ].

Um diese Herausforderungen zu bewältigen, sollten zeitnah möglichst international gültige Standards für Datenschutz und Datensicherheit im Metaversum geschaffen werden. Hier ist es unter anderem auch wichtig, dass Betreiber des Metaversums klare Datenschutzrichtlinien haben, die von allen Nutzern des Metaversums eingehalten werden müssen. Darüber hinaus sollten Nutzer des Metaversums das Recht haben, ihre personenbezogenen Daten zu kontrollieren und zu löschen.

Eine weitere, eher technisch ausgerichtete, Möglichkeit, den Datenschutz im Metaversum zu gewährleisten, ist die Einführung und Nutzung von Blockchain-Technologien. Dies kann dazu beitragen, die Integrität und Sicherheit von personenbezogenen Daten zu gewährleisten, indem sie in einem dezentralen Netzwerk gespeichert werden, auf das nur autorisierte Personen zugreifen können.

Neben den bis hierher betrachteten Datenschutzaspekten öffnet sich ein weiterer großer Problembereich, in dem das Metaversum eine neue Dimension der Steuerfragen mit sich bringt. Ein zentraler Tätigkeitsbereich der Benutzer im Metaversum wird absehbar, ganz wie in den Zeiten von Second Life, darin bestehen, dass die Benutzer Immobilien kaufen,

7.1 Die allgemeinen Themen der Kritik

besitzen und handeln können. In diesem Zusammenhang gibt es eine Reihe von Fragen in Bezug auf die Besteuerung von Immobilien und Immobilien-Transaktionen, die bisher weitestgehend ungeklärt sind [DEF18, DEF19].

Als Weiterführung dieses Gedankens sollten auch Fragen in Bezug zur Besteuerung von Erträgen aus dem Besitz virtueller Immobilien nicht vergessen werden. Wenn ein Benutzer ein Grundstück im Metaversum kauft und es vermietet oder anderweitig Gewinne daraus erzielt, stellt sich die Frage, ob Steuern auf diese Erträge gezahlt werden müssen und welche Steuergesetze und Vorschriften anwendbar sind. Die Situation wird noch komplexer, wenn Benutzer aus verschiedenen Ländern kommen und unterschiedliche Steuergesetze und -vorschriften haben und diese abgeglichen werden müssen. Diese Problematik verschärft sich darüber hinaus beim Thema der Besteuerung von Kryptowährungen, die schon heute häufig im Metaversum verwendet werden. Kryptowährungen sind aufgrund ihrer dezentralen Natur und der Schwierigkeit, ihre Herkunft zu verfolgen, ein schwieriges Steuerthema. Wenn Benutzer Kryptowährungen verwenden, um virtuelle Immobilien im Metaversum zu kaufen oder zu verkaufen, ist es unklar, wie die Gewinne aus diesen Transaktionen besteuert werden sollen [FAI17, MOR16].

In einigen Ländern haben Regierungen und Behörden begonnen, sich mit diesen Fragen zu befassen und Leitlinien für die Besteuerung von virtuellen Immobilien im Metaversum zu entwickeln. Die meisten Länder jedoch haben noch keine spezifischen Richtlinien erlassen, was die internationale Rechtslage weiter verkompliziert. Um solche Probleme zu lösen, müssen Regierungen und internationale Organisationen zusammenarbeiten, um klare Leitlinien und Vorschriften für die steuerlich relevante Transaktionen zu entwickeln. Dabei ist es wichtig, dass diese Vorschriften fair und konsistent sind und Benutzer aus verschiedenen Ländern gleichermaßen betreffen.

Das Metaversum wird als eine potenzielle Zukunftsvision diskutiert, in der Menschen miteinander interagieren, Geschäfte tätigen, lernen und spielen können. Für diese Tätigkeiten bedarf es einer ausgeprägten technischen Infrastruktur, was ökologische Auswirkungen nach sich zieht. Die Kritik an den ökologischen Auswirkungen des Metaversums konzentriert sich dabei hauptsächlich auf den Energieverbrauch und die damit verbundenen Treibhausgasemissionen. Die Schaffung und Aufrechterhaltung der Infrastruktur für eine solche virtuelle Welt erfordert eine enorme Menge an Energie. Die Rechenleistung, die für die Erstellung von 3D-Grafiken, Simulationen und KI-basierten Interaktionen erforderlich ist, erfordert viel Strom. Der Energieverbrauch wird sich absehbar zudem auch durch die Zunahme der Anzahl von Nutzern, die das Metaversum nutzen, noch erhöhen.

Ein weiteres Problem ist, dass viele der Unternehmen, die das Metaversum aufbauen und betreiben, ihre Server in Regionen mit billigem Strom betreiben, die aktuell oft noch von Kohlekraftwerken betrieben werden. Die Nutzung fossiler Brennstoffe zur Stromerzeugung führt aber nachweislich zu einer Erhöhung der Treibhausgasemissionen und trägt damit zur Erderwärmung bei. Es gibt allerdings durchaus auch Unternehmen, die versuchen, diese und weitere Auswirkungen auf die Umwelt zu minimieren. Einige setzen dabei auf erneuerbare Energien und nutzen Technologien wie KI, um den Energieverbrauch zu optimieren. Es bleibt jedoch abzuwarten, ob diese Bemühungen ausreichen werden, um die Auswirkungen des wachsenden Metaversums auf die Umwelt zu reduzieren [ARA21, BLU19, MON11].

Insgesamt erscheint die Kritik an den ökologischen Auswirkungen des Metaversums berechtigt. Wenn das Metaversum weiter wächst, müssen die Unternehmen, die die Plattformen und Infrastrukturen betreiben, verantwortungsvoller mit ihre Ressourcen umgehen. Regulierungsbehörden müssen auch in der Virtualität dafür sorgen, dass Umweltaspekte bei der Gestaltung und Nutzung des Metaversums berücksichtigt werden. Nur so kann das Metaversum seine Vorteile entfalten, ohne negative Auswirkungen auf die reale Umwelt zu haben.

7.2 Die Verschmelzung der politischen Welt?

Das Metaversum wird zunehmend als ein Phänomen betrachtet, das das Potenzial hat, bedeutende Veränderungen in der Gesellschaft hervorzurufen. Diese Veränderungen betreffen soziale, wirtschaftliche und politische Aspekte und sind nicht auf einzelne Staaten beschränkt, sondern wirken sich sowohl auf die erste als auch auf die dritte Welt aus.

In sozialer Hinsicht hat das Metaversum das Potenzial, eine erweiterte Form der sozialen Interaktion zu ermöglichen und die Art und Weise zu verändern, wie Menschen miteinander kommunizieren und interagieren. Es kann sowohl in der ersten als auch in der dritten Welt als Plattform dienen, auf der Menschen ihre Kreativität ausdrücken, Kunst schaffen und virtuelle Identitäten formen können. Es ermöglicht zudem die Überwindung physischer Barrieren wie Distanz oder Sprachbarrieren und fördert die globale Zusammenarbeit. Jedoch besteht das Risiko, dass das Metaversum zur Verstärkung sozialer Isolation beiträgt und traditionelle soziale Beziehungen untergräbt.

Wirtschaftlich gesehen bietet das Metaversum zahlreiche Chancen, insbesondere im Bereich der virtuellen Immobilien und des virtuellen Handels. In der ersten Welt können Unternehmen virtuelle Produkte und Dienstleistungen anbieten, während Nutzer digitale Währungen nutzen können, um in der virtuellen Welt einzukaufen. Dies kann wiederum Arbeitsplätze schaffen und Innovationen fördern. In der dritten Welt kann das Metaversum zur wirtschaftlichen Entwicklung und Armutsbekämpfung beitragen, indem es den Zugang zu neuen Märkten und Möglichkeiten eröffnet. Allerdings besteht die Gefahr, dass das Metaversum bestehende wirtschaftliche Ungleichheiten verschärft, indem es denjenigen, die Zugang zu den erforderlichen Ressourcen und Fähigkeiten haben, mehr Möglichkeiten bietet.

Politisch gesehen kann das Metaversum neue Formen der Regierungsbeteiligung ermöglichen und als Plattform für die Diskussion und Verbreitung politischer Ideen dienen. Dies gilt sowohl für die erste als auch für die dritte Welt, in der das Metaversum dazu beitragen kann, die Stimme von marginalisierten Gruppen zu stärken und eine Plattform für politischen Wandel zu bieten. Dennoch besteht das Risiko, dass das Metaversum von autoritären Regimen oder Unternehmen dominiert wird, was zu einer weiteren Spaltung der Welt führen kann. Daher wird die Notwendigkeit von Regulierungen und ethischen Richtlinien immer stärker diskutiert, um sicherzustellen, dass das Metaversum nicht zu weiteren sozialen, wirtschaftlichen und politischen Ungleichheiten führt, insbesondere zwischen der ersten und dritten Welt.

7.3 Oder doch eher die Spaltung der politischen Welt?

Im vorangegangenen Abschn. 7.2 wurde die Verschmelzung der politischen Welt als potenzielle Konsequenz der Umsetzung der Idee des Metaversums untersucht. Als Kontrast dazu sollte auch die Möglichkeit betrachtet werden, dass die Verwirklichung des Metaversums eher zu einer Spaltung der Gesellschaft oder der internationalen Gemeinschaft führen könnte. Eine solche Spaltung könnte weitreichende Folgen auf sozialer, wirtschaftlicher und politischer Ebene haben.

Die Auswirkungen einer durch das Metaversum verursachten Spaltung könnten eine erhöhte Fragmentierung und Isolation beinhalten, die die Ungleichheit bei der Schaffung von Wohlstand und politischer Macht verschärfen sowie die politische Stabilität und Zusammenarbeit beeinträchtigen. Daher ist es von entscheidender Bedeutung, die gesellschaftlichen Auswirkungen des Metaversums sorgfältig zu analysieren, um eine gerechtere und integrierte Welt zu fördern. Insbesondere könnte eine Spaltung zwischen der ersten und der dritten Welt durch das Metaversum die bestehenden Ungleichheiten auf sozialer, wirtschaftlicher und politischer Ebene weiter vertiefen.

Soziale Auswirkungen dieser Spaltung könnten eine erhöhte Isolation und Fragmentierung der Gesellschaft beinhalten. Individuen mit Zugang zum Metaversum könnten sich von der physischen Welt distanzieren und ihre sozialen Bindungen schwächen, während Menschen ohne Zugang zum Metaversum sich isoliert und abgeschnitten fühlen könnten. Diese Spaltung könnte zu starker Polarisierung und Radikalisierung führen, wenn Gruppen mit unterschiedlichem Zugang zum Metaversum sich zunehmend auf ihre virtuellen Identitäten und sozialen Gruppen konzentrieren.

Wirtschaftlich betrachtet könnte eine solche Spaltung zu weiterer Ungleichheit beitragen, indem bestimmte Regionen oder Bevölkerungsgruppen von den wirtschaftlichen Möglichkeiten des Metaversums ausgeschlossen werden. Unternehmen und Individuen mit Zugang zum Metaversum könnten Wettbewerbsvorteile gegenüber denen ohne Zugang erlangen, was zu einem Ungleichgewicht in der Schaffung von Arbeitsplätzen und wirtschaftlicher Entwicklung führen könnte. Diese Kluft könnte die Einkommensungleichheit zwischen Ländern verschärfen und die bereits schwache Wirtschaft der dritten Welt zusätzlich belasten.

Die mögliche Spaltung der Welt durch das Metaversum könnte dazu beitragen, die politischen Unterschiede zwischen verschiedenen Regionen und Ländern zu vertiefen. Dies liegt daran, dass einige Länder oder Regierungen versuchen könnten, den Zugang ihrer Bürger zum Metaversum zu kontrollieren oder einzuschränken, was wiederum eine zusätzliche Einschränkung der freien Meinungsäußerung und der politischen Partizipation zur Folge haben könnte. In diesem Zusammenhang könnten Menschen mit Zugang zum Metaversum virtuelle politische Gruppen bilden und sich möglicherweise von der physischen Welt entfremden. Dieses Phänomen könnte ein Ungleichgewicht in der politischen Macht und dem Einfluss hervorrufen und die Kluft zwischen der ersten und dritten Welt weiter vergrößern [MOZ11, PIL11, SHI09].

Auf politischer Ebene könnte das Metaversum eine Spaltung zwischen erster und dritter Welt verursachen, die wiederum zu einer Verschärfung politischer Unterschiede und Spannungen führt. Auch Regierungen der ersten Welt könnten bestrebt sein, den Zugang zum Metaversum zu kontrollieren oder zu regulieren, um ihre eigenen Interessen zu wahren. Parallel dazu könnten Regierungen in der dritten Welt den Zugang zum Metaversum als Bedrohung ihrer Souveränität ansehen und den Zugang dementsprechend kontrollieren oder begrenzen. Eine solche Spaltung hätte das Potenzial, ein weiteres Ungleichgewicht in politischer Macht und Einfluss zu erzeugen, was die politische Stabilität und Zusammenarbeit zwischen den beteiligten Ländern negativ beeinflussen könnte.

Zweifellos birgt das Metaversum das Potenzial, die digitale Kluft zwischen der ersten und der dritten Welt zu vertiefen und die bereits existierenden sozialen, wirtschaftlichen und politischen Unterschiede zu verstärken. Um eine solche Spaltung zu verhindern, sollten verschiedene Maßnahmen ergriffen werden. Zunächst ist es daher wohl entscheidend, den Menschen in der dritten Welt Zugang zum Metaversum zu ermöglichen, indem die erforderliche Infrastruktur geschaffen wird, um schnelles und zuverlässiges Internet bereitzustellen. Regierungen, internationale Organisationen und die Privatwirtschaft sollten kooperieren, um den Zugang zum Metaversum zu erleichtern. Des Weiteren sollte Wert auf Bildung und Schulung gelegt werden, damit Menschen in der dritten Welt das Metaversum effektiv nutzen können. Dies trägt zur Verbesserung ihrer Fähigkeiten bei und ermöglicht ihnen, die Chancen, die das Metaversum bietet, optimal auszuschöpfen. Darüber hinaus ist es wichtig, kulturelle Sensibilität zu fördern und sicherzustellen, dass das Metaversum für alle Kulturen zugänglich und relevant ist. Entwickler müssen darauf achten, kulturelle Unterschiede zu respektieren und kulturelle Stereotypen und Vorurteile nicht zu verstärken [SUD22, WEF22].

Eine sorgfältige Regulierung des Metaversums kann dazu beitragen, Fairness und Sicherheit für alle zu gewährleisten. Regulierungsbehörden sollten darauf achten, dass das Metaversum nicht zur Vertiefung bestehender sozialer, wirtschaftlicher und politischer Unterschiede beiträgt. Schließlich sollte Zusammenarbeit zwischen Regierungen, internationalen Organisationen und der Privatwirtschaft gefördert werden, um gemeinsame Ziele zu erreichen und sicherzustellen, dass das Metaversum für alle zugänglich und von Nutzen ist.

Regierungen und internationale Institutionen wie die Vereinten Nationen sind entscheidend bei der Gestaltung des Metaversums, um Diskrepanzen zwischen der ersten und dritten Welt zu vermeiden. Durch verschiedene Maßnahmen, einschließlich Regulierung, Infrastrukturförderung, Bildung und Schulung, internationale Zusammenarbeit sowie Verbraucherschutz, können Regierungen dazu beitragen, das Metaversum gerecht und für alle zugänglich zu gestalten, ohne bestehende Unterschiede zwischen den Regionen zu verschärfen.

7.3 Oder doch eher die Spaltung der politischen Welt?

Einerseits können Regierungen eine bedeutende Rolle bei der Regulierung des Metaversums spielen, indem sie beispielsweise speziell orientierte Regulierungsbehörden einrichten, um Fairness und Sicherheit für alle Nutzer zu gewährleisten und soziale, wirtschaftliche und politische Ungleichheiten nicht zu vertiefen. Andererseits können sie Investitionen in die notwendige Infrastruktur, wie Breitband-Internet und Mobilfunknetze, fördern, um insbesondere Menschen in der dritten Welt Zugang zum Metaversum zu ermöglichen und ihnen dessen Vorteile zugänglich zu machen. Darüber hinaus können Regierungen Schulungs- und Bildungsprogramme entwickeln, um sicherzustellen, dass Menschen in der dritten Welt über die erforderlichen Fähigkeiten und Kenntnisse verfügen, um das Metaversum effektiv nutzen zu können. Dies kann auch die Entwicklung entsprechender Lehrpläne in Schulen und Hochschulen beinhalten, um junge Menschen auf die Nutzung des Metaversums vorzubereiten.

Des Weiteren ist internationale Zusammenarbeit von zentraler Bedeutung, um gemeinsame Standards und Regulierungen zu entwickeln, die gewährleisten, dass das Metaversum keine bestehenden Unterschiede zwischen erster und dritter Welt vertieft. Schließlich können Regierungen Verbraucher vor Betrug und Missbrauch im Metaversum schützen, indem sie Gesetze und Vorschriften erlassen, die darauf abzielen, Verbraucher zu schützen und betrügerische Praktiken zu verhindern.

Die Implementierung von Regulierungen und ethischen Richtlinien auf politischer Ebene stellt eine notwendige Maßnahme dar, um die Nutzung von Technologien wie dem Metaversum sicher und gesellschaftlich vorteilhaft zu gestalten, ohne negative Konsequenzen hervorzurufen. Eine der möglichen Herausforderungen besteht in der Entstehung einer weiteren digitalen Kluft zwischen denjenigen, die Zugang zum Metaversum haben und denjenigen, die dies nicht können. Durch Regulierungen und ethische Richtlinien lässt sich dieser Aspekt adressieren, um Zugänglichkeit und Fairness für alle zu gewährleisten [LANoJ].

Darüber hinaus können im Metaversum Missbrauch und Verletzungen der Privatsphäre sowie Persönlichkeitsrechte auftreten. Die Einführung von Regulierungen und ethischen Richtlinien hilft, derartige Risiken zu minimieren, indem sie Standards für den Schutz der Privatsphäre und die Prävention von Missbrauch vorgeben. Auf politischer Ebene können solche Regulierungen und Richtlinien auch dafür sorgen, dass Unternehmen, die im Metaversum tätig sind, verantwortungsbewusst agieren und ihre Geschäftspraktiken in Übereinstimmung mit gesellschaftlichen und ökologischen Interessen gestalten. Dies gewährleistet zudem eine faire Behandlung der Nutzer, die durch betrügerische Praktiken oder Diskriminierung nicht benachteiligt werden dürfen.

Da das Metaversum ein noch relativ neues Phänomen ist und seine Auswirkungen auf die Gesellschaft bisher nicht vollständig erforscht sind, erfordert dies eine Entwicklung von Regulierungen und ethischen Richtlinien, die flexibel genug sind, um Veränderungen und neue Entwicklungen im Zusammenhang mit dem Metaversum zu berücksichtigen. Zusammenfassend ist es also von entscheidender Bedeutung, Regulierungen und ethische Richtlinien auf politischer Ebene zu entwickeln und durchzusetzen, um die Nutzung des

Metaversums auf eine Weise zu gestalten, die der Gesellschaft insgesamt zugutekommt und keine negativen Auswirkungen nach sich zieht.

7.4 Aber: Ein Blick aus einer anderen Perspektive

Anders als in den Industrienationen zeigt sich in den sogenannten Entwicklungsländern eine signifikant höhere Überzeugung, dass das Metaversum das tägliche Leben beeinflussen wird, verglichen mit reicheren Ländern. Eine im Auftrag des Weltwirtschaftsforums (WEF) durchgeführte Umfrage, deren Ergebnisse 2022 vom Marktforschungsunternehmen Ipsos veröffentlicht wurden, zeigt eine deutlich größere Begeisterung für das Metaversum und die virtuelle bzw. erweiterte Realität in Entwicklungsländern im Gegensatz zu Ländern mit hohem Einkommen [WEF22, IPS22a, IPS22b].

Die Umfrage, die mehr als 21.000 erwachsene Teilnehmer aus 29 Ländern einschloss, ergab, dass 52 % vom Metaversum gehört haben und 50 % ein positives Gefühl bezüglich der Nutzung im Alltag haben. In Ländern wie China, Indien, Peru, Saudi-Arabien und Kolumbien gaben zwei Drittel oder mehr der Befragten an, ein positives Gefühl zu haben. Insbesondere in China äußerten 78 % der Befragten positive Gefühle, gefolgt von Indien mit 75 %.

Dagegen zeigten die Länder mit den höchsten Einkommen die niedrigsten Werte, wie Japan (22 %), Großbritannien (26 %), Belgien (30 %), Kanada (30 %), Frankreich (31 %) und Deutschland (31 %), weniger Enthusiasmus und Bekanntheit bezüglich des Metaversums.

Die Umfrageergebnisse weisen auch darauf hin, dass Entwicklungsländer wie Südafrika, China und Indien glauben, dass Anwendungen des Metaversums, wie virtuelles Lernen, Unterhaltung, digitale Kontakte und Fernoperationen, das Leben der Menschen maßgeblich beeinflussen werden. In Ländern mit hohem Einkommen, wie Japan, Belgien und Frankreich, war man weniger überzeugt von solchen Veränderungen.

Zusätzlich scheinen Entwicklungsländer insgesamt enthusiastischer gegenüber Kryptowährungen und Blockchain zu sein, wie Analysen der unter anderem von CB Insights, Deloitte oder der Kryptowährungsbörse Gemini aus Jahren 2021 und 2022 verdeutlichen [CBI21, DEL21, GEM22]. So zeigen diese Berichte, dass die Hälfte der Befragten in Indien, Brasilien und der asiatisch-pazifischen Region im Jahr 2021 ihre erste Kryptowährung erwarben. Inflation und Währungsabwertung wurden als Haupttreiber für die Akzeptanz von Kryptowährungen in diesen Regionen identifiziert. In Ländern, die eine Währungsabwertung von 50 % oder mehr erleben, ist die Wahrscheinlichkeit, Kryptowährungskäufe zu planen, fünfmal höher als in Ländern mit geringerer Inflation.

Die Diskrepanz in der Akzeptanz und Begeisterung für aufstrebende Technologien wie das Metaversum, VR/AR und Kryptowährungen zwischen Entwicklungsländern und Ländern mit hohem Einkommen könnte auf verschiedene Faktoren zurückzuführen sein. Eine mögliche Erklärung ist die unterschiedliche Bereitschaft zur Technologieadoption:

- Entwicklungsländer könnten innovative Technologien als Chance zur Überbrückung wirtschaftlicher und sozialer Entwicklungsdefizite betrachten und ihre Volkswirtschaften wettbewerbsfähiger gestalten.
- Darüber hinaus könnte der eingeschränkte Zugang zu traditionellen Finanzdienstleistungen in Entwicklungsländern die Attraktivität von Kryptowährungen erhöhen, indem sie eine inklusive Alternative bieten, die unabhängig von geografischer Lage oder sozioökonomischem Status zugänglich ist. In Ländern mit hohen Inflationsraten und Währungsabwertungen könnten Kryptowährungen als Absicherung gegen solche Risiken dienen und eine stabilere Wertanlage als die lokale Währung darstellen.

Die Bereitschaft zur Einführung neuer Technologien könnte auch mit Bildungs- und Infrastrukturfaktoren zusammenhängen. Entwicklungsländer mit einer jüngeren Bevölkerung und besserer digitaler Infrastruktur könnten eher geneigt sein, Technologien wie das Metaversum und Kryptowährungen anzunehmen. Jüngere Individuen sind in der Regel technikaffiner und anpassungsfähiger an Veränderungen. Kulturelle Unterschiede und Einstellungen spielen möglicherweise ebenfalls eine Rolle bei der Wahrnehmung und Akzeptanz neuer Technologien. In einigen Kulturen kann eine größere Bereitschaft bestehen, neue Technologien auszuprobieren und zu adaptieren, während in anderen Kulturen Skepsis oder Zurückhaltung gegenüber Veränderungen vorherrschen können. Um ein umfassendes Verständnis der zugrunde liegenden Ursachen für diese Disparitäten zu erlangen, wäre eine detaillierte Analyse der Umfrageergebnisse sowie ergänzende Forschung notwendig.

Literatur

[ARA21] Aratani, Lauren (27.02.2021). Electricity Needed to Mine Bitcoin Is More Than Used by 'Entire Countries.' In: The Guardian. Online: https://www.theguardian.com/technology/2021/feb/27/bitcoin-mining-electricity-use-environmental-impact (abgerufen am: 20.05.2023).

[BLU19] Blum, Andrew (2012). Tubes: A Journey to the Center of the Internet. Ecco (2012).

[CBI21] CB Insights (01.02.2022). State Of Blockchain 2021 Report. In: CB Insights Research Report. Online: https://www.cbinsights.com/research/report/blockchain-trends-2021/ (abgerufen am: 28.05.2023).

[DEA21] Deakin, Simon; Markou, Christopher (29.06.2021). Is Law Computable: Critical Perspectives on Law and Artificial Intelligence. Oxford: Hart Publishing.

[DEF18] De Filippi, Primavera; Wright, Aaron (2018). Blockchain and the Law: The Rule of Code. Harvard University Press.

[DEF19] De Filippi, Primavera; Wright, Aaron (04.10.2019). The Rule of Code vs. The Rule of Law. In: Medium: Harvard University Press. Online: https://hup.medium.com/the-rule-of-code-vs-the-rule-of-law-8dfe75631fee (abgerufen am: 20.05.2023).

[DEL21] Deloitte (2021). Deloitte's 2021 Global Blockchain Survey – A new age of digital assets. In: Deloitte Insights. Online: https://www2.deloitte.com/us/en/insights/topics/understanding-blockchain-potential/global-blockchain-survey.html (abgerufen am: 28.05.2023).

[EURoJ]   Europäische Kommission (o.J.). Für wen gilt die Datenschutz-Grundverordnung? In: Europäische Kommission. Online: https://commission.europa.eu/law/law-topic/data-protection/reform/rules-business-and-organisations/application-regulation/who-does-data-protection-law-apply_de (abgerufen am: 20.05.2023).

[FAI17]   Fairfield, Joshua. (2017). Owned: Property, Privacy, and the New Digital Serfdom. Cambridge University Press. https://doi.org/10.1017/9781316671467.

[GEM22]   Gemini (2022). 2022 Global State of Crypto. In: Gemini. Online: https://www.gemini.com/state-of-crypto (abgerufen am: 28.05.2023).

[GIE23]   Giese, Sascha (27.02.2023). Metaversum 2023 – Neues Terrain, alte Gefahren. In: IT-Daily. Online: https://www.it-daily.net/it-sicherheit/cloud-security/metaversum-2023-neues-terrain-alte-gefahren (abgerufen am: 20.05.2023).

[IPS22a]   Ipsos (25.05.2022). Enthusiasm for the metaverse and extended reality is highest in emerging countries. In: Ipsos. Online: https://www.ipsos.com/en-ch/global-advisor-metaverse-extended-reality-may-2022 (abgerufen am: 20.05.2023).

[IPS22b]   Ipsos (2022). How the world seas the metaverse and extended reality – A 29-country Global Advisor survey. In: Ipsos. Online: https://www.ipsos.com/sites/default/files/ct/news/documents/2022-05/Global%20Advisor%20-%20WEF%20-%20Metaverse%20-%20May%202022%20-%20Graphic%20Report.pdf (abgerufen am: 20.05.2023).

[LAN14]   Lanier, Jaron (2014). Who Owns the Future? Simon & Schuster.

[LANoJ]   Lanier, Jaroin (o.J.). Who Owns the Future. In: Web Ressources tot he book Who Owns the Future by Jaron Lanier. Online: http://www.jaronlanier.com/futurewebresources.html (abgerufen am: 20.05.2023).

[LES06]   Lessig, Lawrence. (2006). Code Version 2.0. Basic Books.

[MAY11]   Mayer-Schönberger, Viktor (2011). Delete: The Virtue of Forgetting in the Digital Age. Princeton University Press.

[MON11]   Monserrat, Steven Gonzaleze (27.01.2022). The Cloud Is Material: On the Environmental Impacts of Computation and Data Storage. In: MIT Shcwarzman College of Computing. Online: https://mit-serc.pubpub.org/pub/the-cloud-is-material/release/1 (abgerufen am: 20.05.2023).

[MOR16]   Morse, Edward A. (2016). Regulation of Online Gambling. In: Research Handbook on Electronic Commerce Law 449 (John A. Rothchild ed).

[MOZ11]   Morozov, Evgeny (2011). The Net Delusion: The Dark Side of Internet Freedom. Perseus Book Group, Philadelphia 2011, ISBN 978-1-58648-874-1.

[NIS09]   Nissenbaum, Hellen (2009). Privacy in Context: Technology, Policy, and the Integrity of Social. Life. Stanford University Press.

[PIL11]   Pilkington, Ed (13.01.2011). Evgeny Morozov: How democracy slipped through the net. In: The Guardian. Online: https://www.theguardian.com/technology/2011/jan/13/evgeny-morozov-the-net-delusion (abgerufen am: 20.05.2023).

[RHE00]   Rheingold, Howard (2000).The Virtual Community: Homesteading on the Electronic Frontier. The MIT Press.

[SAL23]   Salvi, Vishal (13.04.2023). Neue Technologien, alte Herausforderungen: Die dunkle Seite der Metaverse Security. In: Security Insider. Online: https://www.security-insider.de/die-dunkle-seite-der-metaverse-security-a-0de3030b47342c6af81dff534f1e848e/ (abgerufen am: 20.05.2023).

[SHI09]   Shirky, Clay (2009).Here Comes Everybody: The Power of Organizing Without Organizations. Penguin Books.

[SUD22]   Sudan, Randeep; Petrov, Oleg; Gupta, Garima (09.03.2022). Can the metaverse offer benefits for developing countries? In: World Bank Blogs. Online: https://blogs.worldbank.org/digital-development/can-metaverse-offer-benefits-developing-countries (abgerufen am: 20.05.2023).

[TUR11]	Turkle, Sherry (2011). Alone together: Why we expect more from technology and less from each other. Basic Books.
[WEF22]	World Economic Forum (25.05.2022). How enthusiastic is your country about the rise of the metaverse? In: WeFOrum. Online: https://www.weforum.org/agenda/2022/05/countries-attitudes-metaverse-augmented-virtual-reality-davos22/ (abgerufen am: 20.05.2023).
[ZUB19]	Zuboff, Shoshana (2019). The Age of Surveillance Capitalism: The Fight for a Human Future at the New Frontier of Power. PublicAffairs.
[ZUC13]	Zuckerman; Ethan (17. Juni 2013). Rewire: Digital Cosmopolitans in the Age of Connection. Norton & Company; 1. Edition.

Die wirkliche Vision 8

Alle Diskussionen, die sich mit dem Metaversum positiv wie auch kritisch auseinandersetzen, weisen letztlich eine wesentliche Schwäche auf, die sich in zwei unterschiedlichen Ausprägungen manifestiert:

- Einerseits bleiben die Diskussionen oberflächlich und in ihrem Kern unkonkret, weil das Metaversum als allumfassend und damit unüberschaubar großes zukünftiges Konstrukt betrachtet wird.
- Andererseits basieren viele Diskussionen auf herausgegriffenen Einzelbetrachtungen kleiner und kleinster Nischen und Anwendungsfälle, die in keinen übergreifenden Zusammenhang gestellt werden.

Beide Perspektiven weisen den gleichen Schwachpunkt auf, nämlich das letztlich nie genau bekannt ist, was das Metaversum sein wird, beziehungsweise konkreter formuliert: wie das Metaversum technisch und funktional aufgebaut sein wird. Dennoch versuchen sich sowohl etablierte nationale und internationale Organisationen als auch renommierte Fachleute aus den unterschiedlichsten Disziplinen an dem Versuch, potenzielle Anwendungen und Nutzungsfälle zu identifizieren.

8.1 Die institutionelle Sicht auf das Metaversum

Das Metaversum hat in den letzten Jahren viel Aufmerksamkeit von verschiedenen nationalen und internationalen Organisationen erhalten, die sich für die sozialen, wirtschaftlichen, technologischen und politischen Aspekte dieser Vision interessieren:

- Die *International Telecommunication Union* (ITU) als Agentur der Vereinten Nationen, setzt sich für die Förderung von Informations- und Kommunikationstechnologien weltweit ein. Sie interessiert sich für das Metaversum, weil sie sich für die Schaffung eines inklusiven, offenen und sicheren digitalen Raums einsetzt.
- Das *Institute of Electrical and Electronics Engineers* (IEEE) ist eine internationale Organisation, die sich für Forschung, Entwicklung und Förderung technologischer Innovationen einsetzt. Sie ist am Metaversum interessiert, weil es sich um eine Technologie handelt, der auch die IEEE das Potenzial zuschreibt, die Art und Weise, wie Menschen leben und arbeiten, grundlegend zu verändern.
- Das *World Wide Web Consortium* (W3C) ist die internationale Gemeinschaft, die sich für die Standardisierung des Internets einsetzt. Das W3C interessiert sich für das Metaversum, weil es darin die Weiterentwicklung des WWW sieht und die Schaffung eines offenen und zugänglichen digitalen Raums erreichen bzw. zumindest ermöglichen will.
- Das *Weltwirtschaftsforum* (WEF) interessiert sich für das Metaversum, weil es darin das Potenzial sieht, die Art und Weise, wie Menschen arbeiten, lernen und interagieren, zu revolutionieren. Das WEF hat sich zum Ziel gesetzt, die Chancen und Herausforderungen des Metaversums zu erkunden und Empfehlungen für dessen nachhaltige Gestaltung zu entwickeln.
- Daneben interessieren sich verschiedene Organisationen, wie die *Electronic Frontier Foundation* (EFF) oder *Privacy International*, für das Metaversum, um sicherzustellen, dass es die Privatsphäre und die Bürgerrechte der Benutzer respektiert.
- Auch etliche *Regierungen* und nationale Organisationen zeigen Interesse am Thema Metaversum, weil sie dessen Potenzial, aber auch seine Auswirkungen für die Wirtschaft, die Bildung, das Gesundheitswesen und die Kultur erkennen. Sie wollen sicherstellen, dass ihre Länder und ihre Bürger von den Chancen profitieren, die das Metaversum bietet.
- Letztlich beteiligen sich auch viele *Technologieunternehmen* sowie auch Industrieverbände, wie die VR/AR Association VRARA oder die Augmented Reality for Enterprise Alliance (AREA) an der Diskussion und der Entwicklung des Metaversums, weil sie dessen Potenzial für die Schaffung neuer Geschäftsmodelle und die Revolutionierung bestehender Branchen erkennen.

Von diesen Organisationen sollen im Folgenden ITU und IEEE, das W3C, das WEF sowie das Metaverse Standards Forum und ihre jeweilige Sichtweise auf das Metaversum näher betrachtet werden.

8.1.1 ITU und IEEE

Die International Telecommunication Union (ITU) und das Institute of Electrical and Electronics Engineers (IEEE) sind zwei hochrangige internationale Organisationen, die sich mit Technologien und Standards rund um das Metaversum befassen. Beide

Organisationen haben unterschiedliche Schwerpunkte und Ziele, aber beide arbeiten daran, die Entwicklung des Metaversums voranzutreiben und sicherzustellen, dass es offen, zugänglich und sicher ist.

Die ITU ist eine Sonderorganisation der Vereinten Nationen, die sich mit der Standardisierung und Entwicklung von Informations- und Kommunikationstechnologien (IKT) beschäftigt. Sie engagiert sich intensiv in der Erforschung und Entwicklung des Metaversums, wobei sie sich auf drei Hauptaspekte konzentriert: Standardisierung, digitaler Zugang und Sicherheit sowie Datenschutz. In Bezug auf die Standardisierung arbeitet die ITU kontinuierlich an der Entwicklung internationaler Standards, die darauf abzielen, Interoperabilität, Kompatibilität und Zugänglichkeit im Metaversum sicherzustellen. Dieser Prozess gewährleistet, dass verschiedene Metaversums-Plattformen effektiv miteinander kommunizieren können und Benutzer problemlos zwischen diesen Plattformen wechseln können, wodurch eine einheitliche Benutzererfahrung erreicht wird [ITUoJa, ITUoJb].

Darüber hinaus setzt sich die ITU dafür ein, das Metaversum für alle Menschen zugänglich zu gestalten, unabhängig von Faktoren wie geografischem Standort, Einkommenssituation oder Bildungshintergrund. Die Organisation unterstützt eine Vielzahl von Initiativen, die darauf abzielen, die digitale Kluft zu überwinden und benachteiligten Gemeinschaften den Zugang zum Metaversum zu erleichtern. Diese Bemühungen tragen dazu bei, dass das Metaversum ein inklusiver und zugänglicher Raum für alle wird, wodurch seine potenziellen Vorteile und Auswirkungen auf die Gesellschaft maximiert werden.

Schließlich legt die ITU großen Wert auf die Sicherheit und den Datenschutz im Metaversum. Um dieses Ziel zu erreichen, entwickelt die Organisation Richtlinien und Best Practices, die darauf abzielen, Cyber-Sicherheitsrisiken zu minimieren und den Schutz der Privatsphäre der Benutzer im Metaversum zu gewährleisten. Indem sie solche Rahmenbedingungen schafft, trägt die ITU dazu bei, ein sicheres und vertrauenswürdiges Umfeld für Benutzer im Metaversum zu schaffen, in dem sie ihre Interaktionen und Aktivitäten ohne Bedenken hinsichtlich der Sicherheit ihrer persönlichen Daten fortsetzen können. Insgesamt zeigt das Engagement der ITU für die Standardisierung, den digitalen Zugang und die Sicherheit und den Datenschutz im Metaversum ihr Bestreben, einen offenen, inklusiven und sicheren digitalen Raum für alle zu schaffen.

Das IEEE als weltweit technologisch-wissenschaftliche agierende Organisation konzentriert sich vor allem auf die technologischen Innovationen und die Standardisierung sowie den Wissenstransfer in verschiedenen Bereichen der Elektrotechnik, Elektronik und Informatik. Die Beziehung des IEEE zum Metaversum ist durch seine Interessen an den technologischen, ethischen und sozialen Aspekten der Metaversum-Entwicklung geprägt. Wie die ITU und andere verfolgt auch die IEEE das Ziel, das Metaversum zu einem offenen, inklusiven und ethisch verantwortungsvollen digitalen Raum zu entwickeln, der die menschlichen Bedürfnisse berücksichtigt und das Potenzial hat, die Art und Weise, wie wir leben, arbeiten und interagieren, grundlegend zu verändern [IEEoJa, IEEoJb].

Das IEEE widmet sich der Entwicklung von Technologiestandards und Best Practices, um eine nahtlose Interoperabilität und Integration verschiedener Systeme innerhalb des Metaversums zu gewährleisten. In diesem Zusammenhang engagiert sich die Organisation in Arbeitsgruppen und Komitees, die sich auf die Schaffung solcher Standards konzentrieren. Die ethischen und sozialen Fragestellungen, die im Zusammenhang mit technologischen Innovationen wie dem Metaversum auftreten, sind für die IEEE von großer Bedeutung. Dies spiegelt sich in Initiativen wie dem „Ethically Aligned Design" wider, welches ethische Prinzipien und Empfehlungen für die Entwicklung und Implementierung von KI und autonomen Systemen erstellt hat. Die IEEE setzt sich im Kontext des Metaversums dafür ein, dass die zugrunde liegenden Technologien und Systeme ethische Grundsätze wie Fairness, Transparenz und Datenschutz berücksichtigen.

Als zentrale Instanz zur Förderung von Forschung und Wissenstransfer im Bereich des Metaversums publiziert die IEEE Fachzeitschriften und organisiert Konferenzen sowie Workshops. Darüber hinaus unterstützt sie Forschungsprojekte und stellt Bildungsmaterialien und Ressourcen zur Verfügung, um ihren Mitgliedern die Möglichkeit zu bieten, sich über die neuesten Entwicklungen und Trends im Metaversum zu informieren und aktiv daran teilzunehmen.

Schließlich ist die IEEE bestrebt, verschiedene Akteure aus Industrie, Wissenschaft und Politik zu vernetzen, um gemeinsam an der Gestaltung des Metaversums zu arbeiten. Durch ihre globale Reichweite fördert sie die Zusammenarbeit und den Wissensaustausch, um Innovationen voranzutreiben und sicherzustellen, dass das Metaversum ein offenes, inklusives und nachhaltiges Ökosystem wird.

In Zusammenarbeit mit dem Europarat veröffentlichte die IEEE Standards Association im Januar 2024 einen Bericht mit dem Titel „The Metaverse and its Impact on Human Rights, the Rule of Law and Democracy". Dieser Bericht untersucht die potenziellen Auswirkungen des Metaversums auf Menschenrechte, Rechtsstaatlichkeit und Demokratie und betont die Notwendigkeit eines menschenzentrierten Ansatzes bei der Entwicklung dieser Technologien [IEE23].

8.1.2 World Wide Web Consortium W3C

Das World Wide Web Consortium (W3C) ist die internationale Organisation, die die Entwicklung von Webstandards zum Ziel hat, um die Interoperabilität und Benutzungsfreundlichkeit des Internets sicherzustellen [W3CoJa]. In Bezug auf das Metaversum ist die Rolle des W3C vor allem durch seine Funktion als Normungsorganisation und seine Vision einer offenen, zugänglichen und sicheren digitalen Umgebung geprägt.

Die Entwicklung von Standards ist ein zentraler Aspekt der Arbeit des W3C im Zusammenhang mit dem Metaversum. Da das Metaversum als Erweiterung des Internets angesehen wird, betrachtet das W3C es als seine Aufgabe, Standards und Richtlinien zu entwickeln, die die Interoperabilität, Benutzungsfreundlichkeit und Zugänglichkeit des Metaversums gewährleisten [W3CoJb]. Dies geschieht durch die Entwicklung von Standards

8.1 Die institutionelle Sicht auf das Metaversum

für Schnittstellen, Protokolle und Datenformate, die es ermöglichen, dass verschiedene Metaversum-Plattformen und -Anwendungen reibungslos miteinander kommunizieren und zusammenarbeiten können. Durch die Bereitstellung solcher Standards kann das W3C sicherstellen, dass das Metaversum als eine kohärente digitale Umgebung fungiert, in der Benutzer problemlos zwischen verschiedenen Plattformen und Anwendungen wechseln können, ohne auf Kompatibilitätsprobleme zu stoßen [BER19]. Darüber hinaus tragen die Standards des W3C dazu bei, die Sicherheit und den Datenschutz im Metaversum zu fördern, indem sie klare Richtlinien für die Handhabung sensibler Benutzerinformationen bereitstellen [W3CoJc].

Das W3C betrachtet, wie auch andere, das Metaversum als eine fortgeschrittene Erweiterung und Weiterentwicklung des Internets, in die Technologien wie VR, AR und WebXR miteinander verbinden sein werden, um ein immersives, interaktives und nahtloses digitales Erlebnis zu ermöglichen. Die Verknüpfung des Metaversums mit diesen Technologien wird als entscheidender Faktor für die Schaffung eines offenen, zugänglichen und interoperablen digitalen Raums angesehen.

WebXR ist eine Sammlung von Standards und Application Programming Interfaces (APIs), die vom W3C entwickelt wurden, um VR-, AR- und Mixed-Reality-Inhalte in möglichst allen Arten von Webbrowsern bereitzustellen [W3CoJe]. Diese Technologie erleichtert die Entwicklung und Bereitstellung von immersiven Inhalten auf verschiedenen Plattformen und Geräten, indem sie Entwicklern ermöglicht, einheitliche Anwendungen zu erstellen, die auf unterschiedlicher Hardware funktionieren. Das W3C sieht WebXR als einen zentralen Baustein für das Metaversum, da es die Interoperabilität und allgemeine Zugänglichkeit von VR- und AR-Inhalten im Web ermöglicht. Durch die Entwicklung von Webstandards und APIs, die VR- und AR-Inhalte unterstützen, ermöglicht das W3C Entwicklern auf diesem Wege, immersive 3D-Inhalte über das Internet zu erstellen und bereitzustellen [W3C23a]. Die Integration von VR und AR in das Metaversum trägt zur Schaffung einer immersiven, interaktiven und kontinuierlichen Benutzererfahrung bei, die sich über mehrere Plattformen und Geräte erstreckt.

Das W3C engagiert sich aktiv für die Realisierung eines Metaversums, das für alle Benutzer zugänglich ist, unabhängig von ihren technischen Fähigkeiten, kulturellem Hintergrund oder körperlichen Einschränkungen [W3CoJf]. Um dieses Ziel zu erreichen, entwickelt das W3C Richtlinien und Best Practices, die die Zugänglichkeit des Metaversums fördern. Dazu gehören beispielsweise die Berücksichtigung von Barrierefreiheit bei der Gestaltung von Benutzeroberflächen oder die Entwicklung von Technologien, die Menschen mit Behinderungen den vollständigen Zugang zum Metaversum ermöglichen [W3CoJg]. Das W3C betont die Bedeutung von Zugänglichkeit und Inklusion für das Metaversum und unterstützt die Entwicklung von Technologien und Standards, die es allen Benutzern ermöglichen, Virtual Reality, Augmented Reality und WebXR-Inhalte unabhängig von ihren Fähigkeiten oder Gerätebeschränkungen zu nutzen [W3CoJe]. Dies kann durch die Berücksichtigung von Barrierefreiheit bei der Gestaltung von Benutzungsoberflächen und die Entwicklung von Technologien erreicht werden, die es Menschen mit Einschränkungen oder Behinderungen ermöglichen, das Metaversum vollständig zu erleben.

Darüber hinaus legt das W3C Wert darauf, dass das Metaversum ein sicherer und geschützter Raum für seine Benutzer ist. Zu diesem Zweck entwickelt die Organisation Standards und Richtlinien, die den Schutz der Privatsphäre, die Sicherheit der Daten und die Vertraulichkeit der Kommunikation gewährleisten. Das W3C stellt auch Best Practices für die Metaversum-Entwicklung bereit, die darauf abzielen, die Sicherheit und Privatsphäre der Benutzer zu schützen und die Anfälligkeit für Cyberangriffe oder Datenschutzverletzungen zu verringern [W3CoJh].

Das W3C befürwortet ein offenes und interoperables Metaversum, das auf offenen Standards und Technologien basiert [W3CoJf]. Dies soll es ermöglichen, verschiedene Plattformen und Anwendungen miteinander zu verbinden und den Benutzern die Möglichkeit zu geben, problemlos zwischen verschiedenen Metaversum-Umgebungen zu wechseln. Offenheit und Interoperabilität fördern auch Innovationen und Wettbewerb, da sie es ermöglichen, neue Anwendungen und Dienste zu entwickeln, die auf bestehenden Plattformen und Standards aufbauen.

Durch die Entwicklung von Standards und Richtlinien sowie die Zusammenarbeit mit anderen Organisationen, Unternehmen und Entwicklern möchte das W3C dazu beitragen, diese Vision des Metaversums Wirklichkeit werden zu lassen und das Metaversum zu einer positiven und integrativen Umgebung für die zukünftige Version des Internet zu entwickeln.

8.1.3 World Economic Forum

Das World Economic Forum (WEF), das sich als internationale Organisation zum Ziel gesetzt hat, die Zusammenarbeit von Unternehmen, Regierungen und anderen Akteuren zu fördern, um globale Herausforderungen anzugehen und den Fortschritt und Wohlstand zu fördern, sieht das „Metaverse as the next major computing platform" [DAS23, WEFoJa, WEFoJb].

Das WEF ist in Bezug auf das Metaversum interessant, da es eine Reihe von Initiativen und Projekten gestartet hat, um das Potenzial des Metaversums zu erforschen und zu fördern. Das Metaversum wird als eine zukunftsweisende Technologie betrachtet, die weitreichende Auswirkungen auf die Art und Weise haben könnte, wie wir arbeiten, spielen, kommunizieren und uns verbinden.

Das WEF hat sich zum Ziel gesetzt, eine Plattform für den Austausch von Wissen, Ideen und Best Practices im Bereich des Metaversums zu schaffen. Es hat bereits eine Reihe von Veranstaltungen und Workshops organisiert, bei denen Experten aus verschiedenen Bereichen zusammenkommen, um die Auswirkungen des Metaversums auf die Gesellschaft zu diskutieren. Das World Economic Forum spielt auf diese Weise eine nicht unbedeutende Rolle bei der Erkundung und Förderung des Potenzials des Metaversums. Es bietet eine Plattform für den Austausch von Ideen und Best Practices und trägt dazu bei, das Bewusstsein für die Auswirkungen des Metaversums auf die Gesellschaft zu schärfen.

Darüber hinaus hat das WEF auch eine Arbeitsgruppe zu dem Kontext Metaversum ins Leben gerufen, die sich auf die Erforschung der Potenziale des Metaversums konzentriert und sich mit Themen wie Datenschutz, Sicherheit und Regulierung befasst. Nach der Idee des WEF soll diese Arbeitsgruppe Experten und Interessierten aus verschiedenen Bereichen ermöglichen, sich über die neuesten Entwicklungen, Herausforderungen und Möglichkeiten des Metaversums auszutauschen. Die Arbeitsgruppe soll unter anderem als Plattform zur Kommunikation dienen. Dazu soll sich eine Online-Community bilden, die es den Mitgliedern ermöglicht, Beiträge zu verfassen, Diskussionen zu führen, Ressourcen zu teilen und an virtuellen Veranstaltungen teilzunehmen. Die Community wird voraussichtlich aus einer breiten Palette von Akteuren bestehen, darunter Wissenschaftler, Technologieexperten, Vertreter von Regierungen und Unternehmen sowie andere Interessengruppen.

Desweiteren werden eine Reihe von Veranstaltungen und Workshops organisiert, die sich auf das Metaversum konzentrieren und Experten aus verschiedenen angrenzenden Bereichen zusammenbringen, um die Auswirkungen des Metaversums auf Wirtschaft und Gesellschaft zu diskutieren. Diese Veranstaltungen sollen dazu beitragen, das Bewusstsein für die Potenziale des Metaversums zu schärfen und eine Plattform für den Austausch von Wissen und Ideen zu bieten.

Ein weiteres Ziel soll es zudem sein, Best Practices im Umgang mit den Herausforderungen des Metaversums zu identifizieren und zu teilen. Dazu gehört beispielsweise die Diskussion über Datenschutz, Sicherheit und Regulierung, um sicherzustellen, dass das Metaversum auf eine Weise entwickelt wird, die den Interessen der globalen Gesellschaft entspricht. Das World Economic Forum hat dazu bereits jetzt eine Reihe von ökonomischen Anwendungen des Metaversums identifiziert und diskutiert, welche in absehbarer Zukunft implementiert werden könnten. Eine dieser Anwendungen bezieht sich darauf, dass das Metaversum Unternehmen die Möglichkeit bieten könnte, ihre Produkte und Dienstleistungen innerhalb einer virtuellen Umgebung zu verkaufen. Dies könnte Handelsprozesse vereinfachen und deren Effizienz steigern.

Des Weiteren sieht das WEF die Möglichkeit, dass das Metaversum die Schaffung virtueller Währungen ermöglicht, die innerhalb der virtuellen Welt verwendet werden können. Dies könnte Transaktionskosten reduzieren und Geschäftsabwicklungen erleichtern. Darüber hinaus könnten virtuelle Immobilien innerhalb des Metaversums gekauft, verkauft und vermietet werden, wodurch neue Geschäftsmodelle entstehen und der Immobilienmarkt erweitert werden könnte.

Die potenzielle Fähigkeit des Metaversums, Unternehmen die Einstellung virtueller Arbeitskräfte zu ermöglichen, die in der virtuellen Welt Aufgaben erledigen können, könnte die Flexibilität und Effizienz der Arbeitskräfte erhöhen. Zudem besteht die Möglichkeit, dass das Metaversum Unternehmen erlaubt, innerhalb der virtuellen Welt für ihre Produkte und Dienstleistungen zu werben, wodurch neue Werbemöglichkeiten geschaffen und der Werbemarkt erweitert werden könnten.

Schließlich sieht das WEF im Metaversum eine potenzielle Grundlage für die Etablierung virtueller Finanzdienstleistungen, wie beispielsweise virtuelle Banken und Versicherungen. Dies könnte den Zugang zu Finanzdienstleistungen erweitern und den Markt für Finanzdienstleistungen vergrößern. Insgesamt bietet das Metaversum eine Vielzahl von ökonomischen Anwendungen, die zukünftig realisiert werden könnten, und trägt so zu einer Transformation der Wirtschaftslandschaft bei.

Diese durch das WEF formulierten potenziellen Anwendungen sind nicht als final und abgeschlossen anzusehen. Vielmehr hält das WEF es für mehr als wahrscheinlich, dass in Zukunft weitere Anwendungen und Anwendungsfelder entstehen werden. Dies unterstreichen auch die Aktivitäten und Veröffentlichungen des WEF.

So publizierte das WEF im März 2024 in Zusammenarbeit mit Accenture den Bericht „Navigating the Industrial Metaverse: A Blueprint for Future Innovations", der das industrielle Metaversum als Katalysator für die nächste Phase der industriellen Revolution beschreibt. Der Bericht prognostiziert, dass das Metaversum bis 2030 zu einem globalen Markt von 100 Mrd. US-Dollar heranwachsen wird und hebt die transformative Wirkung der Integration von digitalen und physischen Realitäten hervor [WEF24a].

Ebenfalls im März 2024 wurde der Bericht „Metaverse Identity: Defining the Self in a Blended Reality" veröffentlicht, in dem das WEF die Bedeutung der Identität im Metaversum untersucht. Hierin betont das WEF die Notwendigkeit eines sicheren, inklusiven und datenschutzorientierten Ansatzes bei der Gestaltung von Identitäten in immersiven digitalen Umgebungen [WEF24b].

Zudem hat das WEF hat die Initiative „Defining and Building the Metaverse" ins Leben gerufen, um die Entwicklung eines sicheren, interoperablen und wirtschaftlich tragfähigen Metaversums zu fördern. Diese Initiative bringt verschiedene Stakeholder zusammen, um Leitlinien und Rahmenbedingungen für das Metaversum zu entwickeln.

8.1.4 Metaverse Standards Forum

Die Entwicklung eines offenen und integrativen Metaversums stellt eine große Herausforderung dar, insbesondere in Bezug auf die Notwendigkeit, Standards für die Interoperabilität zu entwickeln und anzunehmen. Diese Anforderung wurde vom Metaverse Standards Forum (MSF) als zentrales Ziel formuliert. Kevin Collins, Managing Director bei Accenture, betont die Bedeutung der Interoperabilität: „Unabhängig davon, ob Sie ein einzelnes Metaversum- oder ein Multiversum-Modell abonnieren, Benutzer benötigen Interoperabilität, um den Wert des Metaversums zu erkennen" [SCH23].

Collins erläutert weiterhin, dass Interoperabilität erforderlich ist, damit verschiedene Plattformen miteinander interagieren können und Benutzer problemlos zwischen diesen Plattformen wechseln können, während sie ihre Identität, Vermögenswerte und Kommunikation beibehalten. Er ist der Ansicht, dass die Bemühungen des MSF dazu beitragen werden, die Entwicklung und Einführung der erforderlichen Standards zu fördern und zu koordinieren, um die Schaffung eines vernetzten und konsistenten Metaversums zu gewährleisten.

8.1 Die institutionelle Sicht auf das Metaversum

Um die Entwicklung offener Standards für das Metaversum zu fördern und die Zusammenarbeit in der gesamten Branche zu unterstützen, haben führende Branchenorganisationen und Unternehmen das Metaverse Standards Forum ins Leben gerufen. Bisher haben sich 1800 Mitglieder dem MSF angeschlossen, darunter die üblichen und erwartbaren Unternehmen Google, Meta, Microsoft und Nvidia, daneben haben auch aber auch Institutionen wie die Khronos Group und das W3C und viele weitere Hard- und Softwareunternehmen ihre Beteiligung am MSF angekündigt [MSFoJ, RAV22].

Das MSF wurde mit dem Ziel ins Leben gerufen, eine konsensbasierte Zusammenarbeit zwischen verschiedenen Standardisierungsorganisationen und Unternehmen zu fördern. Konkret bedeutet das, Anforderungen und Prioritäten für Metaversum-Standards zu definieren und abzustimmen, die Verfügbarkeit solcher Standards zu beschleunigen und Doppelarbeit in der Branche zu reduzieren. Neil Trevett, derzeitiger Vorsitzender des MSF, Vizepräsident für die Entwicklung von Ökosystemen bei Nvidia und Präsident der Khronos Group, bezeichnete das Forum als „einzigartigen Ort für die Koordinierung zwischen Standardisierungsorganisationen und der Industrie".

Um pragmatisch vorzugehen, unterstützt das Forum Projekte wie die Entwicklung von Prototypen, Hackathons, Plugfests und Open-Source-Tools, um das Testen und die Einführung von Metaverse-Standards zu beschleunigen. Gleichzeitig entwickelt es eine einheitliche Terminologie und Einsatzrichtlinien. Angesichts der zahlreichen Normungsorganisationen in diesem Bereich mag es zunächst verwirrend erscheinen, noch eine weitere Gruppe einzurichten. Allerdings hoffen IT-Führungskräfte, dass die neuen Bemühungen die bestehende Arbeit konsolidieren und Bereiche für eine weitere Harmonisierung vorschlagen werden.

Das MSF betont, dass es beabsichtigt, die Anforderungen und Ressourcen anderer Standardisierungsorganisationen zu koordinieren, anstatt neue Standards zu schaffen. Zu diesem Zweck arbeitet es mit verschiedenen Standardisierungsorganisationen in verwandten Bereichen zusammen, darunter die Khronos Group, das World Wide Web Consortium (W3C), das Open Geospatial Consortium, Open AR Cloud, die Spatial Web Foundation und viele andere. Frank Palermo, Executive Vice President und Head of Technology, Media and Telecommunications (TMT) bei Virtusa, einem Beratungsunternehmen für digitales Engineering, betont, dass diese Koordination den Teilnehmern helfen wird, die Art von Standards zu durchdenken, die für Anwendungsfälle von Verbrauchern und Unternehmen erforderlich sind. „Es ist wichtig, einige kooperierende Gremien zu haben, die Standards durchdenken. Andernfalls werden verschiedene Unternehmen ihre eigene Variation des Metaversums über eine Vielzahl von Technologien hinweg aufbauen, die möglicherweise nicht einfach miteinander zusammenarbeiten" sagte Palermo und ist daher der Ansicht, dass der Datenaustausch einer der wichtigsten technischen Bereiche ist, die für die Standardisierung berücksichtigt werden müssen. Virtuelle Welten können unterschiedliche Möglichkeiten haben, Größe, Form, Verhalten, Geräusche und Animationen von Objekten darzustellen. Standards wie das glTF der Khronos Group tragen dazu bei, die effiziente Übertragung und das Laden von 3D-Objekten sicherzustellen. Andere Standards entstehen, um die physikalischen Eigenschaften von Objekten zu beschreiben, wie man Objekte zusammenfügt und wie man sie animiert. Beispielsweise streamt 3D Tiles riesige 3D-Datensätze in Echtzeit, während Universal Scene Description eine Sammlung von Objekten in solchen 3D-Szenen organisiert, durch PhysX die physikalische Eigenschaften und Verhaltenseigenschaften von Objekten einbringt und auf Basis von MaterialX die Textur und das Aussehen von Objekten beschreibt.

8.2 Die Perspektive von Fachleuten und Benutzern

Neben staatlichen und wirtschaftlichen Organisationen hat das Thema „Metaversum" auch das Interesse vieler Personen und Fachleute unterschiedlichster Branchen geweckt, darunter Technologieunternehmer, Spieleentwickler, Investoren, Künstler und Akademiker. Einige relevante Namen sind an verschiedenen Stellen bis hierher schon erwähnt worden, daneben gibt es allerdings einen wachsenden Kreis von Interessierten:

- *Mark Zuckerberg*, der CEO von Meta, ehemals Facebook, engagiert sich stark für die Idee des Metaversums und glaubt, dass es die nächste große technologische Revolution sein wird. Meta hat in stark Projekte wie Oculus Rift investiert, um das Metaversum (weiter) zu entwickeln und zugänglich zu machen [HOL21].
- *Tim Sweeney*, CEO von Epic Games, dem Unternehmen hinter Fortnite, hat ebenfalls großes Interesse am Metaversum gezeigt. Sweeney sieht das Metaversum als eine Möglichkeit, eine gemeinsame digitale Welt zu schaffen, in der Menschen zusammenkommen, spielen und interagieren können [WEB23].
- *Philip Rosedale* ist ein Pionier im Bereich virtueller Welten und hat sowohl Second Life als auch High Fidelity gegründet. Er ist von der Vision des Metaversums fasziniert und arbeitet daran, Technologien und Plattformen zu entwickeln, die es ermöglichen [HAT22].
- *Matthew Ball* ist Investor und derzeit wohl einer der bekanntesten Experten im Umfeld des Metaversums. Er publiziert ausführlich über das Metaversum und teilt seine Ideen darüber, wie es sich entwickeln und die Welt verändern könnte, in zahlreichen Artikeln und Essays geteilt [BALLoJ].
- Die oben schon durch anschauliche Beispiele eingeführte *Cathy Hackl* ist eine Futuristin und Expertin für erweiterte und virtuelle Realität. Sie ist von der Vision des Metaversums begeistert und spricht häufig darüber, wie es die Zukunft von Arbeit, Bildung, Unterhaltung und sozialer Interaktion verändern könnte. Hackl arbeitet zudem an der Entwicklung von Anwendungen und Strategien für das Metaversum und ist eine wichtige Stimme in der Diskussion über seine Potenziale und Herausforderungen [HACoJ].
- *Amy Webb* ist Futuristin, Autorin und Gründerin des Future Today Institute. Sie hat sich in ihren Publikationen über die Zukunft der Technologie und des Internets mit dem Metaversum beschäftigt und betont die Bedeutung von Ethik und Verantwortung bei der Gestaltung des Metaversums. Sie warnt insbesondere davor, dass es ohne sorgfältige Planung und Regulierung zu einer dystopischen Zukunft führen könnte.

8.2 Die Perspektive von Fachleuten und Benutzern

- *Steve Mann* ist der Pionier im Bereich Wearable Computing und Augmented Reality schlechthin. Obwohl er nicht explizit als Verfechter der Metaversum-Vision bekannt ist, hat seine Arbeit einen bedeutenden Einfluss auf die Entwicklung von Technologien, die das Metaversum ermöglichen könnten. Mann hat sich auf die Schaffung von Schnittstellen und Geräten konzentriert, die die menschliche Wahrnehmung erweitern und die Interaktion mit digitalen Welten ermöglichen. Diese Technologien werden inzwischen als entscheidend für die Realisierung des Metaversums angesehen [MAN13].

Von diesen Persönlichkeiten sollen im Folgenden Matthew Ball, Cathy Hackl, Amy Webb sowie Steve Mann und ihre jeweilige Sichtweise auf das Metaversum näher betrachtet werden.

8.2.1 Matthew Ball

Mit einem fachlichen Hintergrund der Medien- und Technologiebranche hat Matthew Ball es geschafft, sich als eine der führenden Stimmen zum Thema Metaversum zu etablieren. Er sieht das Metaversum als eine neue Form der virtuellen Realität, die weit über das aktuelle Internet, aber auch über die heutigen VR- und AR-Anwendungen hinausgeht und die eine offene, persistent vernetzte Welt schafft, in der Menschen, Unternehmen und Maschinen miteinander interagieren können. Als einer ersten hat das Metaversum als eine Fortsetzung der Entwicklung des Internets bezeichnet und prognostiziert, dass es zu einer zentralen Plattform für eine Vielzahl von Anwendungen und Geschäftsmodellen werden wird. Er betont in seinen Beiträgen, dass das Metaversum große Herausforderungen und Potenziale mit sich bringt, darunter Fragen der Privatsphäre, Sicherheit und Regulierung.

Wichtig erscheint es ihm dabei aber, dass das Metaversum nicht von einer einzigen Firma kontrolliert werden darf, sondern von einer offenen Infrastruktur unterstützt werden muss, die es jedem ermöglicht, Inhalte und Anwendungen zu erstellen und zu teilen. Er sieht das Metaversum als eine Gelegenheit für eine neue Welle von Innovationen und Möglichkeiten in der virtuellen Welt, die sowohl für Unternehmen als auch für Endverbraucher von Bedeutung sein werden [BAL20].

Tony Parisi, einer der unter anderem durch seine Arbeiten an der Virtual Reality Markup Language VRML einen wesentlichen Anteil an der Integration von VR in das WWW hat, formulierte auf der Grundlage der Aussagen von Ball sieben Regeln für das Metaversum, auf denen die Arbeiten vieler anderen beruhen [PAR21] (Abb. 8.1).

1. *Das Metaversum ist kein neues Produkt, sondern eine neue Plattform*
   Ball betont, dass das Metaversum nicht einfach nur neue Anwendung oder Technologie ist, sondern vielmehr eine Plattform, auf der verschiedene Anwendungen und Technologien zusammenkommen und die sich ständig weiterentwickelt und wächst, indem sie verschiedene Anwendungen und Technologien integriert und neue Möglichkeiten für Nutzer schafft. Daher sollte das Metaversum nicht als einzelnes Produkt oder Dienst-

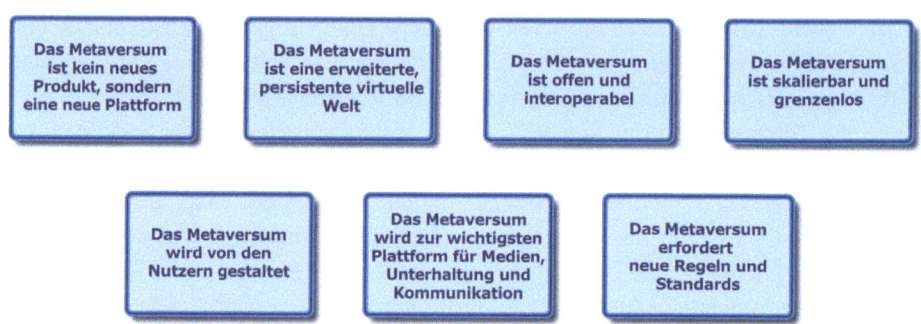

Abb. 8.1 Sieben Regeln für das Metaversum. (Nach: Tony Parisi [PAR21])

leistung betrachtet werden, sondern als offene, skalierbare, persistente und grenzenlose virtuelle (Anwendungs-)Umgebung, die von vielen verschiedenen Anwendungen genutzt und durch viele verschiedene Technologien erst gebildet wird. Diese Plattform ermöglicht es Benutzern, in einer Vielzahl unterschiedlicher, aber vernetzter Umgebungen zu interagieren, einschließlich Spielen, sozialen Netzwerken, E-Commerce, Bildung und anderen Anwendungen.

Durch die Schaffung einer solchen Plattform wird das Metaversum zu einem Ökosystem, in dem die darin existierenden Anwendungen und Dienste miteinander interagieren und Nutzern ein nahtloses Erlebnis bieten können. Das bedeutet, dass das Metaversum nicht nur für die Schaffung neuer Anwendungen und Inhalte genutzt werden kann, sondern auch für die Integration und Interaktion mit bereits bestehenden Technologien.

2. *Das Metaversum ist eine erweiterte, persistente virtuelle Welt*
Im Gegensatz zu herkömmlichen VR-Anwendungen, die auf einzelne Sitzungen beschränkt sind, wird das Metaversum eine persistent vernetzte Welt sein, die rund um die Uhr zugänglich ist. Das bedeutet, dass Nutzer jederzeit darauf zugreifen und in das Metaversum eintauchen können und dass ihre Interaktionen und deren Folgen innerhalb der virtuellen Welt aufrechterhalten bleiben, auch wenn sie die Plattform oder die einzelne Anwendung verlassen. Diese Persistenz ermöglicht es Nutzern, dauerhafte Beziehungen zu anderen Nutzern aufzubauen, Ressourcen und Eigentum innerhalb der virtuellen Welt zu erwerben und zu verwalten sowie eine Vielzahl von Aktivitäten innerhalb der virtuellen Welt durchzuführen.

Diese Regel zeigt zudem, dass das Metaversum als persistente virtuelle Welt ein völlig neues Erlebnis bietet, das über herkömmliche VR-Anwendungen hinausgeht. Es bietet Nutzern die Möglichkeit, ihre Erfahrungen innerhalb der virtuellen Welt zu vertiefen und verschiedene Aktivitäten auszuführen, während sie sich in einer konstanten Umgebung aufhalten.

3. *Das Metaversum ist offen und interoperabel*
Das Metaversum muss laut Ball offen sein, damit jeder eigene Inhalte und Anwendungen erstellen und teilen kann. Zudem muss es interoperabel sein, damit verschiedene Anwendungen und Plattformen miteinander kommunizieren können. Dies wiederum bedeutet aber nahezu zwangsläufig auch, dass das Metaversum nicht einfach eine Erweiterung des heutigen Internets ist, sondern eine völlig neue Art von Plattform, die neue Interaktionen und Erfahrungen ermöglicht.

Während das heutige Internet hauptsächlich aus einzelnen Websites und Anwendungen besteht, die in einem zweidimensionalen Browserfenster dargestellt werden, wird das Metaversum im Wesentlichen eine dreidimensionale Welt sein, in die die Nutzer eintauchen und darin in Echtzeit interagieren und kommunizieren können, einschließlich Spielen, sozialen Netzwerken, E-Commerce und Bildung. Daraus ergibt sich auch, dass es eine neue Art von Plattform sein wird, die völlig neue Anwendungen und Geschäftsmodelle ermöglicht, die über die traditionellen Online-Interaktionen und -Transaktionen hinausgehen.

4. *Das Metaversum ist skalierbar und grenzenlos*
Das Metaversum muss skalierbar sein, um die Anforderungen von Millionen von Nutzern und unzähligen Anwendungen und Inhalten erfüllen zu können. Zudem muss es grenzenlos sein, um eine nahtlose Integration und Interaktion zwischen verschiedenen Nutzern und Anwendungen zu ermöglichen. Ball formuliert diese Regel so, dass das Metaversum eine Plattform sein muss, auf der andere Plattformen und Anwendungen aufbauen können. Entwickler und Unternehmen erstellen eigene Anwendungen und Inhalte, die innerhalb der virtuellen Welt funktionieren. Diese Anwendungen und Inhalte können dann von anderen Entwicklern und Unternehmen im Sinne der Produsage und des Modusage genutzt werden, um ihre eigenen Anwendungen und Dienste zu verbessern und zu erweitern. Nur so wird das Metaversum zu einem offenen Ökosystem, in dem verschiedene Anwendungen und Dienste nahtlos zusammenarbeiten können.

5. *Das Metaversum wird von seinen Nutzern gestaltet*
Das Metaversum soll von den Nutzern gestaltet und entwickelt werden und nicht von wenigen großen Unternehmen oder Institutionen, wie es im Allgemeinen im heutigen Internet der Fall ist. Dies hätte zur Folge, dass die Nutzer die Kontrolle haben und die Entwicklung der Plattform beeinflussen. Daraus leitet sich weiterhin ab, dass das Metaversum dezentralisiert sein muss, denn nur so kann sichergestellt werden, dass die Kontrolle über die virtuelle Welt nicht nur bei einem einzelnen Unternehmen oder einer einzelnen Organisation liegt, sondern bei einer kollaborierenden Gemeinschaft von Nutzern und Entwicklern. Im Idealfall soll die Dezentralisierung dazu beitragen, dass das Metaversum transparent und fair sein wird.

6. *Das Metaversum wird zur wichtigsten Plattform für Medien, Unterhaltung und Kommunikation*
Nicht nur nach Ball, sondern auch nach anderen Stimmen, wird das Metaversum zukünftig zur wichtigsten Plattform für Medien, Unterhaltung und Kommunikation, da es

eine völlig neue Art von Erlebnissen und Interaktionen ermöglicht. Dazu zählt auch die Bedeutung von benutzergenerierten Inhalten im Metaversum. Dies können Kunstwerke, Musik, Videos, Spiele, virtuelle Objekte und vieles mehr sein.

Die Bedeutung von benutzergenerierten Inhalten im Metaversum liegt darin, dass sie eine Möglichkeit bieten, die virtuelle Welt ständig zu erweitern und zu verbessern. Sie ermöglichen den Nutzern, sich kreativ zu betätigen und ihre eigenen Ideen und Vorstellungen in die virtuelle Welt zu integrieren. Darüber hinaus können benutzergenerierte Inhalte dazu beitragen, das Metaversum zu einem offenen, vielfältigen und zugänglichen Ökosystem zu machen. Notwendig ist dazu allerdings, dass die verschiedensten Anwendungen und Dienste innerhalb des Metaversums nahtlos zusammenarbeiten können, unabhängig davon, wer sie erstellt hat.

7. *Das Metaversum erfordert neue Regeln und Standards*
Neue Regeln und Standards sind deshalb besonderer Bedeutung, um die Privatsphäre, Sicherheit und Qualität der Benutzer und ihrer User Experience zu gewährleisten. Diese Regeln und Standards sollten von der gesamten Branche gemeinsam entwickelt werden. Dazu zählt auch die soziale Interaktion als ein wichtiger Teil der menschlichen Erfahrung, die das Metaversum letztlich in der virtuellen Welt nachbilden soll. Das bedeutet, dass das Metaversum ein Ort sein muss, an dem Menschen sich treffen, kommunizieren, zusammenarbeiten, spielen und vieles mehr können. Um dies wiederum zu ermöglichen, müssen soziale Interaktionsmöglichkeiten bereitgestellt werden, wie z. B. Chatrooms, Foren, Gruppen, Spiele und Veranstaltungen. Diese Interaktionsmöglichkeiten sollten sowohl formelle als auch informelle Möglichkeiten umfassen, um die Bedürfnisse der verschiedenen Nutzergruppen zu erfüllen.

Die Bedeutung von sozialen Interaktionen im Metaversum liegt darin, dass sie eine Möglichkeit bieten, menschliche Verbindungen und Beziehungen in der virtuellen Welt aufzubauen und es den Nutzern ermöglichen, gemeinsame Interessen zu teilen, Freundschaften zu schließen und sogar eine Art virtuelles Zuhause zu finden.

Diese sieben Regeln spiegeln die Vorstellung von Ball, wie das Metaversum als eine offene, skalierbare, grenzenlose und von Nutzern gestaltete Plattform aussehen wird und welche Herausforderungen, aber auch welche Potenziale es mit sich bringt. Sie bilden ein Rahmenwerk, das die Entwickler und die Unternehmen bei der Gestaltung und Umsetzung des Metaversums berücksichtigen sollten. Indem sie diese Regeln befolgen, können sie sicherstellen, dass das Metaversum in einer Weise entwickelt wird, die den Interessen und Bedürfnissen der Nutzer und gleichzeitig auch allgemeinen ethischen und moralischen Standards entspricht [CNB21].

Wenn Nutzer das Gefühl haben, dass das Metaversum offen, transparent und fair ist und auf ihre Bedürfnisse ausgerichtet wird, sind sie eher bereit, sich in der virtuellen Welt zu engagieren und sich aktiv daran zu beteiligen. Diese Regeln tragen dazu bei, das Vertrauen und die Akzeptanz der Nutzer zu fördern. Sie bieten zudem einen Leitfaden für die Gestaltung einer virtuellen Welt, die auf den Bedürfnissen und Interessen der Nutzer basiert und gleichzeitig ethische und moralische Standards erfüllt.

Die von Matthew Ball aufgestellten Regeln sind, wie so viele andere, allerdings aus verschiedenen Blickwinkeln und je nach den Hintergründen der Kritiker unterschiedlich angreifbar. So vertreten einige Kritiker die Auffassung, dass Balls Prinzipien zu idealistisch und unpraktisch sind. Sie argumentieren, dass die Implementierung dieser Grundsätze angesichts der zahlreichen Herausforderungen, die mit der Konstruktion einer virtuellen Welt einhergehen, äußerst kompliziert oder gar unerreichbar sein könnte.

Andere Kritiker sind der Meinung, dass die von Ball vorgeschlagenen Regeln die Innovationskraft beeinträchtigen könnten, indem sie übermäßige Restriktionen für Entwickler und Unternehmen aufstellen. Diese Kritiker plädieren dafür, Innovation und kreative Ideen zuzulassen, um das volle Potenzial des Metaversums auszuschöpfen. Hingegen formuliert ein andere Perspektive ihre Kritik dahingehend, dass Balls Regeln möglicherweise nicht ausreichend die Geschäftsinteressen von Unternehmen und Entwicklern berücksichtigen. Hier wird so argumentiert, dass die Regeln zu stark auf die Interessen der Nutzer ausgerichtet sind und das dadurch die kommerzielle Dimension des Metaversums vernachlässigt wird.

Schließlich gibt es auch die Ansicht, dass die von Ball vorgeschlagenen Regeln schlicht und ergreifend nicht für alle Nutzergruppen im Metaversum von Belang sind. Diese Kritiker argumentieren, dass bestimmte Nutzergruppen unterschiedliche Bedürfnisse und Interessen haben, die von Balls Regeln unzureichend berücksichtigt werden.

8.2.2 Cathy Hackl

Cathy Hackl ist eine international anerkannte Publizistin für Augmented und Virtual Reality und das Metaversum. Sie ist eine Rednerin, Beraterin, Autorin und Gründerin eines VR/AR-Think-Tanks [HACo].

In Bezug auf das Metaversum ist sie eine durchaus bedeutende Stimme in der Diskussion über die Zukunft dieser virtuellen Welt. Sie ist der Meinung, dass das Metaversum schon bald eine wichtige Rolle in unserer Gesellschaft spielen wird, da es einen Raum bietet, in dem Menschen auf der ganzen Welt zusammenkommen und interagieren können. Sie hat ebenfalls dazu beigetragen, das Bewusstsein für das Metaversum zu schärfen, indem sie über seine Potenziale und Herausforderungen auf Konferenzen und in den Medien spricht. Durch ihre Expertise in AR und VR hat Cathy Hackl auch die Bedeutung insbesondere dieser Technologien für das Metaversum betont. Sie glaubt, dass AR und VR die Nutzererfahrung im Metaversum verbessern und es den Menschen ermöglichen werden, noch tiefer in die virtuelle Welt einzutauchen. Daneben betont auch sie die Bedeutung von Datenschutz und ethischen Standards nicht nur allgemein, sondern insbesondere für das Metaversum und fordert eine offene und transparente Diskussion darüber, wie diese virtuelle Welt gestaltet werden soll. Sie vertritt die Ansicht, dass es wichtig ist, diese Standards möglichst frühzeitig zu setzen, um sicherzustellen, dass das Metaversum eine positive und sichere Umgebung wird und bleibt.

Hackl sieht das Metaversum als eine virtuelle Welt, die nahtlos mit der realen Welt integriert ist und in der Menschen, Unternehmen und sogar Regierungen interagieren werden. Sie glaubt, dass das Metaversum in Zukunft eine große Rolle spielen wird, da es einen zentralen Raum bietet, in dem Menschen aus der ganzen Welt zusammenkommen und interagieren können, ohne physisch anwesend zu sein. Das Metaversum soll ihrer Meinung nach eine immersive, interaktive und personalisierte Erfahrung darstellen, die es den Benutzern ermöglicht, mit anderen Menschen, virtuellen Objekten und digitalen Informationen zu interagieren. Daher sieht sie die Implementierung bestehend aus einer Kombination verschiedener Technologien wie AR, VR, KI, Blockchain und weiteren.

In verschiedenen vorigen Abschnitten wurden Beispiele, wie Cathy Hackl sich das Metaversum der Zukunft und die sich daraus ermöglichenden Anwendungen vorstellt, aufgegriffen und als anschauliche Beispiele aufgeführt. In ihren Beiträgen zur Diskussion rund um die Nutzung des Metaversums zeigt sie ein noch deutlich breites Anwendungsspektrum, in dem das Metaversum als …

- … Plattform für virtuelle Konferenzen und Veranstaltungen genutzt werden soll.
- … Möglichkeit für Einzelhändlern dienen soll, virtuelle Geschäfte zu eröffnen, in denen Kunden Produkte auswählen und kaufen können, ohne das Haus verlassen zu müssen.
- … Plattform für virtuelle Bildung genutzt werden soll, auf der Schüler und Studenten virtuelle Klassenräume besuchen und mit Lehrern und anderen Schülern aus der ganzen Welt interagieren.
- … Plattform für virtuelle Zusammenarbeit genutzt werden soll, auf der Mitarbeiter in virtuellen Räumen gemeinsam an Projekten arbeiten.
- … Möglichkeit, virtuelle Reisen zu unternehmen, um historische Orte oder fantastische Welten bereisen zu können.

Hackl blickt mit ihren Ansichten in eine durchaus ähnliche Richtung, wie es auch Matthew Ball beschreibt. So prognostiziert auch sie, dass die digitale Wirtschaft des Metaversums ein Mehrfaches der Größe der heutigen digitalen Ökonomie haben wird und betont die enormen wirtschaftlichen Möglichkeiten, die das Metaversum bieten kann. Allerdings betont sie zugleich deutlicher noch als es Ball tut, die Relevanz ethischer Standards und Datenschutzbestimmungen und deren frühzeitige Definition, um sicherzustellen, dass das Metaversum eine positive und sichere Umgebung bleibt.

Ein weiteres Thema, zu dem Cathy Hackl Stellung bezogen hat, sind Balls Prognosen über die Geschwindigkeit, mit der das Metaversum wachsen wird. Matthew Ball glaubt, dass das Metaversum schneller wachsen wird als das Internet und dass es innerhalb von 10 bis 20 Jahren ein wichtiger Teil unserer Gesellschaft sein wird. Cathy Hackl stimmt auch hier grundlegend zu, betont aber auch, dass die Entwicklung des Metaversums noch am Anfang steht und dass es noch viele Herausforderungen und Hindernisse zu überwinden gibt und relativiert so die Aussagen von Ball.

Im Januar 2023 veröffentlichte sie „Into the Metaverse: The Essential Guide to the Business Opportunities of the Web3 Era". In diesem Buch bietet Hackl Einblicke aus ihrer Perspektive in die Funktionsweise des Metaversums und dessen Bedeutung für Unternehmen. Sie diskutiert, wie Marken das Metaversum nutzen können, um neue Geschäftsmöglichkeiten zu erschließen, und betont die Relevanz von Technologien wie Gaming, synthetischen Medien, räumlichem Computing und künstlicher Intelligenz [HAC23].

Hackl vertritt die Vision der Verschmelzung von digitaler und physischer Realität. Sie betont die Bedeutung von Sptial Computing und prognostiziert in einem Interview im Januar 2024, dass KI-gestützte Wearables in diesem Jahr in den Vordergrund rücken werden. Hackl erklärte: „Wir werden uns von den Smartphone-Bildschirmen lösen. Viele dieser Geräte werden zu räumlichen Computern. Eine neue Ära von KI-gesteuerter räumlicher Computerhardware beginnt gerade erst" [MOR23b].

8.2.3 Amy Webb

Amy Webb ist eine Futuristin, Unternehmerin und Autorin, die sich auf die Erforschung von Technologietrends spezialisiert hat. Sie ist bekannt für ihre Arbeit im Bereich der Zukunftsforschung und hat mehrere Bücher über Technologie und Innovation geschrieben [WEBoJb]. Amy Webb als eine der führenden Expertinnen in Sachen Technologietrends und ihre Arbeit hat Einfluss auf viele Branchen und Unternehmen. Ihre Einschätzungen und Vorhersagen zum Metaversum werden deshalb von vielen Experten und Entscheidungsträgern in der Tech-Industrie ernst genommen.

In Bezug auf das Metaversum hat Amy Webb in ihren Veröffentlichungen häufig darüber geschrieben und Vorträge darüber gehalten, wie das Metaversum das zukünftige Leben und das Arbeiten beeinflussen wird. Auch sie betrachtet das Metaversum als eine technisch-technologische Weiterentwicklung des Internets und glaubt, dass es in den nächsten Jahren eine immer wichtigere Rolle spielen wird [KER23].

Auch Webb gibt, trotz ihrer anerkannten Expertise, keine finale Beschreibung davon ab, wie das Metaversum sich letztendlich entwickeln wird, da auch sie berücksichtigt, dass es noch in den Anfängen seiner Entwicklung steht und viele Fragen noch offen sind. Dennoch versucht sich Webb an der Beschreibungen von möglichen Szenarien des Metaversums. So sieht Webb das Metaversum allgemein als einen zukünftigen Ort, an dem Menschen virtuell zusammenkommen, um in einer Vielzahl von Umgebungen zu arbeiten, zu spielen und zu interagieren. Sie betont dabei aber besonders die völlig neue Art der Kollaboration, die sich dadurch ergibt, dass physische Grenzen und Distanzen keine Rolle mehr spielen. Als eine der wenigen sieht Webb in ihren Szenarien die Option einer sich entwickelnden Cross-Economy, in der Menschen digitale Identitäten und Vermögenswerte besitzen, die sie auch in der realen Welt nutzen können. Sie beschreibt das Metaversum als Art Parallelwelt, in der Menschen ihr Leben auf neue und kreative Weise gestalten können, die aber eng mit der realen Welt verschmolzen ist. Webb sagt zudem voraus, dass das Metaversum eine breite Palette von Anwendungen ermöglichen wird, von der Unterhaltung über die Bildung bis hin zur Gesundheitsversorgung und mehr.

Aus diesen allgemeinen Szenarien entwickelt Webb eine Reihe konkreter Anwendungsfälle.

- Virtuelle Arbeitsplätze, an denen Menschen von überall auf der Welt aus zusammenarbeiten, indem sie sich in gemeinsamen virtuellen Arbeitsumgebung treffen. Die Plattformen des Metaversums ermöglichen in Zukunft ein deutlich höheres Maß an Immersivität bei virtuellen Meetings und der gemeinsamen Arbeit an Dokumenten und Projekten.
- Virtuelle Konferenzen und Events, die in virtuellen Umgebungen stattfinden, wodurch Reisen und Veranstaltungskosten entfallen würden.
- Entertainment, bei dem Menschen in virtuelle Welt eintauchen und dort interaktive Erfahrungen machen, die in der realen Welt nicht möglich wären, wie zum Beispiel historische Ereignisse und Welten oder virtuelle Experiences wie Filme.
- Digitale Identitäten und virtuelle Vermögenswerte, die Menschen im Metaversum besitzen und benutzen können, die sie aber auch in der realen Welt nutzen können. Zum Beispiel könnten Menschen in einer virtuellen Umgebung eine Art von Kryptowährung verdienen, die sie dann in der realen Welt ausgeben könnten.
- In der Gesundheitsversorgung sieht Webb die Möglichkeit, im Metaversum virtuelle Behandlungen und Konsultationen anzubieten, sodass Ärzte und Patienten sich in einer virtuellen Umgebung treffen und dort gegebenenfalls Behandlungen vorbereiten oder durchführen.

8.2.4 Steve Mann

Der kanadische Forscher und Entwickler Steve Mann ist ein Pionier auf dem Gebiet des Wearable Computing und der Augmented Reality. Er arbeitet und forscht schon seit den 1980er-Jahren am Paradigma des Wearable Computing, welches er mittlerweile weiterentwickelt hat zur sogenannten Humanistic Intelligence [MAN02]. Er hat zudem eine Reihe bedeutender Beiträge zur Entwicklung von AR-Brillen und -Systemen geleistet. Seit 1998 prägt er das Konzept der „Sousveillance" (Unterwachung, oder: Überwachung von unten), bei dem tragbare Kameras eingesetzt werden, um die Aktivitäten der Mächtigen zu überwachen [HOF23, MAN12].

Auch in Bezug auf das Metaversum hat Mann wichtige Beiträge geleistet. So hat er das Konzept der „Mediated Reality" entwickelt, bei dem AR-Technologie genutzt wird, um die physische Welt mit virtuellen Informationen zu überlagern und so eine erweiterte Realität zu schaffen. Dieses Konzept bildet die Grundlage für viele der AR-Anwendungen, die heute im Metaversum eingesetzt werden und ist eine Weiterentwicklung des ursprünglich eher technologisch ausgerichteten AR-Paradigmas. Diese könnte in Zukunft eine

8.2 Die Perspektive von Fachleuten und Benutzern

wichtige Rolle im Metaversum spielen, da den Benutzern so ermöglicht wird, in eine erweiterte Realität einzutauchen, während sie weiterhin mit der physischen Welt interagieren.

Im Kontext seiner eigenen Arbeiten hat Steve Mann sich in der Vergangenheit auch zu seiner Vision des Metaversums geäußert und glaubt, dass es eine solche Weiterentwicklung des Internet eine wichtige Rolle in der Zukunft spielen wird. Er sieht das Metaversum als einen Ort, an dem Menschen eine erweiterte Realität erleben und miteinander interagieren können, die über die physische Welt hinausgeht. Neben einem virtuellen Ort mit viele verschiedene Anwendungen wie Gaming, soziale Interaktion, Bildung und Arbeit, sieht er als einen Ort, an dem Menschen ihre Kreativität und ihre Ideen ausdrücken und teilen können, und an dem die Grenzen zwischen der physischen und der virtuellen Welt verschwimmen.

In Bezug auf das Aussehen des Metaversums legt Mann sich indes nicht fest. Vielmehr vertritt er die Ansicht, dass die Erscheinung des Metaversums stark davon abhängig sein wird, wer es nutzt und für welche Zwecke es implementiert wird. Er geht davon aus, dass es eine Vielzahl verschiedener Metaversen geben wird, die jeweils auf bestimmte Zielgruppen ausgerichtet sein und unterschiedlichste Funktionen erfüllen werden. Einige könnten sehr realitätsnah sein und eine exakte Kopie der physischen Welt darstellen, während andere eher surreal und fantastisch sein könnten. Dennoch sieht auch Mann die typischen Anwendungsfälle Virtuelle Konferenzen und Arbeitsplätze, soziale Interaktion, Bildung, Gaming sowie Kunst und Kreativität.

Das von Steve Mann definierte Wearable Computing bezieht sich auf computerbasierte Systeme, die direkt am menschlichen Körper getragen werden, um nahtlose Integration und ständige Interaktion mit der digitalen Welt zu ermöglichen. Dabei werden Sensoren, Aktuatoren und Verarbeitungseinheiten verwendet, um Daten über die Umwelt, die Bewegungen und die physiologischen Zustände des Trägers zu sammeln und auszuwerten. Das Metaversum hingegen ist ein kollektiver, virtueller Raum, der aus einer Vielzahl digitaler Umgebungen und Simulationen besteht und von vielen Benutzern gemeinsam genutzt wird.

Die Verbindung von Wearable Computing und dem Metaversum liegt in der Art und Weise, wie diese Technologien miteinander interagieren und sich gegenseitig ergänzen können. Wearable-Computing-Geräte, wie Smart Glasses oder Haptic Suits, können die Erfahrung des Metaversums immersiver und interaktiver gestalten. Sie ermöglichen es Benutzern, ihre physische Präsenz in die virtuelle Welt zu übertragen und ihre Interaktionen mit digitalen Objekten oder anderen Benutzern realitätsnaher zu gestalten. Gleichzeitig kann das Metaversum als Plattform dienen, auf der Wearable-Computing-Anwendungen entwickelt und bereitgestellt werden. Benutzer könnten beispielsweise spezielle Wearables verwenden, um ihre Gesundheitsdaten im Metaversum zu überwachen oder ihre Fitnessziele zu verfolgen. Unternehmen könnten virtuelle Arbeitsumgebungen anbieten, in denen Mitarbeiter mit Wearable-Computing-Geräten ausgestattet sind, um ihre Produktivität und Zusammenarbeit zu verbessern.

Aus der Kombination des Wearable-Computing-Paradigmas und der Idee des Metaversums kann eine tiefere und immersivere Erfahrung geschaffen werden, die sowohl den Einzelnen als auch die Gesellschaft als Ganzes bereichert. Im Fokus steht dabei der jeweilige Informationsfluss. Innerhalb des Wearable Computing betrifft der Informationsfluss den Austausch von Daten zwischen den Sensoren, Aktuatoren und Verarbeitungseinheiten, die in den am Körper getragenen Geräten integriert sind. Diese Geräte erfassen kontinuierlich Daten über die Umgebung, die physiologischen Zustände und die Aktivitäten des Trägers. Anschließend verarbeiten sie diese Informationen, um nützliche Erkenntnisse zu gewinnen, und stellen sie dem Benutzer in Echtzeit zur Verfügung. Diese Erkenntnisse können dazu verwendet werden, um Benachrichtigungen auszulösen, Anpassungen an der Benutzeroberfläche vorzunehmen oder sogar physische Aktionen durch Aktuatoren auszuführen. Steve Man zeichnet für diesen Kontext ein Diagramm der Informationsflüsse (siehe Abb. 8.2). I Im Metaversum hingegen besteht der Informationsfluss in der Kommunikation und Interaktion zwischen Benutzern, digitalen Objekten und Umgebungen innerhalb des virtuellen Raums. Informationen werden in Form von Text, Audio, Video und anderen Medien ausgetauscht, die die Benutzer in Echtzeit teilen und gemeinsam nutzen können. Die Plattformen, auf denen das Metaversum aufgebaut ist, sammeln und verarbeiten diese Daten, um Benutzern personalisierte und kontextbezogene Erfahrungen anzubieten. Ein Vergleich der Informationsflüsse zwischen Wearable Computing und dem Metaversum zeigt sowohl Unterschiede und Gemeinsamkeiten.

- *Art der Daten*: Wearable Computing konzentriert sich hauptsächlich auf die Erfassung von persönlichen und Umgebungsdaten des Benutzers, während das Metaversum den Schwerpunkt auf die Interaktionen und den Austausch von Informationen zwischen Benutzern und virtuellen Umgebungen legt.

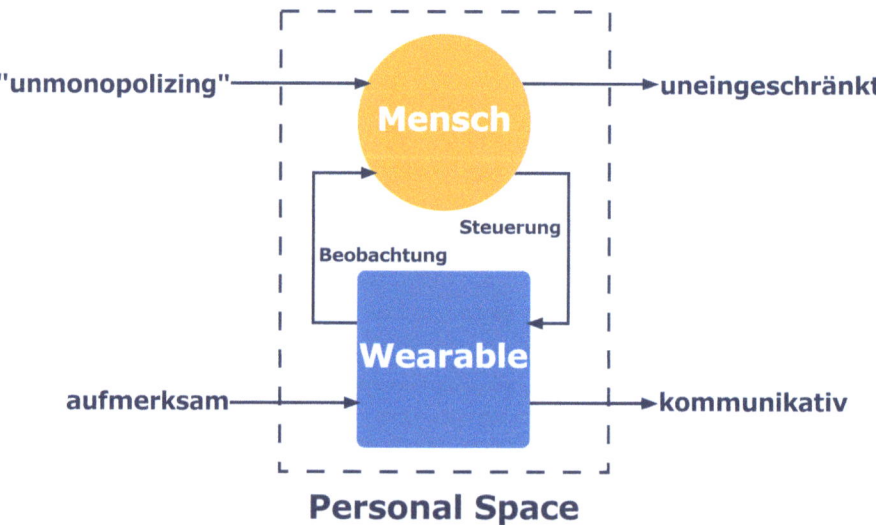

Abb. 8.2 Der Informationsfluss im Paradigma des Wearable Computing. (In Anlehnung an [MAN98])

- *Kontextualisierung*: Wearable-Computing-Geräte verarbeiten die erfassten Daten, um sie in einen nützlichen und persönlichen Kontext für den Benutzer zu setzen. Im Metaversum erfolgt die Kontextualisierung durch die Anpassung von Umgebungen, Objekten und Interaktionen basierend auf den Bedürfnissen und Vorlieben der Benutzer.
- *Echtzeit-Interaktion*: Sowohl Wearable Computing als auch das Metaversum setzen auf Echtzeit-Interaktion und -Kommunikation, um eine nahtlose und ansprechende Benutzererfahrung zu ermöglichen.
- *Datenverarbeitung*: Wearable-Computing-Geräte verarbeiten die Daten intern und können sogar Entscheidungen treffen und Aktionen ausführen, ohne auf externe Systeme angewiesen zu sein. Im Metaversum hingegen erfolgt die Datenverarbeitung meist auf zentralen Servern oder in der Cloud.

In Kombination können Wearable Computing und das Metaversum den Informationsfluss erweitern und eine noch immersivere und personalisierte Erfahrung schaffen. Wearables können als Schnittstelle zwischen der physischen und der virtuellen Welt fungieren und den Benutzern ermöglichen, Informationen aus ihrer Umgebung in das Metaversum einzubringen oder umgekehrt. Dadurch entsteht eine tiefere Verbindung zwischen der realen Welt und der virtuellen Welt des Metaversums, wodurch eine einzigartige und faszinierende Benutzererfahrung entsteht.

8.3 Das Metaversum – das Betriebssystem der Zukunft?

Aus den bisherigen Betrachtungen lässt sich eine Architektur des Metaversums und seiner voraussichtlichen Infrastruktur entwickeln, die schichtweise aufgebaut ist und sich in die reale Welt einbettet. Diese Architektur und ein Computer-Betriebssystem weisen Parallelen auf, insbesondere im Hinblick auf die Organisation und Verwaltung von Ressourcen sowie die Interaktion zwischen verschiedenen Schichten und Komponenten. Beide Systeme erlauben es, komplexe Strukturen und Prozesse auf einer höheren Abstraktionsebene zu organisieren und zu steuern, um die Benutzererfahrung zu verbessern und die Effizienz zu erhöhen.

Ein Computer-Betriebssystem ist dafür verantwortlich, die Hardware-Ressourcen eines Computers zu verwalten und Software-Anwendungen auszuführen. Ähnlich wie die Metaversum-Architektur ist ein Betriebssystem in mehrere Schichten unterteilt, die verschiedene Funktionen und Aspekte des Systems abdecken. Die unterste Schicht ist die Hardware, auf der das Betriebssystem läuft. Darüber liegt die Systemschicht, welche die grundlegenden Betriebssystemfunktionen bereitstellt, wie zum Beispiel Dateisysteme, Speicherverwaltung und Prozessverwaltung. Die nächste Schicht besteht aus den Systemanwendungen und Diensten, die zusätzliche Funktionen und Werkzeuge für den Benutzer bereitstellen. Schließlich umfasst die oberste Schicht die Benutzeranwendungen, die direkt von den Benutzern genutzt werden.

Der Zusammenhang zwischen einer möglichen Architektur des Metaversums, wie in Abb. 8.3 vorgeschlagen, und einem Betriebssystem lässt sich in der Art und Weise erken-

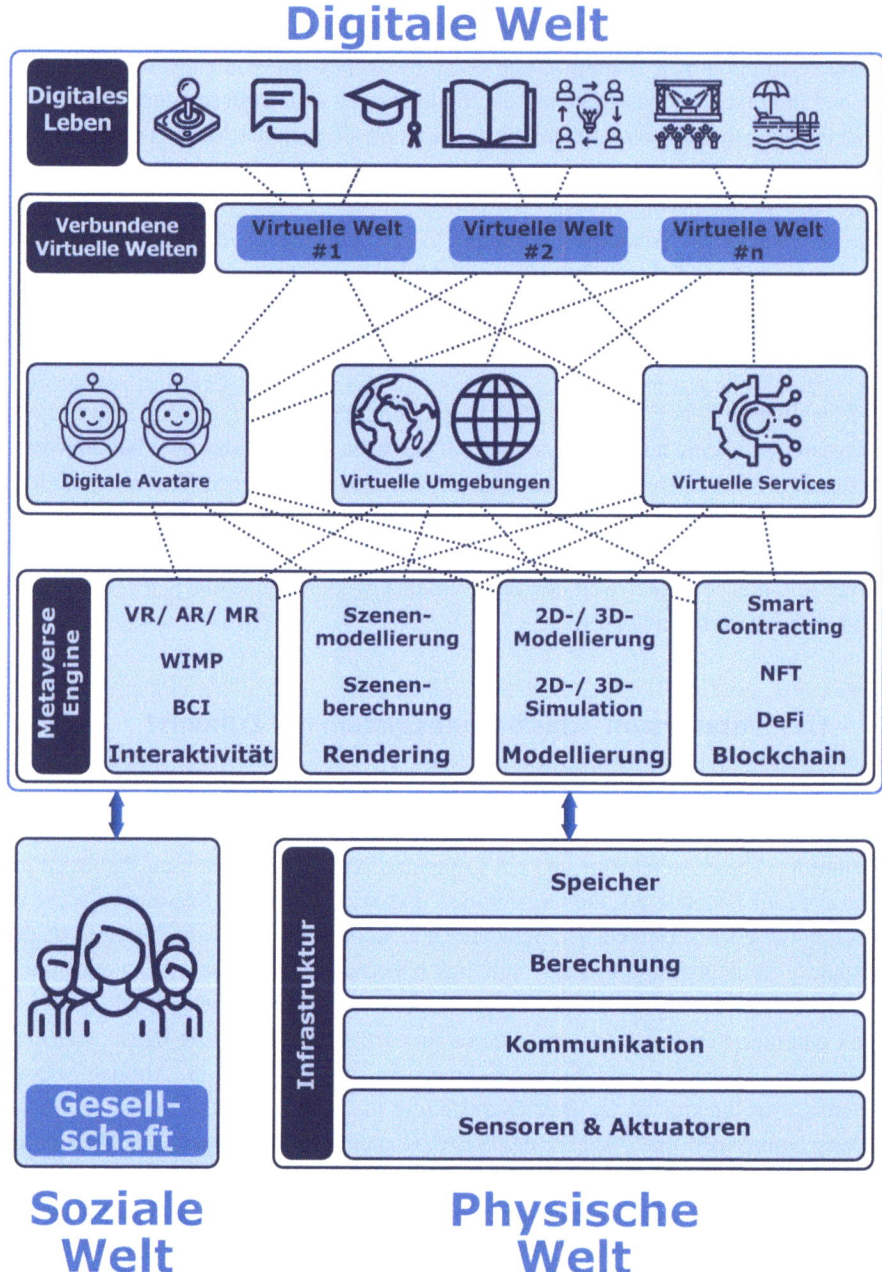

Abb. 8.3 Ein Architekturbild für das Metaversum. (In Anlehnung [JAB22, DED09])

nen, wie beide Systeme auf Schichten basieren, um eine effiziente Interaktion und Verwaltung zu ermöglichen. In beiden Fällen werden die verschiedenen Schichten verwendet, um komplexe Prozesse und Strukturen zu abstrahieren und so eine bessere Benutzererfahrung zu ermöglichen. In der Metaversum-Architektur liegt der Fokus auf der Integration von digitalen und physischen Welten, während ein Betriebssystem auf die Verwaltung von Computerressourcen und die Ausführung von Software-Anwendungen ausgerichtet ist. Trotz dieser Unterschiede können beide Systeme als Plattformen betrachtet werden, die eine Schnittstelle zwischen Benutzern und der zugrunde liegenden Technologie bieten. Sie ermöglichen die Interaktion und Zusammenarbeit in einer strukturierten und abstrahierten Umgebung, um komplexe Abläufe effizienter und benutzerfreundlicher zu gestalten. In diesem Zusammenhang kann das Metaversum als eine erweiterte, immersive und vernetzte Umgebung betrachtet werden, die über die Möglichkeiten eines traditionellen Betriebssystems hinausgeht. Während ein Betriebssystem die Basis für die Interaktion mit Computern und die Ausführung von Anwendungen bietet, eröffnet das Metaversum neue Möglichkeiten für die Kommunikation, Zusammenarbeit und Interaktion zwischen Menschen, Maschinen und der physischen Welt.

Metaversum und klassische Betriebssysteme verfolgen zunächst einmal unterschiedliche Ziele und setzen daher auch ihre Schwerpunkte anders. Während klassische Betriebssysteme darauf ausgelegt sind, die Effizienz und Produktivität des Benutzers zu maximieren, konzentriert sich das Metaversum auf die Schaffung von gemeinsamen Erfahrungen und die Förderung sozialer Interaktionen. Auch der oben erwähnte Matthew Ball vergleicht jedoch das Metaversum häufig direkt mit dem Betriebssystem eines Computers. Wie ein Betriebssystem die grundlegende Software ist, die es einem Computer ermöglicht, Anwendungen auszuführen und verschiedene Hardwarekomponenten zu verwalten, so sieht Ball das Metaversum als die grundlegende Plattform, die es den Benutzern ermöglicht, eine Vielzahl von Anwendungen und Aktivitäten auszuführen. Das Metaversum ist dabei zwar im Wesentlichen eine virtuelle Welt, in der Benutzer interagieren, handeln und spielen können. Ähnlich wie ein Betriebssystem aber verschiedene Anwendungen und Programme unterstützt, kann auch das Metaversum auf höherer Ebene verschiedene Arten von Aktivitäten unterstützen, von virtuellen Meetings bis hin zu Spielen und Shopping-Erfahrungen.

Wie ein Betriebssystem auch verschiedene Technologien und Funktionen benötigt, um ordnungsgemäß zu funktionieren, benötigt das Metaversum verschiedene Technologien wie VR, AR, KI und Blockchain, um die virtuelle Welt zu erstellen, zu betreiben und zu sichern. Beispielsweise wird VR-Technologie verwendet, um eine immersivere und realistischere virtuelle Umgebung zu schaffen, während KI-Systeme dazu beitragen können, intelligente NPCs und virtuelle Assistenten zu er-stellen. Ähnlich wie ein Betriebssystem ständige Updates für Treiber und Sicherheitsfunktionen benötigt, muss auch das Metaversum regelmäßig „aktualisiert" werden, um sicherzustellen, dass es ordnungsgemäß funktioniert und sicher bleibt. Eine Möglichkeit, dies zu erreichen, kann der Einsatz von Blockchain-Technologien sein, die eine transparente und sichere Transaktionshistorie ermöglichen. Schließlich ist wie bei einem Betriebssystem auch die Interoperabilität und

Kompatibilität ein wichtiger Faktor im Metaversum. Eine nahtlose Integration verschiedener Anwendungen und Systeme ermöglicht es Benutzern, auf eine Vielzahl von Diensten und Aktivitäten zuzugreifen und sie nahtlos zu nutzen. Das Metaversum muss daher in der Lage sein, eine Vielzahl von Geräten, Plattformen und Anwendungen zu unterstützen, um den Benutzern eine optimale Erfahrung zu bieten.

Die Frage, ob das Metaversum als Betriebssystem der Zukunft betrachtet werden könnte, hat eine durchaus hohe Bedeutung, da das Metaversum als Konzept das Potenzial hat, das menschliche Leben in vielen Bereichen zu verändern und, im Optimalfall, zu verbessern.

Ein zentraler Unterschied zwischen beiden Systemen liegt in der Ausrichtung des Metaversums auf soziale Interaktionen und gemeinsame Erfahrungen, während klassische Betriebssysteme primär auf die Ausführung von Anwendungen und Diensten fokussieren. Das Metaversum bietet Benutzern die Möglichkeit, in Echtzeit miteinander zu kommunizieren, zusammenzuarbeiten und zu spielen, wohingegen klassische Betriebssysteme in erster Linie die Produktivität und Effizienz des Benutzers optimieren sollen. Ein weiterer bedeutender Unterschied besteht darin, dass das Metaversum auf Cloud-Computing-Technologie aufbaut, während klassische Betriebssysteme normalerweise auf einem einzelnen Computer oder Server laufen. Dies führt dazu, dass das Metaversum in Bezug auf Skalierbarkeit und Flexibilität überlegen ist und gleichzeitig mehreren Benutzern erlaubt, in derselben virtuellen Welt zu interagieren.

Die Konvergenz von Metaversum und traditionellen Betriebssystemen ist ein wichtiger Schritt, um das Potenzial des Metaversums als Betriebssystem der Zukunft zu realisieren. Traditionelle Betriebssysteme wie Windows, MacOS und Linux sind darauf ausgerichtet, die grundlegende Funktionalität von Geräten wie Computern und Smartphones zu steuern und zu verwalten. Sie bieten Benutzern eine Schnittstelle, um Anwendungen und Programme auszuführen, Dateien zu speichern und zu organisieren, das Internet zu nutzen und vieles mehr.

Das Metaversum hingegen bietet eine vollständig immersive Erfahrung und ermöglicht den Benutzern, in einer virtuellen Umgebung zu leben, zu arbeiten und zu spielen. Es bietet Möglichkeiten für immersive Lern- und Schulungserfahrungen, virtuelle Zusammenarbeit, E-Commerce und mehr. Wenn diese beiden Konzepte zusammengeführt werden, können sie ein auf einer höheren Ebene ein leistungsfähiges Betriebssystem schaffen, das das Beste aus beiden Welten nutzt.

Eine Möglichkeit, die Konvergenz von Metaversum und traditionellen Betriebssystemen zu erreichen, besteht darin, Metaversum-Plattformen als Anwendungen oder Programme innerhalb traditioneller Betriebssysteme zu integrieren. Zum Bei-spielkönnte ein Benutzer eine Metaversum-Plattform starten, indem er eine entsprechende Anwendung auf seinem Computer oder Smartphone öffnet, ähnlich wie er dies mit einem anderen Programm oder einer anderen Anwendung tun würde. Die Metaversum-Plattform wäre dabei nahtlos in das traditionelle Betriebssystem integriert und die Benutzer könnten von einem Anwendungsmodus zum anderen wechseln. Der Wechsel zwischen „klassischen" Office-Anwendungen, die sozusagen außerhalb des Metaversums laufen und bedient werden, und immersiven Experiences im Metaversum wären somit einfach möglich.

Eine weitere Möglichkeit besteht darin, dass traditionelle Betriebssysteme native Metaversum-Funktionen direkt integrieren. Zum Beispiel könnten Betriebssysteme eine integrierte virtuelle Oberfläche in Form einer VR-Ansicht bieten, die den Benutzern den Zugang zum Metaversum direkt von ihrem Betriebssystem aus ermöglicht. Dadurch könnten Benutzer nahtlos und ohne große Medien- und Interaktionsbrüche vom traditionellen Betriebssystem in das Metaversum wechseln.

Solche Konvergenzen von Metaversum und traditionellen Betriebssystemen werden ein wichtiger Schritt in der Entwicklung des Metaversums als „echtes" Betriebssystem der Zukunft sein. Dadurch wird die Integration und die Interoperabilität zwischen traditionellen und virtuellen Umgebungen verbessert und macht es möglich, das Metaversums für eine breitere Anwendung und Nutzung zu erschließen.

Entgegen den besonders positiven Prognosen hat sich das Metaversum in den letzten beiden Jahren zwar weiterentwickelt, jedoch nicht in dem Maße, dass es derzeit tatsächlich als das Betriebssystem der Zukunft betrachtet werden kann. Bedeutende Fortschritte wurden vielmehr in einzelnen, verwandten Technologien erzielt:

- Neue Betriebssysteme für XR-Geräte: Google stellte in Zusammenarbeit mit Samsung und Qualcomm „Android XR" vor, ein Betriebssystem speziell für Extended-Reality-Geräte. Dieses System zielt darauf ab, eine offene Plattform für zukünftige XR-Anwendungen zu bieten.
- Markteinführung von Mixed-Reality-Headsets: Apple brachte das „Apple Vision Pro" auf den Markt, ein Mixed-Reality-Headset, das digitale Inhalte nahtlos mit der physischen Welt verbindet. Obwohl es innovative Funktionen bietet, blieb die Akzeptanz aufgrund des hohen Preises begrenzt.
- Integration von Künstlicher Intelligenz: Die Verschmelzung von KI und Metaversum-Technologien hat zu neuen Interaktionsmöglichkeiten geführt. KI wird zunehmend genutzt, um virtuelle Welten zu gestalten und die Benutzererfahrung zu verbessern.

Auch wenn das Metaversum inzwischen bedeutende technologische Fortschritte gemacht hat, aber dennoch nicht den Status eines universellen Betriebssystems erreicht hat, so bedeutet dies nicht, dass diese technologische Vision gestorben wäre. Die Entwicklungen in den Bereichen XR-Betriebssysteme, Mixed-Reality-Geräte und KI-Integration legen den Grundstein auch für zukünftige Innovationen in diesem Bereich.

Literatur

[BAL20] Ball, Matthew (13.01.2020). What It Is, Where to Find it, and Who Will Build It. Online: https://www.matthewball.vc/all/themetaverse (abgerufen am: 17.05.2023).

[BALLoJ] Ball, Matthew (o.J.). The Metaverse Primer. In: Mathhewball.vc. Online: https://www.matthewball.vc/the-metaverse-primer (abgerufen am: 21.05.2023).

[BER19]   Berners-Lee, Tim (12.03.2019). 30 years on, what's next #ForTheWeb? In: World Wide Web Foundation. Online: https://webfoundation.org/2019/03/web-birthday-30/ (abgerufen am: 21.05.2023).

[CNB21]   CNBC (15.11.2021). Metaverse similar to rise of internet, Matthew Ball says. In: CNBC, Closing Bell. Online: https://www.cnbc.com/video/2021/11/15/metaverse-similar-to-rise-of-internet-matthew-ball-says.html (abgerufen am: 28.05.2023).

[DAS23]   Das, Basudha (17.01.2023). Davos 2023: WEF launches metaverse platform to tackle crises, challenges; Check details here. In: Business Today. Online: https://www.businesstoday.in/wef-2023/story/davos-2023-wef-launches-metaverse-platform-to-tackle-crises-challenges-check-details-here-360692-2023-01-17 (abgerufen am: 21.05.2023).

[DED09]   Dede, Chris. (2009). Immersive Interfaces for Engagement and Learning. Science (New York, N.Y.). 323. 66-9. 10.1126/science.1167311.

[HAC23]   Cathy Hackl (2023). Into the Metaverse: The Essential Guide to the Business Opportunities of the Web3 Era. Bloomsbury Business, Dublin. ISBN-13: 978-1399401807.

[HACoJ]   Hackl, Cathy (o.J.). Cathy Hackl. In: Forbes. Online: https://www.forbes.com/sites/cathyhackl/ (abgerufen am: 21.05.2023).

[HAT22]   Hatmaker, Taylor (13.01.2022). Second Life's creator is returning to advise the original metaverse company. In: TechCrunsch. Online: https://techcrunch.com/2022/01/13/second-life-philip-rosedale-returns-linden-lab-high-fidelity/ (abgerufen am: 21.05.2023).

[HOF23]   Hoffman, Jascha (10.12.2003). Sousveillance. In: The New York Times Magazine. Online: https://www.nytimes.com/2006/12/10/magazine/10section3b.t-3.html?_r=0 (abgerufen am: 21.05.2023).

[HOL21]   Hollister, Sean (22.07.2021). California sues Activision Blizzard over a culture of 'constant sexual harassment'. In: The Verge. Online: https://www.theverge.com/2021/7/22/22588215/facebook-mark-zuckerberg-metaverse-interview (abgerufen am: 21.05.2023).

[IEE23]   IEEE (2024). The metaverse and its impact on human rights, the rule of law and democracy. Online: https://rm.coe.int/the-metaverse-impact-on-and-its-impact-on-human-rights-the-rule-of-law/1680ae6bce. (Abgerufen: 14.02.2025).

[IEEoJa]   IEEE Metaverse Standards Committee (CTS/ MSC) (o.J.). Demystifying, Defining, Developing, and Deploying the Metaverse. In: IEEE. Online: https://sagroups.ieee.org/metaverse-sc/ (abgerufen am: 28.05.2023).

[IEEoJb]   IEEE Metaverse Working Group (CTS/ MSC/ MWG) (o.J.). IEEE P2048: Standard for Metaverse: Terminology, Definitions, and Taxonomy. In: IEEE. Online: https://sagroups.ieee.org/2048/(abgerufen am: 28.05.2023).

[ITUoJa]   ITU (o.J.). About International Telecommunication Union (ITU). In: ITU About. Online: https://www.itu.int/en/about/Pages/default.aspx (abgerufen am: 28.05.2023).

[ITUoJb]   ITU FG-MV (o.J.). ITU-T Focus Group on metaverse (FG-MV). In: ITU Focisgroups. Online: https://www.itu.int/en/ITU-T/focusgroups/mv/Pages/default.aspx (abgerufen am: 28.05.2023).

[JAB22]   Jaber, Tanya Abdulsattar (2022). Security risks of the metaverse world. In: International Journal of Interactive Mobile Technologies, Vol. 16 No. 13, 2022. Online: https://online-journals.org/index.php/ijim/article/view/33187 (abgerufen am: 28.05.2023).

[KER23]   Kerler, Wolfgang (11.03.2023). Die Futuristin Amy Webb fürchtet, dass Künstliche Intelligenz zu einem schlechteren Internet führen könnte In: 1e9. Online: https://1e9.community/t/die-futuristin-amy-webb-fuerchtet-dass-kuenstliche-intelligenz-zu-einem-schlechteren-internet-fuehren-koennte/18894 (abgerufen am: 21.05.2023).

[MAN02]	Mann, Steve. (2002). Humanistic Intelligence as a Basis for Intelligent Image Processing. https://doi.org/10.1002/0471221635.ch1. (abgerufen am: 21.05.2023).
[MAN12]	Mann, Steve (02.11.2012). Eye Am a Camera: Surveillance and Sousveillance in the Glassage. In: Time. Online: https://techland.time.com/2012/11/02/eye-am-a-camera-surveillance-and-sousveillance-in-the-glassage/ (abgerufen am: 21.05.2023).
[MAN13]	Mann, Steve (01.03.2013). My „Augmediated": Life What I've learned from 35 years of wearing computerized eyewear. In: IEEE Spectrum. Online: https://spectrum.ieee.org/view-from-the-valley/consumer-electronics/portable-devices/steve-mann-the-man-who-invented-wearable-computing (abgerufen am: 21.05.2023).
[MAN98]	Mann, Steve (Mai 1998). Definition of Wearable Computer. Wearcomp.org. Online: https://www.wearcomp.org/wearcompdef.html (abgerufen am: 20.05.2025).
[MOR23b]	Caroline Morris (2024). Seeing the future: Cathy Hackl's vision for how digital-physical reality will take shape. Mastercard Innovation Newsroom. Online: https://www.mastercard.com/news/perspectives/2024/seeing-the-future-cathy-hackl-s-vision-for-how-digital-physical-reality-will-take-shape. (Abgerufen: 14.02.2025).
[MSFoJ]	MSF (o.J.). The Metaverse Standards Forum. In: MSF. Online: https://metaverse-standards.org/# (abgerufen am: 28.05.2023).
[PAR21]	Parisi, Tony (22.10.2021). The Seven Rules oft he Metaverse – A framework for the coming immersive reality. In: Medium. Online: https://medium.com/meta-verses/the-seven-rules-of-the-metaverse-7d4e06fa864c (abgerufen am: 22.5.2023).
[RAV22]	Ravenscraft, Eric (03.07.2022). What, Exactly, Is the Metaverse Standards Forum Creating? In: Wired Story. Online: https://www.wired.com/story/metaverse-standards-forum-explained/ (abgerufen am: 28.05.2023).
[SCH23]	Schukz, Yogi (04.01.2023). Where's the beef in the Metaverse? In: IT Worls Canada. Online: https://www.itworldcanada.com/blog/wheres-the-beef-in-the-metaverse/519980 (abgerufen am: 28.05.2023).
[WEB23]	Webster, Andrew (23.03.2023). Tim Sweeney explains how the metaverse might actually work. Online: https://www.theverge.com/2023/3/23/23652928/tim-sweeney-interview-epic-games-fortnite-metaverse (abgerufen am: 21.05.2023).
[WEBoJb]	Webb, Amy (o.J.). Biography. In: NYU Stern. Online: https://www.stern.nyu.edu/faculty/bio/amy-webb (abgerufen am: 21.05.2023).
[WEF24a]	WEF (12 March 2024). Navigating the Industrial Metaverse: A Blueprint for Future Innovations. WEF. Online: https://www.weforum.org/publications/navigating-the-industrial-metaverse-a-blueprint-for-future-innovations. (Abgerufen: 14.02.2025).
[WEF24b]	WEF (12.03.2024). Metaverse Identity: Defining the Self in a Blended Reality. WEF. Online: https://www.weforum.org/publications/metaverse-identity-defining-the-self-in-a-blended-reality/?utm_source=chatgpt.com. (Abgerufen: 14.02.2025).
[WEFoJa]	World Economic Forum (o.J.). Defining and Building the Metaverse. In: World Economic Forum. https://initiatives.weforum.org/dcfining-and-building-the-metaverse/home (abgerufen am: 21.05.2023).
[WEFoJb]	World Economic Forum (o.J.). Agenda Articles, filtered by „The Metaverse". In: World Economic Forum. https://www.weforum.org/agenda/the-metaverse/ (abgerufen am: 21.05.2023).
[W3CoJa]	W3C. (o.J.). About W3C. In: W3C. Online: https://www.w3.org/Consortium/ (abgerufen am: 21.05.2023).
[W3CoJb]	W3C. (o.J.). Web Standards. In: W3C. Online: https://www.w3.org/standards/ (abgerufen am: 21.05.2023).
[W3CoJc]	W3C. (o.J.). Privacy and Security. In: W3C. Online: https://www.w3.org/Privacy/ (abgerufen am: 21.05.2023).

[W3CoJe]	W3C. (2020). Immersive Web Working Group Charter. In: W3C. Online: https://www.w3.org/2020/05/immersive-web-wg-charter.html (abgerufen am: 21.05.2023).
[W3CoJf]	W3C (2021). W3C Mission. In: W3C. Online: https://www.w3.org/Consortium/mission (abgerufen am: 21.05.2023).
[W3CoJg]	W3C Web Accessibility Initiative (2021). Introduction to Web Accessibility. In: W3C. Online: https://www.w3.org/WAI/fundamentals/accessibility-intro/ (abgerufen am: 21.05.2023).
[W3CoJh]	W3C Privacy Interest Group (2021). Privacy Interest Group (PING) Charter. In: W3C. Online: https://www.w3.org/2019/09/privacy-ig-charter.html (abgerufen am: 21.05.2023).
[W3C23a]	W3C. (03.03.2023). WebXR Device API. In: W3C. Online: https://www.w3.org/TR/webxr/ (abgerufen am: 21.05.2023).

9 Es bleibt die Zeit zum Bauen!

„Ich sage nicht, dass wir körperliche Arbeit abschaffen werden, weil wir immer noch physische Wesen in einer physischen Welt sind, aber ich denke, dass sich das Konzept der Arbeit ausdehnt und Gaming ein Teil dieser Zukunft ist." (Cathy Hackl)

Angesichts der rasanten technologischen Entwicklungen und der wachsenden Bedeutung des Metaversums ist es entscheidend, dass die Möglichkeiten, die diese virtuellen Welten bieten, frühzeitig erkannt und genutzt werden [KAU22, LAW22]. Auch wenn immer noch technische Standards fehlen, so bleibt dennoch das, was Cathy Hackl gesagt hat, richtig und wichtig: „Jetzt ist die Zeit zum Bauen!", denn das Metaversum bietet immer noch ein enormes Potenzial für kreative Zusammenarbeit, Bildung und soziale Interaktion, das nur darauf wartet, erschlossen zu werden [DED09].

Nur durch die aktive Beteiligung an der Gestaltung des Metaversums und die Konzentration auf seine nachhaltige und inklusive Entwicklung, kann jeder einzelne Benutzer dazu beitragen, eine positive und zukunftsfähige Umgebung zu schaffen. Die Förderung von Gemeinschaftsprojekten, die sich auch auf solche Themen wie Umweltschutz, soziale Gerechtigkeit oder Bildung konzentrieren, kann dazu beitragen, dass das Metaversum ein Ort wird, der nicht nur der Unterhaltung dient, sondern auch einen realen gesellschaftlichen Mehrwert bietet [BAI10].

Wissenschaftler, Technologieentwickler, Künstler und Pädagogen sind aufgerufen, die vielfältigen Möglichkeiten des Metaversums zu erkunden und aktiv daran zu arbeiten, diese virtuellen Welten zu gestalten und zu verbessern. So kann eine Zukunft im Metaversum entstehen, die die Kreativität fördert, soziale Interaktionen bereichert und die Grenzen des Möglichen erweitert.

In dieser Vision werden kreative Freiheit und Zusammenarbeit genutzt, um innovative Lösungen für drängende globale Herausforderungen wie Umweltschutz, soziale Gerechtigkeit und Bildung zu entwickeln [DED09]. Das Metaversum kann als Experimentierfeld dienen, in dem neue Ideen und Ansätze erprobt werden, bevor sie in der realen Welt umgesetzt werden [KAU22, LAW22].

Um eine nachhaltige Zukunft im Metaversum zu gewährleisten, ist es wichtig, dass ethische und ökologische Aspekte von Anfang an berücksichtigt werden. Dies beinhaltet den verantwortungsvollen Umgang mit Ressourcen und Daten sowie die Förderung von Inklusion und Zugänglichkeit, um sicherzustellen, dass alle Menschen die Möglichkeit haben, am Metaversum teilzuhaben und davon zu profitieren. Die Schaffung einer gemeinsamen, kreativen und nachhaltigen Zukunft im Metaversum erfordert die Zusammenarbeit von Wissenschaftlern, Technologieentwicklern, Künstlern, Pädagogen und Nutzern aus der ganzen Welt. Durch gemeinsames Engagement und den Willen, bestehende Grenzen zu überschreiten, können wir das Potenzial des Metaversums ausschöpfen und eine bessere Zukunft für alle schaffen.

Im Metaversum nimmt Kreativität eine zentrale Rolle ein, indem es den Nutzern ermöglicht, ihre eigene Umgebung und Avatare zu gestalten [WILoJ, WAL21]. Diese individuelle Gestaltungsfreiheit fördert künstlerische Ausdrucksformen und erlaubt es den Benutzern, virtuelle Galerien zu erstellen, in denen ihre Kunstwerke präsentiert werden können. Dabei sind die Möglichkeiten nahezu grenzenlos, was die Art und den Umfang der künstlerischen Schöpfungen betrifft, die im Metaversum entstehen können.

Neben der individuellen Gestaltung bietet das Metaversum auch Möglichkeiten zur kollaborativen Kreation. Gemeinschaftsprojekte und gemeinsame Welten erlauben es den Nutzern, zusammenzuarbeiten und ihre kreativen Kräfte zu bündeln, um einzigartige und umfangreiche virtuelle Erlebnisse zu schaffen [BAI10]. In diesem Zusammenhang gewinnen Open-Source-Plattformen und gemeinsame Ressourcen an Bedeutung, da sie den Benutzern ermöglichen, auf bestehende Inhalte zuzugreifen und diese weiterzuentwickeln oder zu modifizieren. Dies fördert nicht nur die Kreativität, sondern auch den Austausch von Ideen und die Zusammenarbeit unter den Benutzern.

Die kreative Freiheit und die individuellen Gestaltungsmöglichkeiten im Metaversum tragen wesentlich zur Attraktivität und Vielfalt dieser virtuellen Umgebungen bei. Durch die Förderung von künstlerischem Ausdruck und Kollaboration bietet das Metaversum unzählige Möglichkeiten für die Nutzer, sich auszudrücken, zu experimentieren und neue Fertigkeiten zu erlernen.

„Ich sage immer: im Metaversum sind wir alle Weltenbauer – und jetzt ist die Zeit zum Bauen!" (Cathy Hackl)

Literatur

[BAI10]   Bainbridge, William Sims (2010). Online Worlds: Convergence of the Real and the Virtual. Human-Computer Interaction Series, Springer 2010, ISBN 978-1-84882-824-7.

[DED09]   Dede, Chris. (2009). Immersive Interfaces for Engagement and Learning. Science (New York, N.Y.). 323. 66–9. https://doi.org/10.1126/science.1167311.

[KAU22]	Kauffeld, Simone; Tartler, Darien; Gräfe, Hendrik; Ann-Kathrin, Windmann; Sauer, Nils (2022). What will mobile and virtual work look like in the future? – Results of a Delphi-based studyWie sieht die mobile und virtuelle Arbeit der Zukunft aus? – Ergebnisse einer Delphi-basierten Studie. Gruppe. Interaktion. Organisation. Zeitschrift für Angewandte Organisationspsychologie (GIO). 53. https://doi.org/10.1007/s11612-022-00627-8.
[LAW22]	Lawton, Geroge (18.11.2022). How will the metaverse affect the future of work? In: TechTarget. Online: https://www.techtarget.com/searchcio/tip/How-will-the-metaverse-affect-the-future-of-work (abgerufen am: 21.05.2023).
[WAL21]	Walden, Stephanie (06.05.2021). Guide to Virtual Reality Art: What It Is and How to Make VR Art Yourself. In: Skillshare Blog. Online: https://www.skillshare.com/en/blog/guide-to-virtual-reality-art-what-it-is-and-how-to-make-vr-art-yourself/art (abgerufen am: 21.05.2023).
[WILoJ]	Wilk, Elvia (o:j.). Will virtual reality conquer the artworld?. In: ArtBasel. Online: https://www.artbasel.com/stories/virtual-reality-technology-and-art (abgerufen am: 21.05.2023).

10 Der aktuelle Nachtrag 1 – Immer noch aktuell: Ist der Hype etwa schon vorbei?

Allein die Nutzung des Begriffs „Metaversum" hat in jüngster Zeit sowohl in der Wirtschaft als auch in der Forschung große Aufmerksamkeit erregt. Noch zu Beginn dieses Jahres schien es undenkbar, dass der virtuelle Raum ohne ein Metaversum auskommen würde. Zahlreiche Unternehmen investierten intensiv in ihre Präsenz im Metaversum, während unzählige Start-ups entstanden und Aktien von Firmen wie Roblox und Matterport, die bereits im Metaversum engagiert waren, erheblich an Wert gewannen. In jüngster Zeit (Stand: Anfang Mai 2023) jedoch scheint eine gewisse Ernüchterung einzutreten.

Steigende Zinsen infolge der derzeitigen stärkeren Inflation haben dazu geführt, dass viele Unternehmen ihre visionären Ambitionen im Metaversum aufgrund von finanziellen Restriktionen überdenken müssen. Ein prominentes Beispiel hierfür ist Facebook, das für seine kostspieligen Pläne im und mit dem Metaversum mit einem fast 70-prozentigen Kurssturz abgestraft wurde. Die Erholung des Unternehmens setzte erst ein, als CEO Mark Zuckerberg die Pläne herunterschraubte und sich auf Kosteneffizienz und Umsatz im gegenwärtigen Geschäft konzentrierte. Es folgte direkt die Frage, ob das Metaversum bereits wieder passé sei [LIN23].

Das Interesse am Metaversum hat im Vergleich zum Höhepunkt der Diskussion vor etwa einem Jahr spürbar abgenommen, was sich zum Beispiel an den weltweiten Online-Suchanfragen nach dem Begriff „Metaversum" ablesen lässt. Darüber hinaus ist auch der Wert virtueller Immobilien im Vergleich zu physischen Immobilien im gleichen Zeitraum ebenfalls deutlich gesunken. Einige dezentrale virtuelle Welten haben ebenfalls einen Rückgang der täglichen Nutzerzahlen verzeichnet, der die Erwartungen unterschritten hat. Kritiker argumentieren, dass das Metaversum lediglich eine von Hype und Marketing getriebene Blase war, die nun geplatzt ist [KEM23, PAL22].

Trotz des anscheinend also geplatzten Hypes um das Metaversum sollte das Konzept aber nicht voreilig als gescheitert betrachtet werden. Das Potenzial des Metaversums als neue Möglichkeit zur Ausrichtung von virtuellen Veranstaltungen und zur Schaffung einzigartiger, immersiver Erlebnisse für Teilnehmer bleibt bestehen, auch wenn der erhoffte Durchbruch noch nicht eingetreten ist [ZIE22].

Die zahlreichen Metaversum-Konzepte wurden – und werden immer noch – heiß diskutiert. Allerdings haben sich die tatsächlichen Ergebnisse bisher als deutlich weniger eindrucksvoll erwiesen als prognostiziert. Ein Beispiel hierfür ist die Decentraland Metaverse Fashion Week 2023, bei der die Besucherzahlen im Vergleich zum Vorjahr erheblich zurückgingen [DRE23, SAN23]. Infolgedessen verlagert sich das Interesse vermehrt in Richtung Künstlicher Intelligenz, wobei Chat-GPT als derzeit prominentestes Beispiel fungiert.

Trotz der enttäuschenden Ergebnisse in Bezug auf das Metaversum erfreuen sich Hybrid- und Online-Events jedoch weiterhin großer Beliebtheit. Die breite Öffentlichkeit schätzt allerdings das Navigieren in virtuellen Welten bisher nicht in dem Maße, wie ursprünglich angenommen. Laut James Au, einem Analysten und Journalisten im Bereich Metaversum, wachsen die Plattformen im Metaversum langsam, aber stetig und passen sich dabei den Gegebenheiten an. Im ersten Quartal 2023 verzeichneten solche Plattformen einen Zuwachs von 15 Mio. Nutzern auf insgesamt 520 Mio. monatlich aktive Nutzer, wie ein Bericht des Analystenhauses Metaversed zeigt. Die Analyse umfasst 149 Plattformen, die entweder bereits live geschaltet oder in der Entwicklungsphase sind, wobei die Mehrheit browserbasiert ist und einige davon auf die Nutzung von VR-Brillen setzen. Au betont, dass die Untersuchung vor allem auf prominente Plattformen mit starker Nutzung in den USA und Europa abzielt. Free Fire (früher: Garena Free Fire) [OBE21], ein vorrangig in Südostasien und Südamerika bekanntes und verbreitetes Spiel, das immerhin etwa 10 % der Weltbevölkerung erreicht, ist zum Beispiel nicht Teil dieser Analyse. Trotz Entlassungen im Technologiesektor insgesamt stellen Metaversum-Plattformen weiterhin Mitarbeiter ein. Laut Au wurden mehr als 800 Stellenangebote verzeichnet, trotz des aktuellen Trends, dass auch die IT-Technologie-Unternehmen aktuell Mitarbeiter in großer Zahl entlassen [AU23, METoJa, METoJb, METoJc].

Zudem zeigt ein Bericht von S&P Global Market Intelligence, dass etwa 120 Unternehmen an Metaversum-Technologien arbeiten, darunter rund um die Datenintegration für digitale Zwillinge und auch im Kontext des Internet-of-Things, Avataren, sicheres Identitätsmanagement. Aber nicht nur der Software-Bereich, sondern auch der Bereich der Hardware-Entwicklung bleibt ein aktiv vorangetriebener Bereich, wie zum Beispiel die (Weiter-)Entwicklung von Ein-/Ausgabe-Technologien wie Haptik, Holografie, Spatial Audio und natürlich Augmented Reality. Die Investitionen in Technologien und Anwendungen rund um das Metaversum überstiegen im vergangenen Jahr 24 Mrd. US-Dollar, wobei die größten Investitionen laut S&P Capital IQ Pro von Meta Platforms, Epic Games, Infinite Reality und Roblox Corp. ausgingen [HUG23, JOH23].

Trotz des scheinbaren Zusammenbruchs der Blase nutzen bzw. besuchen aktuell mehrere hundert Millionen Menschen „das Metaversum", wobei die Mehrheit der Benutzer allerdings normale Bildschirme verwendet und lediglich eine Minderheit auf VR-Headsets zurückgreift. Laut einem Bericht von 451 Research, einer Tochtergesellschaft von S&P Global Market Intelligence, ist das Metaversum als „langfristige Vision für die nächste

Phase des Internets" konzipiert, welche „einen einheitlichen, gemeinsam genutzten, immersiven und beständigen virtuellen 3D-Raum umfasst, in dem Menschen miteinander und mit Daten interagieren und die physische Welt ergänzen, anstatt sie zu ersetzen". Ian Hughes, Analyst bei 451 Research prognostiziert, dass das Metaversum in Zukunft ähnlich populär wie Social Media sein wird. Dennoch wird dieser Wandel graduell erfolgen, wobei Hughes die Akzeptanz des Metaversums mit der Mainstream-Implementierung von Videokonferenzen in den vergangenen drei Jahren vergleicht [HUG23, JOH23].

Interessanterweise erfreut sich die Nutzung des Metaversums quer durch eine breite Altersverteilung, die sowohl Teenager und junge Erwachsene, aber auch Personen im mittleren Alter und auch Senioren umfasst. Laut Au nutzen gerade Senioren vermehrt Second Life, trotz der technischen Herausforderungen und Anforderungen, die diese Plattform mit sich bringt. Die verschiedenen Altersgruppen nutzen das Metaversum, um in unterschiedlichen Identitäten verschiedene Welten mit ganz verschiedenen Zielen zu erkunden [AU23].

Ein weiteres Problem, das Au anspricht, betrifft Metas Strategie. Meta investiert nicht nur massiv in Nischenprodukte wie Headsets, sondern bindet sein Metaversum zudem an Facebook-Profile, die wiederum mit den realen Identitäten der Nutzer verknüpft sind. Dies entspricht jedoch nicht den primären Interessen der Mehrheit der Benutzer. Vielmehr suchen sie das Metaversum vor allem deshalb in großer Zahl auf, um Communities zu bilden, darunter Anime-Fans, Gamer und Furries. Die populäre Plattform VRChat beherbergt beispielsweise eine weitreichende Nachtclub-Rave-Szene und zahlreiche Gesellschaftsspiele.

In jüngster Zeit hat selbst Mark Zuckerberg den Enthusiasmus bezüglich des Metaversums gedämpft, indem er äußerte, dass es in näherer Zukunft nicht mehr den Hauptteil der Aktivitäten seines Unternehmens ausmachen soll, so wie es ursprünglich geplant war. Das Unternehmen fokussiert sich nun vielmehr auf Effizienz und streicht 11.000 Stellen, wobei möglicherweise weitere Tausende folgen werden. Der Geschäftsbereich Reality Labs, der für die Produktion der Meta Quest VR-Headsets verantwortlich ist, verzeichnete im vergangenen Jahr einen Verlust von 13,7 Mrd. US-Dollar. Im Gegensatz dazu hat Apple bereits seit 2015 die Einführung eines eigenen Augmented-Reality-Headsets angekündigt. Allerdings wurde dessen Markteinführung jedoch mehrfach verschoben, aktuell auf Herbst 2023. Es wird erwartet, dass dieses Produkt, sobald es auf den Markt kommt, ein großer Erfolg für Apple sein wird und den Metaversum-Bereich in ähnlicher Weise vorantreibt, wie Apple das Smartphone revolutioniert hat. Trotz der erheblichen Investitionen in Headsets stellt Au allerdings fest, dass sie absehbar wohl nicht die hauptsächliche zukünftige Mainstream-Technologie des Metaversums darstellen werden. Auch in der Gegenwart sind erfolgreiche Metaversum-Plattformen wie Roblox, Fortnite und VRChat hauptsächlich über Smartphone, Tablets, Spielekonsolen und PCs zugänglich. Bildschirmbasierte Plattformen werden voraussichtlich daher auch die vorherrschende Zukunft des Metaversums sein, so Au. Auf einem Smartphone oder einem anderen Display-basierten Gerät kann die Aufmerksamkeit schnell zwischen der Metaversum-Umgebung und der realen Welt hin- und hergewechselt werden. Virtual Reality erfordert hingegen die volle Aufmerksamkeit der Nutzer. Au betont, dass VR-Headsets dagegen alleine schon deshalb Nachteile in Bezug auf die Benutzung und die schnelle Wahrnehmung der Umwelt aufweisen, weil der Benutzer durch das Tragen von der realen Umwelt getrennt wird. Zudem sind diese Geräte sind in Bezug auf die Benutzerdaten zum Teil nicht nur unsicher und mit sozialem Stigma behaftet, sondern zudem auch noch teuer. Das derzeit neueste Oculus-Headset von Meta kostet beispielsweise etwa 1500 US-Dollar, und weist zudem eine kurze Akkulaufzeit auf [AU23, BER23].

> „95 Prozent der globalen Führungskräfte, die wir letztes Jahr befragt haben, gaben an, dass sie glauben, dass sich die Metaverse innerhalb von fünf bis zehn Jahren positiv auf ihre Branche auswirken wird.", sagt McKinsey [MCK22a, MCK22b].

Der Fokus auf das Metaversum und dessen kommerzielle und industrielle Anwendungen liegt gegenwärtig anscheinend hauptsächlich bei großen Unternehmen und Industriekonzernen. Microsoft integriert beispielsweise Funktionen für die Einbindung des Metaversums in sein Kollaborationswerkzeug Teams, indem es die firmeneigene Mesh-Plattform auf Azure einsetzt. Diese Technologie wurde während des Weltwirtschaftsforums in Davos im Januar 2023 präsentiert. Dies ermöglichte es vielen Teilnehmern, erste eigene Erfahrungen mit dem Metaversum zu sammeln, wie Hughes anmerkt. Siemens und Nvidia kooperieren bei der Entwicklung von Nvidias Metaversum-Plattform Omniverse, um eine virtuelle Fabrik zu errichten, in der autonome Roboter trainiert werden können. Darüber hinaus können Menschen in dieser virtuellen Realität arbeiten, um die Ergonomie und Effizienz eines Fabrikhallenprototyps zu untersuchen. Unternehmen werden in der Lage sein, diese Technologien mit dem Internet-of-Things und digitalen Zwillingen zu kombinieren, um Vermögenswerte über ihren gesamten Lebenszyklus hinweg zu verfolgen. Accenture hat ebenfalls bedeutende Beratungsinvestitionen im Metaversum getätigt, unter anderem durch den Kauf von Tausenden von Headsets, wie Hughes berichtet [NVIoJ, DUS23].

Als ein weiteres Beispiel für die kommenden „Industrial Metaverses" können die BMW Group und NVIDIA genannt werden, die mit der gerade schon genannten Omniverse Plattform die Planung hochkomplexer Fertigungssysteme in das Metaversum verlegen wollen. Das Tool zur virtuellen Fabrikplanung integriert unterschiedliche Planungsdaten und -anwendungen und ermöglicht Echtzeit-Zusammenarbeit ohne Kompatibilitätsgrenzen. Die Plattform führt Daten aus verschiedenen Design- und Planungstools zusammen und erstellt fotorealistische Echtzeitsimulationen in einer kollaborativen Umgebung. Mitarbeiter an verschiedenen Standorten und Zeitzonen können auf die Simulationen zugreifen und gemeinsam Prozesse oder Produktionsanlagen planen oder optimieren. Bisherige virtuelle Fabrikplanungstools hatten Schwierigkeiten mit Datenkompatibilität und Aktualität. Die Omniverse Plattform löst diese Probleme, indem sie Live-Daten aus relevanten Datenbanken in einer gemeinsamen Simulation zusammenführt, wodurch ein Re-Import von Daten überflüssig wird. Dies ermöglicht Planern und Produktionsspezialisten eine genauere und schnellere Planung ohne Schnittstellenverluste und Kompatibilitätsprobleme [GEY23, BMW21].

Es scheint, als sei der Höhepunkt des ersten Hype-Zyklus überschritten und eine Diskrepanz zwischen Realität und Erwartungen entstanden. Dennoch sind die oben genannten 95 % der befragten globalen Führungskräfte ungewöhnlich einig in der Annahme, dass das Metaversum innerhalb der nächsten fünf bis zehn Jahre positive Auswirkungen auf ihre jeweiligen Branchen haben wird. Tatsächlich nehmen implementierte Anwendungsfälle kontinuierlich zu, was die Hoffnung steigert, dass ein etabliertes Enterprise Metaverse auch in nicht allzu ferner Zukunft den Verbraucher- und Endkundenmarkt erreichen wird.

Literatur

[AU23]   Au, Wagner James (27. Juni 2023). Making a Metaverse That Matters: From Snow Crash & Second Life to A Virtual World Worth Fighting For. Wiley.

[BER23]   Berger, Dennis (14.01.2023). VR-Brillen-Verkäufe: Zahlen und Hintergründe. In: Mixed. Online: https://mixed.de/vr-brillen-verkaeufe-uebersicht/ (abgerufen am: 20.05.2023).

[BMW21]   BMW Broup (13.04.2021). BMW Group und NVIDIA heben virtuelle Fabrikplanung auf die nächste Ebene. In: Pressemeldung. Online: https://www.press.bmwgroup.com/deutschland/article/detail/T0329569DE/bmw-group-und-nvidia-heben-virtuelle-fabrikplanung-auf-die-naechste-ebene?language=de (abgerufen am: 20.05.2023).

[DRE23]   Dredge, Stuart (06.04.2023). Only 26,000 people attended Decentraland's Metaverse Fashion Week. In: Music:ally. Online: https://musically.com/2023/04/06/only-26000-people-attended-decentralands-metaverse-fashion-week/ (abgerufen am: 21.05.2023).

[DUS23]   Dusold, Julia (04.06.2022). Nächste Ebene der Digitalisierung: Metaverse für die Industrie: Siemens und Nvidia gehen es an. In: Produktion. Online: https://www.produktion.de/technik/zukunftstechnologien/metaverse-fuer-die-industrie-siemens-und-nvidia-gehen-es-an-308.html (abgerufen am: 20.05.2023).

[GEY23]   Geyer, Mike (21.03.2023). BMW Group Starts Global Rollout of NVIDIA Omniverse. In: Nvidia Blog. Online: https://blogs.nvidia.com/blog/2023/03/21/bmw-group-nvidia-omniverse/ (abgerufen am: 20.05.2023).

[HUG23]   Hughes, Ian; Barbour, Neil; Partridge, Brian; Paxton, Michael (24.01.2023). Metaverse primer: Examining the future of all digital interaction. In: S&P Global Market Intelligence. Online: https://www.spglobal.com/marketintelligence/en/news-insights/research/metaverse-primer-examining-the-future-of-all-digital-interaction (abgerufen am: 20.05.2023).

[JOH23]   Johnston, Alex (01.03.2023). Blockchain and the metaverse, part 1: Opportunities In: S&P Global Market Intelligence. Online: https://www.spglobal.com/marketintelligence/en/news-insights/research/blockchain-and-the-metaverse-part-1-opportunities (abgerufen am: 20.05.2023).

[KEM23]   Kemp, Simon (28.01.2023). Digital 2023 Deep-Dive: Is the Metaverse going in reverse? In: Datareportal. Online: https://datareportal.com/reports/digital-2023-deep-dive-metaverse-in-reverse (abgerufen am: 20.05.2023).

[LIN23]   Lindner, Roland (27.04.2023). Meta wächst wieder. In: Frankfurter Allgemeine. Online: https://www.faz.net/aktuell/wirtschaft/unternehmen/meta-ist-wieder-auf-wachstumskurs-18851388.html (abgerufen am: 20.05.2023).

[MCK22a]	McKinsey & Company (21.06.2022). Studie: Das Metaverse kann bis 2030 einen Wert von bis zu 5 Billionen Dollar erreichen. In: McKinsey Press Release. Online: https://www.mckinsey.com/de/news/presse/2022-06-21-metaverse (abgerufen am: 20.05.2023).
[MCK22b]	McKinsey & Company (2022). Value creation in the metaverse. In: McKinsey Growth, Marketing & Sales. Online: https://www.mckinsey.com/capabilities/growth-marketing-and-sales/our-insights/value-creation-in-the-metaverse (abgerufen am: 20.05.2023).
[METoJa]	Metaversed (o.J.). The Metaverse Reaches 400m Monthly Active Users. In: Metaversed. Online: https://www.metaversed.consulting/blog/the-metaverse-reaches-400m-active-users (abgerufen am: 20.05.2023).
[METoJb]	Metaversed (o.J.). Introducing the Web3 Metaverse Index. In: Metaversed. Online: https://www.metaversed.consulting/blog/introducing-the-web3-metaverse-index (abgerufen am: 20.05.2023).
[METoJc]	Metaversed (o.J.). The Web3 Metaverse Index: February 2023 update. Online: https://www.metaversed.consulting/blog/the-web3-metaverse-index-february-2023-update (abgerufen am: 20.05.2023).
[NVIoJ]	Nvidia (o.J.) Siemens und Nvidia – Aufbau des industriellen Metaverse. In: Nvidia Omniverse. Online: https://www.nvidia.com/de-de/omniverse/digital-twins/siemens/ (abgerufen am: 20.05.2023).
[OBE21]	Obedkov, Evgeny (17.08.2021). Mobile battle royale Free Fire surpasses 150 million peak daily active players. Game World Observer. Online: https://gameworldobserver.com/2021/08/17/garena-free-fire-surpasses-150-million-peak-daily-activeplayers. (abgerufen am: 20.05.2025).
[PAL22]	Paleja, Ameya (06.04.2022). Could the metaverse become a big flop? Here's what Google Trends says. In: Interesting Engineering. Online: https://interestingengineering.com/culture/metaverse-flop-google-trends (abgerufen am: 20.05.2023).
[SAN23]	Sander Lutz (08.04.2023). And the Winner of Metaverse Fashion Week 2023 Is... In: Decrypt. Online: https://decrypt.co/125737/winner-decentraland-metaverse-fashion-week-2023 (abgerufen am: 21.05.2023).
[ZIE22]	Ziegener, Daniel (17. Oktober 2022). Niedrige Nutzerzahlen: Kaum jemand interessiert sich für Metas Metaversum. In: Golem. Online: https://www.golem.de/news/niedrige-nutzerzahlen-kaum-jemand-interessiert-sich-fuer-metas-metaversum-2210-168982.html (abgerufen am: 20.05.2023).

Glossar

Augmented Reality (AR)   Wörtlich aus dem Englischen übersetzt bedeutet Augmented Reality (AR) „erweiterte Realität". Auf diesem Wege wird die menschliche Wahrnehmung der echten (realen) Umwelt mit digitalen Informationen angereichert.

Zunächst ging die Idee der AR von einer Anreicherung der Wahrnehmung durch orts- und passgenau eingefügte 3D-Objekte aus. Zur Reduktion des technischen Aufwandes wurde im Verlauf der Entwicklung AR soweit downgegraded, dass aktuell auch das Einfügen von 2D-Objekten und/oder Text als AR bezeichnet wird.

Augmented Virtuality (AV)   Wie AR bedeutet auch Augmented Virtuality eine Vermischung bzw. „Anreicherung" der menschlichen Wahrnehmung. Während AR davon ausgeht, dass in der Wahrnehmung die realweltlichen Anteile überwiegen, ist bei Augmented Virtuality die Wahrnehmung dominiert von digitalen/virtuellen Objekten. Dies stellt sich zum Beispiel dann ein, wenn sich der Benutzer zum Beispiel in einer immersiven Welt/ VR-Welt befindet und dort in einem Fenster der Videochat mit einer realen Person angezeigt wird.

Blockchain   Blockchain ist eine dezentrale, digitale Datenbanktechnologie, die Informationen in chronologisch geordneten, kryptographisch gesicherten Blöcken speichert und über ein Netzwerk von Computern verteilt. Diese Architektur gewährleistet Transparenz, Manipulationssicherheit und Nachvollziehbarkeit von Transaktionen, wodurch sie insbesondere für Kryptowährungen, Smart Contracts, Non-Fungible Tokens (NFTs) und Anwendungen im Metaversum relevant ist. Durch ihre Dezentralität reduziert die Blockchain die Abhängigkeit von zentralen Instanzen, stellt jedoch gleichzeitig Herausforderungen in Bezug auf Skalierbarkeit, Energieverbrauch und regulatorische Rahmenbedingungen dar.

Brain Computing Interface (BCI)   Ein Brain Computing Interface (BCI) ist eine Schnittstelle zwischen dem Gehirn eines Benutzers und einem Computersystem. Es ermöglicht die direkte Kommunikation und Interaktion durch die Erfassung und Interpretation von Gehirnsignalen. Diese Signale können verwendet werden, um Aktionen auszuführen, Geräte zu steuern. Auch die Übertragung von Information zum Benutzer steht im Fokus der Forschung. Ziel von BCI ist es u. a., Menschen mit körperlichen

Einschränkungen zu helfen, damit auch sie möglich unkompliziert und problemlos mit Computern/Anwendungen umgehen können.

CAVE CAVE steht für „Cave Automatic Virtual Environment" und bezeichnet eine immersive VR-Umgebung. Dabei werden Projektionen auf mehrere Seiten eines Raums erzeugt. Der Benutzer steht in diesem Raum und damit mitten in der projizierten VR-Welt und sich durch in den Raum integrierte Tracking-Technik in dieser Welt bewegen. CAVEs finden in u. a. in Medizin, Architektur und Design zur Visualisierung komplexer z. B. in Form realitätsnaher Simulationen Anwendung.

Digitaler Zwilling/Digital Twin Der Begriff „digitaler Zwilling" beschreibt eine virtuelle Repräsentation eines physischen Objekts, Systems oder Prozesses. Er wird durch kontinuierliche Datenerfassung und -analyse in Echtzeit erstellt bzw. aktuell gehalten. Der digitale Zwilling ermöglicht es, den Zustand, das Verhalten und die Leistung des realen Objekts genau zu modellieren und zu simulieren. Dadurch können Vorhersagen getroffen, Probleme erkannt und Lösungen entwickelt werden. Der digitale Zwilling findet Anwendung in verschiedenen Bereichen wie der Industrie, der Medizin und der Stadtplanung. Im Kontext Metaversum sollen aus Avataren der Benutzer digitale Zwillinge werden, die auch autonom in der virtuellen Umgebung handeln können.

Direkte Interaktion Durch den Einsatz von Handcontrollern, Gestenerkennung oder anderen Eingabemethoden können Benutzer Objekte greifen, manipulieren und mit ihnen interagieren, als ob sie physisch vorhanden wären. Diese Art der Interaktion ermöglicht ein immersiveres und realistischeres VR-Erlebnis, bei dem Benutzer aktiv in die virtuelle Welt eingreifen können.

Emotes Emotes sind kurze animierte oder statische Bilder, die Emotionen oder Gesten darstellen und in Online-Chats und sozialen Medien verwendet werden. Im Gegensatz zu Emojis, die vorgefertigte Symbole sind, werden Emotes oft von Benutzern erstellt oder aus einer Bibliothek ausgewählt. Sie sind ein beliebtes Kommunikationsmittel, um Emotionen auszudrücken oder Humor hinzuzufügen. Während Emojis universell verstanden werden, haben Emotes oft eine spezifische Bedeutung innerhalb bestimmter Online-Communities und deren speziellen Kulturen.

Extended Reality (XR) Die Diskussion, ob die beiden Extreme „100% Realität" und „100% Virtualität" des Realität-Virtualitäts-Kontinuums ebenfalls zur Extended Reality zählen, beenden Bellalouna et.al., indem sie Extended Reality als die Summe von AR, AV und VR definieren.

Graphical User Interface (GUI) Als „Graphical User Interface" (GUI) werden visuelle Schnittstellen bezeichnet, die es Benutzern ermöglichen, mit einem Computer oder einer Anwendung zu interagieren. Statt textbasierter Befehle werden in GUIs Symbole, Menüs und grafische Elemente wie Buttons und Fenster genutzt, um die Bedienung benutzungsfreundlicher zu gestalten. Durch die GUI können Benutzer Aktionen durch einfaches Klicken, Ziehen und Ablegen ausführen, was die Bedienung erleichtert und die Lernkurve verringert.

Head-Mounted Display (HMD) Als „Head-Mounted Display" (HMD) werden tragbare Geräte bezeichnet, das der Benutzer am/auf dem Kopf trägt und dem Benutzer so einen immersiven Zugang zu Anwendungen oder Informationen ermöglichen soll. Es besteht aus einer Brille oder einem Helm, in dem ein oder mehrere Displays integriert sind. Durch das Tragen des HMDs werden virtuelle Inhalte direkt vor den Augen des Benutzers angezeigt, wodurch er in eine virtuelle Realität (VR) oder erweiterte Realität (AR) eintauchen kann.

Immersivität/Immersion Immersion bezeichnet den Zustand des Eintauchens, während Immersivität die Qualität beschreibt, wie stark und überzeugend dieses Eintauchen ist. Beide Konzepte spielen eine wichtige Rolle bei der Gestaltung für Entertainment- und Lehr-/Lernsystemen oder auch für medizinisch-therapeutische Anwendungen.

Immersive Umgebung/Immersive Welt Durch die Kombination von realistischen Grafiken, interaktiven Elementen und immersivem Sound werden die Sinne der Nutzer aktiviert, um eine nahezu realistische Erfahrung zu ermöglichen. Immersive Welten eröffnen neue Möglichkeiten für Unterhaltung, Lernen und Erkundung.

Interaktionsparadigma Ein Interaktionsparadigma beschreibt die grundlegende Art und Weise, wie Menschen mit Technologie interagieren. Es umfasst die Gestaltung von Benutzungsoberflächen, Interaktionsmustern und -konventionen.

Das gewählte Interaktionsparadigma beeinflusst, wie Benutzer Informationen wahrnehmen, Aktionen ausführen und mit Systemen kommunizieren. Beispiele für Interaktionsparadigmen sind die grafische Benutzeroberfläche, die Sprachsteuerung und die Gestensteuerung. Ein effektives Interaktionsparadigma ermöglicht eine intuitive und effiziente Interaktion zwischen Mensch und Technologie.

Internet Das Internet ist ein globales Netzwerk von Computern, das es ermöglicht, Informationen und Ressourcen weltweit auszutauschen. Es verbindet Millionen von Geräten miteinander und basiert auf dem TCP/IP-Protokoll. Es umfasst verschiedene Dienste wie E-Mail, File-Sharing, Video-Streaming und vieles mehr.

Das Internet bildet die Grundlage für das World Wide Web (WWW).

Internet-of-Things/Internet der Dinge (IoT) Die Bezeichnung „Internet-of-Things" (IoT, Internet der Dinge) bezieht sich auf die Vernetzung von physischen Geräten, die über Sensoren und die Netzwerkverbindungen des Internet miteinander kommunizieren. Dadurch können sie Daten sammeln, austauschen und Aktionen ausführen, um die Effizienz und Funktionalität des Alltags zu verbessern. Von Smart Home bis Industrieautomatisierung soll das IoT die nahtlose Integration von Technologie in die Umgebung zu ermöglichen und auch die Automatisierung von Prozessen erleichtern und optimieren.

Lost in Hyperspace „Lost in Hyperspace" ist ein Begriff aus der Informationsgestaltung, der sich auf das Gefühl bezieht, in einem überwältigenden Informationsraum verloren zu sein. Es beschreibt den Zustand, wenn Benutzer sich aufgrund von schlechter Navigation oder unklarer Strukturierung von Inhalten nicht zurechtfinden können. Dies kann zu Frustration und Desorientierung führen. Um dieses Problem zu vermeiden, ist es wichtig, klar definierte Navigationswege und eine intuitive Benutzerführung zu gestalten, um Nutzern dabei zu helfen, sich nicht in den Weiten des Informationsraums zu verlieren.

Location Awareness Location Awareness bezieht sich auf die Fähigkeit eines Geräts oder einer Anwendung, den Standort eines Benutzers zu erfassen und zur weiteren Nutzung zur Verfügung zu stellen. Durch die Nutzung von GPS, WLAN oder anderen Technologien kann Location Awareness genutzt werden, um personalisierte Informationen, Dienste oder Empfehlungen basierend auf dem aktuellen Aufenthaltsort bereitzustellen. Dies ermöglicht beispielsweise die Navigation, das Auffinden von nahe gelegenen Geschäften oder das Anpassen von Einstellungen basierend auf der Umgebung.

Medienbruch Der Begriff „Medienbruch" bezeichnet den Wechsel zwischen verschiedenen Kommunikations- oder Informationsträgern, wie z. B. Papier und digitalen Medien. Dabei kann es zu Unterbrechungen, Verlust von Informationen oder Reibungsverlusten kommen. Ein Medienbruch tritt auf, wenn Daten oder Inhalte von einem Medium in ein anderes übertragen werden müssen. Dies kann zu Missverständnissen oder ineffizienten Abläufen führen. Ziel ist es, Medienbrüche zu minimieren, um eine nahtlose Interaktion zwischen verschiedenen Medien zu ermöglichen.

Mixed Reality (MR) Unter Mixed Reality wird die Erweiterung von AR und zum Teil auch AV durch die Möglichkeit zur direkten Interaktion mit den virtuellen Objekten verstanden. Diese Interaktion ist im klassischen AR-Paradigma nicht vorgesehen.

Diskussionen ergeben sich durch die Frage, ob die beiden Extreme „100% Realität" und „100% Virtualität" des Realität-Virtualitäts-Kontinuums ebenfalls zur Mixed Reality gehören.

Synonym wird Mixed Reality häufig auch als „Extended Reality" bezeichnet.

Modusage Der Begriff „Modusage" führt die Ideen der Prosumtion nach Toffler und des Produsage nach Bruns zusammen, um die Eigenschaften der Cross-Economy des Metaversums zu beschreiben, die über die Grenze zwischen virtueller und realer Welt hinweg eine neue Form der Wertschöpfung bilden wird. Produkte und Dienstleistungen der einen Welt können in der eigenen, aber auch in der jeweils anderen bewirtschaftet werden.

Die Verschmelzung von physischer und digitaler Welt eröffnet dabei sowohl die Interpretation und Integration der klassischen Wertschöpfungskette als auch die der Gemeinschaftsorientierten Wertschöpfungskette der digitalen Welt.

Motion-Capturing Motion Capturing (MoCap) ist ein Verfahren zur Erfassung der Bewegung von Personen. Dabei werden Sensoren am Körper der Person befestigt, um deren Bewegungen aufzeichnen. Die erfassten Daten werden dann auf digitale Charaktere oder Modelle übertragen, um realistische Animationen zu erstellen. Ursprünglich wurde Motion Capturing für die Filmindustrie und für Videospiele entwickelt. Mittlerweile nutzen auch in der Sportanalyse und der Medizin MoCap, um Bewegungen präzise und naturgetreu darzustellen.

Im Kontext des Metaversums bzw. virtueller Welten soll durch realistischere Bewegungen von Avataren eine höhere Immersivität erreicht werden.

Multimedia Multimedia im Sinne einer (medien-)informatischen Anwendung meint die einzelne oder kombinierte Darstellung verschiedener Medien, die sowohl zeitabhängig als auch zeitunabhängig sein können.

Diese Darstellung kann ein einzelnes Medium als auch jede mögliche Kombination zu einem singulären Zeitpunkt oder eine zeitliche Abfolge solcher Kombinationen in einem kontextbezogenen Rahmen sein.

Multimedia kann die Möglichkeit zur direkten und indirekten Einflussnahme durch einen Benutzer auf die Kombination oder auf den zeitlichen Ablauf der einzelnen Medien beinhalten.

Multimodalität Multimodalität bezieht sich auf die Fähigkeit eines Systems, Informationen über mehrere Sinne zu erfassen und auszutauschen. Es ermöglicht die Interaktion durch die Kombination von verschiedenen Modalitäten wie Sprache, Gestik, Blickrichtung und Berührung. Durch die Nutzung mehrerer Kanäle wird eine vielfältigere und effektivere Kommunikation ermöglicht. Multimodalität findet Anwendung in der Mensch-Maschine-Interaktion, z. B. in Sprachassistenten, virtuellen Realitäten und Benutzeroberflächen, um eine natürlichere und intuitivere Interaktion zu schaffen.

Natural User Interface (NUI) Natural User Interfaces (NUI) sind Benutzungsschnittstellen, die natürliche Interaktionsformen zwischen Menschen und Computern ermöglichen sollen. Statt herkömmlicher Eingabegeräte wie Tastatur und Maus nutzen NUI menschliche Handlungen wie Gesten, Sprache oder Berührungen, um Befehle zu erfassen. Dadurch soll die Benutzererfahrung verbessert und die Hürden der Technologieinteraktion reduziert werden, um eine nahtlose und benutzungsfreundliche Kommunikation zwischen Mensch und Computer zu ermöglichen.

NFT (Non-Fungible Token) NFT (Non-Fungible Token) bezeichnet ein einzigartiges, digitales Asset, das auf einer Blockchain gespeichert wird und die Eigentümerschaft sowie Authentizität eines digitalen Objekts, wie Kunstwerke, Musik, Sammlerstücke oder virtuelle Grundstücke, nachweist. Im Gegensatz zu fungiblen Kryptowährungen wie Bitcoin oder Ethereum sind NFTs nicht austauschbar, da jeder Token individuelle Merkmale besitzt. Diese Technologie ermöglicht neue Formen der digitalen Besitzstruktur, insbesondere im Kunstmarkt, in der Spieleindustrie und im Metaversum, wirft jedoch auch Fragen zu Nachhaltigkeit, Urheberrechten und Marktstabilität auf.

Proaktivität Proaktivität bezieht sich allgemein, aber auch in der Informatik, auf das vorausschauende Handeln und die Fähigkeit, potenzielle Probleme oder Bedürfnisse frühzeitig zu erkennen und entsprechende Maßnahmen zu ergreifen. Statt auf reaktive Lösungen zu warten, zielt die Proaktivität darauf ab, vorbeugende Maßnahmen zu ergreifen, um die Effizienz, Zuverlässigkeit und Sicherheit von IT-Systemen zu verbessern.

Durch proaktive Ansätze können potenzielle Probleme vermieden oder zumindest minimiert werden, was zu einer reibungsloseren und effektiveren Nutzung von Technologie führt.

Produsage Produsage ist ein Begriff der von Axel Bruns geprägt wurde und die Verschmelzung von Produktion und Nutzung in kollaborativen Online-Communities beschreibt. Dabei sind Nutzer nicht nur passive Konsumenten, sondern aktive Mitgestalter von Inhalten. Sie produzieren, bearbeiten und teilen Informationen in einer offenen, partizipativen Art und Weise.

Produsage ermöglicht es der Gemeinschaft, gemeinsam Wissen zu generieren und Innovationen voranzutreiben. Es geht um kooperative Kreativität und gemeinschaftliches Engagement, um eine dynamische und offene Form der Zusammenarbeit.

Prosumtion Der Begriff Prosumtion wurde geprägt Alvin Toffler und beschreibt das Konzept, dass Individuen nicht nur Konsumenten von Produkten sind, sondern auch gleichzeitig Produzenten. Durch die fortschreitende Digitalisierung und Technologie können Menschen heute in vielen Bereichen selbst Inhalte erstellen, bearbeiten und teilen. Prosumtion vereint die Rollen des Produzierens und Konsumierens in einer Person und stellt eine Verschmelzung von traditionellen Konsumenten- und Produzentenaktivitäten dar. Dieser Trend hat Auswirkungen auf Wirtschaft, Kultur und Gesellschaft, da er das Machtverhältnis zwischen Unternehmen und Verbrauchern verändert.

Rendering Rendering bezeichnet den Prozess der Erzeugung von Bildern, Animationen oder Videos aus einer 2D- oder 3D-Szene. Dabei werden zwei- und dreidimensionale Modelle, Texturen und Beleuchtungsinformationen in ein darstellbares Format umgewandelt. Durch Berechnungen werden Schatten, Reflexionen und andere visuelle Effekte hinzugefügt, um realistische oder stilisierte Ergebnisse zu erzielen.

Realitäts-Virtualitäts-Kontinuum (RVK) Das Realitäts-Virtualitäts-Kontinuum ist ein Konzept in der Informatik, das den Übergang zwischen realer und virtueller Umgebung beschreibt. Es stellt ein Spektrum dar, auf dem sich verschiedene Technologien und Anwendungen befinden, von der realen Welt auf der einen Seite bis zur vollständig virtuellen Welt auf der anderen Seite. Das Kontinuum umfasst beispielsweise Augmented Reality, Mixed Reality und Virtual Reality und bietet eine zunehmende Immersion und Interaktion für den Benutzer.

Smart Contract Smart Contract bezeichnet ein selbstausführendes, digitales Vertragsprotokoll, das auf einer Blockchain gespeichert wird und automatisch festgelegte Bedingungen überprüft und ausführt, ohne dass eine zentrale Instanz oder ein Intermediär erforderlich ist. Diese programmierbaren Verträge ermöglichen transparente, sichere und unveränderliche Transaktionen in Bereichen wie Finanzwesen, Lieferketten, Immobilien oder dem Metaversum. Durch ihre Automatisierung reduzieren Smart Contracts Kosten und Fehlerquellen, bringen jedoch Herausforderungen hinsichtlich rechtlicher Anerkennung, Sicherheitslücken und Fehleranfälligkeit im Code mit sich.

Spatial Computing Spatial Computing bezeichnet die Integration digitaler Informationen in den physischen Raum durch Technologien wie Augmented Reality (AR), Virtual Reality (VR), Mixed Reality (MR) sowie Sensorik und künstliche Intelligenz (KI). Durch die Erfassung von Umgebung, Bewegung und Nutzerinteraktion ermöglicht Spatial Computing eine nahtlose Verbindung zwischen der realen und der virtuellen Welt. Es findet Anwendung in Bereichen wie Industrie 4.0, Gesundheitswesen, Bildung und dem Metaversum, indem es immersive und interaktive Erlebnisse schafft, die über traditionelle Bildschirm-Interfaces hinausgehen.

Synthetic Media Synthetic Media bezeichnet durch künstliche Intelligenz (KI) und maschinelles Lernen (ML) generierte oder manipulierte digitale Inhalte, darunter Bilder, Videos, Audiodateien und Texte. Diese Technologie ermöglicht die automatisierte Erstellung realistischer Medien, beispielsweise durch Deepfake-Videos, Text-zu-Bild-Generatoren oder KI-gestützte Sprachsynthese. Synthetic Media findet Anwendung in Bereichen wie Unterhaltung, Werbung, Bildung und dem Metaversum, wirft jedoch auch ethische Fragen zu Urheberrecht, Desinformation und Identitätsmissbrauch auf.

Treadmill/VR-Treadmill Eine VR-Treadmill ist eine VR-Ein-/Ausgabe-Technologie, die es Benutzern ermöglicht, sich in virtuellen Umgebungen zu bewegen, indem sie physisch auf einem Laufband oder einer ähnlichen Installation gehen oder rennen.

Durch die Integration von Sensoren und Bewegungserfassungstechnologien können VR-Treadmills die Bewegungen des Benutzers verfolgen und in die virtuelle Welt übertragen, wodurch ein immersiveres VR-Erlebnis entsteht. Dies ermöglicht es den Benutzern, sich frei in der virtuellen Umgebung zu bewegen.

User-generated Content (UGC) User-generated Content (UGC) bezeichnet Inhalte, die von Nutzern erstellt und online geteilt werden. Das können Texte, Bilder, Videos, Bewertungen oder Kommentare sein. UGC ermöglicht es Nutzern, aktiv am Informationsaustausch teilzunehmen und Inhalte zu produzieren, anstatt nur passiv zu konsumieren. Plattformen wie soziale Medien, Blogs und Foren profitieren von der Vielfalt und dem Engagement der Nutzer, die UGC erstellen. Dieser partizipative Ansatz fördert Interaktion, Kreativität und den Aufbau von Gemeinschaften.

Virtual Reality (VR) Die Abbildung einer Szene als computergenerierte räumliche Darstellung mit dem Ziel der möglichst vollständigen Immersion.

Die 100 %ige VR ist als Virtualität einer der beiden Extremfälle des Realitäts-Virtualitäts-Kontinuums nach Milgram und Kishino.

Ein Charakteristikum von VR ist die Implementierung des Paradigmas der „direkten Interaktion", die dem Benutzer die Interaktion mit den Objekten in der dargestellten Szene ermöglicht. Dies ist der eindeutige Unterschied zu z. B. 360°-Fotos oder 360°-Filmen, da darin keine Interaktion mit der Szene möglich ist.

VR-Headset Ein VR-Headset ist ein Gerät, das benutzt wird, damit Benutzer virtuelle Welten immersiv erleben können. Es besteht i. d. R. aus einer speziellen Brille, die auf dem Kopf getragen wird und zwei Displays enthält, die stereoskopische Grafiken anzeigen. Das VR-Headset erfasst die Kopfbewegungen des Benutzers und passt die virtuelle Umgebung entsprechend an, um ein Gefühl von Präsenz zu erzeugen.

Wearable/Wearable Computing Wearable Computing bezeichnet die Technologie, bei der Computer und elektronische Geräte in Kleidung oder Accessoires integriert sind und vom Benutzer getragen werden. Diese Geräte ermöglichen die Interaktion mit digitalen Informationen und Anwendungen in Echtzeit. Beispiele für Wearables sind Smartwatches, Fitness-Tracker und AR-Brillen. Sie bieten bequeme und praktische Lösungen für Kommunikation, Gesundheitsüberwachung, Navigation und vieles mehr. Durch die nahtlose Integration in den Alltag eröffnen Wearables neue Möglichkeiten für persönliche Technologie und digitale Interaktion.

Wearable Computing ist insbesondere ein eigenständiges Interaktionsparadigma, da der Umgang und die Benutzung von Wearable Computern sich deutlich von klassischen Computersystemen unterscheidet.

WIMP WIMP ist eine Abkürzung für „Windows, Icons, Menus, Pointer" und bezeichnet eine Art von Benutzungsschnittstellen für Computer und Anwendungen und gilt als Paradigma, das die Interaktion zwischen Benutzern und Computern erleichtert. „Windows" steht für die Darstellung von Programmen in eigenen Fenstern, „Icons" repräsentieren Dateien oder Programme, „Menus" ermöglichen den Zugriff auf Funktionen und „Pointer" ist der Mauszeiger zur Steuerung.

WIMP-Oberflächen sind eine Form der GUI und weit verbreitet, da sie eine einfache und visuelle Interaktion mit dem Computer ermöglichen.

World Wide Web (WWW) Das WWW ist ein Teil des Internets und bezieht sich speziell auf das System von miteinander verknüpften Hypertext-Dokumenten, die über das HTTP-Protokoll abgerufen werden. Das WWW ermöglicht die Darstellung von Webseiten, die über Hyperlinks miteinander verbunden sind. Es ist eine der bekanntesten und am häufigsten genutzten Anwendungen des Internets, bietet Zugang zu Informationen, Multimedia-Inhalten und interaktiven Diensten.

Das WWW ist eine wichtige Komponente des Internet, aber nicht die einzige.

If you have any concerns about our products,
you can contact us on
ProductSafety@springernature.com

In case Publisher is established outside the EU,
the EU authorized representative is:
**Springer Nature Customer Service Center GmbH
Europaplatz 3, 69115 Heidelberg, Germany**

Printed by Libri Plureos GmbH
in Hamburg, Germany